4차 산업혁명과

글로벌
핀테크
for 창업

김영국

4th Industrial Revolution and
Global Fintech
for Startup Business

박영사

한평생 '나무 심는 마음'과 '씨 뿌려 거두고…'
삶의 교훈을 주신 부모님께 이 책을 바칩니다.

머리말

핀테크 시장을 둘러싼 국내은행들의 경쟁이 한껏 달아오르고 있다. 바야흐로 '디지털 금융'의 춘추전국시대이다. 세계 금융시장은 이미 핀테크가 대세다. 핀테크(Fintech) 산업이 성장하고 데이터를 다루는 IT 기술의 중요도가 커지면서 IT업체도 핀테크 시장에 활발하게 진출하고 있다. 이로 인해 '테크핀(TechFin)'이 새롭게 등장하고 있다.

테크핀은 알리바바의 마윈 회장이 고안한 개념으로, 핀테크가 금융 회사가 주도해 금융에 IT기술을 접목한 서비스인 반면에, 테크핀은 IT 회사가 주도해 IT기술에 금융을 접목한 서비스이다. 핀테크의 종주국 중국의 알리바바는 이미 핀테크 분야의 최대 플레이어로 맹활약 중이다. 알리페이는 중국 전역에서 4억 5,000만 명이 이용하는 스마트폰 결제서비스다. 중국에서 온라인 결제의 50%, 모바일 결제의 80%의 시장점유율을 차지하고 있고, 일본 내에서 중국인 여행객을 대상으로 알리페이를 도입한 점포가 2만 5,000곳을 수준을 넘어섰다. 이만큼 알리페이가 보급된 이유는 도약효과 때문이다

이제 우리의 삶의 패턴을 바꾸는 핀테크와 테크핀이 실용화되고 있다. 단 몇 초 만에 금융거래가 가능한 간편결제 · 간편송금 서비스부터 라이프스타일 맞춤 서비스, 비정상적인 거래를 감지하는 보안 서비스까지 다양하다.

전 세계적으로 IT와 금융의 융합트랜드가 확산되고 있으며 국경 간 상거래가 급증하고 온라인과 모바일을 통한 금융거래도 늘고 있다. 이러한 흐름은 국내 소비자와 산업의 거래습관과 환경에 변화를 촉발시키고 있다.

미국, 영국을 중심으로 핀테크 서비스에 대한 투자가 지속적으로 증가하고 있으며 각국 정부는 적극적인 정책적 지원에 나서고 있다. 영국 재무부는 2014년 8월에 핀테크 산업육성 지원계획을 발표한 바 있다.

우리나라는 틈새시장 이익이 비교적 적고 규제에 따른 서비스 제한과 금융 보안에 대한 우려로 핀테크에 적극적이지 않았으나 금융산업의 성숙도와 IT강국으로서의 지위를 고려할 때 국내 IT · 금융 융합 산업의 잠재적 성장가능 규모가 클 것으로 예상된다.

금융서비스의 변화로는 모바일, SNS, 빅데이터 등 새로운 IT기술 등을 활용하여 기존 금융기법과 차별화된 금융서비스를 제공하는 기술기반 금융서비스 혁신이 대표적이며 최근 사례는 모바일뱅킹과 앱카드 등이 있다. 산업의 변화로는 혁신적 비금융기업이 보유

기술을 활용하여 지급결제와 같은 금융서비스를 이용자에게 직접 제공하는 현상이 있는데 애플페이, 알리페이 등을 예로 들 수 있다.

2016년 3월 구글의 딥마인드 기술의 인공지능프로그램인 알파고와 이세돌 9단의 바둑대결에서 알파고가 승리하여 전 세계를 놀라게 했고, 지난 대선에서는 4차 산업혁명이 이슈가 되어, 4차 산업혁명시대에 걸맞는 지도자가 누군지를 두고 논쟁을 벌이기도 했다. 정부도 4차 산업혁명시대에 대응하기 위해 대통령직속으로 4차산업혁명위원회를 구성하여 국가전략과 정책을 수립하고 이끌어가고 있다.

최근 4차 산업시대에 대응하기 위한 핀테크 분야를 중심으로 금융기관의 발빠른 움직이 시작되고 있다. 이제 핀테크 분야는 로보어드바이저, (해외)송금, P2P대출, 금융자산관리 및 추천분야 등에서 새로운 업체들이 활발하게 사업을 추진하고 있고, 최근에는 블록체인 기술을 이용한 가상화폐(비트코인 등)가 사회적 이슈로 대두되고 있다.

미국 실리콘밸리에서부터 세계 금융 일번지인 뉴욕과 영국에서는 앞다투어 핀테크 업체에 투자하고 있으며, 중국 또한 전자상거래 업체인 '알리바바'가 '알리페이'로 붐을 일으키고 있는 등 이러한 금융환경이 새로운 트렌드가 되고 있다.

따라서, 본서에서는 핀테크와 관련한 이론적 개념 및 실무 적용사례 등을 중심으로 4차 산업혁명과 금융서비스 분야의 핀테크 실무와 다양한 사례들을 중심으로 글로벌 트랜드를 살펴보고자 하였다.

글로벌 핀테크는 새로운 금융서비스를 중심으로 창업의 새로운 패러다임 전환을 예고하고 있다. 이제는 기술과 융합한 금융은 앞으로 더 투명하고 편리하며 저렴하게 사용자 참여가 가능한 형태로 진화될 이에 따라 우리나라 또한 금융당국을 중심으로 발 빠르게 대응하고 있다. 전 세계적으로 이미 인터넷·모바일 금융변화 속도가 상당히 빠르게 변화하고 있어, 더욱더 적극적인 노력과 핀테크 붐 조성이 필요하다는 주장이 지속적으로 제기되고 있다.

기계화와 산업화, 정보화와 세계화로 이어지는 인류의 발전을 돌아보면 항상 기술의 발전이 각 시대의 경제·사회 패러다임의 전환과 사회의 구조적 변화를 이끌어 온 것을 알 수 있다.

세계는 제4차 산업혁명이라는 거대한 변화 앞에 놓여 있다. 이러한 변화 이후 다가올 새로운 세상은 인공지능과 IoT, 클라우드, 빅데이터, 모바일 등 융합기술이 산업은 물론 복지, 고용, 교육, 국방 등 다양한 분야와 결합하여 사회전반의 '지능화'가 실현되는 지능정보사회일 것이라는 데 모든 전문가들의 의견이 일치할 것이다. 그것은 지금까지 우리가 한 번도 경험해보지 못한 사회의 모습일 것이다. 맥킨지 분석에 따르면 지능정보사회의 경제효과는 2030년 기준으로 최대 460조 원에 달할 것으로 전망되고 있다.

이러한 시대적 환경과 요구에 따라 4차 산업혁명에 따른 핀테크 전략의 실전전문서로써 본서를 발간하게 되었다. 특히, 창업을 준비하는 대학(원)생과, 예비창업자 그리고 일반인과 창업자들이 본서를 통하여 종합적으로 비교적 쉽게 이해함으로써 실무현장에서 적극 활용하기를 바라는 마음이 간절하다.

본서는 이러한 시대적 · 환경적인 인식의 바탕과 저자의 국내외 산 · 학 · 군 · 관에서 37년여 재직한 현장의 실무경험과 대학에서 교수 및 다양한 기업과제 평가 및 심사, 국책연구과제 수행 경험 등을 바탕으로, 전적으로 선행연구자들의 주옥같은 자료들을 중심으로 기존의 서적들과는 다른 새로운 실무적인 차별화 전략을 시도하고자 무척 노력하였다.

본서의 발간을 진행하는 동안 계절도 몇 차례 바뀌었다. 특히, 4차 산업혁명과 글로벌 핀테크 전반의 근간을 이루는 글로벌 정책과 사례 및 프레임과 전략들을 가장 쉽게 이해할 수 있도록 노력하였다.

여러모로 부족한 본서가 잉태하도록 세심한 열정을 다해주신 박영사 편집진의 노고에 깊이 감사드린다. 언제나 씨 뿌려 거두는 삶의 교훈과 나침반 역할을 해주시는 존경하옵는 한뫼 김치순 선생님, 나의 가족과 형제들, 항상 삶의 청량제 같은 민승이 부부와 말레이시아의 귀염둥이 필립과 예준이, 푸른 꿈을 총총 실천해가는 독일의 사랑하는 Alex & Hansong(BMW HQ), 더불어 국내외의 여러 산학군관 등에서 물심양면으로 넉넉한 격려와 응원을 해주는 碩松의 지인과 선후배와 친구들과 여러 제자들, 大圓 이박사와 百川 선생과 羽江 손사장, 연구동반자인 제자 건국대 류교수와 런던대 임교수에게도 깊이 감사드린다.

특히, 한평생 '진리와 정의와 사랑'을 위해 계명동산의 아름다운 4계절을 늘 가꾸시는 行素 신일희 총장님과 동료들에게도 상추 이파리 같은 넉넉한 사랑과 감사의 마음을 한 웅큼 드리고 싶은 마음 간절하다.

하루하루가 언제나 소풍 같은 일상이고 싶다. '내 얼굴을 가질 때까지…'

回甲年 동짓날
계명동산 天地齊와 창녕가복 碩松연구실에서
저자 씀

차례

1 핀테크의 이해

금융시스템과 지급결제

12 금융정보화

13 사례연구

1

핀테크의 이해

1. 핀테크의 이해

(1) 핀테크(Fin-Tech) 정의[1]

핀테크는 '금융'(financial/Finnance)과 '기술'(technique/technology)이 융합(convergence)된 합성어이다. 여기서 융합이란 이질적인 둘 이상의 것들이 모여 경계가 모호한 새로운 기능이나 서비스를 제공하는 것이다. 따라서, 핀테크는 곧 IT기술을 기반으로 결제 와 송금, 예금 과 대출 및 자산관리 등의 다양한 금융서비스를 제공하는 것을 의미한다. 즉, 핀테크는 기존 디지털 기술 혁신을 통해 금융서비스를 획기적으로 효율화하거나 새 금융서비스를 출시하는 것을 뜻한다.

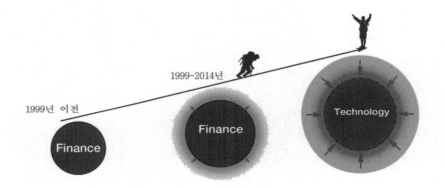

인터넷에서 마음에 드는 상품을 찾았을 때 복잡한 결제과정 없이 바로 구매하거나, 스마트폰으로 공과금 영수증을 스캔하면 자동으로 납부되는 것 등이 핀테크를 통해 가능하게 된다.

Tip 핀테크의 사업모델

대체결제제도, 자동화금융포트폴리오관리, 클라우드펀딩, 클라우드투자 및 클라우드대출, 자동화된 투자상담 플랫폼(일명 로보어드바이저), 신호체계 및 자동주문실행을 위한 플랫폼과 가상통화(VC) 등

글로벌 핀테크 투자는 최근 5년간 4배 정도(2008년 9억 달러 → 2013년 40억 달러) 증가하였으며 2014년에는 1년 만에 다시 3배 늘어나는 폭발적인 증가세를 보임으로써 전체 벤처자본투자 확대(63%)를 선도하는 "차세대 프론티어 부문"으로 자리 매김하고 있다. 해외에서는 핀테크 산업을 신성장 동력으로 육성하기 위해 정책적으로 뒷받침하는 노력이 지

---

1) 상세한 내용은 금융감독원 및 핀테크 스타크업 활성화와 지역경제 참조.

속되는 가운데 아이디어와 기술력을 가진 혁신적 핀테크 스타트업 기업들이 나타나고 있으며 차별화된 비즈니스 모델로 관련시장을 선도하고 있다.

기존 금융기관들도 핀테크로 인해 가능해진 다양한 성장기회에 적극 대응하기 위해 클라우드, 모바일 지갑 등 새로운 기술을 도입하는 등 사업모델을 다시 검토하고 있으며, 실제로 은행, 보험사 등은 핀테크 벤처자본, 인큐베이터, 스타트업 등에 대한 투자를 확대하고 있다. 해외에서 핀테크가 성공하는 가장 큰 원동력은 폐쇄적인 금융서비스를 보다 많은 사람들에게 제공한다는 데 있다.

IT 기술 진보에 따라 금융서비스의 비용이 현저하게 감소하여 종전에 일부 계층에만 국한되었던 고비용 금융 서비스가 다양한 계층에게 개방되고 있다. 또한 금융 인프라가 열악한 경우 핀테크가 이를 보완하는 대체재로서의 역할을 충분히 수행하는 것으로 나타났으며, 선진국에서도 낮은 수수료를 바탕으로 금융소외계층을 새로운 고객으로 끌어들임으로써 기존 은행과 충분히 경쟁할 수 있는 능력을 보여주고 있다.

국내에서는 은행이 금융시장의 주축역할을 하는 은행 중심의 금융구조가 형성되어 은행과 비은행 기관들이 중층적으로 고객들의 리테일뱅킹 수요에 대응하여 금융서비스를 제공하고 있다. 동 기관들은 IT관련 하드웨어와 전문적인 금융 노하우를 활용하여 대출, 지급결제, 송금, 자산운용 등의 금융서비스를 비교적 낮은 가격으로 공급하고 있으며, 대부분(85% 이상) 고객과 직접 접촉하지 않고 비대면으로 서비스를 제공하고 있다. 특히, 국내에서는 장기간 운용되어온 신용카드 이용 장려정책에 힘입어 재화 및 서비스 구입대금 결제 시 신용카드 이용이 정착되었으며, 젊은 계층을 중심으로 이미 모바일 결제가 일반화되고 있는 중이다. 그러나, 다른 한편으로는 우리나라의 금융시장 성숙도가 매우 낮은 수준으로 평가되고 있어 첨단 IT기술에 기반한 핀테크에 대한 수요가 많이 잠재해있는 것으로 판단된다.

WEF(세계경제포럼)에 따르면, 우리나라의 금융시장 성숙도는 조사대상국 140개국 중 87위이며 벤처자본 이용가능성은 78위로 조사됨으로써 국가경쟁력 순위에 비해 크게 열위인 것으로 나타났다. 이를 반영하기라도 하듯이 핀테크 관련 법규가 이제 정비를 시작하는 단계에 있음에도 불구하고 2015년 10월 현재 50개 이상의 업체가 간편결제, P2P대출 방식으로 핀테크 업무를 영위하고있는 것으로 조사되었다.

우리나라 정부는 2015년 1월 27일 "IT금융융합 지원방안"을 발표함으로써 민간과 정부가 협력하여 핀테크 산업을 활성화 하고자 하는 의지를 피력하였다. 국내 핀테크 정책의 방향은 IT 금융 융합관련 금융거래 및 규제 환경의 종합적 개선을 통해 글로벌 경쟁력을 갖춘 혁신적 핀테크 서비스를 창출하고 핀테크 산업을 우리나라의 신성장분야에서 동력화하는 것을 목표로 삼고 있다.

　　미래창조과학부 등 5개 부처는 2015년 합동 업무보고를 통해 핀테크 규제 완화 정책을 상반기 내에 마련하고 핀테크 산업에 대한 정책금융기관의 지원자금을 올해 2,000억원 이상 조성하기로 발표하였고, 금융위원회는 창조금융을 활성화하기 위하여 IT 금융 융합 지원방안 "3＋1 정책"을 수립하여 관련 규제를 철폐하기 위한 노력을 지속하고 있다.

　　경기지역은 국내 다른 지역에 비해 상대적으로 핀테크 산업이 보다 성장할 수 있는 양호한 입지가 구축되어 있다. 경기지역은 서울을 제외한 타 광역 지자체에 비해 경제규모가 월등히 크기 때문에 투자자금, 금융기관대출, 지급결제 및 송금 등의 부문에 잠재적인 핀테크 수요가 많을 것으로 판단된다. 또한 연구기관과 연구원 및 지식기반 제조업 비중이 전국에서 가장 높아 핀테크 등 융합형산업이 발달할 수 있는 여건이 구비되어 있다.

　　실물경제 측면에서는 경기지역의 사업체수가 많은 점을 감안할 때 핀테크 산업 성장에 따른 전·후방 산업연관효과가 다른 지역보다 크게 나타날 것으로 판단된다. 게다가, 핀테크 산업이 경기지역의 신성장 동력으로 작용할 경우, 지역 내 서비스업의 발전을 촉진함으로써, 제조업과 함께 서비스업이 동반성장할 수 있는 계기가 마련될 수 있을 것으로 기대된다. 마지막으로는 지정학적인 제약으로 금융 인프라가 불충분한 한강 이북지역의 경제활동 인프라를 보충하여 균형적 발전을 이끌어낼 수 있을 것으로 평가된다. 따라서, 경기지역은 지자체를 중심으로 인터넷 전문은행을 경기지역에 적극 유치하거나, 핀테크 기업을 경기신용보증지원재단의 우선보증대상으로 지정하는 등의 핀테크 스타트업 활성화 노력을 경주할 필요가 있다.

　　핀테크기업이 주로 진출하는 사업영역은 지급결제, 송금, 대출중개, 자산관리 등으로 분류되는데, 최근 IT기술의 급속한 발전이 금융과의 융합을 통한 시너지를 만들어 내면서 핀테크 산업의 글로벌 경쟁이 치열해지고 있다.

　　해외에서는 핀테크 산업을 신성장동력으로 육성하기 위해 정책적으로 뒷받침하는 노력이 지속되는 가운데 아이디어와 기술력을 가진 혁신적 핀테크 스타트업 기업들이 나타나고 있으며 차별화된 비즈니스모델로 관련 시장을 선도하고 있다. 전 세계 핀테크 기업에 대한 투자규모는 2008~2013년 5년 동안 4배 이상 증가(9.2억 → 40.5억 달러)하는 성장세를 보였는데 2014년에는 122.1억 달러로 1년 만에 다시 3배로 확대되었다.

　　핀테크 투자에 대한 대표적인 성공사례로는 영국의 테크시티, 미국의 뉴욕 월가 및 실리콘밸리 등의 핀테크 허브를 바탕으로 한 관련 산업 발전을 들 수 있다.

　　국내에서는 아직 정부 규제 등으로 시장 진입이 다소 어려운 면이 있다. 하지만 과거 우수했던 한국 IT산업의 글로벌 경쟁력 약화와 급속한 금융 환경 변화에 효과적으로 대응하기 위해서는 글로벌 핀테크 열풍에 전략적으로 대응할 필요가 있다. 현재, 시장조사기관 IDC(International Data Corp.)가 조사한 "세계 100대 핀테크 기업"(2015년)에는 한국 기업은 하나도 포함되어 있지 않은 상황이다.

국내 금융IT 환경은 그동안 사고 책임 강화 등 규제 중심으로 짜여져 있어 변화에 따른 대응이 용이하지 않았으나, 2014년 대통령의 천송이 코트 결제 관련 언급 등 핀테크 활성화 필요성에 대한 인식이 확산된 것을 계기로 일부 규제 완화가 추진되고 있고 금융권에서도 호응이 이뤄지고 있어 변화의 움직임이 나타나고 있다. 특히, 핀테크 허브를 육성하기 위해 2015년 3월 판교 경기창조혁신센터 내에 금융회사, ICT기업·유관기관, 정부가 합동으로 참여하는 핀테크지원센터가 출범하여 아이디어의 시장성 판단부터 법률, 행정, 특허, 자금조달 상담 등 핀테크 스타트업 성장단 계별 맞춤형 상담과 멘토링 서비스를 제공하고 있다. 2015년 4월에는 민관합동 지원협의체가 출범하였고 6월에는 2016년부터 인터넷은행을 1~2개 허용하기로 발표하였다.

금융권에서도 7월에 금융 서비스에 필요한 API를 외부에 공개하는 오픈플랫폼 구축 추진에 참여하기로 하는 등 국내에서도 핀테크 산업 육성을 위한 노력이 정부, 금융, 민간 기업이 모두 참여하는 형태로 진행되고 있다.

(2) 핀테크의 의의[2]

1) 의미

핀테크는 일반적으로 금융과 정보기술(IT)의 결합을 통하여 새롭게 등장한 금융 서비스 및 산업의 통칭으로 특히, 최근 스마트폰이 대중화되면서 모바일을 중심으로 한 IT기술을 이용하여 기존의 금융시스템에 접목해 효율성을 추구하는 산업을 지칭하는데, 금융과 IT가 상하구조가 아닌 수평구조의 융합을 통한 금융서비스 및 유관사업과 기업, 그리고 그로 인해 발생되는 산업 변화를 모두 아우르는 개념으로 받아들여지고 있다.[3]

한편, 영역, 응용 분야, 기능 등에 따라 핀테크를 다양하게 정의할 수 있다. 금융서비스와 관련한 소프트웨어를 새롭게 만들거나 운용 성과를 향상시킬 수 있는 모든 기술적인 과정을 포함하여 의사결정, 위험관리, 포트폴리오 재구성, 준법관련 업무, 성과관리, 시스템 통합, 온라인 자금이체와 지불 등의 금융기관 업무 전반에 영향을 주는 기술을 총칭하기도 한다.

정보기술을 활용하여 구조·제공방식·기법 면에서 새로운 형태의 금융서비스나 이

---

2) 김건우, 전자금융이 쌓아온 금융아성, 핀테크가 뒤흔든다, LG경제연구원, 2015.6
  김남훈, 글로벌핀테크 허브로의 도전과 과제, 하나금융연구소 Weekly Hana Financial Focus 제5권, 2015.10.
  김종현, 국내 핀테크(Fintech) 산업의 현주소와 과제, 우리금융경영연구소 이슈브리프, 제4권, 2014.12.
3) 강창호, 이정훈, 『IT와 금융이 만나는 새로운 세상-핀테크』, 한빛미디어, 2015
  금융감독원, 핀테크 동향 및 IT 감독방향, 인터넷 모바일뱅킹과 금산분리 심포지움 발표자료, 2014

를 제공하기 위한 기반 기술을 제공하는 기업을 핀테크 기업이라 부르기도 하며, 송금, 결제, 자산관리, 투자 등의 금융서비스를 IT기술(소프트웨어, 디지털기기, 인터넷)을 통해 금융소비자들이 보다 편리하고 낮은 비용으로 이용할 수 있게 해주는 기업들의 집합으로 정의하기도 한다.

핀테크가 최근 주목 받게 된 것은 금융과 IT의 결합을 통해 새로운 금융 플레이어가 새로운 금융 사업모델로 새로운 금융서비스를 제공하게 되었기 때문이다.

즉, 기존 서비스를 저렴한 비용으로 더 빠르고 편리하게 제공하거나, 기존 소비자가 받지 못하던 새로운 서비스를 만들거나, 지리적 또는 신용 제약 등으로 금융 혜택을 누리지 못하던 계층을 새로운 금융고객으로 편입할 수 있는 계기를 제공한다.

이러한 배경에는 유무선 네트워크 등 IT 인프라 구축과 함께 모바일 IT 기술이 한 단계 더 진화하고, 저렴한 해외 송금, 전자화폐 등 금융규제 국경을 넘어 다니는 금융거래가 가능하게 된 점, 그리고 신용화폐 활용이 온라인을 통해 확산될 수 있는 새로운 지급결제 인프라의 등장 등이 크게 기여한 것으로 보인다.

2) 핀테크의 범위

시장조사업체 벤처 스캐너는 2014년 1,027개 핀테크 기업을 10개의 범주로 구분하였다.

<표 1> 핀테크 기업의 범주

부문	핀테크 기업 진출 서비스
대출	개인간(P2P) 대출, 빅데이타를 활용한 중소기업 대출 심사, 매출채권 담보대출, 신용기반 소셜대출, 신용평가 및 조회 서비스
개인자산 관리	신용카드 대금 청구 오류 통지, 신용카드 리워드 포인트 최적화, 보험 상품 비교
지급결제	온/오프라인
개인 소액 투자	투자전문지식 크라우드 소싱, 알고리즘 기반 투자 자문, 소셜투자 네트워크 등
송금	간편하고 수수료가 싼 해외송금
자본형 자본조달	크라우드 소싱 플랫폼
기관투자	자산관리자, 헤지펀드 매니저, 전문 트레이더들의 포트폴리오 관리 및 수익 최적화 서비스
소비자 금융	인터넷 전용 서비스 및 가상 신용카드
금융 인프라	금융기관 운영개선 솔루션, 모바일 솔루션, 빅데이타 솔루션
기타	시장 조사 및 데이타 분석 서비스

3) 핀테크 유형[4]

핀테크 기업의 유형은 주된 운영주체에 따라 점진적인 금융기업 주도형과 혁신적인

---

4) 김종현, 주요국 대출형 크라우드펀딩 규제 움직임과 시사점, 우리금융경영연구소 주간금융경제동향 제5권 (2015. 5) 및 창조경제연구회(2015), 기술금융과 핀테크, 핀테크포럼 제3차 데모데이 발표자료(2015.9.2.)

<표 2>   은행 중심의 핀테크 육성 사례(해외)

국가	은행	핀테크 육성 사례
미국	Wells Fargo	유망 핀테크 기업에 대해 최고 5만 달러 투자 및 창업지원 서비스를 제공하는 핀테크기업 육성 프로그램 운영 중
	Citi	14년 한 해 동안 유망 핀테크 기업에 총 7천만달러 투자
영국	HSBC	리테일 뱅킹 부문 핀테크에 투자하는 2억 달러 규모 펀드 조성
	Barclays	유망 핀테크 기업에 대해 최고 5만 달러 투자 및 창업지원 서비스를 제공하는 핀테크 기업육성 프로그램 운영 중
스페인	Santander	런던을 중심으로 1억 달러 규모의 핀테크 투자 펀드 조성
	BBVA	실리콘벨리 중심으로 1억 달러 규모의 핀테크 투자 펀드 조성
스위스	UBS	유망 핀테크기업을 선정하여 지원해주는 창업지원 서비스 운영

자료: 창조경제연구회(2015)

IT기업 주도형으로 구분된다.

금융기업 주도형은 선진국 글로벌 은행들이 환경 변화에 대응하기 위한 방식으로 핀테크 기업을 육성하거나 스타트업에 투자하여 IT 기술과 서비스의 결합을 추구한다.

IT기업 주도형은 IT기업이 모바일, SNS, 빅데이타, 보안 기술 등 혁신 기술을 금융에 적용하여 새로운 서비스를 개발하는 유형으로 미국의 핀테크 기업들은 페이팔(Paypal)을 선두로 3~4년 전부터 주요 IT기업 대부분이 핀테크 산업에 참여하고 있다.

특히 신흥 거대 IT기업인 이베이(eBay), 구글(Google), 애플(Apple), 아마존(Amazon), 페이스북(Facebook) 등은 전자상거래, 스마트폰 플랫폼, SNS의 영역에서 지급결제, 전자지갑, 전자화폐 등의 금융업 분야로 사업을 확대하고 있다.

한편 영국무역투자청(UKTI)은 전통적 핀테크와 신종 핀테크로 구분하고 신종 핀테크의 진출이 가능한 핀테크 세부영역을 제시하기도 하였다. 영국의 경우 대부분의 신종핀테크 기업들은 현재 일부 분야(예: P2P플랫폼, 지급, 자본 시장 등)에 집중하고 있지만, 앞으로는 특히 보험이나 은행의 미들 오피스(Middle Office)와 후선 지원업무(Back Office) 등에 파괴적 혁신모형의 출현 가능성이 높을 것으로 보고 있다.

이러한 사례는 정책당국이 핀테크 산업의 활성화 및 성공을 위해서 기존 금융 서비스 회사와 신종 핀테크 기업 간 정보 공유 촉진 등 협력체제를 강화하는 한편, 향후 금융서비

<표 3>   전통 핀테크와 신종 핀테크 비교

구분	전통 핀테크(traditional Fintech)	신종 핀테크(emerging Fintech)
유형	대규모 기술기업이 금융서비스 산업을 지원하는 facilitator 유형	소규모 혁신기술기업이 금융서비스회사의 탈중개를 초래하는 'disruptors' 유형
사례기업	Flserv, SunGard, Infosys, FirstData 등	Zopa, Fidor Bank, Transferwise 등

<그림 1>   향후 신종 핀테크 산업중 발전 잠재력이 높은 부문

섹터	금융상품	영역			금융활동 (신용조회)	금융활동	후선지원	핵심고객	비핵심고객 (E-월렛/선불카드 · 고객)
은행	개인	자유예금	지급결제	저축예금	고객관리	리스크관리 지급결제 서비스	보안 추심 대출포트폴리오관리	종업원 부유층 고액자산가	서브프라임 비고객 청소년
		카드	담보대출	신용대출	인수				
	기업	유동성관리	지급결제		자문 인수	리스크관리 재무 지급결제	보안 워크아웃 대출포트폴리오관리	대기업 저신용위험	소기업 신생SME 특별FS
		인수	자문 (정보플랫폼)						
보험	개인	유동성 관리			고객유지 계약인수	서비스 자산관리	클레임관리 위험보고	직장인 부유층	고위험 청소년
		자동차	손해	건강					
	기업	기업위험 특수 재난			중개 연수	서비스 자산관리	클레임관리 위험보고	대기업 SME	무역신용
자산관리		능동형	수동형		고객유지 research & 분석 투자관리	리스크관리 Compliance 거래실행	리포팅 청산	중산층 보험회사 연금기금	중소연금 기금 저소득 소액
		절대수익	혼합형						
		특별관리	개인자산						
자본시장		리서치	거래		research & 분석 투자실행	리스크관리 Compliance 청산결제	리포팅 예수	대형 자산매니저 헤지펀드	연금기금 특수FS
		정산	보안 (거래플랫폼)				(자본시장 S/W)	(미들&백오피스S/W)	

자료: 영국무역투자청(2014)

스 시장의 핵심이 될 데이타 분석 서비스나 개인정보보호 관련 문제에 관한 적극적인 리더십이 필요함을 시사하고 있다.

(3) 핀테크 역할과 생태계 구조

핀테크의 역할 측면에서 본 가장 큰 장점은 다음과 같다.

- 소비자에게 빠르고 값싼 서비스를 제공할 수 있다는 점이다.
- 모든 업무가 창구가 아닌 인터넷을 기반으로 이루어지기 때문에 시간이 절약되며, 초기 투자비용과 인건비가 대폭 줄어들어 기존 은행보다 낮은 수수료에 금융서비스를 제공할 수 있게 된다.
- 낮은 진입장벽으로 보다 종류의 회사들이 금융업에 진출할 수 있으며 금융사 간 경쟁을 통해 소비자들은 양질의 서비스를 제공받을 수 있다.

<그림 2> 핀테크 생태계 구조

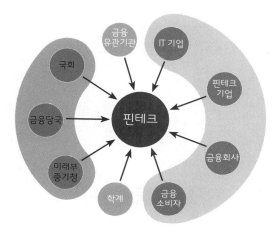

Source : 자본시장연구원

<그림 3> 금융주도 핀테크와 IT주도 핀테크의 비교[5]

여기서 화살표는 IT의 규모와 다양한 기능을 나타내며, 화살표 방향은 IT가 주도하면 안쪽으로 금융이 주도하면 바깥쪽으로 표시되었다.

이러한 강점을 기반으로 핀테크 시장은 급격히 성장하고 있다. 세계 모바일 결제규모는 2012년 1,715억 달러, 2013년 2,558억 달러를 기록하였고 2014년에는 3,526억 달러를 달성할 것으로 예상된다. 또한 2017년에는 현재의 2배 이상으로 성장할 것으로 전망된다.

현재 미국의 페이팔과 중국의 알리페이가 전체 시장의 60~70%를 차지하고 있으며, 우리나라에서도 다음카카오가 '뱅크월렛카카오'를 선보이며 본격적으로 핀테크 시장에 진출하고 있다.

---

5) 상세한 내용은 이성복, 한국은행 전자금융세미나, 자본시장연구원, 2015, 참조.

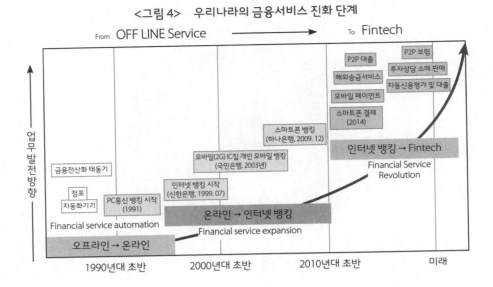

<그림 4>   우리나라의 금융서비스 진화 단계

정부에서도 인터넷은행 설립이 쉽도록 규정을 완화하는 등 핀테크 산업 육성을 적극적으로 지원하고 있다. 이는 혁신의 정도에 따라 전통적(traditional) 핀테크와 신흥(emergent) 핀테크로 구분할 수 있다.

(4) 전통적 핀테크와 신흥핀테크

1) 전통적 핀테크

전통적 핀테크는 기존 금융서비스의 가치사슬 안에서 그 서비스의 효율을 높이는 역할을 한다. 즉 기존 금융서비스를 자동화하려는 금융회사가 가치사슬의 핵심에 위치하고 IT기업은 이를 보조하는 역할을 수행한다.

씨티은행이 블록체인 및 분산원장기술을 활용해서 디지털화폐(Citicoin)로 글로벌 본·지점을 연결하여 자금을 결제·청산하는 시스템을 예시로 들 수 있다.

2) 신흥(emergent) 핀테크

반면 신흥 핀테크는 플랫폼을 제공하는 IT기업이 가치사슬의 핵심을 맡고 기존 금융서비스 전달체계를 변혁하여 파괴적(disruptive) 속성을 갖는다.

지점이 없는 인터넷전문은행이 공인인증서 없는 비대면(非對面) 거래로 기존 관행을 파괴함으로써 단기간에 대규모 고객을 확보하거나, 대출금리와 송금수수료도 파격적으로 낮춤으로써 기존 은행의 금리 및 수수료를 인하시키는 것을 예시로 들 수 있다. 따라서, 이외의 핀테크 사례는 다음과 같다.

• 인터넷뱅킹

- 모바일지급서비스
- 크라우드펀딩
- P2P대출
- 로보어드바이저
- 스마트계약
- 바이오인증 금융거래 등을 들 수 있다.

따라서, 핀테크의 혁신은 다음 그림 5와 같이 창조적 파괴(Creative Distruption)를 지향하는 파괴적 혁신(Distruptive Innovation)으로 이해되어야 할 것이다.

(5) 창조적 파괴(Creative Distruption)

① 창조적 파괴(Creative Destruction)는 경제학자 J. Schumpeter가 경제발전을 설명하게 위해 제시한 개념으로, 기술혁신을 통하여 낡은 것을 버리고 새로운 것을 창조하여 변혁을 일으키는 과정을 말한다.

즉, 기술의 발달에 경제가 얼마나 잘 적응해 나가는지를 설명하기 위해서 제시했던 개념이다.

② 그는 자본주의의 역동성을 가져오는 가장 큰 요인으로서 창조적 파괴를 꼽았는데, 특히 경제발전 과정에서 기업가의 창조적 파괴 행위를 중요시했다.

③ 1912년에 발표한 그의 저서 〈경제발전론〉에 따르면, 이윤은 혁신적인 기업가의 창조적 파괴 행위를 성공적으로 이끈 기업가의 정당한 노력의 대가이며, 그것을 다른 기업이 모방하면서 이윤은 소멸되고, 새로운 혁신적 기업가의 출현으로 다시 사회적 이윤이

<그림 5> 핀테크 혁신과 파괴적 혁신

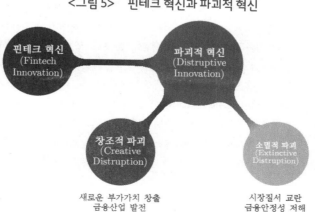

<표 4>   글로벌 주요 유망 핀테크 기업 현황(2014년 기준)

금융권역	아·태지역	북미지역	남미지역	유럽지역	아프리카	총계
금융투자업	4	27	0	16	0	47
지급결제	3	13	0	14	1	31
빅데이터	1	8	0	13	0	22
대부업	3	5	1	5	0	14
은행업	0	2	0	7	0	9
보험업	0	3	0	0	0	3
기타	2	3	0	4	0	0
총계	13	61	1	59	1	135

출처: AWI · KPMG · FSC, DataFox, FinTechCity

<표 5>   핀테크 <Demo day in 캄보디아> (한국 참가기업/2016년)

기업명	서비스 개요
페이콕	• 스마트폰 카메라와 자체적인 문자인식 기술을 연동하여 신용카드 번호, 유효기간 등의 정보 누출 없이 안전하고 편리한 가맹점 결제 솔루션 제공
에프엠소프트	• 증권 HTS(Home Trading System) 등 증권 관련 소프트웨어 개발업체로서, 로보어드바이저 등의 증권시장 도입을 지원
KTB솔루션	• 자체적으로 개발한 IP 역추적 체계, 디바이스 인증 시스템 및 비대면 전자거래에서 이용 가능한 생체 기반 본인인증 시스템(스마트 사인) 등 보안·인증 솔루션 제공
원투씨엠	• 스마트폰 화면에 직접 찍는 스탬프(에코스 스마트 스탬프)를 개발하여, 스마트폰 화면에 터치된 패턴을 기반으로 쿠폰, 명함 등을 발급·승인하는 O2O(Online to Offline) 서비스 제공
BSMIT	• 딥러닝 등 인공지능(AI) 엔진을 적용한 로보어드바이저 프로그램을 개발하여, 상장주식 및 ETF 등을 대상으로 개인별로 최적화된 포트폴리오 운용 서비스를 제공
핀테크매직	• 모든 스마트폰 기종에 적용가능하고, 모든 결제정보 전달 방식(MST, NFC 등)과 호환 가능하며, 가맹점 단말기 교체가 필요 없는 모바일 통합 결제 솔루션(매직 솔루션) 개발
KOSIGN (KB국민은행 협력기업)	• 한국의 대표 SW 9개사가 공동출자한 캄보디아 현지 SW 전문업체로서, 인터넷/모바일뱅킹 등 전자금융, 가상계좌 기반 청구/수납 등 B2B 핀테크, IT 아웃소싱 등의 사업 영위
스케일체인 (KB국민은행 협력기업)	• 프라이빗 블록체인 기술과 스케일체인 컬러드코인을 개발하여 소프트웨어 라이센스 사업, 블록체인 기술 검증·구축 사업, 자산 발생·거래 관련 클라우드 플랫폼 사업 등 영위
센드버드 (KB국민은행 협력기업)	• 금융앱, 실시간 동영상 서비스, 게임 등 모바일 앱과 웹사이트를 위한 채팅 솔루션으로서, 기업들로 하여금 1:1 메시지와 그룹채팅을 5분 내 구현할 수 있도록 하는 서비스 제공
락인컴퍼니 (KB국민은행 협력기업)	• 애플리케이션 운영에 필요한 모든 보안 기능을 제공(소스코드, 라이브러리 등 정보 암호화, 해킹 탐지 등)하여 모바일 해킹을 차단하는 애플리케이션 프로텍터 서비스 제공
자영테크 (SC제일은행 협력기업)	• 금융권 모바일 플랫폼과 디지털 키오스크의 카드 프린터를 연동한 체크카드 자동발급 기술 및 생체정보를 이용한 결제 시스템 등 개발
포시에스 (SC제일은행 협력기업)	• 기존 종이문서를 손쉽게 전자문서로 전환하여, 보험사 전자청약, 은행창구 페이퍼리스, 병원 전자동의서 등에 적용 가능한 전자문서 솔루션(OZ e-form) 개발

생성된다고 설명했다.

④ 창조적 파괴지수(Creative Destruction Index)는 국가경제가 혁신에 얼마나 잘 적응하고 있는지를 평가하는 지수를 말한다.

⑤ 미국의 금융지주회사인 플리트 보스턴 파이낸셜은 정부예산의 국내총생산(GDP) 비중·대학졸업자의 비율·가구 당 PC 보급률·취업률·민주정치 정착기간·국민 평균연령·최고 법인세율·부패도·무역장벽·외환관리 등 10개 지수를 개발해 발표하고 있다.

⑥ 2000년 10월에 발표된 국가별 창조적 파괴지수는 미국이 39점으로 1위, 영국과 싱가포르가 각각 38점으로 공동 2위를 차지하였으며, 우리나라는 30점으로 10위를 차지한 것으로 나타났다.

한편, 금융권역별 구분과 글로벌 지역별 소재의 주요 유망 핀테크 기업의 현황은 다음 표와 같다.

2. 주요 핀테크 사례

(1) 인터넷뱅킹

인터넷뱅킹은 고객이 자금이체, 계좌조회 등 은행 업무를 인터넷을 통해 원격지에서 처리할 수 있는 금융서비스이다. 휴대전화 등 모바일기기를 이용하는 모바일뱅킹의 경우도 넓은 의미에서 인터넷뱅킹의 범주에 포함된다.

인터넷뱅킹 서비스는 제공하는 은행마다 서비스 내용이 조금씩 다르지만 대부분 예금조회, 자금이체, 대출 등의 기본적인 금융서비스 외에도 계좌통합서비스, 기업 간(B2B) 상거래 결제서비스 등을 제공하고 있다. 또한 은행은 각종 상담 및 홍보업무처리도 지원하는 등 인터넷뱅킹을 통해 다양한 서비스를 제공하고 있다.

한편, 모바일뱅킹 서비스는 고객이 휴대전화 등 모바일기기를 수단으로 무선인터넷을 통하여 금융기관에 접속하여 이용할 수 있는 금융서비스이다. 동 서비스는 은행이 이동통신회사의 무선인터넷망을 통해 고객의 자금이체 및 계좌조회 등 금융거래과정 전반을 관리하는 것을 기본구조로 하고 있다.

1999년 농협은행 등이 제공하기 시작한 국내 모바일뱅킹 서비스는 2009년 스마트폰 기반 모바일뱅킹 서비스가 개시된 이후에는 주로 스마트폰을 통해 제공되고 있다. 모바일뱅킹을 통해 제공되고 있는 서비스에는 예금조회, 거래명세조회, 자금이체 등이 있으며, 일부 은행에서는 현금서비스, 대출, 환율조회, 수표조회, 사고신고 등의 서비스까지 제공하고 있다. 모바일뱅킹 서비스는 수출입은행을 제외한 대부분의 국내은행 및 우체국, 신용협동조합 및 새마을금고중앙회 등에서 제공되고 있다.

텔레뱅킹(폰뱅킹)은 고객이 은행창구에 나가지 않고 가정이나 사무실 등에서 전자식 전화기를 통하여 자동응답 서비스를 이용하거나 은행직원과 통화함으로써 자금이체, 조회, 분실신고 및 FAX 통지 등을 할 수 있는 서비스이다.

금융기관의 입장에서는 과도한 인력관리에 따른 비용을 절감할 수 있는 효과가 있으며 고객의 입장에서는 거래시간의 제한이 없다는 장점이 있다.

최근에는 무선휴대폰으로 은행업무를 처리하는 모바일뱅킹이나 인터넷으로 하는 인터넷뱅킹 등의 서비스가 널리 이용되고 있다. 텔레뱅킹을 통해 제공되고 있는 서비스에는 예금조회, 계좌이체, 예 · 적금의 신규 · 해지, 공과금 납부, 사고신고 및 각종 상담서비스 등이 있다.

■ 모바일뱅킹 이용 가속화

: 인터넷전문은행 출범(4월 케이뱅크, 7월 한국카카오)

인터넷뱅킹 등록고객수

(천명, %)

	2014	2015	2016	2017
인터넷뱅킹	103,188 (8.1)	116,853 (13.2)	112,538 (4.9)	135,047 (10.2)
(모바일뱅킹)	60,107 (20.4) <58.3>	76,561 (27.4) <65.5>	78,362 (2.4) <63.9>	90,893 (16.0) <667.3>

주:1) 기말 현재 등록고객 기준, ( )내는 전년말대비 증감률을, 〈 〉내는 전체 인터넷뱅킹 등록고객수 대비 비중
자료: 한국은행

인터넷뱅킹서비스 이용실적(일평균)

(천건, 십억원, %)

		2014	2015	2016	2017
이용건수	인터넷뱅킹	66,437 (22.4)	78,022 (17.4)	87,264 (11.8)	94,913 (8.8)
	(모바일 뱅킹)	31,158 (44.4)	42,393 (36.1)	52,948 (24.9)	58,565 (10.6)
이용금액	인터넷뱅킹	36,853.7 (9.5)	40,286.9 (9.3)	42,308.7 (5.0)	43,464.6 (2.7)
	(모바일 뱅킹)	1,832.6 (29.7)	2,496.2 (36.2)	3,140.7 (25.8)	3,963.0 (26.2)

주:1) ( )내는 전년대비 증감률
자료: 한국은행

(2) 모바일지급 서비스

■ 비금융기업 지급서비스 시장 참여 확대

- SNS, 전자상거래 업체 등 각종 플랫폼 사업자와 유통업체, 이동통신사, 모바일 제조사 등 비금융기업들이 전자금융업자로 등록, 지급서비스 시장 진입 확대

국내 비금융기업의 전자지급서비스 현황

■ 간편결제 및 간편송금 서비스 이용현황[1) 2)]

(일평균, 천건, 십억원, %)

구분		2016(A)	2017(B)	증감(B-A)[3)]	
간편 결제	이용건수	858.8	2,124.3	1,265.5	(147.4)
	이용금액	26.0	67.2	41.2	(158.4)
간편 송금	이용건수	143.5	682.5	539.1	(375.8)
	이용금액	6.8	35.1	28.3	(417.3)

주: 1) 2016년부터 통계 편제를 시작
　 2) 2017년말 기준 국내 서비스 제공업체(간편결제:13개사, 간편송금:13개사)를 대상으로 조사
　 3) ( )내는 증감률

모바일 금융서비스 이용행태 조사 결과

- 모바일단말기 보유: 50대 이하는 대부분 보유, 60대 이상은 71.4%
- 연령별 모바일뱅킹 이용률: 20대(74.0%), 30대(71.8%), 40대(61.2%), 50대(33.5%), 60대(5.5%)
- 최근 6개월 내 모바일뱅킹 이용: 계좌이체(92.6%), 계좌잔액서비스(90.9%)
- 오프라인 상점에서 사용한 모바일 지급수단: 모바일카드(46.6%), 휴대폰 소액결제(32.0%), 직불전자지급수단(16.8%), 전자지갑(14.5%), 선불전자지급수단(1.9%)
- 모바일금융서비스를 이용하지 않는 이유: 개인정보 유출 우려, 안전장치에 대한 불신, 구매절차 복잡, 실수로 인한 손실 우려, 인터넷 사용 미숙

*19세 이상 2,511명을 대상으로 설문조사

출처: 한국은행

(3) 크라우드펀딩(crowd funding)

1) 제도 개요

크라우드펀딩은 군중 또는 다수를 의미하는 영어단어 크라우드(crowd)와 자금조달을 뜻하는 펀딩(funding)을 조합한 용어이다.

창의적 기업가를 비롯한 자금수요자가 인터넷 등의 온라인상에서 자금모집을 중개하는 자(크라우드펀딩 중개업체)를 통하여 불특정 다수의 소액투자자로부터 자금을 조달하는 행위를 의미한다.

주요 유형

자금모집 및 보상방식 등에 따라 후원·기부형, 대출형, 증권형의 다음과 같은 세 가지로 구분된다.

종류	자금모집방식	보상방식	주요사례
후원·기부형	후원금·기부금 납입	무상 또는 비금전적 보상	문화·예술·복지·아이디어 상품
대출형	대출계약 첨가	금전적 보상(이자)	자금이 필요한 개인 또는 사업자
증권형	증권(주식·채권) 투자	금전적 보상(지분, 배당 등)	창업 초기기업 등

2) 자금 조달

발행인 범위: 크라우드펀딩을 통해 증권을 발행하여 자금을 조달할 수 있는 자는 원칙적으로 비상장중소기업으로서 창업 후 7년 이내[6]이거나 프로젝트성 사업을 수행하는 자이다.

발행증권 범위: 지분증권, 채무증권, 투자계약증권

발행증권 한도: 연간 7억원[7]

3) 크라우드펀딩의 장점

신생·창업기업의 원활한 자금조달을 지원하기 위하여 증권신고서 제출을 면제하고 소액공모 대비 제출서류가 간편하다.

인반공모	소액공모	크라우드펀딩
증권신고서 (약 27종)	소액공모 공시서류 (약 17종)	증권발행조건, 재무상황, 사업계획서
금융위 수리	금융위 제출	중개업자 홈페이지 게재

---

6) 다만 벤처기업과 이노비즈기업은 업력이 7년을 초과하여도 가능

7) 크라우드펀딩을 통한 모집가액과 과거 1년간 발행금액(증권신고서를 제출하고 발행한 금액)＋소액공모 금액＋크라우드펀딩 금액)을 모두 합산한 금액이 발행한도 7억원을 초과하지 않아야 함

따라서, 크라우드펀딩은 온라인 플랫폼(중개업자)을 통해 다수의 개인들로부터 자금을 조달하는 금융서비스이다. 이는 세 행위주체 즉, 다음과 같이 정리된다.

① 아이디어 또는 프로젝트 기획자(자금수요자)

② 아이디어를 지원·전파하는 다수의 개인 또는 집단(자금공급자)

③ 아이디어를 실행하도록 이끄는 중개자 또는 조직(플랫폼)으로 이뤄진다.

부연하면 이는 자금수요자가 은행 등 금융중개기관을 거치지 않고 직접 자금공급자를 모집하는 새로운 방식의 자금조달 수단이며, 그 운용과정에서 빅데이터를 이용한 신용평가 등 디지털기술이 활용될 수 있다.

아이디어 기획자는 크라우드펀딩을 통해 자신의 평판을 높이고 해당 프로젝트에 대한 마케팅 효과를 얻으며 참여자로부터 직접 피드백을 얻을 수도 있지만, 초기단계인 아이디어의 공개로 자신의 지적재산권(IP)을 침해받을 수도 있다.

자금공급자(투자)는 온라인 플랫폼을 통한 의사결정으로 거래·탐색비용을 줄일 수 있는 반면 상대방의 프로젝트 진행상황에 대한 정보 부족이나 적절한 모니터링이 어려운 정보의 비대칭(asymmetry) 리스크에 노출될 수도 있다.

크라우드펀딩은 자금모집 방식 및 목적에 따라 크게 후원(기부)형·대출형·투자(증권)형 등으로 구분된다. 후원(기부)형은 예술·복지 등의 분야에서 프로젝트에 자금을 후원하거나 단순하게 기부하는 형태이다.

대출형은 자금이 필요한 개인, 소규모 사업자 등에 소액 대출을 지원하는 유형으로 P2P대출처럼 대출금에 대한 이자수취가 목적이다. 투자(증권)형은 투자금액에 비례한 지분취득과 이익배당을 목적으로 하며 창의적인 아이디어나 기술을 가진 창업기업 등이 초기 사업자금을 조달하는 데 유용하다.

(4) P2P대출(peer-to-peer lending)

P2P대출은 온라인상에서 자금공급자(투자자)와 자금수요자(차입자) 간 전통적인 금융회사의 중개 없이 자금중개가 이뤄지는 금융활동의 하나이다.

P2P는 원래 인터넷망을 통해 개인 간에 자신의 음악·동영상·사진 등의 파일을 공유하는 서비스인데 이 개념을 금융에 접목한 것이다.

초기에는 개인 사이의 대출 중개에 집중하였으나 최근에는 기업에 대한 대출 중개 및 다른 금융서비스 제공까지 그 업무영역을 확장하고 있다.

이러한 대출 형태는 나라마다 조금씩 차이가 있는데 미국의 경우 P2P대출 중개업자는 온라인으로 대출을 신청한 차입자의 관련 어음(notes)을 산업대부회사(ILC; Industrial Loan Company)로부터 매입하여 투자자에게 제공한다.

증권거래위원회(SEC)가 이 어음을 '증권'(securities)으로 해석하여 규제하고, 투자자는 이 증권을 유통시장에서 매도하여 중간에 투자금액을 회수할 수도 있다. 이에 기관투자가까지도 투자자로 참여함에 따라 P2P대출은 시장형 대출(marketplace lending)로도 표현된다.

반면 영국의 경우 소비자신용업이 가능한 P2P대출 중개업자가 투자자들에게서 모금한 자금을 차입자에게 '대출금'으로 집행하므로 미국의 ILC같은 여신금융기관은 별도로 없다. 그래서 금융행위감독청(FCA)이 중개업자들의 자본건전성을 규제한다.

우리나라의 경우 대체로 'P2P대출정보' 중개업자는 자회사인 대부업체로부터 매입한 '원리금수취권리'를 투자자에게 매도하고, 대부업체에게서 대출받은 차입자가 원리금을 상환하면, 이것이 다시 투자자에게 돌아간다.

그래서 대부업 관련 법률을 적용받는다. 금융위원회는 투자자·차입자 등을 보호하기 위해 'P2P대출 가이드라인'(2017. 2. 27)을 마련하여 개인당 P2P대출정보 중개업자별 투자한도(1천만원) 설정, P2P업체 자산과 투자자 예치금의 분리 예치, 과장광고 금지 등을 규제하고 있다.

(5) 로보어드바이저(robo-advisor)

로보어드바이저는 로봇(robot)과 자문가(advisor)의 합성어이다. 이는 인공지능 알고리즘, 빅데이터 등을 활용하여 투자자의 투자성향·리스크선호도·목표수익률 등을 분석하고 그 결과를 바탕으로 투자자문·자산운용 등 온라인 자산관리서비스를 제공하는 것이다.

서비스 제공 과정에서 비용으로 작용하는 사람의 개입을 최소화함으로써 기존 자산관리서비스보다 더 낮은 최소투자금액과 더 싼 수수료로 소액 자산을 가진 일반 개인도 더 쉽게 접근할 수 있게 되었다.

로보어드바이저 서비스는 금융회사의 자문 또는 운용인력이 로보어드바이저의 자산배분 결과를 활용하여 고객에게 자문(자문형)하거나 고객 자산을 직접 운용(일임형)하는 형태나, 로보어드바이저가 고객에게 자문하거나 고객 자산을 직접 운용하는 형태로 이뤄진다. 로보어드바이저 시장에서는 미국이 가장 앞서 나가고 있다.

우리나라의 경우 2017년 12월 현재 금융기관의 28개 알고리즘이 코스콤(KOSCOM)의 제1, 2차 테스트베드를 통과하여 은행, 증권사 및 투자자문사 등 총 19개 금융기관이 로보어드바이저 서비스를 제공하고 있다.

(6) 스마트계약(smart contract)

스마트계약은 블록체인을 이용하여 일정 조건이 만족되면 자동으로 거래가 실행되도록 작성된 컴퓨터 프로토콜 또는 코드를 뜻한다.

1996년 닉 자보(Nick Szabo)가 이 용어를 처음으로 사용하였다. 그는 이 새로운 스마트계약이 디지털 혁명에 의해 종이 계약보다 더 기능적이며, 인공지능을 사용하지 않고서도 계약 당사자들의 약속을 실행하게 만드는 프로토콜을 가진 디지털 형태의 약속세트라고 정의하였다.

2015년 7월 비탈릭 부테린(Vitalik Buterin)이 블록체인 기술을 통해 컴퓨터 분산네트워크를 구성해서 금융거래 이외에도 계약기능 등을 구현한 '이더리움'(Ethereum)이라는 가상통화 플랫폼 서비스를 시작한 후에 이 스마트계약이 더 확산되어가고 있다. 이 기능을 활용하면 개발자가 프로그래밍 언어로 직접 계약조건과 내용을 코딩할 수 있기 때문에 원칙적으로 모든 종류의 계약을 체결하고 이행할 수 있다. 금융거래·부동산계약·공증·지적재산권·공유경제 등 다양한 형태의 계약을 체결·이행할 수 있으며 '블록체인 2.0'이라고도 말한다.

스마트계약은 블록체인 공유네트워크를 통해 계약 이행 및 검증 과정이 자동화되고 계약조건을 확인하는 사람의 간섭과 추가 비용 없이 직접 처리되도록 만든 일종의 컴퓨터 프로그램이다. 따라서 전통적인 계약에 비해 상대방의 불이행 리스크 최소화 및 결제시간의 감소로 비용이 낮아지며, 투명성도 향상되어 신뢰도가 높아짐으로써 더 안전하게 계약이 실행될 수 있다. 예를 들면 손해보험 보상업무의 경우 보험가입자·보험사·손해사정인·정비업체·병원·사법기관 등 여러 이해관계자들이 각각 확인 및 검증절차를 처리해야함으로써 많은 비용과 시간이 들어간다. 하지만 이미 합의한 내용이 담긴 스마트계약 프로그램에 따라 블록체인 기반 공유네트워크를 통해 자동 실행조건이 만족되면, 위변조를 막으면서도 각 이해관계자의 간섭 없이 계약이 자동 실행되고, 그 결과는 모든 이해관계자에게 공유됨으로써 계약이 신속하고 정확하며 안전하게 이행될 수 있는 것이다.

(7) 바이오인증(Biometric Authentication, biometrics) 금융거래

바이오인증은 개인을 식별하거나 인증하기 위해 각 개인마다 구별해서 측정할 수 있는 고유 생체정보를 자동화된 장치로 추출하여 보관하고 인증하는 기술이다.

생체정보는 크게 지문·홍채·정맥·안면·DNA·심장박동 등 신체적 특성과 음성·서명·걸음걸이·자판입력 등 행동적 특성으로 분류된다. 바이오인증은 별도의 보관 및 암기가 불필요하고, 분실우려가 적으며, 도용·양도가 어렵다는 장점을 지닌다. 이런 특징을 바탕으로 바이오인증은 정보통신기술의 발달과 함께 금융거래에서도 본인을 인증하기 위해 사용되는 기존의 비밀번호·공인인증서 등 여러 인증수단을 대체하고 있다. 또한 공항 등 주요 보안시설이나 사무실 건물에의 출입 통제절차에서는 물론 사물인터넷 기술이 적용된 스마트홈 기기 접근 등 일상생활에서도 신분증 · 출입카드 · 비밀번호 등의 대안으로서 그 활용 폭을 넓혀가고 있다.

바이오 인증 개념

등록	인증
• 고객 바이오 정보 특징점 등록 템플릿 추출 • 등록템플릿 저장	• 거래시점 고객 바이오 특징점 인식템플릿 추출 • 등록템플릿과 인식템플릿 비교/인증

4차 산업혁명과 핀테크 시대의 도래에 따라 핵심인증 기술로 주목되고 있는 바이오 인증 도입배경과 인증사례를 정리하면 다음과 같다.

바이오 인증 도입배경

구분	주요내용
1. 정부정책 변화	• 보안인증 정책 자율화로 금융회사 사고 책임 강화 • 일본도 금융회사 사고 책임 강화 시점(2006년) 도입
2. 핀테크시대 대체인증도입	• 공인인증서 의무사용 폐지(2015.3월) • 보안카드 및 OTP 의무사용 폐지(2016.6월)
3. 비대면실명확인 수단 추가	• 비대면실명확인 의무 인증수단 적용(2015.9월)
4. 무매체 간편거래 도입	• 금융거래 편의성 제고 • 미국, 일본, 중국, 대만 등 해외 무매체거래 도입

3. 전자금융과 전자화폐

(1) 전자금융(Electronic Banking)

전자금융은 금융 업무에 컴퓨터 및 정보통신기술을 적용하여 자동화 및 전자화(Network화)를 구현하는 것을 말한다.

국내의 전자금융거래법에서는 이러한 전자금융거래를 '금융회사 또는 전자금융업자

가 전자적 장치를 통하여 금융상품 및 서비스를 제공하고, 이용자가 금융회사 또는 전자
금융업자의 종사자와 직접 대면하거나 의사소통을 하지 아니하고 자동화된 방식으로 서
비스를 이용하는 거래'로 정의하고 있다.

전자금융의 수단으로는 홈뱅킹, 펌뱅킹 등의 PC뱅킹과 전화기를 이용한 폰뱅킹이 주
로 이용되었으나, 정보처리 기술 및 통신기술을 활용한 각종 전자금융서비스의 개발이 이
루어짐으로써 시간적·공간적 제약 없이 금융서비스를 이용할 수 있게 되었다. 최근에는
스마트폰의 등장과 함께 다양한 직불 및 선불 전자지급수단이 출시되고 금융기관을 중심
으로 모바일금융서비스 제공이 확산되고 있다.

특히 금융과 IT기술의 융합이 가속화되면서 출현한 금융서비스는 기존 금융기관이
아닌 IT업체들의 전자금융산업 참여를 가능하게 하였으며, 금융과 기술의 융합인 핀테크
(Fintech)가 등장하는 등 관련 산업 환경이 변화하면서 비금융기업들의 참여가 더욱 활발하
게 진행될 것으로 예상된다.

(2) 전자금융공동망

전자금융공동망은 ARS공동망을 확대 개편하여 2001년 4월부터 가동된 시스템으로
인터넷뱅킹, 모바일뱅킹 등 전자금융서비스에 대한 중계업무를 처리하고 있다. 전자금융
공동망의 대상 업무는 유·무선전화, PC 등의 매체를 통해 이루어지는데 크게 대고객업
무와 중계업무로 구분된다.

대고객업무는 예금 잔액 및 신용카드 관련 각종 정보조회업무, 수표의 사고유무 조회
및 환율조회 등이며, 중계업무에는 타행이체, 타행이체 거래확인 조회 및 자기앞수표 조
회 업무 등이 있다. 전자금융공동망을 이용할 수 있는 예금계좌에는 보통예금, 당좌예금,
저축예금, 기업자유예금, 투자자예탁금 등이 있다. 은행의 전자금융업무 운영시간은 연중
무휴로 00시 05분부터 23시 55분까지로 하되, 공동운영시간대인 07시부터 23시 30분 이
외 시간대의 운영여부는 참가기관이 자율적으로 정하고 있다.

(3) 전자화폐(Electronic Money)

전자화폐는 IC카드 등에 화폐가치를 저장하였다가 상품 등의 구매에 사용할 수 있는
전자지급수단으로서 범용성과 환금성을 갖춘 것을 말한다. 전자화폐의 유형은 가치저장
매체에 따라 IC카드형과 네트워크형으로 구분할 수 있다. IC카드형은 플라스틱 카드 위에
부착된 IC칩에 화폐가치를 저장하였다가 상품이나 서비스를 구매한 후 가맹점용 단말기
등을 통하여 대금을 지급하는 형태의 전자화폐로 국내에는 K-Cash, VisaCash, MYbi 등
이 있다.

인터넷 네트워크를 통하여 구매대금을 지급하는 형태의 네트워크형 전자화폐는 현재는 발행되지 않고 있다.

(4) 전자화폐공동망

전자화폐공동망은 금융기관이 공동으로 개발한 한국형 전자화폐(K-CASH) 이용 시 발생한 금융기관간 정산금액을 결제하기 위한 시스템으로 2000년 7월 가동되었다. K-CASH 이용자가 본인의 예금을 기반으로 전자화폐에 가치를 저장하면, 발행은행은 고객의 예금계좌에서 전자화폐 구매금액을 인출하여 선불계정에 예치한다. 구매거래가 발생하여 금융결제원으로부터 결제 및 정산내역을 전송받으면, 결제할 금액을 선불계정에서 인출하여 한국은행과의 차액결제를 통해 매입은행에 지불한다.

한편 2013년 3월 국내은행들과 금융결제원이 공동개발한 모바일지갑 서비스인 뱅크월렛(BankWallet)의 선불전자지급수단인 뱅크머니(BankMoney)도 전자화폐공동망을 이용하여 개인간 송금 서비스를 제공하고 있다.

전자화폐의 결제과정에는 발행은행, 매입은행, VAN사업자 및 전자화폐공동망센터(금융결제원)가 참여하고 있으며, 은행 간 거래차액의 결제는 한은금융망을 통해 완결된다.

4. 연관 개념의 이해

(1) 레그테크(RT; RegTech, Regulatory Technology)

레그테크는 금융업 등 산업 전반에 걸쳐 혁신 정보기술(IT)과 규제를 결합하여 규제 관련 요구사항 및 절차를 향상시키는 기술 또는 회사를 뜻한다. 이는 금융서비스 산업의 새 영역이자 일종의 핀테크(FinTech)이다.

레그테크회사들은 수작업의 자동화, 분석·보고절차의 연결, 데이터 품질 개선, 데이터에 대한 전체적인 시각의 창출, 절차관련 앱(application)에 의한 데이터 자동 분석, 핵심 사업에 대한 의사결정과 규제당국 앞 송부용 보고서 생산에 초점을 맞춘다.

레그테크의 핵심 특징은 다음과 같다.

- 민첩성(잡다하게 얽힌 데이터 세트의 분리 및 조직화)
- 속도(speed, 신속한 보고대상의 인식 및 산출)
- 통합(단기간에 해결책 확보 및 운영)
- 분석('빅데이터'의 채굴 및 그 진정한 잠재력 파악을 위한 분석도구의 활용) 등이다.

(2) 금융의 탈집중화(decentralization)

금융의 탈집중화는 금융시장을 지배하고 있는 기존의 대형 금융회사들이 시너지효과를 창출하기 위해서이다. 특히, 고객에게 예금·대출·송금·결제·보험·투자 등 여러 분야의 금융서비스를 종합적으로 제공해오던 '집중화'추세가 혁신적인 정보통신기술을 활용하여 분야별 금융시장에 새로 진입한 핀테크 업체들의 파괴적인 경쟁력 때문에 오히려 금융 분야별로 더 세분화되는(unbundling) 현상을 말한다. 예를 들면, 대출 분야의 경우 지점을 갖지 않는 인터넷전문은행이 인터넷(모바일) 금융서비스 분야에 새로 진입하여 획기적으로 단기간에 대규모 고객을 확보함에 따라, 기존 대형 은행들이 대출금리 하향 조정 압력을 받게 됨은 물론 은행 내부에서 인터넷(모바일)뱅킹사업 분야의 조직이나 인원을 별도로 강화할 수밖에 없게 되었다.

해외송금 분야에서는 블록체인·모바일네트워크 등을 활용해서 금융중개기관을 거치지 않고 더 싼 수수료로 직접 수신자에게 송금하는 핀테크 업체가 등장함에 따라 기존 대형 금융기관들이 그 수수료를 낮추거나 핀테크를 활용하여 더 혁신적인 해외송금 방식을 모색하는 계기가 되었다. 또한 투자자문 분야에서도 로보어드바이저로 더 싸고 효율적인 투자자문을 실행할 수 있게 됨에 따라, 대형 투자금융회사로 투자자문업이 집중화되는 추세가 완화됨은 물론 그 투자금융회사 내부에서도 로보어드바이저 관련 인공지능 전문 인원 및 조직을 확대하게 되는 것이다.

이처럼 금융의 탈집중화는 결국 금융 분야별로 서비스 공급자의 수를 증가시킨다. 하지만 '금융의 탈중개화'는 블록체인을 통한 송금, P2P대출처럼 금융 중개를 거치지 않고 거래가 당사자 간에 직접 이뤄지기 때문에 금융중개기관에 대한 수요를 감소시킨다. 따라서, 핀테크의 발달은 금융업의 분화 현상을 더 심화시키고 금융서비스의 탈집중화 및 탈중개화 경향을 촉진함으로써 금융서비스가 기존 금융시스템과 분리되는 움직임을 가속화시킬 전망이다.

(3) 블록체인(block chain)

가상화폐 거래 내역을 기록하는 장부. 신용이 필요한 온라인 거래에서 해킹을 막기 위한 기술로 사용된다.

1) 개요

가상화폐 거래 내역을 기록하는 장부다. 본래 비트코인(Bitcoin) 거래를 위한 보안기술이다. 2008년 10월 사토시 나카모토라는 익명의 개발자가 온라인에 올린 '비트코인: P2P 전자화폐시스템(Bitcoin: A Peer-to-Peer Electronic Cash System)'이라는 논문에서 처음 등장했다. 사토시 나카모토는 2009년 1월 비트코인을 만들어 공개했다.

2) 비트코인

비트코인은 온라인에서 사용하는 전자화폐다. 별도의 발행처나 관리기관이 없고 누구나 발행하거나 사용할 수 있다.

은행이나 환전소를 거치지 않고 당사자 간 직거래를 하므로 수수료가 적거나 없다. 다만 상대방을 신뢰할 수 없는 온라인 직거래의 특성상 화폐를 암호화하는 방식을 택했다. 비트코인은 특정한 비밀 키를 가진 사용자만 정보를 확인할 수 있는 공개 키 암호 방식을 사용한다.

3) 특징

① 거래 내역을 중앙 서버에 저장하는 일반적인 금융기관과 달리, 블록체인은 비트코인을 사용하는 모든 사람의 컴퓨터에 저장된다.

② 누구나 거래 내역을 확인할 수 있어 '공공 거래 장부(Public Ledger)'라 불린다. 거래 장부가 공개되어 있고 모든 사용자가 사본을 가지고 있으므로 해킹을 통한 위조도 의미가 없다.

③ 특히 블루체인은 신용이 필요한 금융거래 등의 서비스를 중앙집중적 시스템 없이 가능하게 했다는 점에서 높은 평가를 받는다.

④ 향후 대표적인 핀테크(FinTech) 기술로 비트코인 이외의 다른 온라인 금융거래에 활용될 가능성도 크다.

4) 비트코인 방식

① 블록체인은 분산 데이터베이스의 하나로 P2P(Peer to Peer) 네트워크를 활용한다. 블록체인이 비트코인 사용자 모두의 컴퓨터에 저장될 수 있는 것은 이 때문이다.

② 분산 데이터베이스란 데이터를 물리적으로 분산시켜 다수의 이용자가 대규모의 데이터베이스를 공유하게 만드는 기술이다.

③ 데이터를 분산 배치하므로 비용이 적게 들고 장애에 강한 편이다.

④ P2P는 서버나 클라이언트 없이 개인 컴퓨터 사이를 연결하는 통신망이다. 연결된 각각의 컴퓨터가 서버이자 클라이언트 역할을 하며 정보를 공유한다.

⑤ 블록체인은 인터넷으로 연결된 가상화폐 사용자들의 P2P 네트워크를 만든다. 이를 통해 가상화폐의 거래 내역(블록)이 사용자의 컴퓨터에 저장된다.

⑥ 그 중 사용자 과반수의 데이터와 일치하는 거래 내역은 정상 장부로 확인되어 블록으로 묶여 보관한다. 비트코인의 경우 10분 정도마다 사용자들의 거래 장부를 검사해 해당 시간의 거래 내역을 한 블록으로 묶는다.

⑦ 만일 특정 사용자의 장부에서 누락 등의 오류가 발견되면, 정상 장부를 복제해 대체하는 방식으로 수정한다. 새로운 거래 내역을 담은 블록이 만들어지면 앞의 블록 뒤에 덧붙이는 과정이 반복된다. 블록체인(Blockchain)이란 이름도 거래 내역(블록, Block)을 연결(Chain)했다는 뜻이다.

⑧ 거래할 때는 각 사용자가 가진 거래 내역을 대조한다. 이를 통해 거래 내역의 진위를 파악할 수 있어 데이터 위조가 방지된다. 블록체인의 보안 안정성은 데이터를 공유하는 이용자가 많을수록 커진다.

⑨ 블록체인은 비트코인 이외에도 클라우드 컴퓨팅 서비스 등 다양한 온라인 서비스에 활용되고 있다.

따라서 블록체인은 다음과 같은 특징을 가진다.
- 일정 시간 동안 발생한 모든 거래정보를 블록(block) 단위로 기록하여
- 모든 구성원들에게 전송하고
- 블록의 유효성이 확보될 경우 이 새 블록을
- 기존의 블록에 추가 연결(chain)하여 보관하는 방식의 알고리즘이다.

각 블록은 이전 블록에 대한 연결자인 해시포인터(a hash pointer) 즉, 위변조 점검 수단과 시간표시 및 거래데이터를 포함한다.

블록체인은 효율적이고 검증 가능한 방식으로 거래를 기록할 수 있는 개방된 분산원장 즉, 데이터베이스 역할을 한다.

이는 참여자 간 공유(peer to peer) 네트워크가 집단적으로 새 블록을 검증하기 위한 프로토콜에 따라 관리된다. 그래서 만약 누군가 거래기록을 조작하려면 참여자간 연결된 모든 블록을 새 블록 생성 이전에 조작해야 한다.

즉 일정 시간 안에 수많은 블록을 모두 조작해야 하는데, 이는 사실상 불가능하므로 보안성이 높은 것이다. 이 블록체인 덕분에 새로운 단위가치의 거래가 오직 한 번만 이뤄짐으로써, 사기행위와 같은 이중 지급(double spending) 문제를 해결할 수 있게 되었다.

또한 블록체인에서는 '제3의 기관'이 필요 없는 탈중앙화와 중개기관을 거치지 않는 탈중개화가 이뤄지기 때문에 거래비용이 획기적으로 낮아진다.

그래서 블록체인은 비트코인·이더리움(Ethereum) 등 가상통화 운용의 기반이 될 뿐만 아니라 스마트계약, 증권 발행 및 거래, 해외송금 및 자금이체, 무역금융, 부동산 등기, 고가품(예: 다이아몬드)의 정품 인증, 디지털 ID 관리, 전자투표, 개인건강기록 관리 등 여러 분야에서 무한한 혁신 잠재력을 지니고 있다.

5) 분산원장기술(DLT; Distributed Ledger Technology)

분산원장기술은 거래정보가 기록된 원장을 특정 기관의 중앙 서버가 아닌 공유(P2P; Peer-to-Peer) 네트워크에 분산하여 참가자가 공동으로 기록·관리하는 기술이다. 따라서, P2P는 다음과 같이 정리된다.

① 개인과 개인 간 또는 단말기와 단말기간의 정보·데이터 교환을 말한다. 영어 원뜻대로 해석한다면 '대등한 사람·동료(peer)' 간의 교환이라는 뜻이다.

② 기존의 서버와 클라이언트 개념이나 공급자와 소비자 개념에서 벗어나 개인 컴퓨터끼리 직접 연결하고 검색함으로써 모든 참여자가 공급자인 동시에 수요자가 되는 형태이다.

③ 이러한 방식을 응용한 인터넷 서비스 업체가 등장하면서 주목받게 되었다.

④ 인터넷을 통해 자신들이 갖고 있는 음악 파일을 자유롭게 공유할 수 있게 해주는 냅스터, 소리바다 등이 대표적인 사례다.

⑤ 이용방법은 P2P서비스 업체의 사이트에 접속하여 회원등록을 한 후 전용 소프트웨어를 다운받는 것으로 끝난다.

⑥ 이후에는 해당 사이트에 접속하지 않아도 인터넷에 연결만 되어 있으면 전용 소프트웨어를 통해 원하는 데이터를 자신의 저장 공간으로 옮겨 담을 수 있다.

⑦ P2P서비스는 이용자의 저장장치를 공유시켜 주기만 하면 되기 때문에 중앙에서 별도의 저장, 관리가 필요하지 않다.

■ **분산원장기술(Distributed Ledger Technology)**

• 네트워크의 각 노드가 분산 및 동조화(distributed and synchronized)되어 있는 원장을 검증하고 변화를 기록할 수 있는 **제반 기술 및 절차**
  ⇒ **거래정보**를 기록한 원장을 특정 기관의 중앙 서버가 아닌 **P2P 네트워크**에 분산하여 참가자 **공동으로 기록하고 관리하는 방식**

• **블록체인(Block Chail)**은 분산원장개념을 구현하는 기술

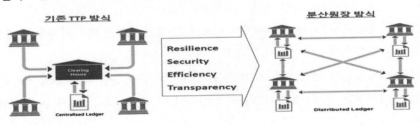

출처: 한국은행

■ **분산원장 방식의 장점**

- **보안성** : 해킹, 물리적인 침입으로부터 시스템이 공격당할 가능성이 거의 없음
- **탈중개성** : 금융거래 승인 및 기록 보관을 위한 중앙운영기관이 불필요
- **단일실패점 위험 감소** : 제품이나 서비스 구성요소 중 하나가 정상적으로 작동하지 않으면 전체 제품 또는 서비스가 중단되는 단일실패점(Single point of failure) 위험이 제한
- **확장성** : 신뢰성 있는 스마트계약(smart contract)을 구현할 수 있는 기반기술을 제공함으로써 금융, 무역 및 물류, 인증, 보험 등 다양한 분야에서 활용 가능

■ **분산원장 방식의 단점**

- **과도한 에너지 소모** : 1년간 채굴에 소모되는 전력량은 120~140 Tera Watt 예상(모건스탠리)
  - * 전세계 전력소모량의 0.6% 아르헨티나 연간 전략 사용량 규모
- **높은 거래수수료** : 거래수수료가 신용카드 등의 지급수단과 비교해 높은 수준
- **지배구조** : 시스템 참가기관간 이해 상충시 조정의 어려움(hard fork), 소수 채굴자(또는 검증자)의 시장지배력 확대 가능성(비트코인의 경우 2.5%의 주소에 96%의 비트코인이 보유)

출처 : 한국은행

⑧ 이러한 장점과 네티즌들의 폭발적인 호응 때문에 인터넷 기업들로부터 새로운 비즈니스 모델로 주목받고 있다.

전통적 금융시스템의 근간을 이루고 있는 중앙집중형(centralized) 시스템은 원장을 집중·관리하는 '제3의 기관'(TTP; Trusted Third Party)을 설립하고 해당 기관에 대한 신뢰를 확보하는 방식으로 발전해 왔다.

예컨대 투자자들이 증권회사를 통해 거래하는 주식을 집중·관리하는 '한국예탁결제원'(KSD)이 곧 제3의 기관이다. 반면 분산원장기술에서는 다수 참여자가 거래내역이 기록된 원장 전체를 각각 분산 보관하고, 거래할 때마다 이를 검증하며 갱신하는 작업을 공동으로 수행한다.

분산원장기술은 가상통화 발행처럼 누구나 접근 가능하고 거래의 기록 및 관리에도 참여할 수 있는 개방형(public)과 기업내부 또는 금융회사 간 시스템처럼 허가받은 경우에만 접근할 수 있는 폐쇄형(private)으로 나눌 수 있다.

분산원장기술은 당초 비트코인·이더리움 등 가상통화(virtual currency)의 기반 기술로 개발되었으나, 현재는 동 기술을 다양한 금융서비스에 활용하기 위한 방안을 모색 중이다.

6) 가상통화(virtual currency)

가상통화는 중앙은행이나 금융기관이 아닌 민간에서 블록체인을 기반기술로 하여 발행·유통되는 '가치의 전자적 표시'(digital representation of value)로서 비트코인이 가장 대표적인 가상통화이다.

비트코인 등장 이전에는 특별한 법적 근거 없이 민간 기업이 발행하고 인터넷공간에서 사용되는 사이버머니(게임머니 등)나 온·오프라인에서 사용되고 있는 각종 포인트를 가상통화로 통칭하였다.

그러나 2009년 비트코인이 등장하면서 가상통화의 개념이 변화되고 있다. 비트코인은 블록체인기술을 기반으로 하여 중앙운영기관 없이 P2P(peer-to-peer) 거래가 가능한 분산형 시스템을 통해 발행·유통된다는 점에서 발행기관이 중앙에서 발행·유통을 통제하는 기존의 사이버머니나 멤버십 포인트 등과 기반이 완전히 상이하기 때문이다.

현재 비트코인 거래가 크게 늘어나고 가격도 급등한 가운데 비트코인 이외에 많은 신종코인(Alt-coin)도 출현하면서 이들 가상통화를 구분할 필요성이 발생하였다.

이에 따라 최근 IMF 등 국제기구에서는 비트코인류의 가상통화를 '암호통화'(cryptocurrency)로 부르면서 종래의 가상통화의 하위 개념으로 분류하고 있는 추세이다.

7) 가상통화공개 (ICO; Initial Coin Offering)

가상통화공개는 주로 혁신적인 신생기업(startup)이 암호화화폐(cryptocurrency) 또는 디지털 토큰(digital token, 일종의 투자증명)을 이용하여 자금을 조달할 수 있는 크라우드펀딩(crowd funding)의 한 방식이다.

가상통화공개에서 새로 발행된 암호화화폐는 법화(TTP) 또는 비트코인 등 기존의 가상통화와 교환되어 투자자에게 팔린다.

이 용어는 거래소에 상장하려는 기업이 투자자에게 자기 주식을 처음 공개적으로 매도하는 기업공개(IPO; Initial Public Offering)에서 연유되었다고 볼 수 있다.

기업공개(IPO)에 참여한 투자자는 해당 기업의 소유권과 관련하여 주식을 획득한다. 반면 가상통화공개(ICO)에 참여한 투자자는 해당 신생기업의 코인(coins) 또는 토큰을 얻는데, 이는 해당 기업이 제안한 프로젝트가 나중에 성공했을 경우 평가될 수 있는 가치(value)로 볼 수 있다.

ICO는 주로 블록체인플랫폼인 이더리움(Etherium)에서 이뤄지고 있다. 우리나라의 경우 현재 금지하고 있으며 앞으로 ICO에 대한 논의를 거쳐 유사수신행위 또는 증권관련 법률로 규제할 것으로 보인다.

8) 빅데이터(big data)

빅데이터란 복잡하고 다양한 대규모 데이터세트 자체는 물론 이 데이터세트로부터 정보를 추출하고 결과를 분석하여 더 큰 가치를 창출하는 기술을 뜻한다. 수치 데이터 등 기존의 정형화된 정보뿐 아니라 텍스트·이미지·오디오·로그기록 등 여러 형태의 비정형 정보가 데이터로 활용된다.

최근 모바일기기와 SNS 이용 보편화, 사물인터넷 확산 등으로 데이터의 양이 기하급수적으로 늘어나고 있다. 하지만 저장매체의 가격 하락 등으로 데이터 관리비용이 감소하고, 클라우드 컴퓨팅 등으로 데이터 처리·분석 기술도 발전하면서 빅데이터 활용 여건은 계속 개선되어가고 있다.

빅데이터 관련 기술은 데이터를 수집·저장하는 데이터 '처리기술'과 데이터를 분석·시각화하는 데이터 '분석기술'로 구성된다. 데이터 처리기술의 발달은 저가의 서버와 하드디스크를 여러 대 연결하여 대용량 데이터를 분산 처리함으로써 기존의 고비용 데이터 분석 솔루션을 대체하였다.

데이터 분석기술의 발달은 기존 데이터 분석에서는 불가능했던 비선형적 상관관계 규명, 감성분석 등 비정형화된 분석도 가능하게 만들었다.

여기서 감성분석은 텍스트 채굴(text mining) 기술의 하나로 텍스트(예: 상품 품평)에 나타난 사람들의 태도·의견·성향 등 주관적인 속성을 지닌 데이터 추출·분석기법이다. 이처럼 빅데이터는 대량(high-volume), 초고속(high-velocity), 고다양성(high-variety), 고가변성(high-variability)의 특성을 지니며 고정확성(high-veracity)을 확보해야하는 정보 자산이다.

9) 규제 샌드박스(regulatory sandbox)

규제 샌드박스는 핀테크 기업이 현행 규제를 적용받지 않으면서 자신의 혁신적인 금융상품과 비즈니스모델을 시험할 수 있는 공간이나 제도를 뜻한다.

이 용어는 어린이들이 안전하고 자유롭게 놀 수 있는 놀이터의 모래구역, 즉 'sandbox'를 연상시킨다.

즉 규제 샌드박스에 참여하는 소비자에게는 안전장치를 두고, 혁신적인 기업가에게는 규제를 면제하거나 완화함으로써, 핀테크 기업의 새로운 도전과 시험을 활성화하려는 규제기관의 정책의지 또는 참여한 기업·소비자의 혁신적인 활동모습을 연상시킨다.

이는 영국의 금융감독기구인 금융행위규제청(FCA)이 핀테크 전담조직(Innovation Hub)을 설치하고 지속적으로 관련 산업을 지원하기 위해 규제 개선의 필요성을 검토하는 가운데 규제 개선을 위한 여러 방안들 중의 하나로 도입한 것이다. 규제 샌드박스의 장점은 다음과 같다.

　① 혁신적인 아이디어가 시장(market)에 접근할 수 있는 시간과 비용을 줄이고

　② 혁신기업의 자금조달을 쉽게 해주며

　③ 더 많은 혁신적인 상품이 시험되고 시장에 도입될 수 있을 뿐만 아니라

　④ 규제기관이 미리 새로운 상품 및 서비스에 대한 적절한 소비자보호 안전장치를 확보할 수 있다는 점이다.

10) 인터넷전문은행(Internet only bank)

인터넷전문은행은 점포 없이 또는 소수의 영업점만을 두고 인터넷, 모바일, ATM 등 전자매체를 주된 영업채널로 활용하는 온라인 기반의 은행으로서, 이는 은행서비스를 인터넷으로 제공하는 영업방식을 뜻하는 인터넷뱅킹과는 다른 개념이다.

인터넷전문은행이 은행업을 영위하기 위해서는 금융위원회로부터 인가를 받아야 하며, 이를 위해서는 500억원 이상의 자본금, 소유 규제에 적합한 주주구성, 업무범위에 적합한 인력 및 시설 등의 요건을 갖춰야 한다.

2017년 12월말 현재 우리나라에는 케이뱅크은행(2017.4월), 한국카카오은행(2017.7월) 등 2개가 인터넷전문은행으로 인가받아 영업을 하고 있다.

인터넷전문은행을 통해 금융소비자는 점포 방문 없이 다양한 금융서비스 이용이 가능해지고, 저신용자 대상 중금리 신용대출 및 IT·금융 융합을 통한 핀테크의 활성화와 은행 간 금리·수수료 경쟁 촉진 등으로 인한 국민후생 증진 등이 기대된다.

11) 소액결제시스템(retail payment system)

소액결제시스템은 주로 기업이나 개인의 소액거래를 처리하는 자금결제시스템으로서 주로 계좌이체나 지급카드, 수표, 지로 등과 관련된 결제가 소액결제시스템으로 처리된다. 소액결제시스템은 거래 대상이 광범위하고 결제건수가 매우 많아 결제건수와 결제유동성을 줄일 수 있는 차액결제방식을 이용하는 것이 일반적이며 참가기관의 차액결제 불이행 사태에 대비하여 순신용한도 설정, 사전담보 제공, 손실공동분담제 등과 같은 리스크 관리 제도를 두는 경우가 많다.

우리나라의 소액결제시스템은 금융결제원이 운영하고 있으며 다음과 같이 구분할 수 있다.

- 어음교환시스템
- 지로시스템
- 금융공동망(CD공동망, 타행환공동망, 직불카드공동망, CMS공동망, 지방은행공동망, 전자금융공동망, 전자화폐공동망, 국가 간 ATM공동망)

• 전자상거래 결제시스템 등이 있다.

12) EDI(Electronic Data Interchange)

EDI는 기업 상호 간에 접속된 컴퓨터를 이용하여 재화와 용역의 거래정보를 표준화된 양식으로 교환하여 상거래를 처리함으로써 각종 서류작성 및 거래 정보의 컴퓨터 중복입력 등을 생략하고 업무처리의 정확성 및 효율성을 높이기 위해 개발된 시스템이다.

표준화된 형태의 정보이므로 수신한 기업이나 조직에서는 새로이 입력할 필요 없이 전송받은 그대로 업무에 활용할 수 있어서 작성상의 오류를 방지하고 업무처리 시간을 크게 단축함은 물론 인력 및 재고량의 감축, 대고객 서비스 향상 등을 기할 수 있다.

EDI 표준은 용도에 따라 전자문서표준, 메시지표준, 통신표준 등으로 구분된다. 한편 이와 같은 상거래 과정에 은행이 개입하여 기업의 거래정보뿐만 아니라 기업과 거래은행 간의 지급결제를 포함한 거래정보까지도 전자적으로 처리함으로써 모든 거래를 신속히 종결시키는 시스템을 금융EDI라고 한다.

13) 고객확인절차(KYC; Know Your Customer)

고객확인절차는 고객의 신원을 식별하고 확인하는(verify) 업무절차를 뜻한다. 모든 회사는 대리인·컨설턴트 등과 업무를 시작할 때에도 이 절차를 거쳐야 한다. 이는 특히 은행·보험·수출금융 등 금융업무절차나 자금세탁방지(AML; Anti-Money Laundering) 규제에서 자주 거론된다. 이 절차의 목적은 주로 은행이 자금세탁행위 등의 범죄 요소로 악용되는 것을 예방하는 것이다. 은행은 고객과의 금융거래를 더 잘 이해함으로써 고객의 리스크를 더 건전하게 관리할 수 있다.

14) 암호화폐

암호화폐란 비트코인처럼 암호학에 기반해 만들어져 안전한 거래가 가능하도록 매개하는 화폐. 가상화폐라는 용어로도 쓰인다.

⊙ '크립토재킹' 피해 세계 4위...보안업체 '파이어아이' 발표

해킹을 통한 가상화폐 채굴 유형
- 클라우드·챗봇시스템에 침투해 채굴에 활용
- 브라우저나 인터넷 사이트 광고에 악성코드 삽입
- 모바일 앱스토어에 채굴코드 담긴 앱을 게재

가상화폐 시장의 성장으로 인해 새로운 해킹이 늘어나고 있다는 보고서가 나왔다. 14일 보안업체인 파이어아이는 최근 늘어나고 있는 블록체인 기반 가상화폐에 대한 사이버공격 현황을 조사한 보고서를 공개했다. 보고서는 "주요 공격으로는 크립토재킹(Cryptojacking)이라 불리는 가상화폐 악성 채굴을 비롯해 가상화폐 지갑 관련 개인정보 수집, 강탈 활동 및 가상화폐 거래를 대상으로 하는 공격이 있다"고 소개했다. 블록체인은 여러 컴퓨터가 연결된 네트워크를 통해 거래가 이뤄진 데이터들의 진위를 결정한다. 그런데 이처럼 네트워크 위에 올라오는 수많은 데이터는 아무나 접근할 수 없도록 암호화돼야 하는데, 암호를 걸고 해독하는 과정에 상당한 컴퓨터 자원이 소모된다.

가상화폐 생태계에 참여하는 이들은 이 컴퓨터 자원을 제공하는 대신 보상으로 가상화폐를 받는데 이 과정을 '채굴'이라고 한다. 해당 블록체인이 잘 돌아가도록 컴퓨터를 제공하고 보상을 받는 셈이다. 그런데 이런 채굴 과정을 내 PC와 전기를 통해 진행하는 것이 아니라 대학교나 공공기관, 또는 제3자의 것을 도용해 진행하는 것을 크립토재킹이라고 한다.

파이어아이는 "2018년 초부터 가상화폐 채굴 악성코드 발견이 증가했다"며 "이에 가장 많은 영향을 받은 나라는 미국이며 태국·싱가포르·한국이 각각 그 뒤를 이었다"고 전했다. 크립토재킹 때문에 가장 많이 악영향을 받은 곳은 대학교였다고 보고서는 밝혔다.

해커들이 선호하는 대표적인 크립토재킹 채널은 기업들이 최근 많이 도입하고 있는 클라우드컴퓨팅이다. 클라우드컴퓨팅은 대규모 PC·전기를 사용하기 때문에 크립토재킹을 하는 사람들은 눈에 띄지 않고 시스템에 잠입해 가상화폐를 채굴하기가 쉽다(매일경제, 2018.8.14.).

⊙ 암호화폐로 돈방석 앉은 글로벌 슈퍼리치, 누군가 보니…

그동안 암호화폐를 통해 막대한 돈을 번 투자자들이 적지 않은 가운데 미국의 포브스

(Forbes)가 돈방석에 오른 20명의 명단을 발표해 눈길을 끈다.

포브스 발표에 따르면 암호화폐로 가장 많은 자산을 획득한 사람은 블록체인 (Blockchain)21 전문기업 리플(Ripple)의 창업자로 해당 네트워크에서 발행한 암호화폐 52억 XRP(75억~80억달러 가치)를 보유한 크리스 라슨(Chris Larsen)이었다. 2위는 블록체인 플랫폼 이더리움(Ethereum)의 공동 창업자인 조셉 루빈(Joseph Lubin, 10~50억달러), 3위는 중국 암호화폐 거래소 바이낸스(Binance)의 CEO 장펑자오(Changpeng Zhao, 11~20억달러)이었다. 한국에서는 암호화폐 거래소 업비트 (Upbit)의 창업자 송치형(3억 5,000만~5억 달러)씨가 29위에 올랐다.

업비트는 지난해 12월 이석우 전 카카오 공동대표를 새로운 수장으로 선임, 글로벌 확장과 신규서비스 개발에 집중하고 있는 것으로 알려졌다.(매일경제, 2018.8.13.)

15) 증강현실(Augmented Reality)

① 실제 화면에 가상의 정보를 덧붙여 보여주는 기술. 증강 현실 (AR)은 편리할 뿐만 아니라 감성적 측면의 만족도가 높기 때문에 방송은 물론 게임, 교육, 오락, 패션 같은 다양한 분야에서 응용이 가능하다.

② AR 기술을 이용하면 스포츠 중계 때 등장하는 선수가 소속한 나라의 국기나 선수의 정보를 보여주기도 하고, 화장품을 살 때 화장한 모습을 미리 볼 수 있으며, 옷도 가상으로 입어보고 살 수 있다.

③ 모바일 분야에서는 위치 기반 서비스(LBS) 분야에서 이용이 활발한데, 스마트폰으로 거리를 비추면 커피숍이나 약국 같은 정보가 화면에 나타나는 것이다. 증강 현실(AR) 개념은 1997년 로널드 아즈마(Ronald Azuma)에 의해 구체화되었다.

16) 위치 기반 서비스(LBS, Location-Based Service)

위치 기반 서비스는 휴대 전화나 지피에스(GPS, 위성 항법 장치)가 달린 사물의 위치를 정확하게 파악해 그 지점에서의 위치 정보를 제공하는 서비스를 뜻한다.

이를 위해서는 GPS를 이용해 위도, 경도 등을 정확히 알아내는 위치 측정 기술과 지아이에스(GIS, 지리 정보 시스템)가 필요하다. 일반적으로 위도, 경도는 그냥 숫자에 불과하지만, GIS를 이용하여 '시청역 6번 출구' 또는 '시청 광장' 등 위치 정보로 바꿔준다.

위치 기반 서비스는 많은 분야에 응용이 가능해 내비게이션, 친구 찾기, 날씨 정보, 교통 정보 등 다양한 분야에서 활용되고 있다. 예를 들어, 등산이나 물놀이를 하다가 위험에 처했을 때 단말기의 응급버튼을 누르면 주변에 있는 구조 기관에 연결되어 구조를 받을 수 있고, 단말기의 사용자가 위치해 있는 장소의 날씨나 기상 특보 등도 알 수 있다.

2

핀테크 주요 트렌드

l. 개요

핀테크(Fintech)는 금융과 기술 즉, 금융과 IT의 융합을 통한 다양한 형태의 금융서비스를 의미한다. EY(언스트앤영, '14년)는 핀테크를 금융회사의 업무를 지원하는 전통적[1] 핀테크와 금융서비스를 대체하는 신흥[2] 핀테크로 구분하였다.

핀테크 사업 영역은 다음 표와 같이 ① 금융플랫폼 ② 금융데이터 분석 ③ 결제 · 송금 ④ 금융 소프트웨어 등 4개 분야로 분류할 수 있다.

핀테크 사업영역 분류

구분	내용	주요 서비스 분야
① 금융플랫폼	기업과 고객들이 금융기관의 개입 없이 자유롭게 금융거래를 할 수 있는 다양한 거래 기반을 제공	• P2P 대출 • 크라우드 펀딩 등
② 금융데이터 분석	개인 · 기업 고객의 다양한 데이터를 수집하여 분석함으로써 새로운 부가가치를 창출	• 신용조회 • 운전습관연계보험(UBI) • 로보어드바이저 등
③ 결제 · 송금	이용이 간편하면서도 수수료가 저렴한 지급결제 서비스를 제공함으로써 고객의 편의성을 제공	• 간편결제, 간편송금 • 외환송금 • 인터넷전문은행 등
④ 금융소프트웨어	IT기술을 활용하여 기존 방식보다 효율적이고 혁신적인 금융업무 및 서비스 관련 소프트웨어를 제공	• 비대면 인증 • 블록체인 • 리스크관리 등

관련 규제법률 등을 살펴보면, 우리나라는 포지티브(Positive) 방식의 규정중심 법체계와 개별 금융업법에서 금융규제의 요건(인 · 허가 등)을 엄격하게 정하고 있어 유연한 제도 운영이 어려운 상황이다.

한편, 금융감독원은 각 사업영역에 대해 전자금융거래법 및 권역별 금융업법 등을 적용하여 각 권역 감독국별로 대응 중이나, 전반적인 핀테크 트렌드 파악 및 대응에는 한계점이 있는 실정이다.

---

1) 금융회사의 업무가 자동화 · 효율화 되도록 지원하는 IT서비스, 금융 소프트웨어 등을 의미
2) P2P대출, 간편 송금 등 핀테크 기업이 고객과 직접 소통하는 등 기존의 금융서비스를 대체

참고 1	국내 핀테크 기업 현황

□ '17년 말 기준 국내 핀테크 기업은 223개사3)로 서비스 분야별 비율은 지급/결제 41%, P2P금융 39%, 로보어드바이저/자산관리 13% 등 순

서비스 분야	설 명	업체수	근거
지급/결제	신용카드나 계좌정보와 같은 결제수단을 저장하여 간편하게 상품을 구매하거나 휴대폰 등을 통해 편리하게 송금을 하는 등의 서비스	91개	금융위 등록업체
크라우드펀딩	온라인상에서 불특정 다수의 투자자로부터 사업자금 등을 투자받는 방식을 말하며 크게 후원형, 기부형, 증권형 등으로 분류	8개	금융위 등록업체 (증권형)
P2P금융	온라인 플랫폼을 통해 대출과정을 자동화하여 금융 공급자(투자)와 금융 수요자(대출)가 직접 자금을 주고받을 수 있도록 하는 서비스	87개*	금융위 등록업체
로보어드바이저/자산관리	인공지능(AI) 기술을 활용한 프로그램이 알고리즘을 기반으로 자산을 직접 운용하거나 투자자에게 자문을 제공하는 서비스	29개	핀테크 기업편람 (과기정통부)
소액해외송금	다양한 해외송금 방식을 통해 저렴한 수수료와 빠른 속도로 해외송금을 제공하는 서비스	8개	기재부 등록업체
합계		223개	
보안/인증	이상거래를 탐지하여 범죄를 막거나 지문인식, 홍채인식 등 기술을 통해 본인을 인증할 수 있도록 하는 등 서비스	32개	핀테크 기업편람 (과기정통부)
레그테크 등 기타	규제의 준수를 돕는 레그테크, 보험과 기술이 결합된 인슈어테크, 금융거래와 관련된 빅데이터 분석 등의 서비스	35개	핀테크 기업편람 (과기정통부)

* '18.3월 말 등록 업체 중 '17년말 기준으로 P2P 영업 중인 업체 수

---

3) 보안/인증, 레그테크 등 기타 관련 업체를 포함하면 핀테크 기업은 290개

[사례] 핀테크 관련 규제법률

☐ (전자금융거래법)

　　PG, 직·선불 전자지급수단 발행·관리 등의 전자금융업과 VAN, 정보시스템 운영 등 전자금융보조업은 전자금융거래법으로 규제

　　－ 간편송금 서비스를 제공하는 비바리퍼블리카(토스)는 전자금융업자에 해당

☐ (업종별 금융업법)

　　온라인 채널을 기반으로 금융거래 핵심채널 등을 차별화한 신종 금융회사는 업종별로 금융업법을 개정·적용

　　－ 인터넷전문은행은 은행업법, 크라우드 펀딩은 자본시장법 적용

☐ (업권별 유사법률)

　　금융회사와 협업 또는 경쟁관계에 있는 일부 새로운 금융서비스는 명확한 규제법률이 없어 업권별 유사법률을 적용

　　－ 신용정보 분석·개발, 빅데이터 개발 등 금융데이터 분석은 신용정보법 및 개인정보보호법을 적용

　　－ 금융회사를 위한 금융모바일앱, 인터넷 뱅킹, 금융보안 등 금융소프트웨어 개발 용역은 전자금융거래법으로 규제

　　－ P2P대출 등 금융플랫폼 운영은 업황의 전개 추이를 보아가며 법규화할 예정이며 우선 가이드라인 제정 등을 진행

참고 2	핀테크 업무 관련 규제 법률

구분	내용	관련 법규
전자금융업자	직불전자지급수단의 발행·관리 (간편 결제)	전자금융거래법
	선불전자지급수단의 발행·관리 (간편 송금)	
	전자지급결제대행 (간편 결제)	
전자금융 보조업자	정보처리시스템으로 신용카드업자의 신용카드 승인 및 결제 그 밖의 자금정산 (카드VAN사)	전자금융거래법
	정보처리시스템으로 은행의 자금인출업무, 환업무 및 그 밖의 업무를 지원 (은행VAN사)	
	전자금융업무와 관련된 정보처리시스템을 금융회사·전자금융업자를 위해 운영 (정보시스템운영업체)	

신종 금융회사 (권역별 금융업법)	인터넷 전문은행 (핵심채널이 온라인으로 전환)	은행업법
	온라인 소액 투자 중개업자 등 (크라우드펀딩, 로보어드바이저)	자본시장법
	인슈테크(온라인 소액 보험 판매 허용 등)	보험업법
	비금융회사의 소액 외화 이체업 허용	외국환거래법
신종 금융서비스	고객과 관련된 다양한 금융 데이터를 수집 · 분석 (신용정보분석 개발, 빅데이터 개발)	신용정보법, 개인 정보법
	스마트 기술을 이용한 혁신적 금융업무 · 서비스 관련 소프트웨어 제공 (금융보안, 비대면 인증 등)	전자금융거래법
	기존 금융거래 방식과 다르게 금융 거래를 할 수 있는 거래기반 제 공(P2P 대출 등)	가이드라인 제정

* 출처: 핀테크 산업동향 2016 등

참고 3 핀테크 관련 규제개선 일람표

분야	주요내용	시기	관련 법규
인터넷 전문은행	• 「인터넷전문은행 도입방안」 발표	'15년 6월	은행업법
	• 금산분리 완화, 허용 업무 범위, 건전성 감독 등 은행 업법 개정안 마련	'15년 7월	
	• 인터넷전문은행 예비인가(한국카카오, 케이뱅크)	'15년 11월	
	• 인터넷전문은행 본인가	'16년 하반기	
크라우드펀딩	• 「크라우드펀딩 제도 도입 추진계획」 발표	'13년 9월	자본시장법
	• 온라인소액투자중개업 신설, 증권신고서 제출 면제 등을 내용으로 하는 자본시장법 개정	'15년 7월	
	• 중앙관리기관(한국예탁결제원) 선정	'15년 8월	
	• 증권형 크라우드펀딩 시행	'16년 1월	
로보 어드바이저	• 「금융상품 자문업 활성화 방안」 발표	'16년 3월	자본시장법 시행령
	• 로보어드바이저 테스트 베드 운영	'16년 9월	
	• 로보어드바이저 자문 · 일임 허용	'17년 상반기	
비대면 실명확인	• 유권해석을 통해 비대면방식(복수의 비대면 방식) 허용	'15년 12월	금융실명법, 전자금융 거래법
	• 제2금융권 금융회사도 비대면 실명확인 허용	'16년 2월	
해외송금	• 외환거래 자율성 제고 등 내용의 「외환제도 개혁방 안」 발표	'15년 6월	외국환거래법, 외국환거래법 시행령
	• 비금융회사의 소액 외화이체업 허용(은행의 외국환 업무 위탁 필요) 내용의 시행령 개정안 마련	'15년 12월	
	• 소액 외화이체업 시행	'16년 6월	

	내용	시기	관련법
	• 비금융회사의 독자적 외국환업무 허용 내용 등의 외환거래법 개정안 마련	'16년 6월	
	• 외국환거래법 개정	'17년 7월	
P2P대출	• 서비스 적법성 등 연구용역 수행	'15년 상반기	자본시장법, 대부업법 등
	• P2P 대출 가이드라인 제정 방안 발표	'16년 11월	가이드라인 제정
전자금융업자 등록요건	• 소규모 전자금융업자(자본금 3억으로 완화) 등 내용의 전금법 개정	'16년 4월	전자금융 거래법
	• 소규모 전자금융업자 시행 단, 2분기이상 연속 거래금액 30억 초과시 신고 및 자본금 증액 필요	'16년 6월	
핀테크 기업출자 활성화	• 금융회사가 전자금융업, 금융전산업, 신사업부문 등에 출자할 수 있도록 유권해석	'15년 5월	금산법, 은행업법 등
빅데이터 활용	• 종합신용정보집중기관 설립, 빅데이터 활용 근거 마련 등 내용의 「금융권 빅데이터 활성화 방안」 마련	'15년 6월	신용정보법, 금융권 개인정보 비식별 조치 가이드라인
	• 신용정보집중기관(한국신용정보원) 출범	'16년 1월	
	• 신용정보법 개정안(비식별정보 활용 근거 마련 등) 마련	'16년 4월	
	• 「개인정보 보호 법령 통합 해설서」, 「개인정보 비식별 조치 가이드라인」 발간	'16년 7월	
	• 신용정보법 개정안 국회 제출	'16년 7월	
보안성 심의폐지 등	• 보안프로그램 설치의무 폐지	'15년 2월	전자금융 감독규정
	• 국가 인증제품 및 공인인증서 사용의무 폐지	'15년 3월	
	• 사전 보안성 심의폐지(자체 보안성 심의 도입) 등 전자금융감독규정 시행	'15년 6월	
	• 보안성 심의 사후보고 절차 마련 등 시행세칙 개정 및 업무메뉴얼 정비	'15년 9월	

* 출처: 핀테크 산업동향 2016 등

2. 핀테크 주요 트렌드

| 핀테크 주요 트렌드 종합

1️⃣ (핀테크 활성화)

'17년 핀테크 도입지수(EY, '17.7월)'에 의하면 20개국의 핀테크 평균 이용률은 33%로 '15년 (16%) 대비 17%p 증가

○ 핀테크 활성화를 위해 우리나라도 금융혁신지원특별법 발의 및 핀테크 혁신 활성화 방안 등을 제시하여 지원 확대 예정

2️⃣ (금융 대체 분야 지속 성장)

'17년 핀테크 100대 기업(KPMG, '17.11월) 중 P2P금융(32개)과 지급결제(21개) 분야가 가장 많으며 3년 연속 강세

○ 국내도 금융서비스를 대체하고 있는 P2P대출, 간편송금·결제 분야가 지속적으로 성장

3️⃣ (신기술 활용 확대)

가트너는 '18년 10대 전략 기술로 인공지능 강화시스템, 지능형 애플리케이션, 블록체인 등을 선정('17.10월)

○ 국내 금융권에서도 AI 등을 이용한 로보어드바이저, 개인 신용평가, 챗봇, 블록체인 공인인증서 도입 등 신기술 적용이 점차 확대

4️⃣ (핀테크 경쟁 심화)

유럽연합(EU)은 고객이 정보제공 동의시 제3의 서비스 제공자에게 은행 등이 보유한 고객 계좌 정보 접근을 허용

○ 국내 은행들은 금융정보 공유에 보수적이었으나, 디지털 금융 경쟁력 강화를 위해 오픈뱅킹으로의 전환을 시도 중

5️⃣ (핀테크 관련 리스크 증가) 금융기술 혁신으로 인해 금융상품·서비스가 새롭게 재편되고 효율화·세분화됨에 따라 긍정적인 변화를 촉진하고 있으나,

○ 이에 따른 핀테크 관련 리스크도 함께 증가될 우려

(1) 규제 완화 등 핀테크 활성화 노력 지속

주요 트렌드

EY의 '2017년 핀테크 도입지수'에 의하면 20개국의 핀테크 평균 이용률은 33%('15년 16% 대비 17%p 증가)이며, 우리나라는 평균에 근접한 32% 수준이다. 중국(69%), 인도(52%) 등 신흥국가는 취약한 금융 인프라의 대안으로 핀테크 서비스를 적극 활용하여 핀테크 이용률이 높은 편이다. 반면, 캐나다(18%), 일본(14%) 등 금융 선진국은 발달된 금융 인프라와 금융 규제가 핀테크 활성화에 제약이 있는 실정이다.

[참고] 2017 핀테크 도입 지수

□ 글로벌 회계 · 컨설팅 법인 EY(언스트앤영)은 '15년부터 핀테크 도입지수를 조사

  ○ (조사 대상)

  핀테크 이용률이 가장 높은 중국, 인도 등 20개국에서 인터넷 적극 사용자 2만 2,000명을 대상으로 조사

  ○ (주요 내용)

  평균 이용률은 33%이며, 특히 신흥시장(브라질, 중국, 인도, 멕시코, 남아공)의 핀테크 이용률이 46%로 높음

  - 핀테크를 이용하여 계좌이체를 하는 소비자는 50%, 향후 이용의사를 밝힌 소비자는 65% 등으로 핀테크 이용이 확대될 것으로 예상

국내의 현황을 살펴보면, 핀테크 활성화를 위해 2015년부터 「IT · 금융 융합 지원방안[4]」을 마련하여 핀테크 육성을 추진하고 있으나, 각 권역의 금융업법 등 엄격한 규제에 따라 유연한 제도 적용의 한계로 인해 새로운 시도가 어려운 상황이다. 따라서, 핀테크 활성화를 적극 지원[5] 중인 영국 등과 같이 규제 샌드박스를 적용할 수 있는 금융혁신지원 특별법 발의 및 핀테크 혁신 활성화 방안 등을 제시하여 지원을 확대할 예정이다.

---

4) 규제 패러다임 전환, 오프라인 위주 금융제도 개편, 핀테크 산업 육성, 소비자 보호 등
5) 영국 등 주요 국가는 규제 샌드박스, 이노베이션 허브(핀테크 기업 지원을 위한 전담 창구) 등을 운영하는 등 핀테크 활성화를 위해 적극 지원

─ [참고]   영국의 규제 샌드박스 ──────────

□ (개요)

'15.11월 금융행위감독청(FCA)이 핀테크 등 새로운 금융혁신 촉진을 위한 규제 샌드박스
(Regulatory Sandbox) 도입방안 발표

　○ '16.11월 이후 현재까지 3차에 걸쳐 73개의 핀테크 기업을 선정하여 운영

(단위: 개사)

구 분	선정일	지원기업	선정기업
1차	2016.11.7.	69	24
2차	2017.6.15.	77	31
3차	2017.12.5.	61	18
총 계		207	73

□ (기대 효과)

핀테크 기업이 새로운 기술 및 영업모델을 실제 시장에서 시험해 볼 수 있는 기회를 제공

　○ 핀테크 기업은 정식 인가 없이 상품 및 서비스를 시장에 출시할 수 있어 시간 및 비용 절
　　감이 가능

　○ FCA는 혁신적인 금융상품 및 서비스에 소비자보호 등을 위한 적절한 수단이 내재될 수
　　있도록 유도

참고 4	해외 금융당국의 핀테크 지원 현황

□ (영국)

FCA 주도로 핀테크 기업이 성장할 수 있는 규제 환경을 구축

　○ Innovation hub를 통해 핀테크 기업의 인가 및 컴플라이언스 업무를 컨설팅
　　해 주고, Regulatory Sandbox를 통해 혁신적 금융 상품을 규제 제한 없이 실
　　험 · 운영해 볼 수 있는 공간을 제공

※ 이외에도 디지털 클러스터인 테크 시티*(Tech City)와 핀테크 허브**를 조성하여 핀테
　크 산업 활성화를 촉진

　* 런던 동부 지역에 디지털 신산업 및 핀테크 스타트업 클러스터를 조성하고
　　세제 등 지원 혜택

** 에든버러, 맨체스터, 리즈 등 북부 거점 도시에 핀테크 허브를 구축

□ (호주)
  증권투자위원회(ASIC) 소관 규정과 관련하여 제한인가, 대리인, 규제 미실시
  제도 운영중
  ○ 투자자문 등 특정영역의 경우 혁신금융서비스를 별도 신청없이 테스트할 수
    있는 Regulatory Sandbox를 추가 도입('16.12월)

□ (싱가포르)
  싱가포르통화청(MAS) 내에 전담기구(FTIG; FinTech Innovation Group)를 마련하는 등
  국가적 차원에서 핀테크 전략을 수립·추진
  ○ 금융시장의 안정성을 보장하면서도 혁신을 촉진할 수 있는 규제 환경을 조
    성한다는 목표로 영국과 유사하게 핀테크 원스톱 지원 센터, Regulatory
    Sandbox 등을 운영
  ○ 사이버 보안 강화 및 클라우드 컴퓨팅 활성화 가이드라인 마련 등 규제 정비,
    업무 기반 규제(Activity-based Regulation) 제도 등을 도입

(2) 금융 서비스 대체 분야의 지속 성장

주요 트렌드를 살펴보자. KPMG·H2벤처스가 발표('17.11월)한 '2017 핀테크 100'에
의하면, 핀테크 100대 기업은 미국(19개), 호주(10개), 중국(9개), 영국(8개) 등의 순이다.
한국 기업은 모바일 애플리케이션 토스(Toss)를 통해 간편 송금 서비스를 제공하고 있
는 비바리퍼블리카가 최초로 100대 기업에 진입(35위)하였다. 토스 애플리케이션 개발 이
전에 사용자가 송금하기 위해서는 5개의 암호와 약 37회의 클릭이 필요했으나, 토스는 최
대 1개의 비밀번호와 단 3개의 단계만 거쳐 간편하게 송금할 수 있다. 최근에는 P2P금융
(32개)과 지급결제(21개) 분야가 가장 많으며 3년 연속 강세를 이루고 있다.

'17년 서비스 분야별 핀테크 100대 기업   (단위: 개사)

구분	P2P금융	지급결제	자본시장	보험	자산관리	레그테크 및 사이버보안	블록체인 및 디지털 통화	데이터 및 분석
회사수	32	21	15	12	7	6	4	3

[참고] 2017 핀테크 100

□ 글로벌 회계 · 컨설팅기업인 KPMG와 핀테크 벤처투자기관인 H2벤처스가 공동으로 '50대 리딩 핀테크 기업'과 '50대 이머징 기업'을 선정해 '14년부터 매년 발표
   ○ (선정 기준)
     혁신성, 자본조달, 다양성 등을 기반으로 '50대 리딩 핀테크 기업'과 새로운 핀테크 기술로 비즈니스 혁신을 추구하는 '50대 이머징 기업'을 선정
   ○ (주요 내용)
     '16년 핀테크 100대 기업에 22개국의 기업이 선정된 반면, '17년에는 29개국의 핀테크 기업이 선정되어 핀테크 혁신에 대한 관심이 증가
     - 핀테크 리딩 기업 10위 가운데 중국 기업이 5개를 차지하는 등 중국의 강세가 지속

참고 5	비바리퍼블리카의 간편 송금 서비스(토스)

□ (개요)
   비바리퍼블리카는 보안카드 및 공인인증서 없이 이용가능*한 모바일 계좌이체 서비스(토스)를 출시('15.2월)하여 서비스 제공중
   * 은행과 제휴하여 은행 계좌에서 출금 시 사용하는 '은행자동출금(CMS) 시스템' 을 통해 비밀번호만으로 송금 가능
   ○ 토스 서비스는 '17.12월말 기준 누적 거래액이 16조원을 돌파하였으며, 누적 다운로드 수가 1,600만건에 이르는 등 이체절차를 간소화하여 서비스 이용자가 급증

□ (토스 서비스)
   간편 송금 서비스인 토스를 통해 3단계*로 계좌이체 실행
   * ① 보낼 금액 입력 → ② 받는 사람 선택 → ③ 비밀번호 입력
   ○ 상대방의 계좌번호를 알고 있는 경우 계좌로 즉시 입금
   ○ 상대방의 계좌번호를 모르는 경우 연락처 등으로 송금 가능(받는 사람이 직접 계좌번호를 입력하여 입금 받음)

국내 현황을 보면, 금융 서비스를 대체하고 있는 P2P대출, 간편송금 · 결제의 분야가 지속적으로 성장하고 있는 추세이다.

P2P대출의 경우 누적 대출액 규모[6]는 '16년말 6,289억원에서 '18.3월말 2조 9,674억원으로 371.8% 증가한 수준이다.

P2P 누적대출액 및 대출잔액 규모 추이   (단위: 억원, %)

구 분	'16년말	'17.3말	'17.6말	'17.9말	'17년말	'18.3말
누적대출액	6,289	9,628	13,981	18,461	23,400	29,674
전분기비 증가폭	-	+3,339	+4,353	+4,480	+4,939	+6,274
전분기비 증가율	-	53.1	45.2	32.0	26.8	26.8
대출잔액*	4,140	4,360	6,108	7,300	8,296	10,013
전분기비 증가폭	-	+220	+1,748	+1,192	+996	+1,717
전분기비 증가율	-	5.3	40.1	19.5	13.6	20.7

* 한국P2P금융협회 기준 65개사

┌─ [참고]   2018년 P2P 대출 현황 ──────────────

□ '18.3월말 현재 P2P 업체수는 194개사이고 누적대출액은 2조 9,674억원 기록

ㅇ 누적대출액 중 신용대출 비중은 16.0%(4,752억원), 부동산 관련 대출 비중은 64.3%(1조 9,089억원)

(단위: 억원, %)

구 분	신용대출			담보대출			합계
	개인	소상공인	법인	부동산담보	부동산PF	동산담보	
누적대출	2,497	1,478	777	5,643	13,446	5,833	29,674
비중	8.4	5.0	2.6	19.0	45.3	19.7	100.0

ㅇ '17.6월 이후 신용대출액 증가율은 평균 17% 수준이고 부동산 관련 대출은 32% 수준으로 부동산 대출 쏠림현상[7]이 지속

ㅇ 연체율(연체 30일 이상)은 '16년말 0.96% 수준이었으나 '18.3월말 8.22%로 급상승

---

6) 크라우드연구소 조사 자료

7) 다른 투자상품보다 수익률이 높고 담보물건도 확보되어 있어 투자 선호도가 높으며, P2P업체도 자사의 실적 및 홍보 등을 위해 부동산대출 비중을 높인 측면

간편결제 · 송금의 경우, 이용 실적[8]('17년 중)은 일평균 약 281만건, 1,023억원으로 전년 대비 각각 180.1%, 212.0% 증가한 수준이다.

간편결제 · 송금 서비스 이용 현황(일평균 기준)

(단위: 천건, 백만원)

구분	2016(A)	2017(B)					증감(B-A)
			1/4	2/4	3/4	4/4	
이용건수	1,002.2 (-)	2,806.8 (180.1)	1,644.6 (9.2)	2,458.3 (49.5)	3,398.7 (38.3)	3,696.6 (8.8)	1,804.6
이용금액	32,793.6 (-)	102,306.6 (212.0)	62,261.2 (19.0)	84,215.6 (35.3)	115,578.0 (37.2)	146,104.2 (26.4)	69,513.0

주: ( )내는 전기대비 증감률(%)
출처: 한국은행

[참고] 한국은행의 간편결제 · 송금 서비스 이용현황 조사 내용

□ 한국은행은 공인인증서 의무사용 폐지(2015. 3월) 이후 등장한 간편 인증수단(예: 비밀번호)을 이용한 결제 또는 송금 서비스에 대해 「전자금융거래법」에 따른 전자지급서비스 통계와는 별도로 2016년부터 조사[9]

○ (간편결제)

신용카드 등 지급카드 정보를 모바일기기 등에 미리 저장해 두고, 거래 시 비밀번호 입력, 단말기 접촉 등의 방법으로 결제하는 서비스

- '17년 중 간편결제서비스 이용실적(일평균)은 212만건, 672억원으로 전년대비 각각 147.4%, 158.4% 증가

○ (간편송금) 모바일기기를 통해 계좌이체 등의 방법으로 충전한 선불금을 전화번호, SNS 등을 활용해 수취인에게 송금하는 서비스로서 선불전자지급서비스에 포함

- '17년 중 간편송금서비스 이용실적(일평균)은 68만건, 351억원으로 전년대비 각각 375.8%, 417.3% 증가

---

8) 2017년 중 전자지급서비스 이용현황(한국은행, '18. 4. 2.)

9) 2017년 말 기준 조사대상 회사는 간편결제 13개, 간편송금 13개 등 26개사이며, 해당 서비스를 제공하는 회사 중 서비스 규모를 고려하여 선정

(3) AI 등 신기술 활용 확대

주요 트렌드를 살펴보면, 가트너[10]의 하이프 사이클[11]에 의하면 딥러닝, 머신러닝 등 AI · 빅데이터 분야와 블록체인 등이 신기술 활용에 대한 기대치가 높아져 있는 상태다. 또한, 가트너는 '18년 10대 전략 기술로 인공지능 강화시스템, 지능형 앱 · 분석, 블록 체인 등을 선정('17.10월)하여 AI · 블록체인의 활용이 더욱 활성화 될 것으로 전망된다.

국내 현황을 보면, AI 등 신기술을 로보어드바이저(AI · 빅데이터), 개인 신용평가(빅데이터), 챗봇(AI), 증권사 공동 블록체인 공인인증서(블록체인), 비대면 금융거래 인증(생체인증) 등에 활용 중이다. 은행권 공동 블록체인 공인인증서 도입('18.7월 예정), 음성 등 대화형 플랫폼을 이용한 금융서비스 제공, 이상금융거래 탐지 등의 분야로 신기술 이용이 점차 확대될 것으로 예상되고 있다.

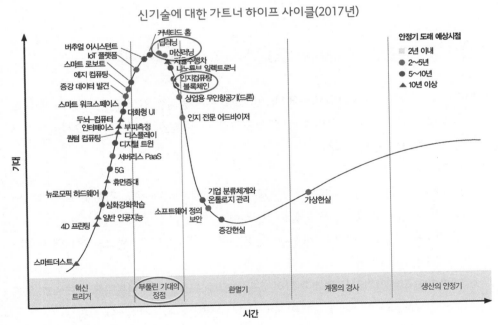

신기술에 대한 가트너 하이프 사이클(2017년)

주: 2017년 7월 기준
자료: 가트너

---

10) '79년에 설립된 미국의 IT리서치 기업으로 IT분야 연구 및 자문을 담당. 80여 개국에 1만 2,000개 이상의 고객을 보유하고 있으며 설문조사 부분의 높은 신뢰도를 보유

11) 가트너에 의해 개발된 그래프로 주로 기술혁신과 관련된 분야에서 기술의 발전 단계 중 현재의 위치를 제시

참고 6	'18년 가트너 10대 전략 기술

□ (개요)

미국의 IT리서치 기업인 가트너는 매년 세계에 폭넓은 영향력을 미치거나 5년 내 정점에 달할 잠재력을 가진 전략기술을 선정하여 '10대 전략 기술'을 발표

ㅇ '18년 10대 전략 기술의 방향은 '인텔리전트 디지털 메쉬(Intelligent Digital Mesh)'와 관련되어 있고, 이는 미래 디지털 비즈니스와 생태계를 뒷받침하는 근간이 될 것으로 예측

□ (주요 내용)

전략적 방향에 해당하는 3개(인텔리전트, 디지털, 메쉬)의 카테고리에 따라 각 영역별 세부 기술을 선정

ㅇ 인텔리전트: AI가 기존 모든 기술뿐 아니라 신기술에 적용·확산

ㅇ 디지털: 몰입 경험을 창출하는 가상세계와 현실세계와의 융합

ㅇ 메쉬: 디지털 비즈니스 성과를 창출하기 위해 인력과 비즈니스(기기·콘텐츠·서비스)간 연결 강화

구분	전략 기술	비고
인텔리전트	인공지능 강화 시스템	인공지능을 활용한 의사 결정 능력 향상 등
	지능형 앱·분석	지능형 애플리케이션(가상 개인비서, 로보어드바이저 등)
	지능형 사물	지능형 디바이스(로봇, 자율차, 드론 등)
디지털	디지털 트윈	현실 시스템의 실시간 가상 복제(스마트 팩토리 등)
	클라우드에서 엣지로	엣지 컴퓨팅(클라우드 컴퓨팅의 진화)
	대화형 플랫폼	대화형 플랫폼(음성인식 비서, 챗봇 등)
	몰입 경험	가상현실(VR), 증강현실(AR) 등
메쉬	블록체인	디지털 통화 인프라에서 디지털 혁신 플랫폼으로 진화중
	이벤트 기반 모델	매순간 이벤트를 감지하여 활용
	지속적이며 적응할 수 있는 리스크 및 신뢰 평가(CARTA) 접근법	안전한 디지털 비즈니스 제공

| 참고 7 | 인공지능(AI) 개념 및 활용 사례 |

▫ (개념)

인공지능(Artificial Intelligence, AI)은 인간과 유사하게 사고하는 컴퓨터 지능을 일컫는 포괄적 개념

○ 대표적으로 머신러닝(Machine Learning), 딥러닝(Deep Learning) 등의 기술을 활용해 인간의 학습능력을 기계를 통해 구현[13]

▫ (사례)

인공지능은 주로 IT분야에서 사용되었으나, 최근 금융권[14]에서도 투자 및 트레이딩, 신용평가, 고객응대, 사기 방지 등에 활용하는 추세

○ (로보어드바이저[15])

기존 자산관리 서비스에 비해 간편하고 낮은 수수료 등을 강점으로 국내외로 관련 서비스가 성장

○ (신용평가)

금융데이터뿐만 아니라 개인의 SNS 활동내역 등 비금융데이터와 인공지능을 활용하여 정교한 신용평가 제공

○ (고객응대)

고객 상담, 금융상품 추천 등 고객응대에 인공지능을 활용하여 24시간 실시간 상담 제공

○ (사기방지)

최근 FDS[16]의 정확도 향상 및 새로운 패턴의 이상거래탐지를 위해 빅데이터와 인공지능을 활용

---

12) 빅데이터를 분석해 특정한 패턴을 파악하고 예측, 판단 수행

13) 과거 데이터를 통해 미래 예측(투자 및 트레이딩), 대출신청자의 신용도 판단 및 채무 불이행 가능성 예측(신용평가), 금융거래의 위험도 예측(사기 방지) 등

14) 인공지능을 활용해 고객의 정보(재정상황, 투자성향 등)를 분석하고 컴퓨터로 자동화하여 온라인으로 자산관리를 제공하는 서비스이며, 금융위는 로보어드바이저 테스트베드를 운영('16.9월)하여 안정성이 검증된 로보어드바이저에 한해 허용

15) 금융회사는 해커에 의한 외부 공격 차단 등을 위해 이상거래탐지시스템(Fraud Detection System, FDS)을 운영 중

(4) 금융회사 및 핀테크 업체 등의 경쟁 심화

주요 트렌드를 살펴보면, 유럽연합(EU)은 금융정보에 대한 고객 정보주권 부여 등을 위해 지급결제서비스지침[16](PSD)을 개정(PSD2)하여 시행('18.1월)하였다.

새로운 형태의 제3자 지급결제서비스 제공자를 규제대상에 포함하고, 고객이 정보제공 동의시 은행 등이 보유한 고객 계좌정보에 오픈 API[17](Application Programming Interface) 등을 통해 접근을 허용하였다.

유럽 은행들은 대규모 자금력과 IT기술력을 가진 빅테크(Big-Tech) 기업(페이스북, 아마존, 알리바바 등)들도 금융 서비스가 가능해져 은행의 입지가 약해질 것을 우려하고 있다.

PSD2 시행에 따른 고객과 은행과의 관계 변화

국내 현황을 살펴보면, 오픈 API 관련 법규는 없으나, '16년에 출시된 금융권(은행·증권) 공동 오픈플랫폼(금결원 및 코스콤에서 운영)을 시작으로 개별 시중은행(NH농협, KEB하나 등)들도 오픈 API를 구축·검토하고 있는 실정이다.

국내 은행들은 금융정보 공유에 보수적이었으나, 자체 핀테크 스타트업 지원센터 운영, 오픈 API 도입 등 디지털 금융 경쟁력 강화를 위해 오픈뱅킹으로의 전환을 시도 중이다.

---

16) Payment Service Directive: 단일유로지급결제지역(SEPA)에서의 전자금융 관련 지급결제서비스의 경쟁과 혁신 촉진, 보안, 소비자보호 등을 규정하는 지침('07년 시행)

17) 은행 등이 외부개발자를 위해 조회·이체 등의 기능 수행 시 필요한 프로그램을 표준화된 API(Application Programming Interface) 업무처리를 위한 통신에 사용되는 언어나 메시지 형식) 형태로 제공

참고 8	국내 금융권 공동 핀테크 오픈 플랫폼 현황

□ (개요)

핀테크 업체의 서비스 개발 시간 및 비용을 감소하기 위해핀테크 서비스 개발 · 테스트에 필요한 금융전산 프로그램과 테스트 공간을 금융권이 공동 제공하는 오픈 플랫폼을 운영 중('16.8월~)

□ (이용 대상)

「중소기업기본법」상 중소기업 중 전자금융업자 등 기존 핀테크 산업 유관업종 및 핀테크 지원센터 추천 법인

□ (제공 서비스 범위)

참여 금융사 전체와 연동 가능한 금융전산 프로그램을 제공한다는 취지에 맞게 공통 업무 위주로 표준 API 개발 · 제공

○ (은행)

업무활용도가 높고, 전체 은행권의 표준화된 공통 인프라로서 신속한 개발 · 구현이 가능한 5개 API[19] 제공(금결원 운영, '17년말 기준 15개 은행 참가)

○ (금투)

증권사가 제공하는 계좌조회 API를 중심으로, 코스콤 · 핀테크 기업 개발 API 등 총 95개 API[20]제공(코스콤 운영, '17년말 기준 18개 증권사 참가)

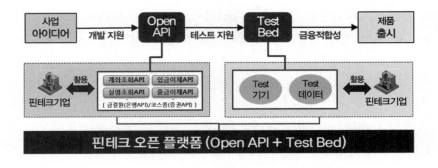

---

18) 잔액조회, 거래내역 조회, 출금이체, 입금이체, 계좌 실명조회

19) 잔고/거래내역/포트폴리오/관심종목 조회, 주식 · 선물 · 옵션 기본정보/호가/투자자/과거 데이터 조회, 부채율 · 영업이익률 등 재무정보 조회 등

참고 9	NH농협은행 오픈 API 사례

□ (개요)

NH농협은행은 오픈 API 활용에 가장 적극적이며, '15년도에 오픈 API를 활용하여 핀테크 기업이 금융 서비스를 만들어낼 수 있도록 지원하는 'NH핀테크 오픈 플랫폼' 구축·운영

   ○ 핀테크 기업은 'NH핀테크 오픈 플랫폼'에 가입 후, 개발된 오픈 API를 활용하여 새로운 금융서비스 개발

□ (제공 현황)

89개의 금융 API,[21] 36개의 서비스관리 API[22]를 제공하고 있으며, '17년말 기준 오픈 API를 활용한 거래 건수는 약 164만건, 거래금액은 6,266억원 수준

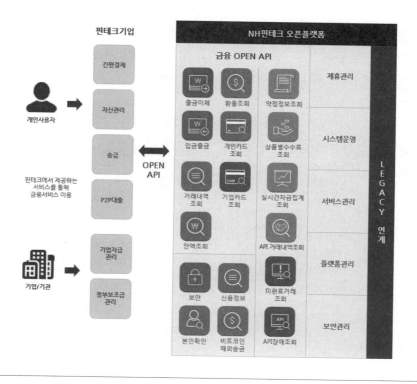

---

20) 조회, 출금, 송금 등의 금융 서비스 이용 기능

21) API 사용내역을 관리, 조회할 수 있는 기능

참고 10	금융회사 자체 핀테크 스타트업 지원센터 현황

□ (개념)

핀테크 스타트업 지원센터란 핀테크 기업들에게 혁신적인 아이디어가 상용화되기까지 사업성검토, 법률상담, 자금조달 등을 원스톱으로 지원하는 역할을 수행하는 전담 조직을 지칭

□ (목적)

각사는 핀테크 유망기업을 발굴 · 협력하여 양사의 시너지를 창출하고, 핀테크 산업 및 생태계를 활성화하기 위함

□ (현황)

'18.1월말 기준 핀테크 지원센터는 금융지주(2개사), 은행(4개사), 보험(1개사)에서 '15년에 5개사, '16년에 2개사가 오픈하여 운영 중

ㅇ 7개사 지원센터 모두 서울에 위치하고 있으며, 금융회사별로 전담인력을 배정(1~10명)하여 핀테크 스타트업을 육성 · 지원

7개사 지원센터 현황('18.1월말 기준)

구분	지원센터 명칭	설립일	위치	담당부서 및 인원수
KB금융지주	KB Innovation HUB	'15.3	서울시 강남구	KB Innovation HUB 유닛, 10명
신한금융지주	신한 퓨처스랩	'15.5	서울시 중구	디지털 전략팀, 3명
KEB하나은행	1Q Agile Lab	'15.6	서울시 중구	오픈 이노베이션 셀, 6명
우리은행	위비 핀테크랩	'16.8	서울시 영등포구	디지털 이노베이션 랩, 3명
NH농협은행	NH 핀테크 혁신센터	'15.11	서울시 서대문구	핀테크 사업팀, 1명
기업은행	IBK금융그룹 핀테크 DreamLab	'15.11	서울시 마포구	핀테크 사업팀, 2명
한화생명	드림플러스 63 한화생명 핀테크센터	'16.10	서울시 영등포구	OI(오픈 이노베이션)팀, 4명

□ (공통 지원 사항)

7개사 모두 스타트업 회사에 대해 사무공간을 무상 지원하고 있으며

ㅇ 각사의 육성 프로그램에 따라 법률 · 특허 · 보안 · 사업모델 발굴 등의 멘토링 및 컨설팅을 제공하여 서비스 상용화를 지원

ㅇ 내부 투자부서 투자 심사, 외부 투자기관 연계 등을 통해 자금 조달 지원

□ (특화된 지원 사항)

7개사는 공통적으로 지원하는 프로그램 이외에 각사별로 특화된 지원 프로그램
도 운영 중

ㅇ 해외 진출 지원(신한금융지주, KEB하나은행, 기업은행, 한화생명), 핀테크 전시회
출품 지원(KB금융지주), 홍보물 제작 등 비용 지원(우리은행), 특허 출원 지원
(NH농협은행) 등

7개사 스타트업 지원 프로그램 주요 내용

구분	멘토링 및 컨설팅 내용	기타 지원사항
KB금융지주	- 육성 프로그램(매주 월, 목요일 제공) - 지표 관리 및 관련 컨설팅	- 핀테크 전시회 등 KB와 공동부스 마련 및 출품 지원
신한금융지주	- 내부멘토(그룹사별 부서장) - 외부멘토(VC, 기업인, 변호 · 변리사)	- 베트남 진출 지원(신한은행 베트남 법인 등 연계)
KEB하나은행	- 은행및하나금융 그룹 관계사연계 비즈니스 모델발굴 - 법률 · 특허 · 보안등 외부전문가연계멘토링프로그램운영	- 해외진출지원
우리은행	- 외부 멘토사(15개사) 구성하여 전문영역별 자문 및 사업 고도화 지원	- 금융현업 실무 교육(모델고도화 지원) - 동영상 제작, 홍보물 제작 등 비용 지원
NH농협은행	- 서비스 상용화를 위한 사업지원 - 금융 API 서비스이용 컨설팅	- 특허 출원 지원 - NH핀테크 얼라이언스 네트워킹 강화
기업은행	- 은행 내 팀장급 이상의 전문 멘토링 및 기업컨설팅 부서의 컨설팅 제공	- 네트워킹, 해외 사업 진출 지원
한화생명	- 업체별 담당 엑셀러레이터 지정 및 관리 - 매월 1~2회 오픈강연을 통해 시장동향 전파 및 업계 네트워킹 기회 제공	- 독자 해외 사업화 지원 프로그램 운영을 통해 해외진출 기회 제공

(5) 핀테크 발전에 따른 리스크 증가

금융기술 혁신으로 인해 보수적이었던 금융상품 · 서비스가 새롭게 재편되고 효율
화 · 세분화됨에 따라, 금융소비자는 자신의 니즈에 맞는 서비스를 저렴한 비용으로 이용
가능하게 되는 등 긍정적인 변화를 촉진하고 있다.

한편, 핀테크 발전과 함께 핀테크 관련 리스크도 함께 증가될 우려도 있다. 금융회사
등의 경우는 IT기술의 의존도가 높아짐에 따라 복잡해진 IT기술을 활용하는 과정에서 운
영 · 사이버보안 리스크 등이 증가하고 있는 실정이다.

　　금융소비자 측면에서 살펴보면, P2P대출 등 금융 서비스 대체 분야의 이용이 증가함에 따라, 금융 리스크를 소비자에게 전가시키거나 금융사기 등으로 인한 피해 발생[22]이 우려되고 있다.

　　감독당국의 경우, 다양성 · 탈중앙화 등으로 소규모 다수 사업자가 증가됨에 따라 통제와 모니터링의 어려움이 증가하는 한편, 보수적으로 리스크를 관리할 경우 핀테크 혁신을 저해할 우려가 있는 편이다.

핀테크 관련 주요 예상 리스크

구분	주요 예상 리스크
금융회사 및 전자금융업자	• 복잡해진 IT기술 활용에 따른 운영 리스크 • 외부 서비스제공업체 관련 리스크 • 해킹 등 데이터 보안 · 사이버 보안 리스크 • 새로운 비즈니스 모델에 따른 컴플라이언스 리스크 등
금융소비자	• P2P대출 등 신용리스크의 소비자 전가 • 데이터 사기 또는 도난으로 인한 피해 발생 등
감독당국	• 탈중앙화 · 다양화에 따른 감독의 효과성 · 적시성 약화 • 보수적인 리스크 허용수준이나 심사 프로세스로 인한 혁신 저해 가능성 • 규제 부문 밖의 금융 활동을 통제할 필요성 증가 등

참고 11　　핀테크의 기대효과와 리스크 요인

구분	기대효과	리스크 요인
금융 소비자	□ 소비자가 원하는 금융상품 및 서비스를 저렴한 비용으로 이용 　o P2P, 소액외화송금, 간편결제, 간편송금 등 □ 금융포용 확대 　o 비대면 디지털 금융의 확산으로 금융서비스에 대한 접근성 향상 　o 빅데이터 분석을 통해 기존 금융거래정보가 없는 고객에게도 서비스 제공 가능	□ 개인정보 유출 등 사생활 침해 가능성 　o 위치정보, 생체정보, 개인신용정보 도난 등 □ 차별 및 기회불평등 확대 가능 　o 빅데이터 분석으로 우량고객에만 혜택이 집중되는 현상 심화 우려 □ 소비자 보호 취약 　o 탈중개화 등으로 인한 신용, 파산 리스크 등 소비자 전가

---

22) 'Lending Club(미국)'은 '16.5월 2,200만 달러(256억원)의 부정대출을 중개, 'e쭈바오 (중국)'는 '15.12월 500억 위안(8.5조원)을 모집하여 고급 주택 구입 등에 자금 유용

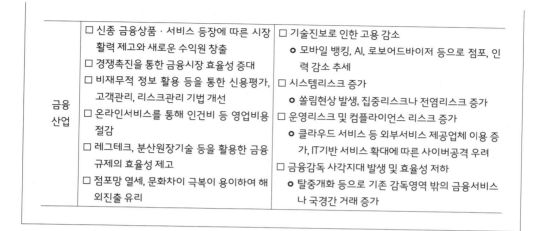

| 금융 산업 | □ 신종 금융상품 · 서비스 등장에 따른 시장 활력 제고와 새로운 수익원 창출
□ 경쟁촉진을 통한 금융시장 효율성 증대
□ 비재무적 정보 활용 등을 통한 신용평가, 고객관리, 리스크관리 기법 개선
□ 온라인서비스를 통해 인건비 등 영업비용 절감
□ 레그테크, 분산원장기술 등을 활용한 금융 규제의 효율성 제고
□ 점포망 열세, 문화차이 극복이 용이하여 해외진출 유리 | □ 기술진보로 인한 고용 감소
  ❍ 모바일 뱅킹, AI, 로보어드바이저 등으로 점포, 인력 감소 추세
□ 시스템리스크 증가
  ❍ 쏠림현상 발생, 집중리스크나 전염리스크 증가
□ 운영리스크 및 컴플라이언스 리스크 증가
  ❍ 클라우드 서비스 등 외부서비스 제공업체 이용 증가, IT기반 서비스 확대에 따른 사이버공격 우려
□ 금융감독 사각지대 발생 및 효율성 저하
  ❍ 탈중개화 등으로 기존 감독영역 밖의 금융서비스나 국경간 거래 증가 |

3. 시사점 및 대응방안

규제 샌드박스 도입 등 규제 환경을 완화하는 혁신을 지속적으로 촉진하는 한편, 핀테크 혁신으로부터 야기되는 리스크를 적극적으로 대응할 필요가 있다.

(1) 핀테크 활성화 촉진

국내의 경우 각 금융업권의 인 · 허가 장벽, 각종 규제 등으로 인해 핀테크 스타트업이 진입하기 쉽지 않은 상황이다. 따라서, 규제 샌드박스 등을 통해 혁신적인 핀테크 기업의 규제 적용을 유예하고, 규제 불확실성을 해소하는 등 핀테크 스타트업이 성장할 수 있도록 다음과 같은 핀테크 활성화 필요가 있다.

> ① 규제 샌드박스 등을 도입하는 금융혁신지원특별법 발의, 핀테크 활성화 방안[24] 발표('18.3월) 등에 따른 핀테크 활성화 촉진
> ② 핀테크 현장자문 서비스 활성화

(2) 성숙한 핀테크 분야에 대한 상시감시 강화

금융 서비스를 대체하고 있는 간편 송금 · 결제, P2P대출 등의 분야는 시장 규모가 급성장하고 이용자가 증가하고 있어 이용자 보호의 필요성이 증대되고 있다. 따라서, 간편 송금 · 결제 등의 거래 현황 및 사고발생 여부 등에 대한 상시감시를 강화하고, P2P대출

---

23) 혁신적 금융서비스에 대한 규제특례 적용, 금융 테스트베드 운영, 금융권 서비스 고도화, 핀테크 시장 확대 등

관련 법제화를 지원하는 등 성숙한 핀테크 분야는 다음과 같은 리스크 중심의 감독을 강화할 필요가 있다.

> ① 전자금융업자의 간편 송금·결제에 대한 거래 현황 파악 등 모니터링 강화
> ② P2P 대출 관련 실태조사 및 법제화 지원

(3) 핀테크 관련 기술, 산업 · 시장 동향 모니터링

은행의 오픈 API 도입, IT신기술 적용 확대 등 금융회사 등의 핀테크 혁신 가속화에 따라, 핀테크에 대한 감독이슈를 적시에 파악하고 효과적으로 대응할 수 있도록 핀테크 관련 기술, 금융회사의 핀테크 적용 동향 등에 대한 모니터링의 필요성이 다음과 같이 제기되고 있다.

> ① 은행의 오픈 API 추진 현황 등 핀테크 관련 주요 기술 동향 파악
> ② 핀테크 관련 사고 발생 여부 등 주요 이슈 모니터링

(4) 금융회사 등에 대한 리스크 중심의 IT감독 · 검사 강화

금융회사 등의 신기술 도입, 외부업체와의 협업이 증가됨에 따라 IT기술 및 외부 업체에 대한 의존도가 높아지고, 운영 · 사이버 보안 · 데이터 유출 등의 리스크도 함께 증가될 것으로 예상된다. 따라서, 금융회사가 스스로 리스크를 효과적으로 관리하는 등 책임을 수반하는 금융혁신을 지속할 수 있도록 레그테크 구축 등을 지원하는 한편, 리스크 중심의 감독 · 검사를 다음과 같이 강화할 필요가 있다.

> ① 금융회사별 IT리스크 계량실태평가, 취약점 분석·평가 등 상시감시 결과에 기반하여 차별화된 리스크 중심의 IT감독·검사 실시
> ② 레그테크를 활용한 자율규제 체계 확립 지원

참고 12	핀테크 혁신 활성화 방안('18.3월, 금융위) 주요 내용

1️⃣ 혁신적 금융서비스 실험·지원 – Tech(기술) → Fin(금융)

○ (혁신적 금융서비스 실험 허용)「금융혁신지원 특별법」제정 추진

– 혁신적 금융서비스에 대해 시범인가, 개별 규제면제 등 특례를 적용(최대 2년 범위 내 지정+이후 2년 연장 가능)

– 비상조치 등 소비자보호 방안을 마련하되, 인·허가 절차 간소화, 배타적 운영권[25] 부여 등을 통해 시장안착을 지원

– 규제 불확실성으로 인한 혁신금융서비스의 시장출시 지연을 방지하기 위해 규제 신속 확인 제도 도입

○ (금융 테스트베드 시행)

법 제정 이전에 위탁테스트, 지정대리인 등 금융테스트베드 시행·확대로 금융혁신의 효과를 조기창출

– 핀테크 기업이 개발한 혁신 금융서비스를 금융회사에 위탁해 테스트해 볼 수 있는 위탁 테스트 지속 확대

– 금융회사의 업무를 위탁 받아 핀테크 기업(지정대리인)이 혁신금융서비스를 테스트할 수 있는 지정대리인 제도 본격 시행

○ (투자·해외진출·R&D 지원)

핀테크 기업에 대한 민간투자를 촉진·지원할 수 있는 방안을 마련하고, 해외진출 및 R&D 지원도 병행

– 성장사다리펀드 중 일부를 핀테크 특화 펀드로 조성하고, 핀테크 기업에 대한 민간투자 촉진·지원 방안 마련

– 해외 금융당국과 핀테크 MOU체결 확대 등 해외진출 지원 방안을 추진하고, 과기부와 공동으로 핀테크 분야 R&D 지원

○ (핀테크 산업 지원체계 강화)

혁신금융 지원기관으로서 핀테크지원센터의 조직과 기능을 확대, 강화(전문인력, 예산 지원 등)

---

24) 혁신금융사업자에 대해 시장출시 후 최대 1년간 다른 사업자가 동일한 서비스를 출시할 수 없도록 요구할 수 있는 권리 부여

- 핀테크지원센터를 중심으로 전문인력 교육·양성을 추진하고, 핀테크 분야 전문자격증을 개설하여 일자리 창출을 지원
- 금융당국-핀테크지원센터-핀테크산업협회 간 라운드테이블을 마련하여 소통을 정례화

② 금융권 서비스 고도화 – Fin(금융) → Tech(기술)

ㅇ (자본시장 핀테크 활성화)
로보어드바이저, 비대면 거래 확대, 크라우드펀딩 개선 등 신기술 활용 자산관리 및 자금조달 활성화
- 로보어드바이저 테스트베드를 지속 실시하고, 비대면 투자 일임·신탁계약 허용 검토·추진
- 다양한 창업기업들이 크라우드펀딩에 참여할 수 있도록 업종제한 및 투자한도 규제 개선

ㅇ (인슈테크 활성화)
건강증진형 혁신 보험상품 출시, 온라인 소액 보험판매 허용, 자율주행차 보험 개발 등 인슈테크 도입 촉진
- 사물인터넷(IoT), 인공지능(AI) 기술을 통해 수집한 건강정보 등을 활용해 보험분야 혁신을 촉진하고, 자율주행차 보험제도를 연구
- 온라인쇼핑몰에서 전자제품, 레저용품 등 구입시 관련 보험에도 손쉽게 가입할 수 있도록 관련 규제를 완화

③ 핀테크 시장 확대 – Fin(금융) ↔ Tech(기술)

ㅇ (모바일 간편결제 활성화)
저렴한 수수료 부담(가맹점), 간편한 결제(소비자)가 가능하도록 다양한 모바일 결제 활성화 여건을 마련
- 수수료가 적고 간편한 방식의 계좌 기반 모바일결제 활성화 및 인센티브 제공을 검토·추진
- 매출액이 영세(3억 이하)·중소(3~5억) 규모에 해당하는 온라인 사업자에 대해 우대수수료율 적용 등 제도개선 방안 마련
※「모바일 간편결제 활성화 세부 추진 방안」추후 발표 예정

○ (빅데이터 활용 활성화)

금융권 표본DB · 분석시스템을 구축하고, 정보수집 · 활용을 저해하는 정보
보호 규제를 정비

－ 개인을 식별할 수 없도록 처리된 익명정보 · 가명처리정보에 대해 빅데이터
분석 목적으로의 이용을 허용

－ 신용정보산업의 진입규제 정비, 빅데이터 분석 · 컨설팅 업무를 허용하는
등 규제를 합리화

※ 「금융분야 데이터활용 및 정보보호 종합방안」 기 발표 (3.19)

○ (오픈API 활성화)

금융권 개별 및 공동 오픈API[26] 활성화를 병행 추진하여 핀테크 기업이 손쉽
게 다양한 금융서비스를 개발할 수 있는 환경을 조성

－ 개별API 활성화를 위해 국내외 오픈API 구축사례 조사, 보안점검 가이드
등 개별API 지원방안 마련

－ 현재 제한적으로 오픈된 공동API 종류를 지속 확대하고 참여 금융회사 확
대를 유도

○ (블록체인 기술 활용) 블록체인의 금융권 활용분야를 확대하고, 테스트베드를
통해 혁신 금융서비스 시장영향을 사전 검증

－ 본인확인서비스 등 금융권 블록체인 활용분야 지속 확대('18.하~)

＊ 공인인증서 불편을 개선할 수 있도록 금투업권('17.10월)에 이어 은행 · 보험
권 블록체인 본인확인서비스 개시 예정

－ 블록체인 기술의 특성(분산, 안전성)을 활용하기 위해 금융권 블록체인 테스
트베드[27]를 구축, 혁신 금융서비스 테스트 실시('18.하)

○ (클라우드 활성화)

클라우드[28]를 활용한 혁신서비스에 대해 시범테스트를 실시해 금융권 클라우
드 이용의 점진적 확대 방안 마련

－ 규제 샌드박스(금융혁신지원특별법)를 통해 고객정보 관련 시스템도 클라우
드를 이용하여 희망하는 핀테크 서비스 테스트 실시

---

25) 오픈API : 특별한 프로그래밍 기술 없이도 원하는 프로그램이나 모바일 앱을 쉽게 만들 수 있도록 구성된 제
3자에게 공개되는 소스코드 모음

26) 서비스 출시 전에 서비스의 기능 · 효과, 금융보안, 시장 · 소비자에 대한 영향 등을 사전 검증

27) 하나의 시스템으로부터 다수의 이용자가 필요한 IT자원을 탄력적으로 제공받아 사용하는 컴퓨팅 환경

○ (전자금융업 제도 · 산업 개편)

빅데이터 · 블록체인 등 신기술 기반 혁신금융서비스에 적합한 전자금융업 정책 · 제도 개편 방안 모색

* 해외 주요국의 간편결제 · 송금 등 핀테크 서비스 및 기반기술(예: AI, 블록체인 등) 등에 대한 제도 연구를 통해 국내 전자금융업 제도 개편방안 제시

④ 핀테크 혁신 리스크 대응 – Fin(금융) ↔ Tech(기술)

○ (혁신기술 보안대응) 혁신기술 보안진단 · 컨설팅 지원 등 핀테크 혁신에 따른 새로운 리스크를 관리하고, 금융보안 대응체계도 강화

– 신기술 개발 · 적용 단계별 보안진단, 컨설팅 등 신기술 보안지원체계 구축 및 금융권 정보공유시스템 고도화 등을 추진

○ (레그테크 활용 등)

시범사업을 통해 레그테크[29] 활용분야를 확대하고, AI, 빅데이터 기술을 활용한 자본시장 불공정거래 감시 추진

사례연구

| 금융감독원, 지능형 정보서비스 구현을 위한 중장기 전략 마련[29]

▶ 빅데이터 업무를 체계적으로 추진하기 위한 전담조직 신설
▶ 빅데이터 기반의 민원 분석 및 대부업 상시감시 시스템 구축
▶ 빅데이터와 인공지능을 적용하여 금융감독 全 분야의 업무 효율화
▶ 단순 민원을 인공지능·빅데이터 기반의 챗봇(도입)으로 신속 해결
▶ VR/AR을 활용한 금융교육으로 체험형 교육 활성화
▶ One-Stop 본인인증으로 「파인」내 모든 금융정보 조회
▶ 17개 신고센터 일원화 및 민원·신고·상속인조회 등의 통합 조회서비스 제공

---

28) 레그테크: 규제(Regulation)＋기술(Technology)의 합성어로, IT기술을 활용하여 컴플라이언스 업무 등을 효율화하는 기술

29) 상세한 내용은 2018.1.18일자 금융감독원 보도자료 참조.

1. 개요

금융감독원은 4차 산업혁명 등 금융환경 패러다임 변화에 대응한 감독·검사 업무의 효율적 수행과 금융소비자 권익 제고를 위하여, "변화와 혁신을 선도하는 지능형 금융감독 정보서비스 구현"이라는 중장기('18~'20년) 정보화비전과 함께 4대 추진전략을 마련하였다.

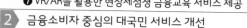

중장기 정보화비전 및 추진전략 개요

정보화 비전

「 변화(CHANGE)를 주도하고, 미래 대응능력 강화를 위한 」

지능형 금융감독 정보서비스 구현

4대 추진전략 및 주요과제

1 빅데이터 분석시스템 등 IT 신기술 기반의 정보시스템 구축

❶ 빅데이터 전담조직 신설 `18년`
❷ 빅데이터 분석체계 마스터플랜 수립 `18년`
❸ 빅데이터 기반 시범시스템(민원 분석 및 대부업 상시감시)구축 `18년`
❹ 빅데이터 통합 분석시스템 구축 `19년` 및 고도화 `20년`
❺ 빅데이터 활용업무 확대(감독·검사·소비자보호·공시·조사·감리 등) `19~20년`
❻ 챗봇 기반 민원상담서비스 개발 `19~20년`
❼ VR/AR을 활용한 현장체첨형 금융교육 서비스 제공 `19~20년`

2 금융소비자 중심의 대국민 서비스 개선

❶ 홈페이지 신고센터 일원화, 민원 통합조회 서비스 제공 `18년`
❷ 파인 통합 인증시스템 도입 및 개인 맞춤형 정보 제공 `19년`

3 유관기관·금융회사의 금융정보 입수체계 선진화

❶ 유관기관과의 통합 금융정보 연계망 구축 `19~20년`
❷ 금융회사와의 금융정보 교환방식 개선 `19년`

4 신종 사이버 보안위협에 선제적 대응

❶ 지능형 해킹공격 방어시스템 도입 `19~20년`
❷ 24시간×365일 해킹대응을 위한 종합상황실 설치 `19~20년`

정보화 비전

금융소비자 측면	유관기관·금융회사 측면	금융감독 측면
금융소비자 권익 제고	정보보안 수준 및 편의성 개선	효율적 금융감독 업무 수행

2. 4대 추진전략별 주요 내용

전략1: 빅데이터 분석시스템 등 IT신기술 기반의 정보시스템 구축

1. 빅데이터 기반의 통합 분석시스템 구축('18~'20년)

['18년 중점 추진사항]

□ (전담조직 신설)

　금번 조직개편 시 빅데이터 업무를 총괄하기 위해 금융감독연구센터 내 '빅데이터 분석팀' 신설

□ (분석체계 마련)

　빅데이터 분석체계 마련을 위한 마스터플랜을 수립하고, 내·외부 데이터를 집적·연계분석할 수 있는 플랫폼 구축

□ (시범시스템 구축)

　민원급증 유발요인 조기진단과 대부업 관련 소비자 피해 예방을 위해 "민원 분석과 대부업 상시감시" 시스템 구축

※ 시범시스템을 우선 구축하여 Know-How를 축적하고 직원의 정보화 마인드를 제고

['19~'20년 중점 추진사항]

□ (통합 분석환경 구축)

　업권별로 운영 중인 시스템에 대해 공통업무와 업권별 특성을 반영하여 전 권역에 적용 가능한 통합 분석시스템 구축

　ㅇ 상시감시 업무를 중심으로 빅데이터 분석시스템을 우선 구축하고 머신러닝 등 인공지능을 적용하여 분석시스템을 고도화

□ (활용 업무 확대)

분식회계 · 불공정 혐의거래 모형 개발 등을 통해 적용대상 업무를 공시 · 조사 · 감리 업무로 단계적 확대

○ 빅데이터 분석결과는 중장기 감독정책 과제 발굴 등에 활용

2. IT신기술을 활용한 서비스 개발('19~'20년)

□ (챗봇 기반 민원상담)

인공지능 및 빅데이터 기반의 민원상담 챗봇을 구축하여 단순 상담에 대해 신속한 답변을 제공하고, 민원상담 직원은 전문지식이 요구되는 상담업무에 집중함으로써 금융소비자 만족도 제고

□ (금융교육에 VR/AR 활용)

교육대상자의 재미와 흥미를 유발할 수 있는 다양한 금융교육 콘텐츠 확보의 일환으로금융거래, 보이스피싱 사례 등을 가상환경에서 직접 체험해 볼 수 있는 VR/AR* 기법을 활용하여 체험형 금융교육 활성화

* <u>V</u>irtual <u>R</u>eality(가상현실):

전용 헤드기기를 착용하여 가상환경을 체험하게 하는 기술

* <u>A</u>ugmented <u>R</u>eality(증강현실):

현실과 가상환경을 동시에 체험하게 하는 기술

전략 2: 금융소비자 중심의 대국민 서비스 개선

1. 홈페이지 신고센터 일원화, 민원 통합조회 서비스 제공('18년)

▫ (신고센터 일원화)

홈페이지 '불법금융신고센터'에 산재되어 있는 17개 신고코너를 '통합신고센터'로 일원화하고, 금융소비자가 신고코너를 구분해야 하는 번거로움 없이 신고하고 담당부서로 동 내용이 정확히 배정되도록 개선할 계획이다. 현재는 유사한 신고코너가 많아 금융소비자가 어느 코너에 신고해야 하는지 구분이 어려움 등이 있다.

▫ (민원 통합조회)

금융소비자가 신청한 민원, 신고, 상속인조회 등의 진행상황 및 처리결과 등을 한번에 조회할 수 있도록 민원 통합조회 서비스(모바일 포함) 제공, 현재는 민원, 신고, Q&A, 상속인조회 메뉴별로 각각 조회해야 하는 불편 존재

▫ (검색기능 고도화)

홈페이지에서 금융관련 정책, 제도 등의 자료를 쉽게 찾을 수 있도록 검색엔진을 개선, 금융소비자가 필요한 홈페이지 자료를 한번의 검색으로 편리하게 찾을 수 있도록 기능 확대

2. 파인 통합 인증시스템 도입 및 개인 맞춤형 정보 제공('19년)

▫ 금융소비자가「파인」의 금융정보조회 서비스를 이용함에 있어 각 기관별로 본인인
증을 해야 하는 불편을 해소하기 위해, One-Stop 본인인증으로 금융정보를 쉽게
조회할 수 있도록 통합 인증시스템을 도입하고, 이용자의 최근 접속기록·연령·
직업 등을 고려한 개인 맞춤형 정보를 제공

전략 3: 유관기관 · 금융회사와의 금융정보 입수체계 선진화

1. 유관기관과의 통합 금융정보 연계망 구축('19~'20년)

▫ 금융감독원과 금융협회, 국민연금공단 등 다수 유관기관 간의 상이한 금융정보 전
송방식을 통합, 자료 송수신 프로그램 표준화 등 통합 금융정보 연계망을 구축함
으로써 정보관리 효율성을 제고

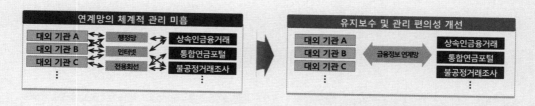

2. 금융회사와의 금융정보 교환방식 개선('19년)

▫ 현재 인터넷망 기반으로 운영되고 있는 금융정보교환망(FINES)을 가상사설망 및
전용선 기반의 정보교환방식(협회 경유)을 추가 적용, 이를 통해 금융회사의 업무
보고서에 대한 보안성을 한층 강화하고 자료제출 편의성을 제고

* VPN(Virtual Private Network):
인터넷 통신과정 전체를 암호화하여 자료 유출을 방지하는 기술

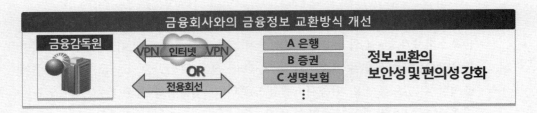

전략 4: 신종 사이버 보안위협에 선제적 대응

1. 지능형 해킹공격 방어시스템 도입('18~'19년)

▫ 신·변종 악성코드를 분석·탐지·제거할 수 있는 지능형 해킹공격(APT: Advanced Persistent Threat) 방어시스템을 도입. 점차 지능화되고 있는 랜섬웨어, 제로데이 공격* 등 보안위협에 선제적 대응

   * 보안취약점이 발견된 이후 이를 막을 수 있는 패치가 발표되기 전의 공격

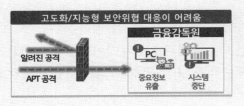 

2. 24시간×365일 해킹대응 종합상황실 설치('19~'20년)

▫ 전산장비와 보안장비 모니터링 업무를 유기적으로 대응하도록 종합상황실을 설치, 전산장애와 보안위협에 대한 협업을 통해 무중단·무사고 대응체계 구축

3. 기대효과

▫ (금융소비자 측면)

빅데이터 기반의 민원 분석을 통해 민원 재발방지, 챗봇 기반 민원상담서비스 제공, 홈페이지 신고센터 일원화 등을 통해 금융소비자 편익이 제고될 것으로 예상

▫ (유관기관·금융회사 측면)

통합 금융정보 연계망 구축, 보안이 한층 강화된 금융정보 교환방식 적용 등을 통해 유관기관·금융회사의 정보보안 수준 및 편의성이 개선될 것으로 예상

▫ (금융감독 측면)

각 권역별로 산재된 정보시스템을 빅데이터 기반의 금융감독시스템으로 고도화하여 감독·검사 업무를 효율적으로 수행할 수 있을 것으로 기대

[중장기 정보화 전략 이행 시 기대효과]

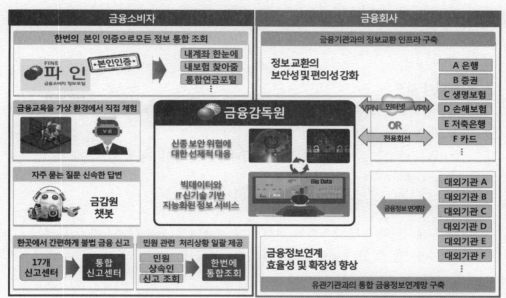

4. 향후 계획

▫ 4대 전략별 추진과제는 금융감독 선진화 및 금융소비자 보호에 만전을 기하기 위해 향후 3년간('18~'20년) 차질없이 이행할 계획

[참고]   빅데이터 분석시스템 등 IT신기술 기반의 정보시스템 구축 주요내용

1. 빅데이터 기반의 민원 분석시스템 구축(안): '18년 추진

(1) 개 요

□ 민원급증 유발요인 조기진단 및 감독·검사정보 제공 등 효율적인 민원업무 수행을 위해 빅데이터 기반「민원 분석시스템」구축
  ○ 금융감독원 민원·상담 시스템에 있는 내부 데이터(연간 민원 7.5만건, 상담 51만건)와 SNS 등 외부 데이터를 통합하여 소비자 피해 확산 방지 등을 위한 시스템 구축

(2) 주요내용

□ **데이터 입수**

  금융감독원이 보유하고 있는 민원상담 파일* 및 민원처리 내용 등 내부 데이터와 뉴스·SNS 등 외부 데이터를 입수
  * "1332 통합콜센터"의 민원상담 녹취파일은 음성인식기술(STT: Speech To Text)을 활용하여 텍스트로 변환·사용

□ **빅데이터 분석**

  내부 데이터와 외부 데이터에 대한 연계 분석 등을 통해 문제소지 민원 유형·특성을 파악할 수 있는 통합 분석체계 마련

□ **분석결과 활용**

  민원 분석결과는 금융소비자 경보 발령, 감독·검사업무 환류, 민원응대 평가 등 다양한 업무에 활용

빅데이터를 활용한 민원 분석 시스템 구축(안)

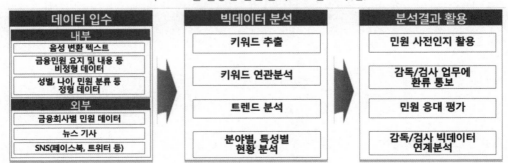

2. 빅데이터 기반의 대부업 상시감시시스템 구축(안): '18년 추진

(1) 개요

□ 약 1천여 개에 달하는 금융감독원 감독대상 대부업체에 대한 효율적인 검사업무를 위해 빅데이터 기반「대부업 상시감시 시스템」구축

    ○ 제한된 검사인력으로 효과적인 검사 및 상시감시 업무를 수행할 수 있도록 대부업체 정보를 집중 · 분석하여 위규사항 적발 등을 위한 시스템 구축

(2) 주요내용

□ **데이터 입수**

금융감독원이 보유하고 있는 업무보고서 등 내부 데이터와 뉴스 · SNS 등 외부 데이터를 입수

□ **빅데이터 분석**

내부 데이터와 외부 데이터에 대한 연관어 분석 등을 통해 직원들의 의사결정을 지원할 수 있는 통합 분석체계 마련

□ **분석결과 활용**

상시감시 분석결과는 위규사항 적발, 검사대상회사 선정, 테마검사 등 감독 · 검사 · 소비자보호 업무에 활용

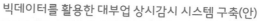

빅데이터를 활용한 대부업 상시감시 시스템 구축(안)

3. 빅데이터 분석시스템 구축 및 고도화(안): '19~'20년 추진

(1) 개요

□ 금융회사에 대한 감독 · 검사 및 소비자보호 등 효율적인 금융감독 업무 수행을 위하여 권역별로 산재되어 있는 내부 데이터와 SNS 등 외부 데이터를 빅데이터 플랫폼에 집적

   ○ 전 권역에 적용가능한 통합 분석시스템을 구축하고 단계별 시스템 고도화 및 적용대상 업무확대를 지속적으로 추진

   ※ '18년에 2개 시범시스템(민원 분석과 대부업 상시감시)을 우선 구축하여 Know-How 축적 및 직원들의 정보 마인드를 제고하고, 향후 확대 고도화를 위한 샘플 시스템으로 활용

(2) 주요내용

□ **통합 분석환경 구축**

업권별로 운영중인 시스템에 대해 공통 업무와 업권별 특성을 반영하여 전 권역에 적용가능한 통합 분석시스템 구축

   ○ 상시감시 업무를 중심으로 빅데이터 분석시스템을 우선 구축하고 머신러닝 등 인공지능을 적용하여 분석시스템을 고도화

□ **활용업무 확대**

분식회계 · 불공정 혐의거래 모형 개발 등을 통해 적용대상 업무를 공시 · 조사 · 감리 업무로 단계적 확대

   ○ 빅데이터 분석결과는 중장기 감독정책 과제 발굴 등에 활용

빅데이터 기반 통합 분석시스템 구축(안)

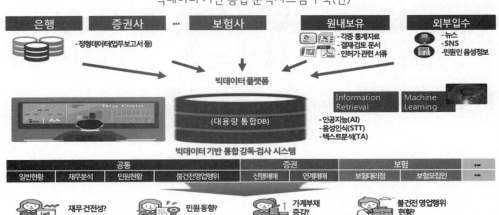

4. 챗봇[30] 기반의 민원상담서비스 개발(안): '19~'20년 추진

(1) 개 요

☐ 금융감독원은 금융거래 과정에서 겪는 금융소비자의 불편·불만·피해 등을 상담·처리하기 위해 민원센터 및 1332콜센터를 운영 중

   ○ 민원상담 직원이 중요 상담업무에 집중할 수 있도록 업무 효율을 저해하는 단순·반복 문의를 챗봇시스템으로 자동처리함으로써 금융소비자에게 양질의 서비스 제공

(2) 주요내용

☐ **지식DB 구축**

과거 처리한 민원(텍스트), 콜센터 상담(음성)을 인공지능 기술[31]로 분석·처리하여 민원·상담 지식DB 구축

☐ **텍스트 상담**

SNS(카카오톡, 트위터, 페이스북 등), e-mail, 민원 홈페이지에 입력된 간단한 질의사항을 분석(자연어 처리)하여 지식DB의 답변을 신속 안내

☐ **음성 상담**

챗봇 기반 콜센터에서 민원인의 상담요청(음성)을 인식(텍스트 변환 등)하여 DB에 축적된 답변을 제공

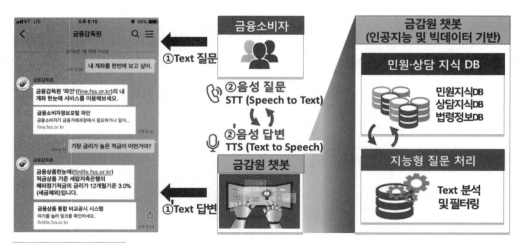

---

30) '수다를 떨다'라는 뜻의 채터(chatter)와 로봇(robot)을 결합한 말로 규칙에 따라 사용자의 질문에 대답할 수 있도록 구현한 인공지능 기반 시스템

31) 여기서 인공지능 기술은 자연어처리 기술을 통해 텍스트를 분석하고, 음성인식기술로 음성 상담내용을 텍스트로 변환 및 분석하며, 머신러닝을 통해 상담질의와 답변을 매핑한 지식DB 구축을 말한다.

3

전자금융업자의 간편송금*

---

* 상세한 내용은 금융감독원 발표자료(2018.8.14.) 참조

1. 배경

간편송금은 기존 은행 등 금융회사의 송금 서비스를 대체하여 급속히 성장하고 있는 핀테크의 한 분야로, 공인인증서 의무사용 폐지(2015. 3월) 등 보안규제가 완화됨에 따라, 보안카드 또는 OTP 없이 간편 인증수단(예: 비밀번호)을 이용한 송금 서비스를 의미한다.

| 보안규제의 완화 경과

- 보안프로그램 설치 의무 폐지('15.2월)
- 국가 인증제품 사용의무 폐지('15.3월)
- 사전 보안성 심의 폐지('15.6월) 등

금융회사(Fin) 및 전자금융업자(Tech) 모두 간편송금 서비스를 제공하고 있으나, 기존 금융회사에 비해 신규 전자금융업자의 성장이 두드러진 분야이다. '17년 중 간편송금 서비스 이용실적[1]으로 보면 이용건수 및 이용금액 대부분(각각 95.2%, 95.8%)을 핀테크 기업이 차지하였다.

[참고]   한국은행의 2017년 중 간편송금 서비스 이용실적(일평균)

▫ 2017년 중 금융회사 및 전자금융업자의 간편송금서비스 이용실적(일평균)은 약 68만건, 351억원

(단위: 천건, 백만원, %)

구분	이용건수			이용금액		
	전자금융업자	금융회사	총계	전자금융업자	금융회사	총계
2017년	649.9	32.6	682.5	33,652.6	1,471.4	35,124.0
비중	95.2	4.8	100.0	95.8	4.2	100.0

---

1) 상세한 내용은 2017년 중 전자지급서비스 이용 현황(한국은행, 2018.4.2.) 참조.

참고 1	핀테크 사업영역 중 간편송금 분야

□ 핀테크 사업 영역은 ① 금융플랫폼, ② 금융데이터 분석, ③ 결제·송금, ④ 금융 소프트웨어 등 4개 분야로 분류 가능

　○ 간편송금은 간편결제 등과 함께 ③ 결제·송금 분야로 분류할 수 있음

핀테크 사업영역 분류

구분	내용	주요 서비스 분야
① 금융플랫폼	기업과 고객들이 금융기관의 개입 없이 자유롭게 금융거래를 할 수 있는 다양한 거래 기반을 제공	• P2P 대출 • 크라우드 펀딩 등
② 금융데이터 분석	개인·기업 고객의 다양한 데이터를 수집하여 분석함으로써 새로운 부가가치를 창출	• 신용조회 • 운전습관연계보험(UBI) • 로보어드바이저 등
③ 결제·송금	이용이 간편하면서도 수수료가 저렴한 지급결제 서비스를 제공함으로써 고객의 편의성을 제공	• 간편결제, 간편송금 • 외환송금 • 인터넷전문은행 등
④ 금융소프트웨어	IT기술을 활용하여 기존 방식보다 효율적이고 혁신적인 금융업무 및 서비스 관련 소프트웨어를 제공	• 비대면 인증 • 블록체인 • 리스크관리 등

□ KPMG·H2벤처스가 발표('17.11월)한 '2017 핀테크 100'에 의하면, P2P금융(32개)과 지급결제(21개) 분야가 가장 많으며 3년 연속 강세

　○ 국내도 금융 서비스를 대체하고 있는 P2P대출, 간편송금·결제 분야가 지속적으로 성장

'17년 서비스 분야별 핀테크 100대 기업　(단위: 개사)

구분	P2P금융	지급결제	자본시장	보험	자산관리	레그테크·사이버보안	블록체인·디지털 통화	데이터 및 분석
회사수	32	21	15	12	7	6	4	3

특히, 전자금융업자 중 비바리퍼블리카[2]는 모바일 애플리케이션 토스(Toss)를 통해 간편 송금 서비스를 제공하면서 '18.5말 기준 누적 거래액이 18조원을 돌파하였으며, Toss 앱 누적 다운로드 수가 1,800만건에 이르는 등 이체절차 간소화에 따라 서비스 이용자가 급증하였다.

전자금융업자의 간편송금은 계좌이체 등의 방법으로 충전한 선불금을 전화번호, SNS 등을 활용해 수취인에게 송금하는 방식으로 전자금융거래법상 선불전자지급서비스[3]에 포함된다.

한편, 간편송금업자는 전자금융거래법상 '선불전자지급수단 발행 및 관리업'으로 등록·관리되고 있으며, 자본금 요건 등의 경영지도기준을 반드시 준수(감독규정§63)하여야 한다.

　

* 경영지도기준
① 등록요건 자본금 유지(20억)
② 자기자본잠식 상태가 아닐 것
③ 미상환잔액 대비 자기자본비율 준수(20% 이상)
④ 유동성 비율(50% 이상)

　

다만, 간편송금의 이용건수 및 금액이 급증하고 있어 선불업자 중 간편송금 제공업체에 대한 재무건전성 등 모니터링을 강화할 필요성이 증가되고 있다. 또한, 금융감독원은 전자금융업자의 간편송금 제공현황 등을 분석하여 향후 간편송금업을 영위하는 전자금융업자에 대한 감독상 시사점을 도출할 예정이다.

---

2) 글로벌 회계·컨설팅기업인 KPMG와 핀테크 벤처투자기관인 H2벤처스가 공동으로 발표('17.11월)한 '2017 핀테크 100'에 의하면, 비바리퍼블리카가 국내 최초로 100대 핀테크 기업에 진입(35위)
3) 주로 고객이 구매한 선불전자지급수단을 타인에게 양도 및 계좌로 환불하는 방식으로 송금서비스를 제공 중

참고 2	간편송금 등 핀테크 발전의 배경

▫ 핀테크는 컴퓨터 연산능력 향상, 금융서비스 접근성 확대, 탈중개화로 직접거래 증가 및 디지털 수용성이 높은 세대로의 인구구조 개편 등으로 발전하고 있는 중임

1 (컴퓨터 연산능력 향상)

최근 핀테크의 성장은 대규모 데이터를 저렴한 비용으로 빠르게 처리할 수 있는 컴퓨터 연산능력 향상 등*에 기반

* ① 데이터 저장, 처리 및 수집 비용 감소와 결합된 컴퓨터의 연산능력 향상

② 접근 가능한 데이터와 데이터 소스의 기하급수적인 증가

③ 데이터를 공유하고 응용 프로그램을 개발할 수 있는 인프라와 플랫폼의 출현

2 (금융서비스 접근성 확대)

전 세계를 연결시키는 인터넷의 대중화 및 스마트폰의 보급은 금융상품과 서비스에 대한 접근을 용이하게 하는 한편, 상품이나 서비스의 원가를 줄임

3 (탈중개화로 직접거래 증가)

기술 발전과 인터넷 보급으로 금융기관 중심의 중개시스템에서 탈피하여 핀테크 플랫폼을 활용한 중개, 재중개 증가

4 (인구구조의 변화)

디지털 수용성이 높은 세대(Y세대*)가 점차 금융서비스 이용의 전면에 등장

* 1982년부터 2000년 사이에 출생한 Y세대는 "밀레니엄" 또는 "디지털 원주민"이라고도 불리며 학습, 커뮤니케이션 및 엔터테인먼트를 위해 인터넷을 사용하는 것이 자연스러운 특징을 지님

○ 단순하고 투명한 핀테크는 젊은 세대에게는 보다 신뢰성 있고 간편한 서비스로 인식되어 점차 저변확대 추세

ㄹ. 간편송금 제공 전자금융업자 및 서비스 현황

(1) 간편송금 서비스 제공 업체 현황

간편송금은 총 38개 선불업자[4] 중 7개사(18.4%)가 서비스를 제공 중이다.

간편송금 서비스 제공 여부 (단위: 개사, %)

구분	전체 선불업자	간편송금 제공 업체	간편송금 미제공 업체
업체수	38[5]	7	31
비중	100	18.4	81.6

특히, 간편송금은 비바리퍼블리카가 가장 먼저 서비스를 출시('15.2.23.)하였다. 이후 네이버('15.6월), 쿠콘('16.2월), 카카오페이('16.4월), NHN페이코('16.6월), 엘지유플러스('16.6월), 핀크('17.9월) 순으로 출시되었다. 6개사는 자체 플랫폼을 사용하여 서비스를 제공 중이며, 엘지유플러스는 쿠콘과 제휴를 통해 서비스를 제공 중이다.

간편송금 서비스 업체 현황

구분	간편송금 서비스명	서비스 출시일	자체 플랫폼 사용 여부	비고
1. 비바리퍼블리카	토스	'15.2월	○	
2. 네이버	네이버페이 송금	'15.6월	○	
3. 쿠콘	체크페이	'16.2월	○	
4. 카카오페이	카카오페이 간편송금	'16.4월	○	
5. NHN페이코	페이코 송금 서비스	'16.6월	○	
6. 엘지유플러스	페이나우	'16.6월	×	쿠콘과 제휴
7. 핀크	핀크	'17.9월	○	

---

4) 선불전자지급수단의 발행 및 관리 업무
5) 38개사 중 엘지유플러스는 선불업자가 아니지만, 쿠콘과 제휴를 통해 간편송금 서비스를 제공하고 있어 편의상 간편송금업자로 분류하여 분석

| 참고 3 | 주요 해외 간편송금 서비스 사례[6] |

□ 해외의 경우 1999년에 페이팔(미국)에서 간편송금 서비스를 시작한 이래 2005년 알리페이(중국)가 간편송금 서비스를 제공하는 등 국내보다 도입시기가 빠름

1️⃣ (페이팔, 미국)

1998년 설립된 이후 이메일을 이용해 송금할 수 있는 전자결제 시스템인 페이팔을 개발하였으며, 목적(상품 결제, 계좌 간 거래, 카드로 송금)에 따라 수수료를 부과

2️⃣ (벤모, 미국)

2009년 소액 결제를 위한 서비스로 출시하였으며, 2012.7월 페이스북 계정과 연동하여 친구 간 송금이 가능하도록 기능을 제공

3️⃣ (위챗페이, 중국)

2013년 모바일 메신저 위챗과 텐센트의 모바일 결제 시스템인 텐페이를 결합하여 위챗페이를 출시하였으며 간편 결제·송금 기능을 제공

4️⃣ (알리페이, 중국)

2004년 온라인 결제 플랫폼으로 등장하였으며, 2005년부터 메신저와 연동되는 지급결제 서비스를 출시하여 다양한 금융서비스(입·출금, 결제, 송금, 담보거래 등)를 제공

(2) 간편송금 서비스 제공 내용

간편송금 서비스를 위해 비바리퍼블리카는 가장 많은 27개 금융회사와 제휴[7]를 맺고 서비스를 제공하고 있으며, 네이버 등 5개사는 17~22개 금융회사와 제휴하여 서비스를 제공 중이나, 핀크[8]는 KEB하나은행만 제휴하여 서비스를 제공하였다.

---

6) 상세한 내용은 "국내외 개인 간 간편 송금 서비스의 제공 현황 비교('16.8.2, 금보원)" 보고서를 참고
7) 간편송금 서비스는 간편송금업자가 제휴를 맺은 금융회사를 통해서만 송금 가능
8) 하나금융그룹과 SK텔레콤이 합작하여 만든 전자금융업자

간편송금 관련 금융기관 제휴 현황   (단위: 개사)

구분	제휴 금융회사 수	제휴 금융회사 명
비바리퍼블리카	27	은행(19): 우리, 신한, 국민, KEB하나, 농협 등 증권(8): 키움, 미래에셋대우, 삼성, 대신 등
네이버	17	은행(15): 우리, 신한, 국민, 농협, 기업 등 증권(2): 미래에셋대우, 삼성
쿠콘	19	은행(19): 우리, 신한, 국민, KEB하나, 농협 등
카카오페이	21	은행(18): 우리, 신한, 국민, KEB하나, 농협 등 증권(3): 메리츠, 유진투자, 유안타
NHN페이코	22	은행(20): 우리, 신한, 국민, KEB하나, 농협 등 증권(2): NH투자증권, 유안타
엘지유플러스	17	은행(17): 우리, 신한, 국민, 농협, 기업 등
핀크	1	은행(1): KEB하나

　　간편송금 서비스 이용을 위해서는 회원등록 절차과정에서 최초 가입 시 1회의 본인인증[9]을 실시한다. 송금 시 카카오페이를 제외한 6개사는 계좌번호를 모르더라도 휴대폰번호로 송금 가능하도록 간편 서비스를 제공 중이며, 카카오페이는 휴대폰 번호가 아닌 카카오톡 메신저를 통해 송금 가능하도록 서비스를 제공 중이다.

　　비바리퍼블리카 등 5개사는 비밀번호나 생체인증을 통해 송금 가능토록 하고 있으며, 엘지유플러스·핀크는 비밀번호를 사용하고 있다.

간편송금 관련 주요 서비스 현황

구분	등록단계 본인인증 방법	송금 가능한 방법	송금시 비밀번호 정책
비바리퍼블리카	ARS본인인증, 예금주 조회+1원 입금 적요 인증, 공인인증서 인증 등	계좌번호, 회원 전화번호, 비회원 이메일·메신저+이름	비밀번호, 지문 인증
네이버	ARS인증+기존계좌활용 (테스트 입금)	전화번호+실명, 이메일주소+실명	비밀번호, 지문 인증
쿠콘	계좌검증, 공인인증서 인증 등	계좌번호+이름, 휴대폰 번호	거래승인번호, 지문 인증, 홍채인증
카카오페이	휴대폰 본인인증, 본인계좌 점유인증(1원 전송 후 적요 확인)	계좌번호, 카카오톡 메신저	비밀번호, 지문 및 생체 인증
NHN페이코	예금주조회, ARS 인증, 본인계좌 점유인증	은행명+예금주명+계좌번호, 휴대폰 번호+이름	비밀번호, 지문인증
엘지유플러스	공인인증서 인증, ARS 인증(입금 금액 확인)	계좌번호, 전화번호+이름	비밀번호
핀크	휴대폰본인확인, 계좌번호+예금주+비밀번호, 등록한 PIN번호	계좌번호, 휴대폰 번호(수취인 계좌 번호+이름검증)	비밀번호

---

9) ARS 본인인증, 공인인증서 인증, 본인계좌 점유인증(1원 전송 후 적요 확인) 등

참고 4	주요 간편송금업자의 간편송금 관련 프로세스

□ (비바리퍼블리카)

　간편송금을 사용하기 위해서는 서비스 가입 및 계좌를 등록한 후 서비스를 이용하며, 계좌 등록 시 본인인증을 위해 '예금주 성명＋1원 입금 적용 인증' 등을 실시

　① 계좌 등록 (가입 단계는 생략)

　② 간편송금 서비스 이용

□ (카카오페이)

　간편송금을 사용하기 위해서는 서비스 가입 및 계좌를 연결한 후 서비스를 이용하며, 계좌 연결 시 본인인증을 위해 'ARS 인증' 등을 실시

　① 계좌 연결

　② 간편송금 서비스 이용

(3) 간편송금 거래 현황 등

1) 간편송금 거래 현황

① 이용건수

　간편송금 서비스가 본격적으로 시작된 '16년 이후, 7개사의 간편송금 전체 이용건수는 '17년 2억 3,633만건으로 '16년 5,113만건 대비 362.2% 큰 폭으로 증가하였다. '18.5말 현재 이용건수는 1억 6,293만건이며 연간 실적으로 환산[10]시 3억 9,103만건에 이를 것으로 추정된다.

---

10) '18.5말까지의 월평균 실적을 구한 뒤 12개월 실적으로 단순 환산한 수치로 하반기 이용 상황에 따라 실제 수치는 변동될 수 있음

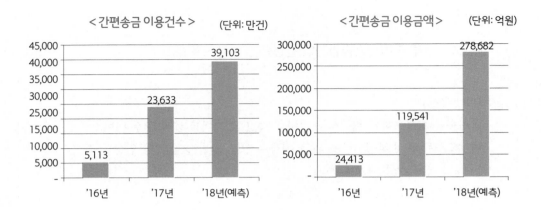

간편송금 전체 이용금액도 '17년 11조 9,541억원으로 '16년 2조 4,413억원 대비 389.7% 큰 폭으로 증가하였다. '18.5말 현재 이용금액은 11조 6,118억원으로 '17년도 전체 이용금액과 유사한 수준이며, 연간 실적으로 환산 시 27조 8,682억원에 이를 것으로 추정된다. 건당 평균 이용금액도 '16년 48천원, '17년 51천원, '18년 71천원으로 증가 추세이다.

② 이용금액

7개사의 간편송금 이용 고객('18.1월~5월)은 총 9,065,490명이며, 남녀 고객 성비는 각각 51.7%, 48.3%로 비슷한 수준이다. 연령별 고객 비중은 20대(58.1%)와 30대(20.0%)가 대부분(78.1%)을 차지하고 있으며, 이외에 20대 미만(9.0%), 40대(8.3%), 50대(3.9%), 60대 이상(0.7%) 순이다. 이는 간편송금 앱 사용에 대한 거부감이 적으며, 서비스의 간편함을 선호하는 20~30대의 젊은 세대 위주로 간편송금 서비스가 확산되고 있는 것으로 보인다.

간편송금 이용 고객 현황('18.1월 ~ 5월)   (단위: 명, %)

구분	남자 고객수	여자 고객수	합계	비중
20대 미만	398,868	421,491	820,359	9.0
20대 이상	2,767,385	2,498,324	5,265,709	58.1
30대 이상	993,151	815,991	1,809,142	20.0
40대 이상	347,261	401,348	748,609	8.3
50대 이상	144,258	209,544	353,802	3.9
60대 이상	33,051	34,818	67,869	0.7
총계	4,683,974	4,381,516	9,065,490	100.0

7개사의 간편송금 이용 고객('18.1월~5월) 중 카카오페이와 비바리퍼블리카의 이용 고객수가 8,645,720명으로 대부분(95.3%)을 차지하고 있다.

| 참고 5 | 업체별 간편송금 거래 현황 |

□ 비바리퍼블리카 및 카카오페이 2개사가 간편송금 시장을 대부분 점유('18.5말 금액기준 96.4%, 건수기준 97.0%)하고 있는 상황임

　ㅇ (비바리퍼블리카)

　　이용 건수 및 금액 모두 업계 1위로 간편송금 서비스를 '15년에 최초로 시작

　　－ 휴대폰 번호만으로 가능한 송금서비스를 제공하는 등 선점효과를 누리고 있는 것으로 보임

　ㅇ (카카오페이)

　　이용 건수 및 금액은 업계 2위로 '16.4월부터 간편송금서비스를 제공

　　－ 대중화되어 있는 카카오톡을 기반으로 무료 송금 서비스를 제공하고 있어 이용 건수 및 금액의 비중이 급증하고 있음

　ㅇ (기타 5개사)

　　이용 건수 및 금액 비중은 상위 2개사 대비 낮은 수준

간편송금 거래 현황
(단위: 만건, 억원, %)

구분	이용 건수					이용 금액				
	'15년	'16년	'17년	'18.5말		'15년	'16년	'17년	'18.5말	
					점유율					점유율
상위 2개사	228	4,966	22,702	15,812	97.0	825	23,926	113,726	111,931	96.4
기타 5개사	5	147	931	481	3.0	10	487	5,815	4,187	3.6
총계	233	5,113	23,633	16,293	100.0	835	24,413	119,541	116,118	100.0

2) 간편송금 한도 및 수수료

① 간편송금 한도

현재 간편송금 한도는 전자금융거래법 제23조 및 시행령 제13조에 의거 선불전자지급수단의 발행권면의 최고한도는 무기명식 50만원, 기명식 200만원(예금계좌를 통한 실명확인 포함)으로 제한된다.

각사는 1회 송금한도를 50~150만원, 일 송금한도를 50~200만원으로 제한하여 운영하고 있으며, 이와 더불어 월 송금한도도 사실상 제한[11]하고 있다.

---

11) 네이버, 쿠콘, NHN페이코, 엘지유플러스: 300~500만원

비바리퍼블리카, 카카오페이, 핀크: 월 송금한도가 없거나 상한을 높게 설정하여 운영 중이나 일 송금한도를 제한하고 있어 월 송금한도를 제한하는 효과가 있다.

② 간편송금 수수료

네이버 · 카카오페이 · 핀크는 간편송금 수수료를 완전 무료로 운영하고 있으며, 비바리퍼블리카 · 쿠콘 · NHN페이코 · 엘지유플러스는 특정 조건에서는 송금 수수료를 무료로 운영하고, 그 이외에는 유료로 운영 중이다. 반면, 7개사 모두 송금 시 은행에 건당 비용(150~450원)을 지불하고 있으나 엘지유플러스를 제외한 6개사의 경우 무료 고객의 비중이 매우 높아(72~100%) 간편송금을 통해서는 대부분 손실이 발생되고 있다.

간편송금 서비스가 수익을 얻기 위한 목적이 아니며, 해외 사례와 유사하게 간편송금 서비스로 고객을 확보한 후 금융플랫폼으로 소비자금융을 연계 제공하는 등 신규 수익원을 확보하려는 전략으로 보인다.

참고 6 ｜ 미국 핀테크 회사의 신규 서비스 도입 사례

▢ 외신('17.6.27~28, WSJ)은 지급결제 서비스 업체인 미 Square* 사가 소비자 금융(Consumer Loan) 서비스를, 간편송금업체인 미 Venmo** 사가 전자결제서비스를 도입할 예정이라고 보도

  * 소상공인을 위한 모바일 결제 솔루션 회사로 '09년 트위터 공동 창업자인 Jack Dorsey가 설립하였고 '15년에 기업 공개(IPO)됨

  ** 페이팔(Paypal)의 자회사로 간편송금 서비스를 제공하며 송금금액 규모는 '15년도 75억 달러에서 '16년 176억 달러로 2배가 증가하는 등 급성장하고 있음

▢ 양사 모두 기존 서비스 이용자 확보 측면에서 성공*함에 따라 대출 · 결제 등의 서비스를 도입하여 신규 수익원을 확보하려는 전략

  * Venmo 사는 무료 송금서비스를 제공함에 따라 이용자 수가 증가하더라도 은행 지급수수료 부담만 점차 가중되어 수익성이 악화되고 있음

○ (Square 사)

자사의 모바일 결제 플랫폼 이용자*를 대상으로 물품 구매에 관한 할부금융서비스를 제공할 계획

* Square 사는 '14년 대출 자회사인 Square Capital을 설립하여 물품 판매자인 소상공인들을 대상으로 소액대출서비스를 제공하다 이번에 이용자로 확대

○ (Venmo 사)

자사의 간편송금 플랫폼 이용자를 기반으로 전자상거래 판매자를 모집하여 결제서비스를 제공[12]할 계획

참고 7	비바리퍼블리카의 금융 연계 서비스 제공 현황

□ 비바리퍼블리카는 간편송금업자 중 가장 적극적으로 다양한 금융 관련 서비스를 제공하고 있으며, 자사 플랫폼에 제휴사 상품의 광고 게시 등을 통해 수수료를 지급받는 구조로 운영 중

○ (통합 계좌조회)

간편 지문 입력만으로 여러 계좌를 한번에 조회 · 관리하는 서비스

○ (신용등급 조회)

신용평가기관인 KCB의 신용 등급을 무료로 조회 가능하고 카드, 대출, 연체 등 신용관련 정보를 제공

– 대출 상품을 비교 · 선택할 수 있도록 상품 소개 서비스 제공

○ (주계좌 플러스)

신한금융투자와 제휴하고 있으며, 계좌 개설시 최대 연 1.3% 약정 수익률, 송금 무제한 무료, 하루 200만원까지 송금 가능

○ (투자 서비스)

부동산 소액투자, P2P 분산투자, 해외 주식투자, 보험 상품 추천 등 다양한 투자 서비스 제공 중

---

12) 판매자에게는 2.9%＋$0.3 상당의 수수료를 징수할 계획이며 이용자는 별도 수수료를 부담하지 않음

구분	내용
부동산 소액투자	• 최소 10만원 ~ 최대 1,000만원 투자 가능 • 파트너사: P2P업체 테라펀딩, 어니스트펀드, 투게더펀딩
P2P 분산투자	• 안전형, 균형형, 수익형 선택 투자 가능 • 파트너사: P2P업체 8퍼센트
소액펀드 투자, 해외주식 투자	• 1,000원부터 소액 펀드투자 가능. 해외 기업에 최소 1주부터 투자 • 파트너사: 신한금융투자
카드 · 대출 · 보험 상품 광고	• 카드 · 대출: 각 금융회사와 제휴하여 상품 소개 및 사이트 연결 • 보험: 보험대리점(GA) 등과 제휴해 상품 소개 및 연결

(4) 간편송금 업체 건전성 등

1) 경영지도기준 준수 현황

7개사는 전자금융거래법(제42조 제2항)에 따라 선불업자에 적용되는 경영지도기준 4 개현재 모두 준수 중('18.5말 기준)이다.

* 경영지도기준
① 등록요건 자본금 유지: 20억
② 자기자본: 0 초과,
③ 미상환잔액 대비 자기자본비율: 20% 이상
④ 유동성 비율(유동부채 대비 유동자산비율): 50% 이상

[참고]   전자금융업자 경영지도기준

□ 전자금융거래법(제42조 제2항)에 따라 전자금융업자의 건전경영을 지도하고 사고를 예방하기 위하여 경영지도기준 제도를 운영
   ○ 시행령(제24조) 및 감독규정(제63조제1항)에 따라 5가지 경영지도기준을 정의
      ① 등록요건 자본금 유지: 선불/직불 20억, PG/에스크로 10억, 전자고지결제 5억
      ② 자기자본: 0 초과
      ③ 미상환잔액 대비 자기자본비율: 20% 이상(선불업만 해당)
      ④ 안전자산 보유비율(총자산 대비 투자위험성이 낮은 자산비율): 10% 이상(선불 제외)
      ⑤ 유동성 비율(유동부채 대비 유동자산비율): 전자화폐 60%, 선불업 50%, 그 외 40% 이상 유지

2) 미상환잔액 현환

전자금융거래법 제19조에 따라 선불업자는 이용자가 선불전자지급수단에 기록된 잔액의 환급을 청구하는 경우 미리 약정한 바에 따라 환급하여야 한다. 7개사의 미상환잔액('18.5말 기준)은 총 1,165.5억원으로 간편송금 이용 건수 및 금액이 매년 증가함에 따라 함께 증가하였다.

간편송금 건수 및 금액의 비중이 높은 2개사(비바리퍼블리카, 카카오페이)의 미상환잔액이 1,131.8억원으로 대부분(97.1%)을 차지하고 있다.

3) 미상환 잔액 관리 현황

7개사는 미상환 잔액의 대부분을 '18.5말 기준 현금·보통예금(77.9%)이나 정기예금(20.4%)으로 관리 중이다. 이는, 미상환잔액의 상당수[13]가 보유기간이 1개월 이내로 짧아, 수익상품에 투자하기 보다는 변동성이 없고 유동성이 좋은 현금·예금으로 보유하고 있다. 다만, 일부 선불업자는 수시 입출식 특정 금전 신탁(MMT) 형태로 보유하고 있다.

4) 장애 및 보안사고 발생 현황

서비스 중단 및 지연 등 '16에 3건의 장애가 발생하였으며 '17년에 8건으로 증가하였으나, '18.5말 현재 장애는 발생하지 않는 편이다. '15년부터 간편송금 서비스를 시작한 이후 해킹으로 인한 보안사고는 발생하지 않았다.

[참고]　간편송금 관련 장애 발생 사례

□ 간편송금 관련 장애는 '15년 이후 총 11건이 발생하였으며 인프라 장애가 다수 발생
  ○ (네트워크 장애) 전용선 구간 네트워크 장비 장애, 방화벽 등 전원공급 중단, 서버 랜카드 불량
  ○ (VAN사 장애) VAN사 자금정산 시스템 장애
  ○ (기타 장애) 시스템 용량 부족, 메인 화면 로그인 오류 등

(5) 시사점 및 대응방안

간편송금 거래현황 등의 모니터링을 강화하는 한편, 간편송금업자의 경영지도기준 준수 등 건전성 및 시스템의 안정성을 확보토록 간편송금업자에 대한 관리·감독을 강화할 필요성이 제기되고 있다.

---

13) 비바리퍼블리카의 경우 '18.4말 기준 미상환잔액의 보유기간은 1개월 이하가 82.0%, 3개월 이하는 99.2%에 달함

1) 간편송금 거래현황 모니터링 강화

선불전자지급수단을 이용한 간편송금의 이용건수 및 금액 규모[14]가 급증함에 따라 간편송금 거래현황을 모니터링할 필요가 있으나, 현 선불전자지급업자의 업무보고서로는 간편송금의 거래현황을 파악하는 데 한계[15]가 있다. 따라서, 전자금융거래법에 따른 전자금융업자의 업무보고서에 간편송금 거래현황 등을 보고토록 보완될 예정이다.

> – 주기적으로 간편 송금 거래 현황 등을 파악할 수 있도록 전자금융업자 업무보고서에 추가* 반영
> * 간편송금 서비스 수행 여부, 간편송금 서비스 명칭, 간편송금 이용 건수 및 금액, 간편송금 관련 미상환 잔액 등

2) 간편송금업자의 건전성 강화

간편송금 거래 규모가 확대됨에 따라 간편송금업자의 미상환 잔액 규모도 증가[16]하고 있으나, 간편송금의 거래 비중이 가장 큰 비바리퍼블리카·카카오페이는 적자 상태('17년 말 기준)이다. 간편송금업자의 재무건전성이 악화되는 경우에도 고객 자산(미상환 잔액)을 보호할 수 있는 방안 마련을 추진 중에 있다.

> ① 간편송금업자의 경영지도기준 준수 여부 및 재무건전성 모니터링 강화
> ② 고객자산인 미상환잔액 중 일정비율을 안전하게 예치하는 방안 등을 장기적으로 검토

3) 간편송금업자에 대한 리스크 중심의 IT감독·검사 강화

간편송금의 특성상 IT에 대한 의존도가 높고 간편송금의 이용 건수 및 금액이 증가함에 따라, 운영·사이버 보안·데이터 유출 등의 리스크도 함께 증가될 것으로 예상된다.

간편송금 관련 장애 또는 보안사고 발생 시 다수의 고객 피해가 발생할 우려가 있다. 간편송금업자가 간편송금 관련 IT시스템 및 보안시스템에 대한 안정성을 높이고, 스스로 리스크를 효과적으로 관리할 수 있도록 리스크 중심의 IT감독·검사를 강화할 계획이다.

---

14) 전체 이용건수: ('16년) 5,113만건 → ('17년) 2억 3,633만건, 362.2% 증가
    전체 이용금액: ('16년) 2조 4,413억원 → ('17년) 11조 9,541억원, 389.7% 증가
15) 업무보고서 제출 항목은 선불전자지급수단발행 및 이용현황, 경영지도기준 보고서, 전자금융영업실적보고서 등이 있으나, 간편송금 이용 실적 등 간편송금 관련 내용을 파악하는 항목은 없음
16) ('16년) 236.9억원 → ('17년) 785.5억원 → ('18.5말) 1,165.5억원

① 간편송금업자에 대한 취약점 분석·평가, 사고 보고, 거래 규모 등 상시감시 결과에 기반하여 차별화된 리스크 중심의 IT감독·검사 실시

② 간편송금 관련 장애 및 보안사고 발생 여부에 대한 모니터링 강화

4

금융의 4차 산업혁명

1. 배경

20세기 후반 컴퓨터와 인터넷의 확산에 따른 제3차 산업혁명에 이어 세계는 인공지능, 사물인터넷 등 기술이 융합된 '제4차 산업혁명'(The Fourth Industrial Revolution) 시대로 진입하고 있다. 한편, 4차 산업혁명은 '와해적 혁신'(disruptive innovation)을 통해 미래사회의 효율성과 생산성을 높이는 새로운 성장 동력이 될 것으로 전망되고 있다.

지난 '16년 초 스위스 다보스에서 열린 세계경제포럼에서 4차 산업혁명이 의제로 채택된 이후 우리나라에서도 본격적인 논의가 시작되었다. 이에 정부는 2017년 경제정책 9대 중점 추진과제 중 하나로 '4차 산업혁명에 대한 대응'을 선정('16.12)하여, 특히 금융과 혁신기술이 융합된 핀테크(=Finance+Technology)는 우리 금융산업에 기회이자 위협이 될 변화를 초래할 것으로 예상된다.

핀테크는 금융시장·회사 및 금융서비스 제공에 있어 중대한 영향을 미칠 수 있는 신 비즈니스 모델, 응용 프로그램, 프로세스 또는 금융상품을 가져올 수 있는 기술을 활용한 금융혁신(FSB)으로 정의할 수 있다.

금융감독원은 '14.11월 이후 '신뢰·역동성·자율과 창의'의 3대 금융감독기조 아래 금융위와 함께 핀테크 산업기반 조성을 지원하고 관련 규제를 정비해 왔다. 그러나, 국내외 금융산업은 핀테크를 동반하면서 과거와 달리 매우 빠른 변화를 보이고 있어 감독상의 대응이 요구되는 상황이다. 따라서, 각국 정부와 금융당국도 핀테크로 인한 금융의 급격한 디지털화(디지털 금융)의 기회와 위험요인을 평가하고 대책을 모색 중에 있는 등 핀테크가 수반하는 기회를 활용하여 우리 금융산업과 금융소비자의 효익을 높이고 새로운 위험요인에 대비하는 대응방안을 마련할 필요가 있다.

사례연구

◉ 금융권 '디지털 사령탑' 열풍
전통 금융 분야에 디지털 혁신(디지털트랜스포메이션) 바람이 거세게 분다.

송금, 간편결제 등 전통 금융서비스에 IT가 접목된 신규 서비스가 등장하고 인터넷전문은행의 파격적인 '킬러 서비스'와 경쟁하며 입지가 줄어들었다. 이를 대체할 대안으로 디지털 산업에 손을 대기 시작했다. 단순 보완제 개념이 아닌 금융서비스 채널 자체를 바꾸고 총괄 조직인 최고디지털책임자(CDO)를 사령탑으로 속속 재정비했다.

◇ 대형 은행, 디지털 혁신 가속화
하나금융그룹은 최근 정부 마이데이터 산업 활성화에 발맞춰 데이터 전담조직을 신설했다. 금융 데이터에 대한 체계적인 관리·활용 및 데이터 기반 디지털 전략 실행을 위해 CDO(Chief Digital Officer)를 신설하고 그룹 계열사와 협업 사업을 펼친다.
하나금융지주 경영지원부문 산하에 신규 CDO조직을 신설하고 김정한 부사장을 선임했다. 김 부사장은 그룹의 디지털 트랜스포메이션 기술 전담 조직인 DT 랩 총괄 겸 CTO로 외부에서 영입했다.
NH농협금융지주도 주재승 부행장을 CDO로 발탁하고 오픈 API사업 강화는 물론 빅데이터, 블록체인 전담인력 육성과 디지털 채널 혁신 작업에 돌입했다. 지난 5월에는 빅데이터 플랫폼 NH빅스퀘어를 구축하고 '데이터 사이언티스트'를 양성한다. 또 업무별 분산돼 있는 데이터를 고객 중심으로 통합하고, CDO특명으로 전문인력 양성에 돌입했다. 작년부터 서울대와 빅데이터 분석과정을 운영하고, 'NH농협은행 디지털금융(&AI) 과정'도 개설했다. IT 전문가 양성을 위해 AI, 디지털금융 등 이론뿐만 아니라 실무형 교육 프로그램도 마련했다. 아울러 'NH-IT 전문가 인큐베이팅 프로그램'을 추진한다.
우리은행도 최근 디지털 혁신과 마케팅 역량을 강화하기 위해 대대적인 조직개편을 단행했다. 기존 영업지원부문 소속 디지털금융그룹을 국내 마케팅을 총괄하는 국내부문에 전진 배치해 디지털 산업을 우리은행의 핵심 육성 사업으로 선정했다.
디지털 전략을 총괄하는 'CDO'로 외부 전문가를 영입했다. 또 빅데이터센터를 신설, 은행 내·외부 데이터를 통합 관리함과 동시에 데이터를 활용한 마케팅을 지원하도록 했다.
차세대시스템의 효율적인 운영을 위해 차세대ICT구축단과 ICT지원센터를 'IT그룹'으로 통합 재편하고, 고객정보 보호 및 보안 강화를 위해 정보보호단을 '정보보호그룹'으로 격상시켰다.

KB국민은행은 모바일뱅킹인 스타뱅킹 뿐만 아니라 생활금융플랫폼인 리브(Liiv), 부동산 금융 리브-온(Liiv-On) 등을 상용화하며 디지털 상품 라인업을 완성했다.

◉ 금융 전 부문에 대한 디지털 혁신을 융합한다.

올해 로보어드바이저 기반 자산관리서비스 제공, 디지털 창구 등을 비롯한 전 사업부문의 디지털라이제이션 프로젝트를 추진할 계획이다.

◇ 금융투자업계, CDO 협의체 발족…ABCD프로젝트 공동대응

금융투자업계는 개별 증권사 단위 CDO 선임을 넘어 업권 단위로 움직이고 있다. 특히 대형 증권사를 중심으로 빅데이터, 인공지능(AI), 블록체인 등 4차 산업혁명 핵심 분야를 마케팅과 자산관리(WM) 등 자본시장 핵심 분야와 결합했다. IT가 시스템과 운영을 지원하는 후선 업무에서 벗어나 자본시장 전면에 배치했다.

금융투자협회를 중심으로 금융투자업계 디지털혁신 협의체를 구성해 자본시장 공동의 디지털 혁신 방안을 모색하고 있다. 협의회는 지난 5월 첫 회의에 이어 7월 두 번째 회의를 열고 디지털 혁신을 위한 금투업계 공동 대응방안을 모색했다.

디지털혁신 협의체를 구성하는 임원의 면면은 다양하다. 대형 증권사를 중심으로 기존 IT 부서와 디지털 혁신 부서를 분리 운영하기 시작했다. 최고IT책임자(CIO) 또는 경영기획본부, 마케팅본부, 정보시스템본부, IT지원본부 등의 이름으로 산재되어 있던 디지털혁신 기능을 한 데 모아 임원급이 총괄하도록 한 것이 특징이다.

미래에셋대우는 2016년 선제적으로 디지털금융부문을 신설했다. 김남영 디지털금융부문장의 주도로 빅데이터 분석을 비롯한 비대면 계좌개설을 통한 다이렉트 예탁자산 확대 등의 사업을 이끌고 있다. 미래에셋대우는 최근 금융투자업계에서 최초로 핀테크 기업에 대한 체계적 지원과 육성을 위한 '디지털 혁신 플랫폼'을 구축하기도 했다.

NH투자증권도 디지털부문을 전면 배치했다. 안인성 NH투자증권 디지털본부장을 필두로 모바일 증권(NAMUH), 로보 개인연금 자문상품, 빅데이터 플랫폼 구축 등의 디지털 혁신을 추진하고 있다. 현대카드와 SK커뮤니케이션 등에서 인터넷 신사업을 주도한 경험으로 금융투자업계 디지털 혁신에도 박차를 가하고 있다.

KB증권은 지주단위의 디지털혁신에 한창이다. 이를 위해 올해 초 애자일(Agile · 기민한) 조직 체계인 M-able LandTribe(마블 랜드 트라이브)를 신설했다. HTS · MTS · 디지털자산관리 등 프로젝트를 중심으로 조직을 설계해 업무의 신속성, 수평적 조직문화, 혁신성

극대화를 꾀한다. 증권사 자체 디지털 전략을 총괄하는 디지털혁신본부장은 상무급으로 격상했다.

삼성증권도 디지털혁신 업무를 전략혁신담당 차원에서 접근하고 있다. 김범구 삼성증권 전략혁신담당 임원은 디지털 관련부터 각종 기획과 전략을 총괄한다.

신한금융투자도 디지털사업본부를 일찌감치 신설했다. 핀테크 업체 토스와의 제휴를 통한 해외주식 투자 서비스 등 다양한 사업을 펼치고 있다. 신한금융투자는 특히 회사 첫 여성임원인 현주미 본부장이 디지털 업무 전반을 책임지고 있다.

중소형사 가운데는 키움증권, 한화투자증권이 발빠르게 디지털 혁신에 나서고 있다. 한화투자증권은 빅데이터 전문 자회사를 설립하는 동시에 디지털전략실을 만들었다. 전략실장은 김동욱 상무가 맡고 있다. 키움증권 역시 리테일전략팀·영업부·투자컨텐츠팀 담당 임원인 노진만 상무에게 디지털총괄본부를 맡겼다.

각 증권사의 개별적 움직임과는 달리 레그테크(Regtech) 등 업권 차원의 공동 대응이 필요한 주제에는 긴밀한 협업이 이뤄지고 있다.

협의회는 이달 들어 포커스 그룹 구성을 마치고 레그테크 적용을 위한 본격적인 논의에 들어갔다. 28일 두 번째 회의를 열어 레그테크 자본시장 적용 필요한 각종 법률 등을 검토했다. 금융감독원 등 금융당국과의 협업 방안도 모색하기 시작했다. 협의회 관계자는 "우선 업권 공통의 컨센서스가 생긴 레그테크에 대해서는 담당 임원이 아니라 실무자가 직접 논의를 거쳐 가능성 여부를 타진한 이후 협의회 단위로 재차 논의될 예정"이라며 "나머지 안건은 앞으로도 지속 논의해 나가도록 할 것"이라고 말했다.

금융투자협회가 소상공인연합회와 서강대학교 스마트핀테크 연구센터와 공동 추진하는 '소상공인 전용 디지털광장' 구축사업도 CDO협의회의 핵심 안건 가운데 하나다. 소상공인의 자생력 확보를 위해 블록체인과 디지털 혁신을 어디까지 적용할 것인지 여부가 중점 논의된다.

암호화폐와 관련한 대응 방안도 CDO협의회가 고민해야 할 주제다. 권용원 금융투자협회장은 "최근 암호화폐가 잠잠하지만 암호화폐를 비롯한 디지털 이코노미는 금융투자업계가 계속 공부해야 한다"며 "디지털 이코노미 현상에 대한 자본시장 제도는 어떻게 마련할 지를 고민하고 있다"고 말했다.[1]

---

1) 전자신문, 2018.09.04.

◉ 금융회사의 인공지능 활용 챗봇 (Chatbot) 운영현황 및 점검결과[2]

1. 점검 배경

ㅁ 4차산업 혁명의 진전에 따라 최근 금융회사들은 인공지능을 활용하여 상품소개 및 고객상담 등이 가능한 챗봇[3] 도입을 활성화하고 있으며, 일부 회사는 신용카드 발급, 보험계약대출, 콜센터 상담 등에 까지 챗봇을 이용하는 등 활용영역을 확대하고 있는 추세임

ㅁ 금융산업의 혁신 및 서비스의 고도화를 위해 챗봇 활용의 활성화가 필요하나 그 과정에서 철저한 정보보호를 통하여 금융소비자의 신뢰를 얻어야 함

ㅁ 이에 따라 금감원은 현재 서비스 초기단계인 챗봇 운영실태에 대하여 선제적으로 점검하고 개인정보 보호 차원에서 미흡한 부분을 개선시켜 안전한 서비스로 정착되도록 노력할 계획임

2. 점검 개요

ㅁ (대 상) 개인고객을 대상으로 업무를 취급하는 금융회사 352개사

ㅁ (기 간) '18.7월중 서면 점검

ㅁ (점검 항목) 금융회사의 챗봇 운영현황 및 개인정보의 안전한 관리여부, 정보주체의 권리보장 여부 등을 점검

3. 도입 현황 등

ㅁ **도입현황**

점검대상 352개사 중 챗봇 운영 금융회사는 26개사(은행 6, 보험 10, 저축은행 3, 금융투자 · 여신전문 등 7개사이며 '19년까지 21개사가 추가로 도입할 예정

ㅇ 26개사 중 18개사는 인공지능 기술 기반의 챗봇을 운영하고 있으며, 8개사는 시나리오 기반[4]의 챗봇을 운영

---

2) 상세한 내용은 금융감독원 보도자료 참고(http://www.fss.or.kr)

3) 채팅(chatting)과 로봇(robot)을 결합한 표현으로 빅데이터 및 인공지능 기술 등을 활용하여 인간과 채팅이 가능한 로봇(프로그램)

4) 고객과의 대화 시나리오를 사전에 정의한 후 고객이 입력한 키워드에 따라 답변만 제공하는 형태

□ 장 점

인간의 언어를 이용하여 대화하는 형태로 운영되므로 발전단계에 따라 다양한 서비스 제공이 가능

○ 비대면 금융거래가 활성화됨에 따라 단순 안내에서 카드발급, 대출, 보험계약 등 다양한 업무처리 가능

○ 인건비를 절약하면서 업무시간의 중단 없이 고객에게 서비스를 제공할 수 있고, 고객의 입장에서도 필요한 시간에 신속하게 서비스를 제공받을 수 있는 장점

□ 단 점

보안대책이 미흡할 경우 개인정보 유출 등의 부작용이 발생할 수 있으며, 인공지능의 이상 작동 시 서비스 제공이 원활하지 않을 우려

금융권역별 챗봇 도입 주요 현황

권역	주요 서비스 내용	챗봇 도입비율
은행	• 24시간 금융 관련 상담 • 간편이체, 적금가입, 환전신청 • 각종 금융상품 안내 등	10.5% (57개사 중 6개사)
보험	• 보험상품 및 서비스 소개 • 보험계약대출 및 상환 • 보험계약 조회 및 보험료 납입 등	18.1% (55개사 중 10개사)
저축은행	• 대출신청 및 대출가능 한도조회 • 예·적금상품 추천 및 고객상담 등	3.7% (80개사 중 3개사)
카드	• 카드신청 및 발급·고객별 카드추천 • 결제금액 조회 및 카드별 부대 서비스 안내	37.5% (8개사 중 3개사)
증권	• 종목검색, 시세조회, 펀드추천 등	5.4% (55개사 중 3개사)

4. 점검 결과

◆ 점검결과 법규위반 회사는 없으나, 개인정보에 대한 보호조치 및 정보주체의 권리보장 절차를 강화할 필요

□ 개인정보 암호화

챗봇과 대화 시 이용자가 인지하지 못하는 상황에서 개인정보가 수집될 우려가 있음에도 일부회사는 암호화 미이행*

* 현행 법규상 암호화 의무 대상에 해당되지 않음(단순 상담시 수집되는 주민등록번호 등의 경우 암호화 대상에서 제외 가능, 행안부의 '개인정보의 암호화 조치 안내서' 참조)

□ 접근 통제

챗봇을 통해 수집된 개인정보에 대하여 구체적으로 업무별·관리자별로 차등하여 접근권한을 부여하는 등 통제 절차 강화 필요

□ 개인정보의 파기기준

일부 회사의 경우 챗봇을 통해 수집한 개인정보에 대한 구체적인 파기기준 수립이 미흡

□ 정보주체 권리보장

일부 회사의 경우 챗봇 이용자의 개인정보 열람·정정·삭제 관련 권리보장 방법을 찾기 쉽지 않아 정보주체의 권리행사가 용이하지 않음

5. 향후계획 및 조치사항

| 인공지능과 빅데이터가 결합하는 각 분야의 다양한 서비스의 확산은 세계적인 추세임

○ 챗봇의 경우에도 고객의 입장에서 시간에 구애받지 않고 편리한 환경에서 맞춤형 서비스를 제공받을 수 있다는 장점이 있어 도입을 추진하는 금융회사가 급증하고 있음

○ 따라서 금융회사의 챗봇 서비스가 안전하게 활용되어 금융소비자의 실생활에 도움이 될 수 있도록 점검결과 나타난 개인정보 보호 차원의 개선 필요사항을 지도해 나갈 계획임

① 개인정보 보호를 위하여 챗봇 상담시 수집하는 개인정보에 대하여 암호화 조치토록 지도

② 개인정보에 대한 접근통제 정책을 엄격히 수립하여 내부직원 등에 의한 개인정보 오·남용을 방지

③ 업무별로 구체적인 보존기한을 설정하여 보존기한 경과 시 개인정보를 지체 없이 파기

④ 챗봇 도입 설계시점부터 개인정보 열람·정정·삭제 기능을 마련하여 정보주체의 권리를 보장

□ 금융회사 지도

현재 챗봇 서비스 도입 초기단계이므로 선제적으로 전 금융회사를 대상으로 개인정보 보호 차원의 개선 필요사항에 대하여 지도

□ 금융분야 개인정보보호 가이드라인 개정

'19년 '금융분야 개인정보보호 가이드라인' 개정 시 금융회사의 챗봇 도입관련 개선사항*이 반영될 수 있도록 관계부처와 협의

* 개인정보 보호조치, 접근통제 강화, 보존기한 설정, 정보주체 권리보장 등

□ 금융회사 교육강화

'18년 하반기 예정된 금감원의 금융회사 대상 개인신용정보보호 교육*시 챗봇 운영관련 유의사항 등을 전달

* '18년 하반기 개인신용정보보호 담당자 대상(생명보험사, 손해보험사 등)

□ 점검 및 제도개선

향후 주기적인 점검을 실시하여 개인정보의 안전한 관리 및 법규위반 여부에 대하여 확인하는 한편, 인공지능 활용 챗봇이 금융회사의 새로운 판매채널로 활용되고 업무범위가 확대되는 추세이므로, 지속적인 모니터링을 통해 제도개선에도 노력할 예정

[참고] 챗봇 도입 금융회사

구 분	기관수	금융회사
은 행	6개	우리은행, KEB하나은행, 중소기업은행, 신한은행, 농협은행, 카카오뱅크
저축은행	3개	JT친애저축은행, OK저축은행, 웰컴저축은행
보 험	10개	메리츠화재, 삼성화재, 현대해상, AXA손해보험, KB손해보험, 삼성생명, AIA생명, 푸르덴셜생명, ING생명, 라이나생명
여신전문	3개	현대카드, 신한카드, 롯데카드
상호금융	1개	농협중앙회
금융투자	2개	대신증권, 한화투자증권
신용정보	1개	NICE신용평가정보
합 계	26개	

2. 국내 핀테크 활용 현황

> ◈ 국내 금융회사들은 간편결제·송금, 생체인증 등 금융거래 소프트웨어·플랫폼, 빅데이터 분석 등 다양한 핀테크 비즈니스 모델을 도입
> ◈ 24시간 모바일 플랫폼, AI 활용 챗봇(chatbot), SNS기반 간편송금 등 종합적 핀테크 활용 인터넷전문은행 출범

인공지능, 사물인터넷, 빅데이터, 모바일 등 첨단 정보통신기술이 경제, 사회 전반에 융합되어 혁신적인 변화가 나타나는 차세대 산업혁명으로 '4차 산업혁명'이라는 용어는 2016년 세계 경제포럼(WEF: World Economic Forum)에서 언급되었으며, 정보통신 기술(ICT) 기반의 새로운 산업 시대를 대표하는 용어가 되었다.

금융산업 부문에 있어서는 금융과 혁신기술이 융합된 핀테크(=Finance+Technology)가 빠르게 발달하고 있는데, 금융소비자에게 보다 저렴한 금융상품을 제공하고 금융접근성을 높이는 한편, 금융산업의 경쟁을 촉진하고 신성장동력으로 작용하고 있다. 국내 금융회사들은 간편결제, 송금, 생체인증 등 금융거래 소프트웨어, 플랫폼, 빅데이터 분석 등 다양한 핀테크 비즈니스 모델을 도입하였고, 24시간 모바일 플랫폼, AI 활용 챗봇, SNS기반 간편송금 등 종합적으로 핀테크를 활용하고 있다.

인터넷전문은행(Internet Only Bank)의 경우, 금융과 ICT 부문간 융합을 통한 혁신적인 금융서비스 제공이라는 목표를 가지고 전자금융거래의 방법으로 은행업을 영위한 것을 조건으로 인가받은 은행을 의미한다. 2017년 5월말 기준 인터넷전문은행인 케이뱅크은행과 카카오뱅크은행이 출범하였다.

24시간 거래가 가능한 모바일 플랫폼, 인공지능(AI)을 활용한 실시간 고객상담(챗봇), SNS기반 간편송금 등 다양한 핀테크를 활용하고 있다. 특히, 간편결제의 일평균 이용금액이 '16.1분기 중 135억원에서 '16.4분기 중 401억원으로 3배 수준으로 성장하였다. 간편송금의 일평균 이용금액은 '16.1분기중 23억원에서 '16.4분기 중 122억원으로 4.3배 성장하였다. 한편, 모바일뱅킹을 이용한 자금이체의 '16년 중 일평균 이용건수는 428만건, 이용금액은 3조 1,494억원으로 전년 대비 각각 24%, 26% 증가한 수준이다.

크라우드펀딩의 경우는, '16.1.25. 크라우드펀딩 제도 도입 이후 '17.3월말까지 약 9천여 명의 투자자가 참여하여 153개사가 224억원의 펀딩에 성공하여, 총 14개의 온라인소액투자중개업자(전업 8개사, 증권사 등 겸업 6개사)가 금융위에 등록·운영 중이다.

P2P대출의 경우, P2P업체 수는 '15년 말 27개사에서 '17.2월말 130개사로 증가하였

으며, 누적대출액은 '16.3월말 885억원에서 '17.2월말 8,173억원으로 9.2배 성장하였다.

로보어드바이저의 경우는 '15년 말 투자자문에 활용하기 시작하여, 자문형랩(증권사), 펀드(운용사) 및 신탁(은행) 등 형태로 관련 상품 출시하여, 25개사가 테스트베드 참여하고 있다.

인슈테크(InsuTech)는 빅데이터와 인공지능(AI)을 활용하여 1개 보험사가 운전습관 연계 자동차보험을 출시하였으며, 여타 보험사도 보험인수 및 위험관리 등에 활용 중이다.

3. 핀테크 발전의 기대효과와 리스크 요인

◈ 핀테크는 금융소비자에게 보다 저렴한 금융상품을 제공하고 금융접근성을 높이는 한편, 금융 산업의 경쟁을 촉진하고 신성장동력으로 작용
◈ 핀테크 발전과 함께 개인정보 유출·해킹 등 보안문제, 비대면 금융거래 확산으로 인한 고용 감소나 쏠림현상 등 새로운 리스크도 출현

	기대효과	리스크 요인
금융 소비자	□ 소비자가 원하는 금융상품 및 서비스를 저렴한 비용으로 이용 ○ P2P, 소액외화송금, 간편결제, 간편송금 □ 금융포용 확대 ○ 비대면 디지털 금융의 확산으로 금융서비스에 대한 접근성 향상 ○ 빅데이터 분석을 통해 기존 금융 거래 정보가 없는 고객에게도 서비스 제공가능	□ 개인정보 유출 등 사생활 침해 가능성 ○ 위치정보, 생체정보, 개인신용정보 도난 등 □ 차별 및 기회불평등 확대 가능 ○ 빅데이터 분석으로 우량고객에만 혜택이 집중되는 현상 심화 우려 □ 소비자보호 취약 ○ 탈중개화 등으로 인한 신용, 파산 리스크 등 소비자 전가
금융 산업	□ 경쟁 촉진을 통한 금융시장 효율성 증대 ○ 디지털화로 인건비 등 영업비용 절감 ○ 신종 금융상품 및 서비스 등장 □ 빅데이터 활용으로 신용평가, 고객관리, 리스크관리 기법개선 □ 금융규제 효율성 제고 ○ 렉테크(RegTech), 분산원장기술 등 활용	□ 기술진보로 인한 고용 감소 □ 시스템리스크 증가 ○ 쏠림현상 발생, 집중리스크나 전염리스크 증가 □ 운영리스크 및 컴플라이언스 리스크 증가 ○ 클라우드서비스 등 외부서비스 제공업체 이용 증가, IT기반 서비스 확대에 따른 사이버 공격 우려 □ 금융감독 사각지대 발생 및 효율성 저하 ○ 탈중개화 등으로 기존 감독영역 밖의 금융서비스나 국경 간 거래증가

4. 4차 산업혁명의 대응

현재 금융감독원은 혁신적 금융생태계 조성을 적극 지원하면서, 핀테크에 수반되는 신종 리스크를 효율적으로 감독하기 위한 「혁신 친화적 금융감독체계」를 구축하고 있다.

(1) 혁신적 금융생태계 조성을 위한 핀테크 활성화 지원

> ■ 핀테크 스타트업 단계부터 금융회사와의 동반성장 단계까지 핀테크 일선 현장에서 감독자문 서비스를 지원함으로써 혁신적 금융생태계 조성

1) 현장형 혁신지원체제 가동 - 「핀테크 현장자문단」 운영

핀테크 스타트업의 경우 혁신적인 아이디어를 보유하고 있더라도, 규제에 대한 이해 부족으로 어려움을 겪고 있고, 일회성 상담만으로는 핀테크 사업화 과정의 상시적 규제 이슈를 해결하기 쉽지 않은 애로를 현장에서 해소할 필요가 있다. 한편, 지원방안으로는 핀테크 스타트업에 상주(또는 순회)하면서 테스트베드 및 인허가 절차 등을 자문할 「핀테크 현장자문단」을 구성·운영하고 있다.[5] 또한 이 자문단은 단순한 애로수렴이 아닌 핀테크 기업이 IT기술을 금융산업에 활용·접목시킬 수 있도록 금융법규·내부통제 등 제반사항을 컨설팅하는 역할을 수행하고 있다. 핀테크 기업의 애로 및 개선과제에 대해서는 금융 개혁현장점검반과 협력하여 다음과 같이 대응하고 있다.

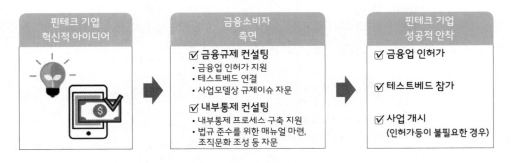

2) 금융회사와 핀테크 기업의 상생발전 지원 강화

핀테크지원센터와 협력하여 혁신적 핀테크 창업 문화 확산 및 금융회사와 핀테크 기업의 상호 발전을 위한 다양한 프로그램 실시하는 등 상생발전을 기하고 있다. 한편, 금융 연관 산업과의 융합·상생발전을 위한 심포지엄 및 핀테크 기업의 경험을 공유할 수 있는

---

5) 20년 이상의 감독·검사 경력이 있는 금감원 직원 10여명으로 구성('17.5월)하여 자문 수요가 있는 핀테크 업체를 지원('17.상반기)

장을 지속적으로 마련하고 있다.

심포지엄 및 핀테크 기업의 경험을 공유하는 예를 들면, 핀테크 데모데이, '핀테크 · 전통산업 간 상생발전 심포지엄' 및 예비창업자(대학생)와 핀테크 기업인간 만남의 장 등 이다.

핀테크 기업과 금융회사의 해외 동반진출을 적극 지원하는 것이다. 특히, 업계 간담 회(예: 금감원은 '금융회사와 핀테크 기업의 해외 동반진출 전략세미나'('16.10월) 개최)를 통해 국 내 금융회사와 핀테크 기업의 해외 동반진출 사례 및 정보를 공유하고, 다양한 해외 동반 진출 방안 소개하였다.

3) 금융자원 공유 플랫폼 활성화를 통한 금융혁신 지원

금융회사가 혁신을 통한 경쟁력 제고를 위하여 자체 API(Application Programming Interface)를 핀테크 기업에 개방하는 플랫폼 경영전략 수립을 지원하는 방안[6]을 금융위 · 금감원 공동으로 마련 하고 있다.

4) 기술적 진입장벽 완화를 통한 실질적인 기술중립 달성

기술중립성 원칙 확립을 위한 Active X, 공인인증서, OTP 사용 의무 및 인증방법평가 위원회 제도 폐지 법규 개정에도, 예를 들면, 은행 공동의 스마트 보안카드 서비스로 인해 핀테크 업체의 다양한 스마트 OTP 확산이 저해 등의 인증제품의 기술표준화 등으로 다양 한 인증기술 확산이 저해되는 관행을 개선 추진과 기술표준화 현황을 파악하고 표준화와 다양성간 상관관계 등을 분석하여 대응방안을 마련 중에 있다.

(2) 혁신 친화적 금융감독체계 구축

> ■ 핀테크 발전단계에서 성급한 사전적 시장개입을 자제하는 '전략적 인내'(Strategic Forbearance)를 바탕으로 혁신 친화적 금융감독체계를 구축하여 시장의 자율과 책임에 기 반한 금융혁신을 유도

1) 전략적 인내를 위한 규제 · 감독 수단의 정비 및 활용

금융기술 혁신이 일정 단계에 진입할 때까지 리스크 진전에 따른 감독규제 수단을 단 계적으로 적용하는 원칙을 적용할 전망이다. 특히, 비조치의견서, 금융규제 테스트베드 등을 적극 활용해 혁신적 금융서비스의 시장진입 기회를 부여하되 시장성숙도나 리스크 정도에 따라 규제 · 감독을 심화하고 있다.

---

6) 유럽연합(EU)이 지급결제서비스지침(PSD2)을 통해 API 공개를 추진한 사례 참고

2) 금감원 내「핀테크 전략협의체」신설

금융감독원 내에 핀테크 관련 중요 이슈에 대한 협의·조정 및 자문 기능을 담당할 "핀테크 전략협의체"(의장: 수석부원장)를 신설하여 다수의 업권·부서와 관련된 핀테크 관련 이슈협의·조정과 신규 핀테크 금융상품·서비스에 대한 감독·검사 이슈 자문 및 핀테크 이슈 대응 진전상황 점검 및 향후 감독방향 수립 등이다.

3) 초기 핀테크 안착을 위한 감독방안 마련

핀테크 비즈니스의 성장 단계에 따라 발전을 지나치게 저해하지 않는 범위 내에서 각각의 분야에 적합한 맞춤형 감독방안을 강구하고 있다. 해당분야는 인터넷전문은행, 가상통화취급업자, 크라우드펀딩, 로보어드바이저, 바이오인증, 빅데이터, 소액외화송금업 등이다.

4) 디지털 리스크에 대한 상시감시체계 구축

상시감시시스템 정비 분야에서는 핀테크가 수반하는 리스크 대응을 위해 기술별·채널별·상품별 거래 데이터를 축적하고 모니터링 실시 및 전자금융업에 대해서는 별도 상시감시시스템을 구축하고 부실우려 사업자를 조기에 적출하고 관리 등이다. 상시감시지표 개발 분야는 핀테크를 활용한 새로운 판매채널, 금융상품, 본인인증방식 등 신종 금융거래방식에 대한 상시감시지표 개발 등이다. 상시감시지표는 비대면 실명확인을 통한 계좌개설 현황, 비대면 채널에 대한 고객의존도 등이다.

한편, 기획·테마검사 강화 대책으로는 상시감시 결과 정보유출 등 소비자피해가 발생할 우려가 있거나 금융회사의 내부통제에 취약점이 발견되는 경우 맞춤형 현장검사를 집중 실시할 예정이다.

5) 국내·외 관련기관과의 공조 강화

효과적인 핀테크 산업 지원과 잠재리스크 대응을 위해 금융위, 핀테크지원센터 등 유관기관과의 공조를 강화하고, 핀테크 국제흐름을 파악하고 국경을 초월한 새로운 리스크에 대응하기 위해 국제금융기구나 해외감독당국과의 협력도 강화할 전망이다.

국제금융기구로는 FSB, BCBS, IOSCO, IAIS 등에서 이루어지는 금융기술 관련 국제논의에 적극 참여할 계획이다.

사례연구

금융안정위원회[FSB: Financial Stability Board]

1) 금융안정위원회[FSB: Financial Stability Board]

금융위기 극복을 위한 G20 정상회담(2008.11월)의 합의로 2009.4월에 설립되었으며, G-7 재무장관 및 중앙은행 총재들에 의해 금융위기의 예방 및 신속한 대처, 금융감독 및 검사 분야의 정보교환과 국제협력을 통한 국제적 금융안정 도모를 위해 창설된 금융안정 포럼을 승계하였다.

2017년 5월 현재 한국, 미국, 영국 등 24개국 및 EU의 59개 회원기관과 BIS, IMF, OECD 등 10개의 국제기구가 회원으로 활동하고 있다.

조직은 전체회의, 지역회의, 실무 작업반으로 구성되며, 해당업무는 금융시스템의 취약점 조사 및 개선방안 발굴, 금융안정성을 담당하는 각국 기관 간 정보교환 및 협조체제 구축, 금융시장 발전 모니터링 감독정책 개발 등이다.

2) 글로벌 시스템적 중요 은행[G-SIB: Global Systemically Important Bank]

시스템적 중요 금융회사 중 은행 또는 은행지주회사를 말한다. BCBS가 총 익스포저 2천억 유로 이상인 은행 또는 은행지주회사를 대상으로 시스템적 중요도를 평가한 후, FSB가 BCBS와 협의를 통해 2011년 이후 매년 G-SIB을 선정하여 그 명단을 발표하고 있다.

3) 시스템적 중요 금융회사[SIFI: Systemically Important Financial Institution]

부실화 되거나 파산할 경우, 그 규모, 복잡성 및 시스템 내 상호연계성 등으로 인해 금융 시스템 전반 또는 실물 경제에 상당한 부정적 파급 영향을 미칠 수 있는 금융회사를 말한다. 글로벌 금융위기 대응 과정에서 대형 금융회사 등의 파산이 경제 전반에 미치는 부정적 파급효과 등을 경험하게 되면서 이에 대한 감독 강화 필요성에 대한 국제적 공감대가 형성되었다. 이에, FSB는 시스템리스크를 관리하고 금융시장에서 대마불사(Too-big-to-fail)로 인식될 수 있는 금융회사들의 도덕적 해이(moral hazard)에 대응하기 위해 2010년 11월 G20 서울 정상회의 승인을 거쳐 손실흡수능력 확충, 정리제도 정비, 감독 강화 및 핵심 금융 인프라 강화 등을 주요 내용으로 하는 SIFI 규제체계를 발표하였다. 이후 FSB는 2011년부터 매년 글로벌 시스템적 중요 은행(Global Systemically Important Bank, G-SIB)을 선정하고 있으며 2013년부터 매년 글로벌 시스템적 중요 보험회사(Global Systemically Important Insurer, G-SII)를 선정하고 있다. G-SIB과 G-SII의 선정을 위해 FSB

는 각각 BCBS 및 IAIS와 협의한다.

4) 시스템리스크[Systemic Risk]

BIS는 시스템리스크를 "한 금융기관의 계약 불이행이 다른 금융기관의 연쇄 파산을 야기하는 리스크"로 정의(1994년)하였고, FRB는 "지급결제시스템에 참가하는 한 금융기관의 결제 불이행이 다른 금융기관의 결제불이행으로 연쇄 파급되어 기업의 경제활동에 심각한 영향을 미칠 수 있는 리스크"로 정의(2001년)하는 등 기관, 학자에 따라 시스템리스크로 규정하기 위한 파급 범위를 다르게 정의하기도 하였으나 최근 거시건전성 감독 논의에 있어서는 시스템리스크의 정의로 2009년 IMF, FSB, BIS의 다음과 같은 개념을 사용하는 추세이다.

IMF, FSB 및 BIS는 "Guidance to assess systemic importance of financial institutions, markets and instruments: initial considerations"에서 시스템리스크는 '시스템의 전부 또는 일부의 장애로 금융기능이 정상적으로 수행되지 못함에 따라 실물 경제에 심각한 부정적 파급효과를 미칠 수 있는 위험'으로 정의한다. 이때 시스템리스크의 핵심은 일부 금융회사, 금융시장 또는 금융상품에서의 충격 또는 도산으로 인한 충격이 금융시스템 내에서 음의 외부성(negative externality)을 통해 확산, 파급된다는 것이다. 또한 최초 충격의 성격이나 크기가 금융 시스템 전반에 영향을 미칠 정도가 아닌 경우에도 충격이 확산되는 과정을 통해 시스템리스크로 발전할 수 있다. 거시건전성 감독은 시스템리스크를 시계열 측면과 횡단면 측면으로 나누어 관리한다.

사례연구

바젤은행감독위원회(BCBS, Basel Committee on Banking Supervision)

1) 국제결제은행[BIS: Bank for International Settlements]

1930년 벨기에, 프랑스, 독일, 이탈리아, 영국, 일본 6개국이 독일 전쟁배상금 결제 전담기구 설치를 위한 '국제결제은행에 관한 협정'을 체결하고 6개국 중앙은행과 미국 민간상업은행이 설립헌장에 서명하여 정식으로 발족되었다. 선진국 중심 60개 중앙은행을 회원국으로 하고 있으며, 투표권은 각국이 인수한 주식 수에 따라 행사하고 우리나라는 한국은행이 1997년 4월 가입하였다.

조직은 총회와 이사회, 집행부로 구성되며, 역할은 크게 세 가지로, 국제지급결제기관으로서 업무, 금융기관으로서의 여수신업무, 국제통화 협력센타로서의 업무가 있다.

부속위원회인 은행감독당국 간 상호협력을 위한 바젤은행감독위원회(BCBS, Basel Committee on Banking Supervision)가 은행감독업무의 국제적인 표준화와 질적 향상, 정보교환 및 협력증진을 담당하고 있으며, 바젤은행감독위원회 후원아래 국제은행감독자회의(ICBS, International Conference of Banking Supervision)가 격년으로 개최되고 있다.

2) 시스템적 중요도[Systemic importance]

금융회사의 도산이 금융시스템 및 실물 경제에 미치는 파급 영향을 의미한다. BCBS는 G-SIB에서의 글로벌 시스템적 중요도는 도산이 발생할 확률인 부도율(Probability of Default; PD) 개념이 아닌, 도산이 발생했을 경우 전 세계, 금융 시스템 전반의 부도 시 손실률(Loss-given-default; LGD) 개념으로 측정되어야 한다고 규정하고 있다.

G-SIB에서의 글로벌 시스템적 중요도는 규모, 상호연계성, 대체가능성, 복잡성 및 글로벌 영업활동 수준 등 5개 평가 부문에 의거하여 평가한다. D-SIB에서의 시스템적 중요도는 G-SIB의 개념 및 평가 부문을 준용하되 개별 국가에서 자국의 특수성 등을 반영하여 재량적으로 조정할 수 있도록 하고 있으며, 우리나라의 경우 규모, 상호연계성, 대체가능성, 복잡성 및 국내 특수요인 등 5개 부문에 의거하여 평가한다.

3) 국내 시스템적 중요 은행[D-SIB: Domestic Systemically Important Bank]

G-SIB으로 선정되지 않더라도 국내 금융시스템 및 경제에 중요한 충격을 미치는 은행을 말한다. BCBS가 일률적인 방식으로 평가하고 규제하는 G-SIB 규제와는 달리 개별 국가의 특수성을 반영할 수 있도록 평가 방법론 및 규제 수단의 적용에 있는 국별 재량권이 인정되고 있다.

우리나라는 2015.12월 시스템적 중요 은행(D-SIB)에 대한 추가 자본 규제를 도입하여, 매년 D-SIB을 선정하여 명단을 발표한다.

4) 리스크중심감독[RBS: Risk Based Supervision]

상시적으로 금융회사의 리스크 요인을 인지하고 이를 해소하기 위해 사전예방적 조치를 취함으로써 금융회사의 건전성을 유지하는 감독시스템을 의미한다. 금융시장의 불확실성 증대로 인하여 금융회사의 경영상황은 각종 리스크에 노출되어 있으며 이에 대비한 종합 리스크관리가 금융회사 건전경영을 위한 핵심과제로 부각되면서 RBS 제도가 도입되었다.

금융감독당국은 2000년 7월 은행권에 리스크관리 평가제도(RAS: Risk Assessment

System)를 도입하여 경영실태평가의 특수부문평가로 운영하였고, 이후 기존의 리스크 관리평가제도(RAS)를 개선하여 2006년 1월부터 리스크관리실태 평가제도(RADARS: Risk Assessment and Dynamic Analysis Rating System)를 시행하다가, 2016년부터는 바젤위원회 (BCBS) 기준을 반영한 Pillar 2 리스크 평가제도를 시행 중에 있다.

RBS 제도가 도입됨에 따라 금융회사의 리스크관리 능력이 제고되고 감독기관도 금융 회사의 고위험부문에 대해 감독, 검사 역량을 집중함으로써 감독의 효율성이 향상되었으 며, 취약부분에 대한 사전적 감독조치도 가능하게 되었다.

5) 외화 유동성커버리지비율[Liquidity Coverage Ratio by Foreign Currencies]

외화 유동성커버리지비율(LCR)은 30일간의 잠재적인 외화유동성 위기상황에 대처할 수 있도록 순현금유출에 대비하여 제약조건이 없이 활용 가능한 고유동성 외화자산을 충 분히 보유토록 한 지표이다.

은행은 해당 금융기관 신용등급의 큰 폭 하향 조정, 외화예금의 일부 이탈, 무담보 도 매 외화자금조달 중단, 담보가치 할인율 큰 폭 상승, 파생거래 관련 추가담보 요구, (계약 또는 비계약상의) 익스포져 관련 대규모 자금인출 요구(차주 요청 시 자금제공 의무가 있는 신 용 및 유동성 공여약정 포함) 등의 심각한 스트레스 상황으로 단기 외화유동성 위기 상황에 직면할 수 있다.

이러한 지표를 통해 심각한 스트레스 상황을 사전에 감지하고 예방하기 위하여 바젤 위원회(BCBS)는 중요통화별 유동성커버리지비율을 산출하여 모니터링할 것을 권고하였으 며, 우리나라는 외화LCR을 2017년 1월부터 시행하였다.

사례연구

국제증권감독기구[IOSCO: International Organization of Securities Commissions]

1) 국제증권감독기구
[IOSCO: International Organization of Securities Commissions]

효율적 시장규제, 국제증권거래 감독 및 기준설정 등 공통의 관심사를 논의하고 상호 간 협력을 증진하기 위해 각국 증권감독기관으로 구성된 국제증권감독기구로 1983년 창 설되었으며, 금융감독원은 1984년 증권감독원이 가입하여 유지하던 정회원 자격을 승계하여 활동하고 있다. 회원은 각국 감독기관인 정회원, 준회원, 관계회원으로 이루어져있으며, 2017년 5월 현재 각각 125개, 25개, 65개 기관이 가입되어 있다.

주요조직은 대표위원회(Presidents' Committee), 이사회(Board), 지역위원회(Regional Committee) 4개, 신흥시장위원회(Growth and Emerging Markets Committee), 정책위원회(Policy Committee) 8개, 사무국(General Secretariat)으로 이루어져 있다. 금융감독원은 매년 개최되는 연차총회, 이사회, 아태지역위원회(APRC, Asia Pacific Regional Committee), 신흥시장위원회, 정책위원회 등에 참여하여 적극적으로 활동하고 있다.

2) 국제회계감사감독기구회의
[IFIAR: International Forum of Independent Audit Regulators]

국제회계감사감독기구회의는 2006년 9월 프랑스 파리에서 열린 회의에서 설립된 이후 매년 2회의 총회, 1회의 워크숍을 개최하고 있다. 국제회계감사감독기구회의는 ① 회계감사시장 환경 관련 지식과 독립적인 회계감독활동의 실무경험 공유, ② 감독기관간 협력 증진, ③ 감사품질에 관심 있는 기타 국제기구와의 협력 활동을 수행하기 위해 설립되었다.

2011년 1월말 현재 미국, 영국, 일본, 네덜란드 등을 비롯한 37개 국가의 회계감독기구가 정회원으로 참여하고 있으며, 세계은행(World Bank), 국제증권감독기구(IOSCO), 바젤위원회(Basel Committee on Banking Supervision), 국제보험감독자기구(IAIS) 및 유럽위원회(the European Commission) 등이 참관자(observer)로 참여하고 있다. 우리나라는 지난 2007년 3월에 회원으로 가입하였으며, 금융위원회와 금융감독원이 정기총회, 실무그룹 등에 참여하고 있다.

사례연구

국제보험감독자협의회

[IAIS: International Association of Insurance Supervisors]

국제보험감독자협의회(IAIS)는 보험의 사회경제적 중요성 확대 및 보험산업의 글로벌화에 따라 각국 보험감독당국 간 상호협력 및 정보교환을 목적으로 1994년에 설립되었다. 현재는 국제보험감독기준 제정, 보험계약자 보호, 금융안정성 제고 등의 역할도 수행하고 있다. 사무국은 스위스 바젤에 소재하고 있으며, 2017.5월 현재 131개국 150개 보험감독 당국 및 6개 국제기구(총 156개 회원)가 회원으로 가입되어 있다.

금융감독원은 IAIS의 창립회원(Charter Member, 68개 회원)으로 2002년부터는 금융위원회와 공동회원으로 활동하고 있으며, 특히 2008년부터 실질적인 최고 의사결정기관인 집행위원회(Executive Committee)의 위원으로 활동하고 있다.

그 외에도 기준제정을 담당하는 금융안정·전문위원회(Financial Stability & Technical Committee) 및 기준이행을 담당하는 이행위원회(Implementation Committee)의 위원으로 활동하고 있으며, 보험자본규제, 보험회계 등을 담당하는 7개 실무작업반에도 참여하고 있다.

(3) 자율적 책임을 수반하는 금융혁신 유도

> ■ 금융회사와 핀테크 기업 스스로 렉테크 등을 활용한 규제 준수 및 금융포용과 소비자보호를 바탕으로 한 금융혁신을 해 나가도록 유도

1) 렉테크(RegTech) 활성화를 통한 규제 준수 효율화

금융회사와 핀테크 기업의 금융규제 준수·보고 및 내부통제 체계 등의 효율성과 효과성을 높일 수 있는 렉테크(RegTech) 활성화가 추진되고 있다.

렉테크(RegTech)는 규제(Regulation)와 기술(Technology)의 합성어로 규제 준수를 위한 각종 지표나 거래한도 등을 사람이 아닌 IT시스템을 통해 모니터링 및 제어할 수 있는 기술을 말한다. 즉, 빅데이터, 클라우드 컴퓨팅, 머신러닝 등 신기술을 활용하여 기존 컴플라이언스 업무를 사전 예방형 및 자동형으로 대체하는 혁신적인 IT기술을 의미한다.

금융기관은 레그테크 도입을 통해 저비용으로 규제 준수에 대한 신뢰도를 높이고 규제 변화에 유연하고 능동적으로 대처할 수 있다. 레그테크의 주요고객은 개인이 아닌 금융기관이며, 금융기관의 수익 영역을 잠식하는 것이 아닌 비용 절감에 기여한다는 점에서 핀테크와 차이가 있다.

금융감독원은 렉테크 간담회를 개방형으로 확대하여 「렉테크 포럼」을 운영하고, 전 금융권 경영진을 대상으로 렉테크 세미나 및 특히 Compliance 인력[7]이 부족한 중소형 금

---

7) 준법감시인 [Compliance Officer]:
   ① 금융기관의 임직원이 그 직무를 수행함에 있어서 따라야 할 기본적인 절차와 기준을 내부통제기준이라 하며, 준법감시인은 내부통제기준의 준수여부를 점검하고 내부통제기준에 위반하는 경우 이를 조사하여 감사위원회 또는 감사에게 보고할 수 있는 권한을 가진 자를 의미한다.
   ② 우리나라는 외환위기 이후 금융회사 내부통제기능의 중요성이 부각됨에 따라 2000년 1월 21일 은행법 등

융회사를 대상으로 렉테크 시범 프로젝트(Pilot Project) 추진하였다.

2) 금융포용 확대 유도

IT기술 적응이 어려워 핀테크 혜택에서 소외되는 고령층 및 기존 금융서비스에서 소외되었던 소비자에 대한 금융포용 확대를 유도하고 있다. 한편, 고령자 등의 건강상태 측정을 위한 웨어러블기기[8] 및 건강관리서비스 연계 상품 출시를 지원하기 위한 가이드라인 마련 등을 추진 중에 있다.

금융회사 영업점 접근에 제약이 있거나 기존 금융서비스에서 소외되었던 소비자에게 는 핀테크에 기반한 새로운 금융서비스를 개발·제공하도록 유도한다.

(예시 1)

금융회사 영업점 접근에 제약:

장애인을 대상으로 스마트폰에 기반한 신규 금융서비스 제공

관련법령을 개정하여 준법감시인 제도를 도입하였다.

③ 감사위원회가 주로 주주의 입장에서 경영진의 직무집행을 감시하는 것을 목적으로 하는 데 반하여, 준법 감시인 제도는 경영진의 입장에서 임직원의 업무수행 과정상 내부통제기준의 준수여부를 스스로 점검하게 한다는 점에서 차이가 있다.

④ 준법감시인 제도의 도입으로 경영진 스스로 사전 예방적이고 상시적인 내부통제기능의 수행이 용이해졌다.

8) 상세한 내용은 다음 자료를 참고.

① Donovan, Tony O., et al. "A context aware wireless body area network (BAN)." Pervasive Computing Technologies for Healthcare, 2009. PervasiveHealth 2009. 3rd International Conference on. IEEE, 2009. http://ieeexplore.ieee.org/document/5191231/

② What is a Wearable Device? WearableDevices.com. Retrieved 10-29-2013

③ Nugent, C.; Augusto, J. C. (2006년 6월 13일). Smart Homes and Beyond: ICOST 2006. IOS Press – Google Books.

④ O'Donoghue, John; Herbert, John (2012년 10월 1일). "Data Management Within mHealth Environments: Patient Sensors, Mobile Devices, and Databases." 《J. Data and Information Quality》 4 (1): 5:1-5:20. doi:10.1145/2378016.2378021 – ACM Digital Library.

⑤ O'Donoghue, J., Herbert, J. and Sammon, D., 2008, June. Patient sensors: A data quality perspective. In International Conference on Smart Homes and Health Telematics (pp. 54-61). Springer, Berlin, Heidelberg. https://link.springer.com/chapter/10.1007/978-3-540-69916-3_7

⑥ Harishchandra Dubey; Jon C. Goldberg; Mohammadreza Abtahi; Leslie Mahler; Kunal Mankodiya (2015). 《EchoWear: smartwatch technology for voice and speech treatments of patients with Parkinson's disease》. Proceedings of the conference on Wireless Health (WH '15). ACM, New York, NY, USA. Article 15, p.8. arXiv:1612.07608. doi:10.1145/2811780.2811957.

⑦ Achilleas Papageorgiou; Athanasios Zigomitros; Constantinos Patsakis (2015). 《Personalising and Crowdsourcing Stress Management in Urban Environments via s-Health》. Proceedings of the 6th International Conference on Information, Intelligence, Systems and Applications (IISA), 2015. Ionian University, Corfu, Greece. p.1-4. doi:10.1109/IISA.2015.7388027.

(예시 2)

기존 금융서비스에서 소외되었던 소비자:

금융거래실적이 미미하거나 담보제공이 불가능한 경우 빅데이터 활용하여 신용평가에 의한 대출서비스 제공

| 웨어러블 테크놀로지(wearable technology).

① 웨어러블 테크놀로지(wearable technology)는 착용 기술, 패셔너블 테크놀로지(fashionable technology), 웨어러블 디바이스(wearable device)는 몸에 심거나 액세서리로 착용할 수 있는 스마트 전자기기이다.

② 활동 추적기와 같은 웨어러블 디바이스는 사물 인터넷의 최상의 예인데 그 까닭은 일렉트로닉스, 소프트웨어, 센서, 연결과 같은 "사물"은 물체가 인간의 간섭 없이 제조자, 조작자, 기타 연결 장치들과 인터넷을 통해 데이터를 교환할 수 있게 하는 실행기 역할을 하기 때문이다.

③ 웨어러블 테크놀로지의 응용은 다양하며 그 분야를 스스로 넓혀나가고 있다. 스마트워치와 활동 추적기의 대중화와 함께 전자기기에서 눈에 띄게 나타나고 있다. 상업용을 떠나 웨어러블 테크놀로지는 내비게이션 시스템, 고급 섬유, 헬스케어로 통합되고 있다.

④ 웨어러블 테크놀로지의 용도는 개인용과 사업용, 2가지 주요 분류로 나눌 수 있다. 개인용인지 사업용인지에 따라 착용 기술 소도구들은 주로 다음의 기능들 가운데 하나를 위해 사용된다.

⑤ 패션, 피트니스 추적기, 청각장애 치료, 파킨슨병 환자 등 발설장애 원격 치료, 스포츠 트래커, 다른 소도구와의 데이터, 통신 동기화, 스트레스 관리와 같은 특정 건강 문제 감시, 에너지 레벨 게이지, 내비게이션 도구, 미디어 기기, 커뮤니케이션 소도구

사례연구

들고 다니는 것으로 부족하다. 이제 입는 디바이스다[9]

1979년 소니에서 출시한 최초의 워크맨이 등장하기 전까지 걸어 다니면서 음악을 듣는다는 것은 상상할 수 없는 일이었다. 이것은 곧 이전까지 음악을 들을 수 있는 휴대용 기기가 없었다는 의미이기도 하다. 1983년 세계 최초의 휴대폰 모토로라 '다이나택 8000'이 나오기 전까지 휴대할 수 있는 전화는 존재하지 않았다.

---

9) https://terms.naver.com/entry.nhn?docId=3579721&cid=58791&categoryId=58791

워크맨 이후 본격적으로 등장한 휴대용 기기의 역사는 40년이 채 안 됐지만, 기술의 발전이 이끈 디자인 혁신 덕분에 오늘날 우리는 '손 안의 컴퓨터'라고 불리는 스마트폰을 매일 들고 다니기에 이르렀다. MP3, 디지털 카메라, GPS 등 다양한 휴대 기기의 기능을 다 갖추고 있으니 스마트폰 하나면 충분하다. 하지만 몸에 착용하거나 부착하여 사용하는 웨어러블 디바이스의 등장은 또 한 번의 디자인 혁신을 예고한다.

손목에서 시작된 웨어러블 디바이스

손에 들고 다니는 것도 모자라 몸에 착용하는 형태로 디자인된 웨어러블 디바이스는 생활 속에 가까이 있다 못해 몸의 일부가 된 것이나 다름없다. 기본적으로 입을 수 있는 티셔츠와 바지부터 시작해 안경, 팔찌, 시계와 같은 액세서리, 그리고 신발에 이르기까지 웨어러블 디바이스의 형태는 다양하다. 특히 일찍 자리 잡은 웨어러블 디바이스의 디자인은 손목 위에서 시작됐다.

2012년 1월 출시한 조본 '업'은 널리 보급되기 시작한 초기 웨어러블 디바이스로 손목에 차는 형태가 많았다. 퓨즈 프로젝트(fuse project)의 이브 베하(Yves Behar)가 디자인했다.

나이키 '퓨얼밴드', '핏빗', 조본 '업' 등 손목에 차는 형태의 웨어러블 디바이스는 운동량과 수면 시간, 수면의 질 등을 체크하고 기록하며 체계적으로 필요한 운동량을 관리해주는 기능을 하면서 모바일 헬스 케어 시장을 주도해왔다.

애플리케이션과 연동해 하루 24시간 기록되는 데이터를 바탕으로 생활 습관과 운동량을 분석하고, 효율적으로 건강 목표를 제시하고 관리할 수 있다. 항상 몸에 붙어 있다는 특징 때문에 앞으로도 헬스 케어 관련 기능은 더욱 확장될 것으로 보인다.

손목으로 옮겨 간 스마트폰

헬스 케어로 관심을 받기 시작한 웨어러블 디바이스는 계속해서 그 영역을 확장해오고 있다. 스마트폰 이후 IT기기의 최대 관심사는 두 손을 자유롭게 사용할 수 있게 하면서 스마트폰의 기능을 돕는 스마트 워치로 옮겨갔다. 시간을 알려주는 기존 시계의 기능에 휴대폰을 가방에서 꺼내지 않고도 알림이나 메일, 메시지를 실시간으로 확인할 수 있는 기능을 더한 것이다.

2012년 킥스타터 펀딩으로 주목 받으며 일찌감치 스마트 워치 시장을 선점한 페블(pebble)의 탄생 비화를 들으면 현재 스마트 워치의 주요 기능을 짐작할 수 있다. "만약 휴대폰을 꺼내지 않고 모든 걸 손목에서 볼 수 있다면 어떨까?"

페블 테크놀로지의 대표이자 디자이너인 에릭 미기코브스키(Eric Migicovsky)는 사람들이 하루 평균 휴대폰을 120번 꺼내 본다는 조사 결과를 알게 된 후 페블의 프로토타입을 완성했다. 스마트폰과 독립적인 기능을 갖춘 스마트 워치들이 출시되고 있긴 하지만 아직까지 스마트 워치는 스마트폰의 보조 기기의 역할을 하는 경우가 많다. 페블은 최근 킥스타터에서 컬러 E잉크를 적용한 후속작 '페블 타임'을 공개했다. 페블의 두 번째 프로젝트 '페블 타임'은 2,033만 8,986달러를 투자받았다. 2015년 6월 3일 기준 킥스타터 역사상 가장 많은 금액을 투자받은 프로젝트다. 2012년 단 2시간 만에 목표 금액 10만 달러를 달성하고, 28시간 만에 100만 달러를 모금하며 총 1,026만 달러가 넘는 금액을 투자받은 페블은 최근 후속작 '페블 타임'으로 2,033만 8,986달러를 투자받으며 킥스타터 사상 최고 모금액을 또 한 번 갈아치웠다.

흑백이었던 디스플레이는 컬러 E잉크를 탑재하며 컬러로 바뀌었고, 배터리는 한번 충전하면 7일 이상 사용할 수 있도록 개선됐다. 기존에 비해 20% 슬림해진 두께로 편의성을 높이고, 22mm 표준 규격 스트랩을 사용해 자유롭게 교체하는 등 한층 업그레이드됐다. 스마트폰의 보조 기기로 '스마트'라는 수식어를 달고 있지만, 패션 기능을 담당하는 액세서리로서의 '시계'에 가까워지려는 노력이 엿보인다.

페블이 후속작을 내는 동안 애플, 삼성, LG, 모토로라 등의 기업들도 스마트워치 시장에 뛰어들었다. 2013년 삼성은 스마트폰과 연동되는 갤럭시 기어를 출시하며 본격적인 스마트워치의 시작을 알렸다. 이후 스마트폰 운영체제 안드로이드를 공급하는 구글은 2014년 웨어러블 디바이스를 위해 개발한 운영체제 안드로이드 웨어를 공개하면서 첫 안드로이드 웨어 기기로 모토로라 '모토 360', 삼성 '기어 라이브', LG 'G워치'를 소개했으며 이는 다양한 브랜드의 스마트 워치 출시를 가속화했다. 그리고 2015년 4월 10일 애플워치가 출시되면서 선택의 폭이 넓어진, 완전한 스마트워치 시장이 형성됐다. 조너선 아이브의 말처럼 기술력과 패션이 결합된 '디자인 테크놀로지'를 보여준 애플워치는 총 3개 디자인 라인, 2개 사이즈에 6종류의 스트랩으로 총 34개의 각각 다른 버전을 만들 수 있도록 하면서 패션 아이템으로도 손색없는 디자인을 선보였다. 스마트 워치로 대표되는 웨어러블 디바이스의 영역이 IT를 넘어 패션까지 넓어지고 있는 셈이다.

스마트 워치로 변신을 시도하는 시계 브랜드

스마트 워치의 등장은 세계 시계산업을 이끄는 스위스 전통 시계 브랜드에도 영향을 주기 시작했다. 매년 스위스에서 열리는 바젤 시계 보석 박람회에서 지난해부터 스마트 워치 섹션이 따로 마련된 것. 한때 전자시계의 등장으로 위기를 겪었던 스위스 시계산업은 포스트 스마트폰 시대를 이끌어갈 것으로 예상되는 스마트 워치 시장에 발 빠르게 대응하며 디지털 시대에 걸맞은 스마트한 아날로그 시계를 선보이고 있다.

2015년 3월 열린 바젤 시계 보석 박람회에서는 불가리, 게스, 몬데인 등의 브랜드가 기존 아날로그 시계 디자인을 기반으로 스마트 기능을 더한 스마트워치를 선보였으며, 태그호이어는 구글, 인텔과 손잡고 스마트워치를 만들겠다고 발표했다.

스위스 철도 시계, 헬베티카 시계 등으로 스위스 시계 산업의 대명사가 된 몬데인 (Mondaine)은 헬베티카 워치의 디자인 아이덴티티를 유지하면서 움직임 등을 추적하는 트래커와 센서를 장착해 스마트폰이나 태블릿 PC 등과 소통하는 모션 X(motion X) 기술을 차용한 '헬베티카 No 1 스마트'를 선보였다.

럭셔리 시계 브랜드의 대명사 몽블랑은 아날로그 시계를 바꾸는 대신 스트랩을 바꿨다. 길이 40mm, 너비 14.2mm의 OLED 스크린을 가죽 스트랩에 장착한 것인데 스트랩만 바꾸면 어떤 아날로그 시계도 스마트 워치처럼 사용할 수 있다.

기존 시계 브랜드들은 아날로그 시계의 멋스러움을 유지하면서도 테크놀로지의 편리함을 동시에 얻을 수 있는 대안을 고민하는 중이다.

쓰기만 하면 눈앞에 가상 세계가 펼쳐진다

시계 외에 대표적인 웨어러블 디바이스의 또 다른 형태는 안경이다. 2012년 구글이 발표한 구글 글래스가 대표적이다. 최근 마이크로소프트는 윈도우 10 발표현장에서 무선 홀로그래픽 컴퓨터 '홀로렌즈(HoloLens)'를 발표하며 가상 현실을 만들어내는 웨어러블 디바이스를 선보였다.

마이크로소프트에 따르면 '세계 최초의 홀로그래픽 플랫폼'인 윈도우 10은 개발자들이 실제 현실에서 홀로그래피를 만들 수 있는 API(애플리케이션 프로그래밍 인터페이스)를 지원하는데, 홀로렌즈는 이를 활용해 실제 공간에 홀로그램을 입혀 목소리나 동작으로 상호작용할 수 있는 가상현실을 만들어낸다. 허공에 뜬 스크린을 손으로 확대하거나 3D 프로그램으로 만든 결과물을 3D 입체 영상으로 미리 볼 수 있는 식이다.

삼성이 선보인 모바일 전용 가상현실 헤드셋 '기어 VR'은 갤럭시 노트 4, 갤럭시 노트 4 S-LTE와 연동해 모바일 콘텐츠를 더욱 생생하게 즐길 수 있도록 해준다. 360도 파노라믹 뷰와 넓은 시야각을 지원해 영상 속 장면이 실제 눈앞에 펼쳐지는듯한 공간감을 재현해 콘텐츠의 몰입도를 높인다.

특히 안경과 헤드셋을 착용하는 것으로 현실과 가상 세계를 연결하는 웨어러블 디바이스는 단순히 몸에 착용하는 제품 디자인을 얼마나 인체 공학적으로 디자인하느냐 하는 문제뿐만 아니라 눈앞에 펼쳐지는 가상 세계를 어떻게 만들어 낼 것이냐 하는 숙제까지 던졌다.

웨어러블 디바이스 디자인의 미래

웨어러블 디바이스 디자인의 핵심은 도구가 인체의 연장이라는 개념에 있다고 볼 수 있다. 아이폰 발표 당시 스티브 잡스가 터치 인터페이스를 발표하면서 손가락은 태어날 때부터 가지고 있는 세상에서 가장 훌륭한 포인팅 디바이스라고 말한 것과 같은 맥락이다.

미국의 재료 과학자 존 로저스(John Rogers)가 이끄는 회사 MC10에서 발표한 '바이오 스탬프(Biostamp)'. 실리콘 회로를 가늘게 연결해 신축성을 갖춘 반투명 회로를 일회용 밴드처럼 간편하게 몸에 붙이면 두뇌, 심장 박동, 근육 활동, 체온을 체크할 수 있다. 몸에 착용하는 웨어러블 디바이스의 디자인은 결국 몸과 하나가 되는 디자인이 될지도 모른다.

오늘날의 웨어러블 디바이스는 시계나 안경, 헤드셋 같은 형태지만 미래에는 또 어떻게 달라질지 모를 일이다. 급기야 물리적인 형태가 존재하지 않는 생체 인식 바코드 하나가 될 수도 있다.

컴퓨터에서 스마트폰으로, 스마트폰에서 스마트 워치로. 디바이스는 점점 작아졌지만, 기능은 더욱 많아지고 복잡해졌다. 결국 중요한 것은 웨어러블 디바이스라는 하드웨어가 아니다.

웨어러블 디바이스가 연결하게 될 가상 현실, 그 안에서 실현될 새로운 인간과 컴퓨터의 상호작용(Human Computer Interaction)과 사용자 경험(User eXperience) 디자인은 생활 속의 디자인을 바꿀 뿐만 아니라 사물을 바라보는 관점마저 바꿀 것이다.

미국의 재료 과학자 존 로저스(John Rogers)가 이끄는 회사 MC10에서 발표한 '바이오 스탬프(Biostamp)'. 실리콘 회로를 가늘게 연결해 신축성을 갖춘 반투명 회로를 일회용 밴드처럼 간편하게 몸에 붙이면 두뇌, 심장 박동, 근육 활동, 체온을 체크할 수 있다.

몸에 착용하는 웨어러블 디바이스의 디자인은 결국 몸과 하나가 되는 디자인이 될지도 모른다.

금융소비자 보호 강화

전자금융거래의 안정성 제고, 금융회사의 자발적 금융소비자 보호 유도 및 핀테크 관련 교육 · 정보제공 확대를 통해 소비자 보호를 강화하고 있다.

핀테크 기반의 다양하고 새로운 금융상품 · 서비스 출현으로 인한 금융소비자 및 투자자 보호의 사각지대 발생을 다음과 같은 차원에서 방지해야 하고, 특히 대량 소비자피해 발생, 시장질서 교란 등 자율적 시장규율이 작동하지 않는다고 판단될 경우 적극 개입하여 엄중한 책임을 부과해야 할 것이다.

- 금융소비자보호실태평가 개선

  비대면 거래 확대에 따른 소비자 보호 이슈를 평가 항목 및 기준에 반영
- 핀테크 서비스 관련 안내와 설명 강화

  금융회사와 핀테크 기업이 새로운 핀테크 서비스에 대한 안내와 설명을 강화하도록 유도
- 핀테크 교육 · 정보제공 확대

  금감원 FINE을 통한 핀테크 관련 정보제공을 확대하고 소비자 맞춤형 금융정보 제공

참고 1	국내 금융회사의 핀테크 도입 현황(예시)

구분	결제 및 송금	금융소프트웨어	금융플랫폼	금융데이터분석
은행	□ 간편자금이체 - 공인인증서, OTP생략 □ 간편송금 - KB(리브), 우리(위비)	□ 스마트 ATM(비대면 계좌개설) □ 생체인증 - 지문: KEB하나, KB - 홍채: 우리, IBK - 정맥: 경남 - 안구: 대구 □ 스마트 OTP - KB, KEB하나, 제주	□ 모바일플랫폼 - 우리: 위비, 신한: 써니, KB: 리브, KEB하나: 1Q Bank □ 태블릿브랜치 - 국민,경남,부산 □ P2P - 광주, 전북 제휴 □ 오픈 API - 은행권오픈플랫폼 ('16.8)	□ 빅데이터 활용 - SNS정보기반 타겟 마케팅(SC) □ 로보어드바이저 - KB, 우리, IBK, 하나 □ 자문형 신탁 인공지능(AI) - 챗봇(NH, 우리, K뱅크)
금융 투자		□ 체인증 - NH투자, 대신, 미래에셋대우 □ 스마트 OTP - SK증권	□ 크라우드펀딩 - 겸업6개사 □ 오픈 API - 자본시장오픈플랫폼 ('16.8) □ 블록체인 - KSM 인증시스템	□ 빅데이터 활용 (고객맞춤상품) - 미래에셋대우, NH투자 □ 로보어드바이저 자문형 랩/펀드 - NH-아문디, 키움, 미래에셋대우 □ 로보어드바이저 투자자문사 - 쿼터백, 디셈버, 파운트
보험		□ 생체인증 - 지문, 홍채 (삼성화재)	□ 태블릿 PC / 모바일청약 □ 보험슈퍼마켓 - 보험다모아('15.11) □ P2P보험 - 삼성화재 · 인바이유	□ 빅데이터, 인공지능 (AI) 활용 - 유지율예측시스템 (신한) - 언더라이팅 자동화(교보) - 사고분석시스템(삼성, 교보) □ 운전습관연계보험 - 동부화재
비은행 (신용 평가사)	□ 카드사 간편결제 (앱카드)	□ 생체인증 - BC, 현대, 신한, 삼성카드 □ 블록체인활용인증 - KB카드 □ 스마트 OTP - 삼성카드	□ P2P - 대부, 저축은행 제휴	빅데이터 활용 - 고객마케팅/상품개발 (신한,롯데카드) - 중금리대출(KB카드) - 신용평가
비금융사	□ 간편송금 - 토스, 카카오, 네이버 □ 간편결제 - 페이코, 삼성페이 □ 소액외환송금 - 비트코인 활용		□ 크라우드펀딩 - 비금융 전업 8개사	

참고 2	국내 핀테크 관련 주요 통계 현황

간편결제·송금 일평균 이용실적('16)

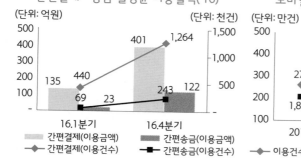

(단위: 천건, 억원)

		'16.1Q	'16.4Q
간편 결제	건수	440	1,264
	금액	135	401
간편 송금	건수	69	243
	금액	23	122

(출처: 한국은행)

모바일 송금 일평균 이용실적('16)

(단위: 만건, 십억원)

	'14.	'15.	'16.
이용건수	271	344	428
이용금액	1,833	2,496	3,149

(출처: 한국은행)

크라우드펀딩 실적

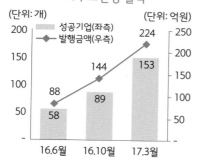

(단위: 개, 억원)

	'16.6월	'16.10월	'17.3월
성공기업	58	89	153
발행금액	88	144	224

(출처: 크라우드넷)

P2P대출 실적

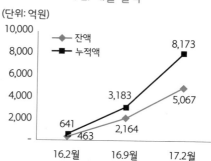

(단위: 억원)

	'16.2월	'16.9월	'17.2월
잔액	463	2,164	5,067
누적액	641	3,183	8,173

(출처: 크라우드연구소)

5

스타트업(I)

1. 글로벌 혁신 경쟁

1. 글로벌 혁신 경쟁

4차 산업혁명 시대, 대한민국이 위기다. 4차 산업혁명의 핵심기술로 꼽히는 인공지능 분야에서 전 세계 100대 스타트업 가운데 한국의 업체는 의료영상진단 기업 루닛(Lunit) 단 한 곳에 그쳤다.[1] 한국이 혁신 경쟁에서 뒤처지는 상황은 비단 인공지능 분야에 국한되지 않는다. 최근 한 해 동안 새롭게 투자받은 스타트업 중에서 한국의 스타트업은 누적 투자액 기준 100대 기업 안에 한 곳도 들지 못했다. 상황이 이렇게 된 데는 여러 가지 원인이 있으나, 규제라는 걸림돌 역시 무시할 수 없는 요소다. IT전문 로펌인 테크앤로의 조사에 따르면 위에서 언급한 100대 스타트업 중에서 13곳은 그 사업 모델이 한국에서 금지되어 있어 사업을 시작할 수 없으며, 44곳도 조건부로 가능한 것으로 파악되었다. 글로벌 혁신 모델 사업의 절반 이상, 누적 투자액 기준으로 70%에 이르는 혁신이 한국에서는 제대로 꽃피울 수 없거나 시작조차 할 수 없다는 것이다.

(1) 4차 산업혁명과 글로벌 혁신 경쟁 도태의 심화

글로벌 혁신 경쟁에서 도태되는 현상은 4차 산업혁명 시대에 접어들며 더욱 심화될 우려가 크다. 4차 산업혁명은 '초연결' '초지능' '초융합'에 따른 자동화와 최적화의 극단적 발전으로 나타난다.

빅데이터에 기반한 자동화와 최적화로 말미암아 선도 업체와 후발주자 사이의 역량 격차는 쉽게 좁혀지지 않고, 오히려 빠른 속도로 벌어지게 된다. 선도 업체가 이미 쌓은 데이터를 이용하여 자동화와 최적화 역량을 지속적으로 향상할 때, 알고리즘 개발의 토대로 삼을 데이터가 없는 신규진입 업체는 최적화 역량을 따라잡을 수 없기 때문이다.

미국 아마존(Amazon)의 사업 확장 사례를 보면 이러한 구조를 쉽게 이해할 수 있다. 아마존은 누적된 유통 고객 데이터를 기반으로 상품과 콘텐츠를 추천하는 독보적인 시스템을 구축하고 판매 상품군을 확대해 나가고 있다. 또한 이렇게 확대한 유통고객 베이스에 정보통신기술(ICT)기기(예컨대 Echo)를 판매하며 데이터 수집 창구를 확대하고, 그를 통해 최적화 추천 알고리즘을 더욱 강화해 나가고 있어 후발 주자가 따라잡기 힘든 구조이다.

이러한 시각에서 ICT 혁신의 중심이 된 미국, 중국과 우리의 상황을 비교하면 대한민국의 미래를 걱정하지 않을 수 없다. 산업구조가 정체된 우리와 달리 미국 내 산업의 가치 창출 축은 ICT로 넘어간 지 오래고, 십 수년 사이에 생겨난 스타트업들이 이러한 변화의 중심에 있다.

---

1) 2017년 CB 인사이트(CB Insight), AI 100: The Artificial Intelligence Startups Redefining Industries

뉴욕거래소와 나스닥의 시가총액 상위 10개 기업은 최근 10년 동안 아마존, 구글(Google), 페이스북(Facebook)등의 젊은 IT 기업이 정상에 오르며 평균 업력이 14년 젊어졌다. 그 기간에 한국거래소 상위 10개업체는 15년의 나이를 더 먹었다. 이는 산업구조가 격변한 10년 동안 새로운 혁신을 만들어 내지 못했음을 방증한다.

시가 총액 상위 10개 업체 비교[2]

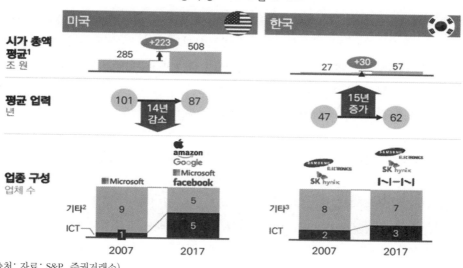

(출처: 자료: S&P, 증권거래소)

[2] 스타트업의 중요성

이러한 4차 산업혁명의 혁신 경쟁에서 스타트업의 역할은 매우 중대하다. 규모의 경제의 중요성이 낮아지고 기업 기능의 수직적 분해가 확대되는 등 4차 산업혁명이 가져오는 산업구조의 근본적 변화는 전 세계적으로 스타트업의 출현을 가속화할 것이다. 또한 국적과 관계없이 가장 역량 있는 업체가 소수의 인력으로 전 세계의 고객에게 제품과 서비스를 제공할 수 있게 하는 혁신의 글로벌화는 스타트업의 성장 한계를 없앨 것이다.

스타트업 출현의 가속화는 기업 기능의 수직적 분해 확대와 혁신의 외부 수혈 증가 흐름에 기인하는 바가 크다. 인터넷, 디지털의 폭발적 혁신으로 R&D를 포함한 대부분의 기업 기능을 외부에서 수혈할 수 있게 되었으며, 이를 통해 개방형 혁신(Open Innovation)으로 대변되는 대기업과 스타트업 간 협업이 확대되고 있다.

---

2) ① 2007년 1분기말 기준, 2017. 5. 16일 현재 기준, 원달러 환율은 5월 16일 현재 기준 1116.0원 활용
　② 2007년 제조, 금융, 헬스케어, 에너지, 통신, 유통, 2017년 금융, 헬스케어, 에너지
　③ 2007년 제조, 금융, 통신, 에너지, 2017년 제조, 금융, 에너지, 건설 및 무역

전 세계 대형 은행과 스타트업의 핀테크 혁신 협업 사례를 보면 이러한 흐름을 쉽게 이해할 수 있다. 마케팅부터 고객 응대, 신용평가, 대출 실행, 상환 프로세스관리에 이르기까지 모든 것을 은행이 담당하던 과거의 금융은 현재 분해되고 있다.

마케팅은 카드리틱스(Cardlytics), 고객 응대는 IBM 왓슨(IBM Watson), 투자 분석 기능은 켄쇼(Kensho)가 담당하는 식이다. 이렇게 제조, 마케팅 등 특정 기능의 전문성을 기반으로 하는 기업이 다수의 산업을 대상으로 혁신하는 사례는 그 범위가 지속적으로 증가할 것이며, 그 과정에서 수많은 스타트업이 생겨날 것이다. 성공적인 대기업들은 이러한 혁신적 스타트업들을 적극적으로 받아들이고 발전시키고 있다. 와해되는 산업의 피해자가 되기보다는 산업구조 변화의 주도자로 자리매김하기 위해 노력하는 것이다.

이세돌 9단과 인공지능의 바둑 대결로 전 세계의 이목을 집중시킨 딥마인드(Deep Mind), 전 세계 스마트폰 운영체계를 양분하고 있는 안드로이드는 이제는 ICT 대기업이 된 구글(Google)이 혁신적인 스타트업을 발굴하고 인수하여 발전시킨 대표적인 사례다.

앞서 언급한 켄쇼는 설립한 지 1년 반 만에 전통적인 투자은행 업계의 글로벌 선도 업체인 골드만삭스로부터 대규모 투자를 받기도 했다.

글로벌화 역량이 부족한 과거 한국의 스타트업은 일정 규모 이상 성장하면 내수 시장 규모의 한계에 따른 성장의 벽에 직면했고, 아무리 성공해도 중소기업을 벗어나지 못하는 것을 숙명으로 여겨왔다. 그러나 4차 산업혁명의 시대에는 이러한 글로벌화 장벽이 대폭 낮아질 것이다. 글로벌화 장벽이 낮아지는 데는 크게 두 가지 이유가 있다.

첫째, 핵심 역량을 현지화해야 한다는 부담이 낮아진다.

4차 산업혁명의 주요 사업모델인 최적화 엔진 등의 알고리즘을 바탕으로 한 사업군은 과거 스타트업 성장을 주도했던 이커머스(E-commerce) 등의 사업모델에 비해 다른 산업/지역으로 적용하기가 쉽다.

둘째, 물리적 장비를 투자할 필요성이 낮아진다.

4차 산업혁명의 핵심인 ICT 사업은 공장 등의 물리적 투자 요소가 적어 해외로 확장할 때 추가 투자 부담이 적다. 급속히 향상되고 있는 자동 통역 기술 또한 해외로 진출하는 한국 기업에게 큰 걸림돌이었던 언어장벽을 최소화할 것이다. 이러한 새로운 변화가 아니더라도 스타트업은 가치 창출, 고용 창출 측면에서 중요한 사회적 의미를 지녀왔다.

벤처기업의 2015년 기업당 평균 매출액은 69억 2000만 원으로 전년보다 8.6% 증가했다. 대기업(-4.7%)이나 중소기업(8.0%)보다 증가율이 높다.[3] 이러한 추세는 2009년부터 7년째 이어지고 있다. 스타트업의 고용 창출 효과 또한 대기업을 훨씬 상회한다. 2014년 기

---

3) 중소기업청/벤처기업협회, 2016년 벤처기업 정밀실태 조사, 2015.

준 벤처기업의 최근 5년간 고용증가율은 8%로[4] 30대 그룹의 고용증가율 1.3%를[5] 크게 앞질렀다. 비단 최근에만 그런 것이 아니다.

미국의 경우를 보면 과거 30년간 기존 기업의 일자리는 100만 개씩 줄어들었으나 스타트업들이 매년 300만 개의 새로운 일자리를 창출하여 전체 고용시장의 성장을 이끌었다.[6]

스타트업이 고용시장에 미치는 긍정적인 영향은 단순히 일자리를 늘리는 데 그치지 않는다. 미국에서는 이미 스타트업과 대기업 간 인재의 왕래가 활발해졌다.

예컨대, 페이팔 전략팀을 이끌던 마크 레너드(Mark Lenhard)는 미국 최대 은행인 JP모건체이스(JP Morgan Chase)의 디지털 결제 담당 임원으로 자리를 옮겼다가 다시 오픈소스 이커머스 플랫폼 소프트웨어 스타트업인 마젠토(Magento)로 자리를 옮겼다. 이와 같은 인재의 왕래는 혁신이 소수의 스타트업에 그치지 않고 산업 전반으로 확산되는 것을 가속화한다.

(3) 스타트업 생태계

한국의 스타트업 생태계는 몇 년 사이에 양적으로 급속히 팽창했다. 2011년 6만 5,000개의 법인이 신설되었던 것이 2016년에는 9만 6,000개로 증가했으며,[7] 벤처 인증을 받은 기업은 2012년 2만 6,000개에서 2015년에는 3만개를 돌파했다.[8]

그러나 스타트업 생태계의 질적 측면에는 아쉬움이 많다. 2014년 OECD가 발간한 보고서[9]에 따르면, 한국에서는 기회 추구형 창업이 전체 창업 가운데 21%로 미국(54%), 이스라엘(58%), 핀란드(66%), 스웨덴(56%)에 비해 현저히 낮다. 각국의 창업 장려 문화와 사회경제적 인프라를 측정하는 세계 기업가정신 지수[10] 또한 2012년 30위에서 2017년 27위로 크게 개선되지 않았다.[11] 이러한 경향은 국내 경제 통계에서도 그대로 확인된다.

통계청의 2015년 조사에 따르면, 해마다 20% 이상 매출이 증가한 창업 5년 이하의 고성장 기업은 최근 4년간 매년 4.4%씩 감소했으며, 신생 기업의 5년 생존율 또한 2012년 조사에 비해 3.6%p 하락했다.

스타트업에 투자되는 자본과 4차 산업혁명의 신자본으로 불리는 데이터 측면에서

4) 창업진흥원, 2014년 창업 지원기업 이력·성과조사, 2014.
5) CEO 스코어, 30대 그룹 274개 계열사의 고용현황 조사, 2014.
6) Kauffman Foundation, The Importance of Startups in Job Creation and Job Destruction, 2010.
7) 중소기업청, 2016년 연간 및 12월 신설 법인 동향, 2017.
8) 중소기업청/벤처기업협회, 2016년 벤처기업 정밀 실태 조사, 2015.
9) 한눈에 보는 기업가정신(Entrepreneurship at a Glance)
10) Global Entrepreneurship Index
11) 8Global Entrepreneurship and Development Institute

도 성장은 비슷한 모양새를 보인다. 국내 벤처 펀드조성액은 2012년 8,000억 원에서 2016년 3조 2000억 원으로 폭발적인 양적 확대를 이루었으나,[12] 그 자금의 면면을 살펴보면 민간의 출자자본 비중이 50%대에 머물러 있다.[13] 민간자본이 투자에 참여할 만큼 매력적이지 않다는 뜻이다. 반면 선진 시장은 민간 자본이 70~90% 수준으로 절대적인 비중을 차지한다.[14]

데이터 인프라의 질적 성장도 마찬가지다. 정부의 공공 데이터 수는 2013년 5,000개에서 2016년 2만 2,000개로 증가[15]했으나, 제공된 데이터를 원활히 활용할 수 있게 하는 데이터의 형식, 접근성 측면에서는 아직도 갈 길이 멀다. 데이터 제공 기관마다 상이한 포맷 또는 기계 판독이 불가능한 폐쇄형 포맷을 이용하거나, API 형태로 제공되지 않는 데이터가 많기 때문이다.

이렇듯 양적 팽창에서 질적 성장으로 전환기에 처한 한국의 스타트업 생태계를 위해 본 리포트는 창업, 성장, Exit, 재도전으로 순환하는 스타트업의 생멸에 영향을 미치는 주변 환경을 점검하여 창업 생태계 활성화를 위해 필요한 변화 방향성을 도출했다. 이를 통해 한국의 스타트업 생태계가 질적 성장의 단계로 도약하고 대한민국이 4차 산업혁명 시대를 선도하는 성장과 고용창출을 지속 할 수 있도록 하는 데에 일조하고자 하는 목적에서다. 이제는 양적 성장을 넘어 질적 성장이 필요한 시점이다.

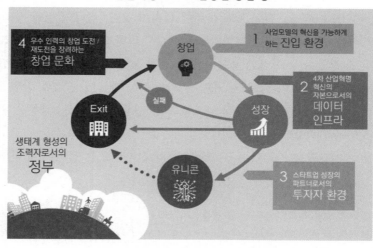

4차 산업혁명 시대의 건강한 창업 생태계

12) 중소기업청, 2016년도 신규 벤처펀드 조성 및 신규 벤처투자 동향
13) 2016년 57%
14) 미국, 2016년 98%
15) 행정자치부, 2017년 공공데이터 개방 및 활용 현황

1) 혁신의 시작, 진입 환경

스타트업 사업 진입 환경의 현황 및 개선 방향성 요약

현황	주요 개선 기회	개선을 위한 제언
글로벌 Top 100 스타트업 중 1/3이 규제에 저촉되어 진입 제한	A '융복합' / 신규 사업모델의 등록이 불가한 열거주의 방식의 사업 분류	1 혁신 수용 가능한 개방형 규제 체제로의 전환과 전환 기간 동안의 규제 예외 옵션 운영
창업 생태계의 '진입 규제'는 65개국 중 49위	B 신규 진입자로서 충족 불가한 기존 사업자 및 오프라인 거래 환경 위주의 사업요건	2 규제 신설 및 강화를 방지하기 위한 사전영향평가 및 규제일몰제의 의무화
사안별로 평균 2년 소요되는 법개정 기간으로 혁신 동력 상실	C 비공식 행정지도인 그림자규제를 통한 보이지 않는 진입장벽	3 배타적인 진입 장벽을 통한 보호가 아닌 사회적 안전망 수립을 통한 기존산업 종사자 보호

자료: 테크앤로 규제 분석, Global Entrepreneurship Monitor, 한국경제연구원

2) 사업모델의 혁신이 자유롭지 못한 진입 환경

역대 정부는 국가경쟁력강화위원회(이명박 정부), 규제개혁장관회의(박근혜 정부) 등

신규 사업모델의 시장 진입 단계별 주요 장벽 유형화[16]

시장진입 단계	주요 진입 장벽 유형	관련 예시
기존 업종 중 택일 등록	• '융복합' / 신규 사업 모델의 기존 산업 분류 내 등록 불가	• 의료행위와 비의료행위를 구분하는 경계의 불명확성으로 인한 융복합 서비스 비활성화
해당업종의 사업요건 충족 여부 검토	• 사업 요건이 기존 사업자 및 오프라인거래 환경 위주로 정해져 있어 신규진입자로서 충족 불가 하거나 불필요한 비용/인력 발생 • 그림자 규제로 규정된 사업요건으로 인해 사업모델의 적법성 사전검토 및 영업 불가	• 비대면 투자일임 금지로 로보어드바이저를 통한 저비용 자산관리 서비스 비활성화 • 의료법/약사법 상 진료행위와 의약품 판매행위는 예외 없이 대면 판매 원칙 • 저축은행감독국, 여전감독국, 자산운용국의 '기관의 P2P투자'불허
신규 업종 및 사업 요건 규정	• 신규 요건이 오히려 스타트업의 성장을 제한 • 법개정을 위한 시간 소요 (법안당 평균 500일 이상)로 글로벌 경쟁에 뒤쳐짐	• 해외송금업은 자본금 20억원 이상 보유, 일평균 거래액의 3배 예탁 의무 • 투자형 크라우드 펀딩의 활성화를 위한 '크라우드펀딩법'발의 후 통과까지 2년 1개월 소요

---

16) ① 19대 국회 기준

② 해외송금업만 영위하는 전업자의 경우 10억원

규제 개선을 전담하는 회의체를 두고 국정의 주요 과제로서 규제 개혁을 추진해왔다. 그러나 스타트업을 창업하고 운영할 때 규제로 인한 어려움은 여전히 존재한다. Global Entrepreneurship Monitor Index[17]에 따르면, 한국의 진입 환경은 65개국 가운데 49위에 머물렀다. 앞에서 살펴보았듯이 글로벌 혁신모델 사업의 절반 이상, 누적 투자액 기준으로 70%가 넘는 혁신모델 사업은 한국에서 사업화에 제한을 받는다. 이러한 환경을 개선하지 않고 글로벌 혁신을 선도할 기업의 출현을 기대하는 것은 어불성설이다.

한국의 규제환경에서 신규 사업모델이 시장에 진입하고 합법적으로 사업을 영위하기 위해서는 여러 단계의 과정을 거쳐야 한다. 우선 법으로 규정되어 있는 업종 중에서 해당 사업모델이 속한 업종을 택하여, 해당 업종이 요구하는 사업 요건을 충족하는지 확인받고 인허가를 받아야 한다. 이 과정에서 다음과 같은 경우에는 여전히 해당 분야에서 혁신적인 스타트업의 출현을 기대하기 어렵다.

① 융·복합 및 혁신을 활용한 신규 사업모델이 기존 사업 분류의 어디에도 속하지 않아 등록할 수 없거나 애매한 경우,
② 사업요건이 기존 사업자 및 오프라인 거래환경 위주로 정해져 있어 새롭게 진입할 수 없거나 불필요한 비용이 발생하는 경우,
③ 비공식 행정 지도인 그림자 규제가 적용되어 사업모델의 적법성을 판단할 수 없거나 불법으로 규정되어 영업금지 처분을 받는 경우 해당 스타트업은 안정적으로 사업을 영위할 수 없거나 비즈니스 모델의 혁신성을 잃어 경쟁력이 사라진다.
④ 그 후 신규 사업모델을 위해 적합한 업종이 신설되거나 사업요건이 개정되더라도 사업 요건이 여전히 과도하여 스타트업의 진입과 성장을 제한하는 경우,
⑤ 규제 완화를 위한 법 개정에 500일 이상 소요되어 글로벌 경쟁에 뒤처지는 경우

특히 금융, O2O 서비스, 헬스케어 관련 서비스는 글로벌 혁신 경쟁에 뒤처지지 않으려면 시급하게 규제 환경을 개선해야 할 영역으로 꼽힌다. 이 영역은 이종 산업군에 있는 업종끼리 서로 결합하거나 업종 내에서 분화가 이루어지는 등 4차 산업혁명으로 인한 혁신의 핵심 무대가 되고 있다. 실제로 전 세계 유니콘 기업 중 상위 100개 기업을 살펴보면 금융이 17%, O2O 서비스가 17%, 헬스케어 관련 서비스가 9%로 전체의 43%를 차지한다. 그러나 국내에서는 규제와 관리가 지나치게 엄격해 해당 사업군 스타트업들의 고충이 수차례 이슈가 되기도 했다.

---

17) 2017 Global Entrepreneurship Monitor Index

시가 총액 1조 이상 유니콘의 사업군 분류와 국내 규제의 예시

자료: Tech crunch의 유니콘 기업 리스트 및 업종 분류, 테크앤로 법률 검토 결과

3) 핀테크 진입 장벽: 개선 노력에도 불구하고 여전히 장벽 존재

해외의 핀테크 혁신에 견주어 보면 국내에서는 혁신의 출현과 성장이 미미한 상황이다. 현재 금융법 체계가 열거주의 방식[18]으로 이루어져 있어, 법으로 규정되어 있지 않은 새로운 비즈니스 모델은 등록할 수 없거나 성격이 전혀 다른 기존 업종 중 하나로 분류되는 사례가 많은 데서 한 가지 이유를 찾을 수 있다.

예를 들어, 투자형 크라우드펀딩은 초기에 '공모'를 통한 '투자중개업'으로 분류되었다. 투자자를 보호한다는 명목으로 증권시장의 발행 기관인 대형 증권회사들 위주로 구성된 이러한 업종 요건에는 자기자본을 30억 이상 보유해야 하고 피투자 건마다 30가지 이상의 피투자 법인 관련 서류를 제출해야 하는 등 초기 스타트업이 감당하기 어려운 의무가 주어졌다.

그 후 사실상 사업을 영위할 수 없을 정도로 규제가 까다롭다는 여론에 따라 개정안이 2013년 6월 발의되었으나, 2015년 7월 통과되기까지 2년이나 걸렸다. 전문가들은 이 과정에서 해당 사업모델이 조기에 시장에 안착할 수 있는 기회는 물론, 크라우드펀딩을 통해 스타트업들에게 초기에 필요한 자금을 지원할 기회까지 놓쳤다고 본다.

---

18) 원칙적으로 모든 것을 금지하고 예외적으로 규제되거나 금지되지 않는 사항을 나열하는 방식

세계 100대 핀테크 혁신 기업 국가별 분포 현황[19]

출처: KPMG의 'Leading Global Fintech Innovators Report 2016'

　　반면 사업 모델의 진입을 허가제로 규제하지 않는 국가들에서는 핀테크가 조기에 활성화되었다. 최초의 대출형 크라우드펀딩 업체인 조파(Zopa, 2005년)와 최초의 지분투자형 크라우드펀딩 업체인 크라우드큐브(Crowdcube, 2011년)가 모두 영국에서 설립되었다. 영국 금융감독청은 자생적으로 성장하던 크라우드펀딩 시장을 중소기업의 주요 성장 자금 조달 채널로서 주목했다. 그 후 2014년 4월 투자 현황을 공시할 때 투자자 피해를 낳을 수 있는 일부 문제를 보완하는 제도를 마련했으나 혁신의 발생부터 막는 형태로 규제하지는 않았다.

　　기존 금융기관 중심의 높은 사업 요건과 오프라인 거래 환경 위주로 형성된 사전 규제 때문에 혁신적인 스타트업이 아예 시장에 진입조차 할 수 없거나 저비용 구조 등의 혁신성을 상실하는 경우도 많다. 해외 송금업이 좋은 예다.

　　해외에서는 트랜스퍼와이즈(Transferwise, 2011년), 아브라(Abra, 2014년) 등 송금 서비스에 특화된 스타트업이 다수 출현해 기존 은행에 비해 1/10 수준까지 낮은 수수료로 송금 서비스를 제공했다. 반면 국내에서는 송금 서비스가 금융감독원의 인가를 받은 '은행'만 수행할 수 있는 업무로 규정되어 있었기 때문에 해당 영역에 특화된 스타트업이 오랫동안 출현할 수 없었다.

　　한국의 금융 당국은 은행이 독점하는 국내 규제 상황이 지나치다는 여론에 따라, 최근 핀테크 업체들도 해외 송금 서비스를 제공할 수 있도록 관련 법령을 개정하고 2017년 7월부터 시행한다고 예고했다. 그러나 동시에 자기자본을 20억 이상(해외 송금업만 영위하는 전업자의 경우 10억 원) 보유하고 일평균 지급 요청액의 3배에 달하는 금액을 금융감독원

---

19) 숫자는 업체 수

에 예탁해야 한다는 규정을 함께 만들었다. [20] 이는 초기 단계의 스타트업에게는 사실상 사업을 불허한다는 것이나 다름없다. 초기 스타트업의 상황을 고려하지 않고 사고 예방에만 초점을 둔 과도한 진입 요건이라고 볼 수밖에 없다.

신규 비즈니스 모델을 위해 새롭게 규정된 사업 요건이 여전히 혁신을 제한하는 또 다른 사례로 로보어드바이저(Robo-Advisor)가 있다. 로보어드바이저는 모바일 앱이나 웹을 통해 개별 고객의 투자 성향과 투자 가능 금액에 따라 맞춤형 투자 서비스를 제공하는 서비스로, 인공지능 알고리즘에 의한 핀테크 혁신으로 각광받고 있다.

2013년 11억 달러에 머물렀던 글로벌 상위 5개 로보어드바이저 업체의 운용 자산은 기존의 자산 운용 서비스를 받지 못하던 대중 부유층으로 서비스를 확대해 나가며 2016년에는 797억 달러로 70배 이상 증가했다. [21] 국내에서는 알고리즘에 자문과 투자를 일임하는 것이 원천적으로 금지되어 있었으나 최근 자본시장법을 개정하여 로보어드바이저를 통한 투자 자문과 자산 운용을 허용했다. 그러나 개정된 자본시장법 역시 불완전 판매를 이유로 여전히 비대면 투자 일임을 금지하고 있어 증권사 창구를 통해 고객과 대면 계약을 맺어야만 서비스를 제공할 수 있다. 오프라인 판매 지점에 지급하는 수수료 없이 다수의 소액 투자자들에게 낮은 비용으로 투자 자문과 일임 서비스를 제공하는 해외의 사례에 비하면 그 혁신성이 현저히 줄어든 형태다. 그뿐 아니라 최소 투자 가능 금액, 수수료, 옵

AI를 활용한 투자자문 · 일임(로보어드바이저)

로보 어드바이저 혁신적 요소	국내 현황 🇰🇷	미국 현황 🇺🇸
모바일앱 / 온라인 채널을 통한 비용구조 혁신 및 접근성 극대화	• [비대면 투자일임 계약 금지] 증권사 지점을 통한 판매 및 고객 직접 방문 판매만 가능	• 온라인에서 투자일임 계약 체결 가능, 오프라인 지점에 지급하는 판매 및 거래 수수료 없이 투자상품 제공
고객 위험 성향 맞춤형 포트폴리오 설계	• [상품 위험 측정법의 획일화] 위험 측정법의 허가제로 인해 사실상 가이드로 제시한 한 가지 방식 ('자산 종류별 위험도 측정')을 따르도록 함 • [투자자 위험 성향 구분도의 제한] 위험 성향 구분별로 과도한 서류 제출 요건으로 인해 정밀한 위험 측정 모델 도입 어려움	• 업체마다 특화 및 차별점 보유, 같은 수준의 리스크 프로파일 입력 시 업체마다 상이한 포트폴리오 제시만 출력
우수한 알고리즘만 갖추면 소규모 핀테크 업체도 자문 제공 / 일임 투자업 진입 가능	• [인간의 개입 없는 자문 및 일임 금지] 투자 자문 및 일임은 일정 교육을 수료한 '사람'만이 수행 가능 • [대규모 자본금 요건으로 진입 제한] 일반을 대상으로 한 투자일임업은 자본금 15억 보유 의무	• 로브어드바이저의 자산 직접 운용 가능 • 별도 자본금 규정 없으며 AUM $100Mil 이상이면 SEC에 등록 필요

---

20) 2017년 2월 입법 예고된 외국환거래법시행령상 소액 해외 송금업자 등록 규정

21) 201년 2월 Investment News

션 서비스 등을 자유롭게 구현하고 프로파일을 입력할 때마다 상이한 포트폴리오를 제시하는 해외 업체에 비하면, 테스트 베드에 참여할 때 고객 분류 및 포트폴리오 설계 알고리즘 등도 허가를 받도록 규정한 국내의 로보어드바이저 업체들은 업체 간 차별성과 혁신성이 부족할 수밖에 없다.

마지막으로 그림자 규제라 불리는, '명확한 법적 근거가 없는 비공식 행정지도' 때문에 신규 사업모델의 적법성을 판단하기 어렵거나 불법으로 규정되어 영업 정지 처분을 받는 경우도 문제로 지적된다.

P2P 투자 행위에 대해 개별 금융기관을 관리·감독하는 저축은행감독국은 '예금 담보 제공'으로, 자산운용국은 '대출'로, 여전감독국은 '투자'로 서로 다르게 규정하고, P2P 대출이 각 기관의 금지 업무에 해당한다고 해석했기 때문이다.

O2O 진입 장벽: 오프라인 위주의 사업 요건

O2O를 포함한 서비스업은 전 세계 각국에서 다수의 유니콘 기업을 배출하는 사업 분야이지만, 국내에서는 시장 질서를 유지하고 기존 산업을 보호한다는 이유로 다수의 혁신 사업 모델을 불허하여 여러 차례 이슈가 되었다. 온라인 중고차 거래 플랫폼 '헤이딜러'의 폐업은 온라인을 기반으로 한 O2O 사업 모델에 대한 이해 없이 오프라인 사업자 위주로 규정된 사업 요건을 그대로 적용하여 문제가 되었던 대표적 사례다. 자본금 1,000만원으로 설립되어 앱을 출시한 지 1년 만에 30만 건이나 다운로드된 '헤이딜러'는 2015년 12월 28일 국회를 통과한 '자동차관리법 일부개정법률안(자동차관리법 개정안)' 때문에 더 이상 합법적으로 영업할 수 없게 되었다. 관련 규정이 없었던 온라인 경매 방식의 중고차 거래 플랫폼에도 오프라인 사업장 규정을 동일하게 적용하여 3,300m² 이상의 주차장과 200m² 이상의 경매장, 성능 검사 설비 및 인력 등의 기준을 충족하도록 강제했기 때문이다.

창업 초기 단계의 스타트업으로 기존 사업자와는 전혀 다른 사업 모델을 갖고 있었던 '헤이딜러'는 폐업을 선언했다가, 이후 소비자 보호를 위한 최소한의 약관을 제외한 온라인 자동차 경매 사업자의 시설이나 인력에 대한 규제는 철폐하기로 규제 당국과 협의하고 약 50일 만에 영업을 재개했다. 기존 산업 종사자와 마찰을 일으키는 혁신적 사업 모델에 대한 영업 금지 처분도 O2O 서비스에 대한 과도한 진입 장벽으로 작용하고 있다. 예를 들어, 개인 유휴 차량을 이용한 차량 공유 중개 서비스인 우버는 2013년 8월 국내에서 영업을 개시했다. 그러나 1년 만에 국토교통부가 우버의 서비스를 여객자동차 운수사업법 위반으로 규정했고, 서울시는 실제 단속에 나서 우버 운전자에게 벌금을 부과하는 등 영업을 불허했다.

O2O 서비스를 통한 혁신은 산업구조의 변화를 수반하기 때문에 기존 사업자 보호만

을 생각해서는 혁신을 받아들이기 어렵다. 우버 서비스의 합법화는 한국뿐 아니라 전 세계 주요 도시에서 이슈가 되고 있다. 런던, 캘리포니아, 매사추세츠 등 일부 지역에서는 우버의 영업을 원천적으로 금지하기보다는 기존 산업 종사자가 입을 피해를 최소화하면서도 해당 서비스와 이를 통한 융복합과 혁신을 가능하게 하는 접점을 찾는 방향으로 노력하고 있다.

헬스케어 서비스 진입 장벽: 의료 접근성을 제한하는 결과

헬스케어 서비스를 포함한 의료 분야는 공공서비스의 성격이 강하다. 국가의 보건 의료 체계에 따라 의료 수가 제한 등의 규제를 많이 적용받는 분야이며, 그래서 각국의 철학과 사회적 합의에 따라 정책의 운용 방향이 다를 수 있다. 따라서 공공서비스로서 의료 분야가 지닌 역할을 침해하지 않는 선에서, 진입 규제를 완화하여 최근 해외시장에서 발생하는 혁신을 어느 정도 수용할 수 있는 영역들에 대해 살펴본다.

헬스케어 서비스는 4차 산업혁명으로 인한 경제적 가치 창출 효과가 클 것으로 기대되는 분야이며, 실제로 아이카본엑스(iCarbonX), 족닥(ZocDoc) 등 다수의 유니콘 스타트업들이 배출되기도 했다. 그 배경에는 의료 부문에 ICT 기술을 도입하여 과거에는 상상할 수 없었던 의료 서비스가 가능해지는 변화의 흐름이 있다. 인공지능을 활용한 암 진단 솔루션인 IBM 왓슨(IBM Watson) 등을 예로 들 수 있다. ICT 기술과 헬스케어 서비스의 접목은 해외 진출이 쉽지 않은 서비스 업종의 한계를 극복하고, 2020년 2,060억 달러 규모로 성장할 것으로 전망되는 글로벌 디지털 헬스케어시장을 공략할 기회가 될 수 있다.[22] 또한 헬스케어 서비스의 혁신으로 높은 고용 창출 효과를 기대할 수 있다. 의료 서비스 산업의 고용 창출 효과는 10억 원당 11.8명으로, 제조업(6.1명)과 전체 산업(8.6명)을 훨씬 상회한다.[23] 이러한 고용 창출과 경제적 가치 창출의 기회를 놓치지 않으려면 헬스케어 서비스 혁신을 과도하게 제한할 수 있는 요인들을 미리 파악하고, 혁신을 어느 정도 수용할 수 있도록 개선해야 한다. ① 이종 산업 간 융복합 제한, ② ICT를 활용한 원격 진료 및 의약품 배송 금지 등이 타당한지 우선 검토할 필요가 있다.

먼저 이종 산업 간 융복합 제한을 살펴보자. 의료 행위를 의료인만 할 수 있는 업무로 엄격히 제한하는 것은 타당하다. 그러나 해당 의료행위의 경계가 명확히 규정되어 있지 않아 융복합 서비스의 적법성을 확인하기 어렵다는 데 문제가 있다. 최근 글로벌 보험사들은 헬스케어서비스를 활용해 보험서비스 고객 건강 증진과 맞춤형 보험 상품 설계, 의료비 절감 등의 효과를 거두고 있다. 예를 들어, 미국 보험사 시그나 그룹(Cigna Group)은

---

22) 2016년 헬스케어 통계 전문기관 Statista의 전망치 (원격의료, 모바일헬스 등)
23) 2014년 한국 보건산업진흥원 보건산업 연관 분석 보고서, 고용유발계수 기준

헬스케어서비스 전문 자회사를 통해 26개의 체중 및 식단 관리 서비스 등 맞춤형 헬스케어서비스를 제공하며 시장을 선도하고 있다. 또한 해외에서는 대면 진료 없는 원격진료와 온라인 채널을 통한 의약품 판매 등 ICT를 활용하여 의료 서비스의 접근성과 편의성을 꾸준히 향상시키고 있다.

미국(1997년 허용)뿐 아니라 중국(2014년 허용), 일본(2015년 허용 범위 확대) 등 주요 국가에서는 원격진료의 허용하거나 그 범위를 확대하는 움직임을 보이고 있다. 미국 최대 원격진료 서비스 업체인 텔러독(Teladoc)은 최근 기업가치가 14억 달러를 넘어서는 등 사업 모델의 혁신성을 인정받고 있다. 이 업체가 제공하는 원격진료 횟수는 2016년 95만 건에서 2017년 140만 건으로 급속히 성장할 것으로 전망되며, 환자들의 서비스 만족도 또한 2015년 6월 기준 과거 6년간 평균 95%를 상회했다.

중국은 2014년 국무원이 발표한 '의료기구 원격의료서비스 추진에 관한 의견'에서 의사와 환자 간 원격의료를 허용하며 원격 자문, 원격 모니터링, 전자처방전 발급 등의 원격의료 서비스를 확대하고 있다. 중국 정부는 비의료인의 원격의료를 금지하고 지방 행정기관의 원격 의료에 대한 관리 · 감독을 강화하는 등 원칙적인 내용만 규정하고 있다. 아울러 원격의료 표준 수가, 시설 요건 등은 지방정부가 자유롭게 결정하도록 위임하고 있다. 이는 중국 정부가 원격의료 시행에 앞서 명확한 규정을 통해 도입을 규제하기보다는 시행에 따라 나타나는 문제를 사후에 보완하는 태도를 취하고 있음을 보여준다.

이러한 우선 허용, 사후 보완 방식은 의약품의 온라인 판매에 대한 중국 정부의 정책에서도 확인할 수 있다. 중국 정부는 2005년에 OTC 약품의 온라인 판매를 허용하고, 2013년에는 약국이 아닌 제3자의 인터넷 플랫폼을 통한 약품 판매를 허용했다. 또한 2014년에는 처방의약품의 온라인 판매를 허용하며 온라인을 통한 의약품 판매의 허용 범위를 지속적으로 확대해 왔다. 그러던 중 2016년 약국이 아닌 제3자의 인터넷 플랫폼(예컨대 알리바바의 의약품 온라인 판매 플랫폼인 '알리건강')을 통해 판매되는 의약품의 경우 품질에 대한 책임 소재를 명확히 할 필요성을 확인한 중국 정부는 해당 채널을 통한 의약품 판매를 잠정 중단(약국의 온라인 판매는 계속 허용)하고, 필요한 소비자 보호 조치를 마련하고 있다. 신규 서비스를 우선 허용한 뒤 필요한 규제를 정비하는 중국 정부의 방식을 잘 보여주는 사례다.

스타트업 진입 환경 개선을 위한 변화 방향성
앞서 살펴보았던 열거주의 방식의 업종 등록제, 스타트업이 충족하기 어려운 사업 요건 등의 규제는 새로운 사업 모델을 통한 융복합과 혁신을 불가능하게 하는 진입 장벽으로 작용하고 있다. 따라서 정부 차원에서 '새로운 사업모델을 통한 융복합과 혁신이 자유

진입 장벽 제거의 주요 원칙 및 정책 제안 방향

진입 장벽 제거의 원칙

지향점
새로운 사업모델을 통한 융복합 및 혁신이 용이한 사업 환경 조성

필요 고려 요소
- 시장 실패로 인한 소비자 피해 방지
- 기존 산업의 와해로 인한 사업자들의 피해(예, 산업종사자의 대량 실업)완충
- 사회적 합의 및 제도적 여건을 고려한 단계적 접근

진입 장벽 제거를 위한 정책 제안 방향

1 혁신을 수용할 수 있는 개방형 규제 체제로 전환
- 궁극적으로 사전규제(포지티브 규제)중심 열거주의에서 네거티브 규제 중심 원칙주의로 전환하고 징벌적 손해배상제, 집단소송제 등 사후적 억지력 확보를 통한 보호장치를 마련하는 것이 바람직
- 그러나 법체계 전환에 소요되는 시간 감안시, '한정인가', '적용규제'등의 형태의 혁신 수용을 위한 체제 도입이 필요

2 규제의 신설 및 강화를 최소화하기 위한 장치 마련
- 규제심사 전문기구의 규제 법안 사전 검토 의무화 검토
  - 미국, 영국, 독일, 프랑스 등에서는 별도의 규제 심사 기구가 모든 규제 법안을 사전 검토
- 5년 이내의 존속 기한을 설정하는 규제 일몰제의 확대 적용 검토

3 전통산업에 종사하던 영세 사업자들의 피해를 최소화할 수 있는 사회적 안정망 구축
- 배타적인 진입 장벽이 아닌 실업 급여, 직업 교육 제공 등을 통한 생존권 보장 필요

로운 사업 환경을 조성'하기 위해 진입 장벽을 제거하는 노력이 필요하다. 그러나 시장 실패로 발생할 수 있는 소비자 피해와 혁신이 불러올 기존 산업의 와해로 인한 영세 사업자들의 피해 등을 고려하고 법체계 전환에 소요되는 시간을 감안하면 사회적 합의와 제도적 여건을 고려한 단계적 접근이 요구된다.

4) 개방형 규제 체제로의 전환과 규제 예외 옵션의 운영

사전 규제(포지티브 규제) 중심의 열거주의는 혁신을 제한하는 근본적 원인으로 지적되어 왔다. 그러나 이를 해소하기는 쉽지 않다. 네거티브 규제 중심의 원칙주의로 전환하는 것은 개별 법안을 검토하고 논의하지 않고 일괄적으로 진행하기 어려우며, 징벌적 손해배상제와 집단소송제 등의 사후적 억지력 확보를 위한 보호 장치 역시 마련해야 하기 때문이다.

행정부의 재량권 내에서 '비조치 의견서' 및 '한정 인가', '지정대리인', '업종별 인허가 및 규제 적용 면제', '적응 규제' 등 규제 적용의 예외 옵션들을 적극적으로 활용하는 것이 체계 전환기에도 혁신을 수용할 수 있는 현실적 대안이 될 수 있다.

규제 체계 전환의 중간 단계에 해당하는 규제 예외 옵션에는 크게 네 가지가 있다. 첫째, '한정 인가'는 소비자군을 사전에 한정하고 소비자 피해에 대한 보상 체계 등의 요건을 충족한 서비스를 테스트할 수 있도록 허용해 주는 제도다.

'규제 샌드박스(Regulatory Sandbox)'라고 알려진 이 제도는 영국 금융행위감독청(FCA)이 2015년 말 처음 도입했다. 현행 규제상 영위할 수 없는 사업 모델에 대해 감독 당국이

개방형 규제 체제로의 전환을 위한 중간단계로서의 규제 예외 옵션들

개방성 정도	옵션	설명	시행 국가 사례
낮음	테스트를 위한 한정 인가 Tailored authorization	• 전체 인가요건 중 테스트 실시 대상 소비자군의 사전 한정, 소비자 피해에 대비한 보상 체계 마련 등 요건만 충족하면 한시인가를 부여	영국, 호주
	지정대리인 Appointed representative	• 인가 취득 기업이 혁신적 서비스 테스트를 원하는 미인가 기업에 영업행위 대리권한 부여	영국
	세부 업종별 인허가 및 규제 적용 면제 Licensing exemption	• 업종별 일부 상품 및 업종에 대해서 정식 인가 없이 서비스 테스트 허용	호주
높음	적응 규제 Adaptive pathway	• 최소한의 규제들만 설정한 후, 필요에 따라 점진적인 규제 도입, 도입 기간 동안의 부작용에 대한 면책을 행정 공무원에게 보장	유럽(EU)

기존 법체계와 충돌하지 않으면서 법개정 없이 추진할 수 있는 옵션들부터 우선 활용, (예, 비조치의견서, 지정대리인), 현행 법체계와 충돌하는 옵션은 특별법 제정을 통해 감독당국에 재량권 부여 후 추진

출처: 영국금융행위 감독청 Regulatory sandbox 도입방안, 호주 증권 투자 위원회, 유럽 EMA Adaptive pathway 시범사업 결과 보고서

업체를 선정하여 규제 적용 대상에서 제외하고 사업 모델을 테스트할 수 있도록 하는 것이다.

선정된 기업은 매주 진행 보고서를 FCA에 제출하고 테스트가 끝난 뒤에는 최종 결과 보고서를 제출한다. FCA는 보고서를 검토하여 최종적으로 라이선스를 발급하여 정식 서비스 출시를 허용할지 결정한다.

호주에서도 증권투자위원회(ASIC)의 분쟁조정제도에 가입하고 소비자보상제도의 공시 요건만 충족하면 규제를 적용받지 않고 사업모델을 테스트할 수 있는 '한정 인가' 제도를 운용하고 있다.

둘째, '지정대리인' 제도는 라이선스를 보유한 기업이 혁신적 서비스 테스트를 원하는 미인가 기업에 영업행위 대리권한을 줄 수 있게 하는 제도다.

라이선스를 보유한 기업은 특정 분야에 특화된 서비스를 제공하는 스타트업과 제휴함으로써 서비스 경쟁력을 제고할 수 있으며, 스타트업은 자본금 요건과 인허가 직접 취득에 드는 시간을 소요하지 않고 자체 서비스를 출시할 수 있다. 이 제도를 도입한 영국의 FCA는 제휴한 스타트업의 서비스가 해당 분야의 규제를 어기지 않는지 관리·감독하는 책임을, 대리권한을 준 기업에 부여하고 있다.

셋째, '세부 업종별 인허가 및 규제 적용 면제'는 일부 상품과 서비스에 대해 정식 인

가 없이 테스트를 일괄 허용하는 제도다.

호주의 ASIC는 '금융산업 전반에 영향을 미치는 금융혁신'이라고 판단되는 금융 서비스에 대해 해당 서비스를 제공하는 모든 사업자에게 관련 규제 적용을 면제하는 '규제 미실시' 제도를 운영하고 있다.

국내에서는 기존 법령상 규제 적용 대상인지 불명확한 신규 서비스를 대상으로 특정 행위가 감독 당국의 제재 대상이 아님을 명시적으로 회신하는 비조치의견서를 발급해 세부 업종에 대한 그림자규제 적용을 방지하고 해당 서비스의 영업을 허가할 수 있다.

마지막으로, '적응 규제'는 처음에는 규제를 최소한으로 설정하고 신규 사업 모델의 영업을 우선 허용한 뒤 필요에 따라 점진적인 규제를 검토하는 제도다. 이는 인허가 과정이 복잡하고 긴 의료 부문에서 우선적으로 도입된 개념으로, 예컨대 유럽의약청(EMA)에서는 환자 맞춤형 허가(Adaptive pathways)라는 프로그램을 통해 운영하고 있다. 환자 맞춤형 허가 프로그램은 임상 개발 초기에 시판을 허가하고 실제 사용 과정에서 근거를 수집하면서 규제 범위를 조절하는 방식으로, 2014년부터 시범 사업을 벌이고 있다.

사전영향평가 및 일몰제의 의무화

기존 규제를 개혁하고 적용 예외 옵션을 두는 것도 중요하지만 불필요한 규제가 신설되지 않도록 감시하는 것 역시 중요하다. 이처럼 규제가 신설되는 것을 감시하기 위해 규제영향분석 제도가 운영되고 있으며, 새롭게 신설, 강화된 규제에 대해서도 존속기간(5년 이내)을 설정하여 기한이 지나면 규제 효력이 상실되도록 하는 규제일몰제 또한 일괄적으로 적용되고 있다. 그러나 이러한 장치는 행정기관이 발의하는 입법안에 대해서만 적용되고 있으며, 의원발의안에는 적용되지 않고 있다. 19대 국회 기간에 도입된 규제 법안의 85% 이상은 의원발의안이었으나 규제 심사와 규제 일몰제의 적용을 받는 정부 발의안과 달리 별도의 심사와 효력 기간의 제한을 적용받지 않고 있다. 따라서 의원발의안에 대해서도 규제 심사와 일몰제를 적용해 불필요한 규제의 신설 및 강화를 최소화하는 방안을 검토할 필요가 있다. 오직 의회에만 법안 제출권이 있는 영미권 국가에서는 정부의 규제개혁 기관과는 별도로 의회 안에 규제를 개혁하는 전문 기구를 두고 있다.

미국의 경우 상하원 행정위원회, 규제개혁 소위원회, 의회감사원(US Government Accountability Office)에서 규제 관련 정책에 관해 각종 조사 · 연구 · 평가를 수행하고 있으며, 영국의 경우 상하원에 규제개혁 전담 위원회[24]들 두어 신설 규제를 심사하고 기존 규제를 개혁하고 있다. 캐나다에도 의회 내에 규제 점검을 위한 상하원 합동협의회[25]가 있다.

---

24) 상원: Delegated Powers and Deregulation Committee, 하원: Deregulation and Regulatory Committee

25) Standing Joint Committee for the Scrutiny of Regulations

의회와 정부가 모두 법안 제출권을 가지고 있는 독일, 프랑스 등의 국가에서도 예외 없이 규제 평가를 거치도록 규정하고 있다.

독일은 종래 행정비용 평가기관이었던 국가규범통제위원회(Nationaler Normenkontrollrat)의 기능을 확대하여 의원발의안의 사전 검토도 수행하도록 하고 있다.

프랑스는 2008년 헌법을 개정하여 입법 평가(규제영향평가)를 필수화하고 의원발의 법률안을 최고행정법원인 국사원에 제출하여 의견을 구할 수 있게 했다. 규제일몰제 또한 정부발의안과 의원발의안을 구분하지 않고 일괄 적용하고 있다.

영국에서는 2011년 4월 이후 제정되거나 효력을 지닌 규제는 반드시 일몰제를 적용[26] 하도록 하고 있다. 또한 규제가 집행된 뒤 실제로 발생한 비용과 편익을 측정하여 해당 규제의 적정성을 검토하는 사후 이행 심사(Post Implementation Review)를 의무화하고 있다.

일본에서는 다수의 법령에 대해 일정 기간이 경과한 뒤 해당 규제의 적부를 검토하고 필요한 조치를 취하게 하는 재검토형 일몰제인 '재검토 조항' 제도를 운용하고 있다.

5) 사회적 안전망 구축을 통한 기존 산업 종사자 보호

융복합과 혁신을 활용한 신규 비즈니스 모델은 규제뿐만 아니라 기존 산업과도 충돌하게 되는데, 이 과정에서 기존 산업 종사자의 대량 실업 등의 사회적 역기능을 낳기도 한다. 그러나 지속적 혁신을 통한 기존 산업구조의 변화는 소비자 가치를 증진하는 것은 물론 글로벌 경쟁력을 갖춘 기업을 육성하기 위해서도 꼭 필요하다. 따라서 정부는 배타적 진입 장벽을 통해 기존 산업을 맹목적으로 보호하려 하기보다는 실업 급여, 직업 교육 등의 사회적 안전망을 통해 기존 산업 종사자의 피해를 최소화함으로써 혁신을 수용할 수 있는 체제를 유지하는 방향으로 나아가야 한다. 예를 들어, 앞서 살펴본 우버 사례를 보면 개인 유휴 차량을 활용한 운수 서비스를 중개하는 플랫폼이 택시 기사의 사업권과 충돌한다는 이유로 국내에서는 영업 금지 처분을 받았다. 우버는 현재 국내에서 개인 유휴 차량 활용 서비스, 카풀 서비스 등을 제외하고 고급 택시 사업만을 운영하고 있다.

그러나 해외에서는 해당 서비스의 영업을 원천적으로 금지하지 않고 조건부로 합법화하여 수용한 사례를 찾아볼 수 있다. 미국 메사추세츠 주에서는 2016년 8월 우버 서비스를 합법화하는 조건으로 이용 횟수당 20센트 세금을 부과하고, 이를 통해 마련된 재원의 25%를 기존 택시 업계를 지원하는 데 지출하기로 했다. 또한 플랫폼 서비스 업체, 보험사, 운수 업체, 이동이 불편한 장애인 등 각계 대표단으로 구성된 자문단을 구성하여 주정부에서 관련 정책을 입안하는 데 필요한 의견을 수렴했다. 그뿐 아니라 운전자 등록 심사를 엄격하게 하여 결격 사유를 가진 운전자를 배제하는 등 소비자 피해를 예방하는 보호

---

26) 특별히 기간을 달리 정하지 않는 한 시행 후 7년간 효력을 지니도록 규정

장치도 마련함으로써 잠재적인 소비자 피해를 예방하는 조치도 취했다.

Massachusetts주의 차량 공유 서비스 합법화에 따른 주요 정책

███ 기존 산업 종사자를 위한 안전망 구축

합법화에 따른 주요 정책	설명
세금 부과를 통해 기존 산업 지원을 위한 재원 마련	• '16년 8월 Massachusetts 주는 '26년까지 Uber의 서비스 이용 시 매회 20센트의 판매세를 부과하기로 결정 - 이 중 5센트는 '21년까지 택시 업계 자원에 사용할 예정 - Massachusetts주에서 Uber와 Lyft만을 통해 중개되는 서비스가 매달 2.5백만 회에 달하므로 세금 징수액은 수백만 달러에 이를 것으로 예상
관할 부서 신설 및 각계 대표단을 통한 의견 수렴	• DPU (Department of Public Utility) 산하 Uber 등 차량 공유 서비스 중개업체를 관할하는 부서 신설 • 택시업계, 보험업계, 이동이 불편한 장애인, Uder 등 차량 공유 서비스 중개업체 등 각계 대표들로 구성된 자문단('Ride-for-hire task force')을 통한 정책 관련 의견 수렴
엄격한 운전사 등록 심사	• 운전자 인가를 위한 2단계의 신분 검증 프로세스 (Background check)를 통해 성범죄자 등 결격 사유를 가진 운전자 배제 - '17년 4월 약 7만명의 신청자 중 8천명 이상을 과거 면허 정치 처분, 범죄 경력 등으로 이유로 미허가

6

스타트업(II)

1. 데이터 인프라

(1) 주요 현황과 방향

데이터 인프라의 현황 및 개선 방향성 요약[1]

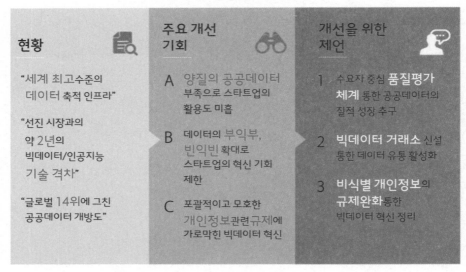

1) 4차 산업혁명 시대의 '원유', 데이터 활용의 걸림돌

4차 산업혁명 시대에는 모든 사물이 ICT 와 융합되고 인공지능(AI)으로 새로운 가치를 창출하며, 이때 데이터는 과거 산업혁명 시대의 '원유'와 같은 새로운 자본으로 평가된다.

한국은 세계 1위의 초고속 인터넷과 스마트폰 보급률뿐 아니라 전자정부와 같은 공공 인프라의 전산화 등 데이터 축적을 위한 우수한 인프라를 보유하고 있지만, 이에 대한 활용이 부족한 실정이다.

2015년 실시한 미래창조과학부와 정보통신기술진흥센터의 연구 결과에 따르면,[2] 한국의 빅데이터 플랫폼과 AI 관련 기술력은 각각 미국의 71%, 76%에 불과하며, 이로 인해 약 1.6~2.4년의 기술격차가 존재하는 것으로 평가되었다.

또한 글로벌 시장조사 기관인 CB 인사이트가 선정한 글로벌 100대 AI 스타트업 리스트에 이름을 올린 한국 기업은 단 한 곳에 불과할 정도로, 2016년 오픈데이터바로미터(ODB) 평가 결과 (2017년 5월 발표) '공공데이터의 개방이행도 (Implementation)' 순위 스타

---

1) 2016년 오픈데이터바로미터(ODB) 평가 결과 (2017년 5월 발표) '공공데이터의 개방이행도(Implementation)' 순위
2) 2015년도 ICT 기술수준보고서, 2016년 2월

트업의 데이터 기반 혁신은 해외의 선도 회사에 비해 열위에 있다.

빅데이터 경영의 석학이라고 불리는 미국 밥슨 칼리지의 톰 데이븐포트(Tom Davenport) 교수가 "한국은 빅데이터의 금광을 가지고 있는데도 그걸 캐내지 못해 안타깝다"고 지적한 것도 이러한 문제 의식과 궤를 같이한다고 볼 수 있다.

스타트업, 기존 기업, 학계의 여러 전문가들은 한결같이 우수한 데이터 축적 인프라에도 불구하고 빅데이터 기반 혁신을 저해하는 주요 장벽으로 양질의 공공 데이터 부족, 거래 시장 미형성에 따른 데이터 부익부 빈익빈 현상 심화, 개인 정보에 대한 포괄적이고 모호한 규제 환경을 지적한다.

2) 양질의 공공 데이터 부족

전 세계적으로 각국 정부는 공공 데이터 개방을 통한 혁신을 장려하기 위해 치열하게 노력하고 있다. 영국은 빅데이터를 미래의 '핵심 국가 인프라'로 정의하고, 2010년부터 3단계에 걸친 공공데이터 확대 전략을 추진하고 있으며, 미국 또한 오바마 정부에서 강력한 창업육성정책인 '스타트업 아메리카 계획(Startup America Initiative)'의 핵심으로서 공공 데이터 개방과 활용을 적극적으로 추진했다.

이렇게 각국 정부가 공공 데이터 개방에 적극적인 이유는 교육·법률·국방·의료 등 민간에서 접근하기 힘든 다양한 정보가 오랜 기간 공적 영역에 축적되어 있으며, 이를 활용한 가치 창출 기회가 크기 때문이다.

글로벌 컨설팅 업체 맥킨지&컴퍼니의 분석 결과에 따르면, 글로벌 공공 데이터를 활용한 경제적 가치가 7개 주요 산업에 걸쳐 연간 3조 2,000억~5조 4,000억 달러로 추정될 만큼 공공 데이터를 활용한 혁신 가능성은 매우 크다.[3]

한국도 정부 3.0을 통해 공공 데이터 개방을 지속적으로 확대한 결과 지난 몇 년에 걸쳐 상당한 성과를 거뒀다. 2017년 4월 말 기준 공공 데이터 포털(data.go.kr)에 공개된 자료는 약 2만 2,000건으로, 2013년에 비해 4배 이상 성장했다.

또한, 공공 데이터를 활용한 신규 서비스는 약 1,160개로, 2013년에 비해 8배 가량 증가했다. 그러나 이러한 양적 성장에도 불구하고 공간 위치, 정부 예산, 의료 코호트, 법안 등 부가가치가 높은 정보의 다양성이 아직 부족한 상황이며, 공개된 정보에 대해서도 제공 기관마다 포맷이 상이해 전처리 작업에 상당한 비용이 발생하고 있다. 또한 민간에서 활용하기 쉬운 LOD(Linked open data) 형태의 데이터는 여전히 0.2% 수준에 불과하며, 공개된 데이터의 약 25%는 HWP, PDF 등 기계로 판독할 수 없는 폐쇄형(Closed) 포맷이어서 실제 활용도가 떨어진다.

---

3) Open data: Unlocking innovation and performance with liquid information' (2013), McKinsey & Company

국가별 공공 데이터의 개방 및 활용도에 대한 대표적 평가지표인 오픈데이터 바로미터(ODB) 지수에 따르면,[4] 한국은 지속적인 개방 노력에 힘입어 전체 평가에서 5위에 기록되었음에도 불구하고, 데이터 품질 및 접근성 등 개방의 '이행도 (Implementation)' 측면에서는 영국의 59%에 불과한 수준으로 14위에 그쳤다. 이는 이행도를 측정하는 상세 지표들 중 데이터 접근의 편의성, 링크드(Linked) 데이터 제공 여부, 관련정보의 통합 제공 여부 등 실질적인 개방도 측면에서 낮은 평가를 받았기 때문으로 해석된다.

3) 데이터의 부익부 빈익빈 확대('Data Divide')

신생 기업인 스타트업은 자체적으로 데이터를 수집하거나 기존에 축적된 데이터에 접근하는 데 한계가 있을 수밖에 없다.

지금처럼 개인 정보수집에 강력한 규제가 있는 상황에서 스타트업이 정보를 직접 수집하기 위해서는 정보 항목별로 개별 동의를 받아야 하는 등 잠재고객들이 느끼게 될 높은 심리적 장벽을 넘어서야 한다. 또 민간 기업과의 파트너십 없이는 이미 축적된 양질의 민간 데이터에 접근하는 것도 사실상 불가능하다.

이를 보완하는 데이터 유통시장이 아직 국내에서는 활성화되지 않아 대기업이나 대형 온라인 플랫폼 사업자에게 데이터가 집중되고 스타트업들은 점점 데이터를 확보하기 어려워지는 '데이터 디바이드(Data Divide)'가 확대될 우려가 있다.

현재 민간 데이터를 거래할 수 있는 플랫폼으로는 한국데이터진흥원이 운영하고 있는 '데이터 스토어'가 존재하지만, 양질의 정보가 부족해 실제 거래는 미미한 상황이다. 반면 해외에서는 데이터가 거래 시장에서 활발하게 유통되고 있다. 대표적으로, 미국에서는 개인 정보 수집이 비교적 자유로워 오랜 기간에 걸쳐 민간이 주도하는 데이터 거래시장이 형성되어 왔다.

정부, 온라인, 민간기업 등 다양한 출처에서 수집한 데이터를 가공하여 판매하는 데이터 브로커들이 마케팅이나 부동산 등의 특정 영역별로 전문화되어 발달했는데, 이러한 데이터 브로커 업체 수는 약 650개이며 연매출 규모는 1,560억 달러(약 184조 원)로 추정된다. 그 밖에도 BDEX 등 다수의 참여자가 데이터를 거래할 수 있는 데이터 마켓플레이스 형태의 시장 또한 발달되어 있다. 대부분의 국가에서 데이터 거래는 민간시장에서 이루어지고 있으나, 정부가 직접 주도하여 거래 시장을 형성한 사례도 존재한다. 중국은 2014년부터 지방정부가 참여한 7개의 빅데이터 거래소를 개설하여 민간 데이터 거래를 활성화하고 있다. 빅데이터 분석전문업체가 가공한 정부의 공공 데이터뿐 아니라 거래소에 참여한 민간 기업들이 공급한 데이터가 증권과 유사한 형태로 거래되고 있다.

---

4) Open Data Barometer (ODB) Global Report 4th Edition (2017), World Wide Web Foundation

중국 정부는 현재 운영되고 있는 지방정부의 7개 거래소의 운영 경험을 바탕으로 2018년에는 국가 단위의 통합 데이터 거래소를 설립하여 양질의 데이터가 혁신의 자본으로서 활용될 수 있도록 육성하겠다는 계획을 세우고 있다. 중국의 빅데이터 거래소 개설은 선진 시장에 비해 고품질 공공 데이터를 공개하기가 어려운 특수한 국가적 배경이 존재하였다.

그러나 통합 개인정보보호법이 마련되지 않은 상황에서 정보 보안에 대한 불확실성을 정부가 직접 나서서 제도화하고 민간 참여자들의 정보 거래를 효과적으로 장려했다는 측면에서 자발적 민간 거래 시장이 형성되기 어려운 국내에도 시사하는 바가 크다.

데이터 거래 시장 비교

	민간주도 데이터 거래 시장 : 미국	정부주도 데이터 거래 시장 : 중국

특성	• 정보보호에 대한 상대적으로 자유로운 규제 (예, 사후 동의)하에서 다양한 방식의 민간 거래 시장 형성
	  - 데이터 브로커, 마켓플레이스 등
		• 정부가 직접 개설한 개방형 거래 플랫폼을 통해 인간 참여자간 거래 중재
		  - 빅데이터 거래소

장점	• 특정 산업, 이용 목적 등에 따른 전문화, 세분화된 시장 형성 가능 - 마케팅, 부동산, 사물인터넷 등 영역별 전문 데이터 브로커 및 마켓플레이스 등장	• 데이터 공급자의 정보 보안 및 유출에 대한 리스크 경감 • 정부의 민간 참여 유도를 통한 단기간 내 거래 시장 형성 가능
단점	• 시장 형성에 장기간 소요 • 개인의 프라이버시 침해 가능성 존재	• 가격결정 및 운영상의 비효율 발생 가능 • 민간주도의 거래 시장 전문화 및 다원화 기회 상실
사례	• 데이터 브로커 : Acxiom(마케팅), Corelogic (부동산) 등 • Marketplace : DatastreamX(IoT), BDEX (마케팅) 등	• 2014년 12월부터 2015년 말까지 지방정부 주도의 7개 빅데이터 거래소 개설 • 2018년 통합 빅데이터 거래소 개설 목표

4) 포괄적이고 모호한 개인정보 관련 규제

국내에서 개인정보 관련 규제는 민간과 공공 전반에 걸쳐 적용되는 일반법인 '개인정보보호법'과 산업별 특정 분야에서 적용되는 '정보통신망법', '신용정보보호법', '의료법' 등의 개별법으로 이루어져 있다.

이처럼 개인정보 관련 법체계가 분산되어 있어 융복합형 스타트업들에게는 법적 리스크의 복잡성이 높아질 뿐 아니라 규제 간에 상충되는 경우가 있어 혼란이 야기되고 있다.

복잡한 관련법체계뿐 아니라, 공통적으로 적용되는 개인정보에 대한 포괄적 정의와 강력한 사전 동의 규제는 데이터 인프라와 관련하여 개선이 가장 시급한 영역이다. 국내에서 개인정보는 개인식별이 가능한 정보 및 다른 정보와 결합하여 식별이 가능한 정보로 포괄적으로 정의되고 있으며, 정보주체의 사전동의 없이 수집ㆍ활용 및 제3자 제공이 금지된다.

이로 인해 한국은 미국 및 유럽 등의 선진시장뿐 아니라[5] 아시아 국가 중에서도 개인정보가 가장 강력하게 규제되는 국가로 평가되고 있다.[6]

한국은 전 세계에서 가장 높은 수준의 데이터 규제를 보유

1 낮은 규제 수준 **5** 높은 규제 수준

한국, 미국, 유럽 및 OECD 데이터 규제 수준
Analyses Mason 조사 결과

	데이터 수집	데이터 보관	융합 및 타목적 사용	프로파일링 및 차별화	데이터 교환
한국	4	4	3	3	4
미국	2	2	3	3	3
유럽	3	2	3	3	3
OECD	1	2	2	3	2

주요 아시아 국가 데이터 규제 수준
Hogan Lovells 조사 결과

	데이터 관리 요구 수준	직접 마케팅 활용	데이터 국외 이전 통제	법규 집행 강도
한국	5	5	5	4
중국	4	4	3	4
	3	4	1	2
인도	3	3	3	2

출처: Analysys Mason, Data-driven innovation in Singapore (2014) ; Hogan Lovells, Data Privacy Regulation Comes of Age in Asia (2014)

개인정보에 대한 높은 수준의 사전 동의 규제는 스타트업들의 데이터 기반 혁신을 저해하는 요인이 될 수 있다. 지금처럼 개인정보의 활용 목적, 기간, 제3자 제공 대상자에 대해 명시적 동의를 받아야 하는 상황에서는 스타트업들이 적극적으로 정보를 수집·가공하는 서비스를 개발하는 활동이 위축될 수밖에 없다.

그뿐 아니라 의료, 금융, 통신 등 이미 방대한 데이터를 보유한 기존 산업과 인공지능 등의 기술력을 보유한 스타트업들이 협업을 통해 혁신할 수 있는 기회 역시 제한될 수밖에 없다.

해외에서도 개인정보는 엄격한 보호의 대상이다. 그러나 대다수의 국가는 적절한 조치를 취한 뒤 자체적으로 개인 식별이 불가능한 '비식별 개인정보'는 규제에 적용되지 않는 법적 근거를 마련하여 정보의 '보호'뿐 아니라 '활용'까지 함께 추구하고 있다. 예를 들어, 미국의 경우 일반적으로 적용되는 개인정보보호법 없이 산업 분야별 개별법을 통해 개인정보를 보호하고 있으며(예컨대 의료의 경우 'HIPAA'), 비식별 개인정보는 규제의 대상에서 제외하고 있다.

---

5) 글로벌시장조사기관 Analysys Mason 조사자료, 'Data-driven innovation in Singapore' (2014)
6) 글로벌법률자문기관 Hogan Lovells 조사자료, 'Data Privacy Regulation Comes of Age in Asia' (2014)

일본은 빅데이터 산업 활성화를 목적으로 2015년 개인정보보호법을 개정해(2017년 5월 시행), 비식별 조치를 취한 '익명가공정보'에 대해서는 정보 주체의 동의 없이 활용할 수 있도록 허용했다. 2016년 제정된 유럽연합의 일반개인정보보호법(GDPR,[7] 2018년 5월 시행)은 미국이나 일본과는 달리 사전 동의 없이 활용할 수 있는 비식별 정보를 좀 더 보수적으로 정의했으나(예컨대 미국의 비식별정보 및 일본의 익명가공정보와 유사한 '가명처리정보'[8] 는 개인정보에 포함된다), 익명정보는 규제에서 제외한다는 조항을 넣어 기업들이 활용할 수 있는 정보를 더욱 명확히 했다고 평가되고 있다.

주요 국가 개인정보에 대한 규제 비교[9]

	(의료정보 관련법 예시)	(개인정보보호법)	(일반개인정보보호법)	(개인정보보호법)
개인정보의 규제 방식	식별정보 / 비식별 정보	식별 정보 / 익명가공 정보	식별 정보 + 가명처리 정보 / 익명 정보	식별 정보 + 비식별 정보
주요 특성	• 민간 영역에서는 개인정보에 대한 일반법 없이, 산업 영역별 개별법에 의해 규제 • 식별가능 (또는 식별가능한 합리적 근거가 있는) 개인정보는 사전동의가 필요하나, 비식별 정보는 개인정보보호 대상에서 제외	• 개인정보를 식별가능 정보 및 타정보와 '조합'(照合,대조)통해 식별가능 정보로 정의 • 2015년 법개정(2017년 5월 시행)통해 비식별 처리한 '익명가공 정보' 개념을 신설 후 규제 최소화	• 2016년 유럽연합의 개인정보보호법 제정(2018년 5월 시행). 가명처리한 개인정보는 규제 대상으로 정의 • 규제 대상에서 제외되는 '익명정보'의 경우 일본과 미국 대비 엄격한 정의이나, 활용가능 정보에 대한 구체성과 명확성 부여	• 개인정보를 식별가능 정보 및 타 정보와 '결합'을 통해 식별가능 정보로 포괄적 정의 • 개인정보는 사전 동의 없이 수집, 활용 및 제 3자 제공 불가 - 비식별 정보는 통계, 학술 목적 등 제한적으로 활용 가능

출처: 한국, 일본 및 EU의 개인정보보호법, 미국의 HIPAA

국내에서도 빅데이터 산업을 활성화하기 위한 업계의 지속적인 요구에 힘입어, 2016년 7월 관계 부처[10] 합동으로 '개인정보 비식별 조치 가이드라인'이 공개되었으나, 법적 효력이 없는 참고자료일 뿐이어서 기업들의 빅데이터 활용에는 여전히 법적 리스크가 존재한다.

7) General Data Protection Regulation
8) Pseudonymous data
9) ① HIPAA(Health Insurance Portability and Accountability Act)
   ② GDPR(General Data Protection Regulation)
   ③ 기존에는 지침(Directive)과 의견(Opinion)만 존재
10) 행정자치부, 방송통신위원회, 금융위원회, 미래창조과학부, 보건복지부, 국무조정실

실제로 빅데이터를 기반으로 하는 스타트업 창업자들과 의료·금융 등의 데이터를 활용하는 혁신 잠재력이 높은 산업의 기업들을 인터뷰한 결과, 축적되어 있는 데이터를 가공하고 외부와의 협업 등을 통해 사업화를 추진하는 데는 여전히 조심스러울 수밖에 없다는 입장을 보였다.

이러한 법적 불확실성으로 인한 국내 스타트업들의 소극적 혁신노력으로 인해, 글로벌 빅데이터 산업에서 한국 기업의 경쟁력은 더욱 낮아질 것이라는 우려가 존재한다.

5) 데이터 인프라 개선을 위한 변화 방향성

데이터를 활용한 혁신 스타트업을 육성하기 위해서는 공공과 민간 영역에서 양질의 데이터에 대한 접근성이 확대되어야 한다.

이를 위해 현실적으로 스타트업들에게 접근성과 활용도가 가장 높은 공공 데이터에 대한 수요자 중심의 품질관리 체계를 도입하고, 그와 더불어 민간 데이터 거래를 활성화하기 위한 빅데이터 거래소를 도입하는 방안을 고려할 수 있다.

그리고 이를 가능케 하는 개인정보 규제완화로 비식별 정보에 대해서는 사전 동의 없이 적절한 기술적·관리적 조치만 취하면 활용할 수 있는 법적 토대를 마련해주는 것이 중요하다.

6) 공공 데이터의 수요자 중심 품질평가 체계 강화

대기업에 비해 데이터 경쟁력이 약한 스타트업들에게 공공 데이터는 동등한 위치에서 혁신을 추구할 수 있는 핵심 자원이며, 스타트업과 대기업 간 데이터 불균형이 심해질수록 그 중요성은 더욱 커질 것이다.

이러한 공공 데이터가 더 적극적으로 활용될 수 있도록 개방된 데이터를 양적으로 늘리기보다는 민간 활용도를 높이는 등 질적으로 성장시키는 방향으로 나아가야 한다.

이를 위해 데이터 포맷을 표준화하고 공개된 데이터의 활용도를 평가하는 피드백 체계를 마련하는 것이 필요하다.

공공 데이터가 가장 발달한 영국은 사용자가 활용하기 쉬운 정도에 따라 데이터를 5개 등급으로 분류하고, 정부 부처와 공공 기관이 업로드하는 데이터를 자동 알고리즘으로 평가하여 등급을 부여한다.

또한 이를 바탕으로 공개된 데이터 품질을 종합적으로 평가한 '개방도 점수(Openness Score)'를 공개함으로써 정부 부처와 기관에 피드백을 제공하고 있다. 한국에서도 국내 특성에 맞는 공공 데이터 표준과 품질평가 지수(예컨대 K-Open Data Index) 등을 활용하여 민간 기업이 원하는 양질의 데이터 개방을 더욱 장려해야 할 것이다.

공공 데이터 관련 정책 추진에 있어서 '민간 자문단'의 역할 또한 개선이 필요한 영역이다. 이는 데이터의 유형과 종류, 데이터 활용도 제고를 위한 정책 수립에서 수요자 의견을 반영하는 민간의 참여가 필수적이기 때문이다.

현재 공공 데이터 전략위원회 산하 실무위원회의 창업 활성화 분야에 일부 민간 자문단이 참여하고 있으나, 이러한 역할을 더 확대하여 전반적인 정책 수립에 조언을 할 수 있도록 제도를 마련할 필요가 있다. 영국이 2016년 설립한 '데이터 조정 그룹(Data Steering Group)'에 민간과 학계의 전문가를 참여시켜 데이터의 표준화 방식, 공공 데이터 중장기 로드맵 등의 정책수립에 조언을 주고 있다는 점을 참고할 필요가 있다.

영국은 5 Stars of Openness 원칙을 통해 공공데이터의 활용성 제고

관리 주체 및 활동		데이터의 5 Stars of Openness 기준	5 Stars 평가 알고리즘
• Government digital service - Data.gov.uk 포털 및 데이터 관리 주체 - 내각부 산하 기관으로 2011년 설립 - Data.gov.uk 외 영국 전자정부 전체 관리 담당	★ (PDF)	Open license • 개인 식별성이 없는 데이터를 오픈 라이선스하에 PDF, JPG 등 형식으로 온라인에 공개 • 누구나 열람할 수 있으나, 활용성이 낮음	Step 1 다운로드 • 각 데이터세트가 제시된 페이지의 '다운로드' 링크를 통해 데이터 접근성 확인 • 데이터가 존재하지 않거나, 로그인이 필요한 경우 등급 미부여
	★★ (XLS)	Structured data • Excel 등 특정 기업 고유 형식으로 공개된 데이터 • 데이터 분석을 위해 해당 기업 소프트웨어가 필요한 폐쇄형(Closed) 포맷	
• 알고리즘을 활용. 4만개 이상의 데이터세트에 대해 매주 Five Stars of Openness 준수 여부 확인	★★★ (CSV)	Open(non-proprietary) format • CSV, KML 등 오픈 소스 형식으로 공개 • 특정 소프트웨어 구입 없이 데이터 분석 및 가공 가능	Step 2 파일형식 확인 • 다운로드된 파일 내용분석을 통하여 데이터의 유형 및 오픈소스 여부 파악
• 링크가 손실되어가 새로 업로드된 데이터의 점수가 낮을 경우 공개자에게 통지	★★★★ (RDF)	Rich data using URI • 공개된 개별 데이터 포인트에 URI를 부여하는 등 메타데이터 활용 • 공개된 데이터가 타인에게 쉽게 발견되고 사용될 수 있음	
• 'Openness Score'를 산출하여 정부부처 및 기관이 제공하는 데이터의 품질에 대한 피드백 제공	★★★★★ (LOD)	Linked data • 관련된 다른 데이터에 대한 링크 제공 • 공개된 데이터에 대한 Context가 제공되며, 관련성 있는 다른 데이터를 통해 새로운 아이디어/방향성을 제시할 수 있음	Step 3 메타데이터 분석 • 메타데이터 분석을 통하여 URI 및 타 데이터로의 링크 존재 및 유효 여부 확인

출처: Data.gov.uk

7) 빅데이터 거래소를 통한 데이터 유통 활성화

양질의 민간 데이터에 대한 스타트업 기업들의 접근성을 강화하기 위한 데이터 거래 시장의 활성화가 필요하다. 국내의 경우 오랜 기간 개인정보에 대해 강력한 규제가 이루어지고 정보보안 사고가 다수 일어나며 기업들의 거래 심리가 위축되었던 특성을 고려하면, 기업 간 직접 거래보다는 다양한 참여자들 간 개방형 유통이 가능한 데이터 거래소가 효과적일 것으로 보인다. 이러한 데이터 거래소를 통해 거래시장이 활성화되는 데는 초기 단계에서 정부의 역할이 중요하며, 다양한 형태의 직, 간접적 참여가 가능할 것이다.

첫째, 공공 데이터를 적극적으로 공개함으로써 공급자로서 거래소에 참여할 수 있다. 이미 개방된 데이터를 추가로 가공하거나 아직 개방되지 않은 공공 데이터를 공개함으로써 운영 초기 단계에 양질의 데이터 공급자로서 민간 데이터에 대한 보완적 역할을 할 수 있을 것이다.

둘째, 합법적으로 거래할 수 있는 비식별 개인정보를 인증하는 역할을 고려할 수 있다. 민간 정보 제공자들이 판매할 수 있는 비식별 개인정보의 기준을 명확히 하고, 그 기준을 통과한 데이터에 대해서는 공급자가 아니라 사용자 또는 가공자에게 법적 리스크가 있다는 것을 명확히 하는 것이다. 이를 통해 위축된 거래 심리를 완화하고 보이지 않는 거래비용을 낮출 수 있을 것이다

셋째, 유통되는 데이터의 표준화 및 전처리 작업 등 양질의 상품화를 지원하는 역할이다. 구글과 같은 대형 온라인 플랫폼 사업자들조차 머신러닝 등의 빅데이터 분석에서 80%의 시간을 데이터 클린징(Cleansing)에 사용하고 있다.

빅데이터 혁신에서는 이처럼 다량의 데이터의 가공이 중요하다는 점을 고려했을 때, 정부가 산업 또는 활용 영역별로 데이터 표준화 형식을 정하고 데이터의 가공 작업을 일부 지원함으로써 거래되는 데이터의 가치나 활용도에 대한 투명성을 제고할 수 있을 것이다.

BDEX와 같은 미국의 데이터 마켓플레이스 사업자들이 거래 데이터의 표준화 및 품질 등급 부여를 통하여 잠재적 구매자에게 데이터의 활용 가치에 대한 정보를 제공하는 역할을 한다는 점을 참고할 필요가 있다.

마지막으로 거래소 운영 시 실제 데이터 공급자, 빅데이터 분석업체 등 다양한 민간 업체들과 적극적으로 협업하여 거래 참여자 유도와 함께 수요자 중심의 운영 모델을 만드는 것이 중요하다. 중국의 빅데이터 거래소는 정부기관 외에 빅데이터 전문 업체 등 민간 기업들이 주주로 참여하면서 설립 초기부터 시장 친화적 거래소를 만들었다는 측면에서 시사하는 바가 크다.

8) 비식별 개인정보 활용에 대한 규제 완화

개인정보는 반드시 보호해야 할 개인의 기본 권리이나, 개인과 관련된 모든 정보를 규제의 대상으로 규정하기보다는 4차 산업혁명 시대의 '원유'로서 데이터를 '안전하게 활용'할 수 있도록 하는 균형적 접근이 중요하다.

이미 해외에서는 개인을 알아볼 수 없게 처리한 비식별 개인정보를 기업들이 활용할 수 있도록 사전 동의를 철회하고, 정보 주체가 원하지 않은 경우에 한해 활용을 제한할 수 있는 권한을 부여한 것처럼 국내에서도 비식별 개인정보의 활용에 대한 규제 완화가 필요한 시점이다.

앞서 언급했듯이 국내에서도 이러한 비식별 개인정보의 활용에 대한 필요성을 인식하고 정부 부처가 합동으로 기업들이 참고할 수 있는 가이드라인을 제공했으나, 법적 구속력이 없어 실제 취지를 달성하기에는 한계가 있었다.

개인정보 관련 법안(예컨대 개인정보보호법, 신용정보보호법, 정보통신망법, 의료법)에서 개인정보에 대한 포괄적 정의를 개인을 식별할 수 있는 정보로 구체화하고, 개인을 알아볼 수 없도록 가공을 거친 정보는 재가공하거나 활용할 수 있도록 법적 근거를 명확히 해야 데이터 기반의 혁신이 이루어질 수 있다.

미국에서 개인 의료 정보를 보호하기 위해 마련된 법률인 HIPAA(Health Insurance Portability and Accountability Act)는 보호되어야 할 개인정보와 상업적으로 활용 가능한 정보를 명확히 정의한 사례로서 많은 시사점을 준다.

이와 함께 기업들에게는 세분화된 '개인정보 이용 설정(Configuration)' 기능 도입을 의무화하여, 개인이 사후적으로 동의하지 않으면 그 의사를 표현할 수 있는 정보에 대한 자기결정권을 강화해야 한다.

미국의 HIPAA Privacy Rule은 보호 대상으로서의 의료정보와 활용가능 정보를 명확히 정의[11]

보호가 필요한 의료정보 정의	가공 및 활용 가능 방식에 대한 공유	
PHI Protected health information • 개인을 식별할 수 있는 혹은 개인을 식별할 수 있는 합리적 근거가 있는 의료정보 • 이름, 생년월일, 사회보장 정보와 같은 일반적인 식별 인자(Identifier)를 가진 정보	Limited Dataset (특정 목적으로 이용 가능)	• 개별 식별 인자(Identifier)18개 중 16개 제거시 (날짜 정보와 기타 식별 번호/코드 정보 제외), 정보보호 조치에 대한 계약체결을 전제로 연구, 의료시스템 운영, 공공 의료 목적에 한해 이용 가능
	비식별 의료 정보 (자유롭게 이용 가능) — 전문가 결정 방식	• 통계적. 과학적 원칙과 방법에 대한 전문가가 개인 식별 위험 최소화 방법 적용 • 별도의 보안 책임자 (Honest broker)를 통해 관리 및 주기적 Validation 필요
	비식별 의료 정보 (자유롭게 이용 가능) — 세이프 하버 방식	• 개인 식별 인자(Identifier) 18개를 제거하면, 비식별 정보로 인정되어 규제 대상에서 제외 • 사전 동의 없이 데이터 가공 및 제 3자 공유 가능

출처: HiPAA Privacy Act

---

11) 1 Health Insurance Portability and Accountability Act, HIPAA
2 ① 이름, ② 주소정보, ③ 개인과 직접 관련된 날짜정보(생일, 합격일 등), ④ 전화번호, ⑤ 팩스번호, ⑥ 메일 주소 ⑦ 사회보장번호, ⑧ 의료기록번호, ⑨ 건강보험번호, ⑩ 계좌번호, ⑪ 자격취득번호, ⑫ 자동차번호, ⑬ 각종 장비 식별번호, ⑭ URL정보, ⑮ IP주소, ⑯ 생체정보, ⑰ 전체 얼굴사진과 이와 유사한 이미지, ⑱ 기타 특이한 식별번호 또는 코드

2. 투자자 환경

투자자 환경 현황 및 개선 방향성 요약

현황	주요 개선 기회	개선을 위한 제언
"연간 10% 이상의 성장, 글로벌 Top 5 규모" "40% 이상 정책 자금이 출자한 정부주도의 시장" "평균 13년 이상 소요되는 IPO 중심의 투자 회수"	A 벤처캐피탈 설립을 위한 높은 진입 장벽 및 '칸막이식' 벤처 투자 제도 B 투자 업종 및 방식에 대한 높은 수준의 규제 C M&A시장 부진에 따른 투자회수의 병목 현상	1 선진 시장 수준의 투자자 진입과 운용의 자율성 제고 2 기업의 벤처투자 시장 내 참여 확대 3 스타트업간 인수합병 통한 성장 장려

1) 질적 성장의 기로에 선 벤처투자 시장

스타트업의 성장에 필요한 자금(Capital), 자문(Advisory), 네트워크(Network)를 제공하는 벤처캐피털은 창업 생태계의 구성원으로서 핵심적 역할을 담당하고 있다.

이러한 지원에 힘입어 벤처캐피털의 투자를 받은 기업은 투자를 받지 않은 기업에 비해 성장 속도와 규모 측면에서 더 유리한 모습을 보여주고 있다.

실제로 2011~2015년 국내 벤처캐피털에서 투자를 받은 기업은 투자받지 않은 기업에 비해 창업 후 기업공개(IPO)에 소요되는 기간이 평균 3.4년 짧았으며(12.4년 vs. 15.8년), 기업공개 시 평가가치가 약 28% 높은 것(1,050억 원 vs. 820억 원)으로 나타났다.[12]

국내 벤처투자 시장은 최근 양적으로 빠르게 성장했다. 국내 신규 벤처투자 금액과 투자 유치 기업 수는 모두 글로벌 금융위기 이후 연 10% 이상 고성장을 했고, 2016년 기준 신규 벤처투자 금액은 약 2조 1,000억 원까지 확대되었다.

OECD가 2016년에 발표한 보고서 〈한눈에 보는 기업가정신〉에 따르면, 한국의 상대적 벤처투자 규모[13]가 글로벌 5위에 해당할 정도로 양적 측면에서 국내 벤처투자 시장은 괄목할 만한 성장을 이루었다.

---

12) 벤처캐패털협회, KVCA Yearbook 2016
13) GDP 대비 벤처캐피털 신규 투자금액

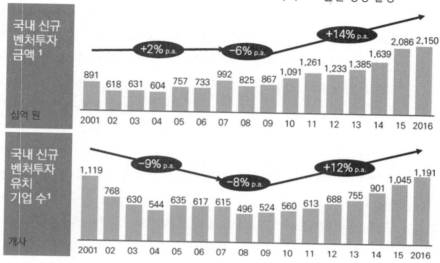

국내 벤처투자 시장은 2008년 금융위기 이후 지속적으로 높은 성장 달성[14]

자료: 벤처인, KVCA

국내 벤처투자 시장이 이처럼 양적으로 성장했음에도 여전히 질적 고도화를 위한 개선 기회가 존재한다. 예를 들어 모태펀드를 포함한 정책 자금에 대한 의존도가 40% 이상으로, 선진 시장과 견주어 보면 다양한 민간 투자자들의 참여가 부족한 상황이다. 또한 평균 13년 이상 소요되는 기업공개에 편중된 회수로 인하여 투자의 선순환이 이루어지지 않고 있는 상황도 여전히 해결되지 않은 과제다.

국내외 벤처캐피털 및 엑셀러레이터와 인터뷰한 결과, 국내 벤처투자 시장의 선진화를 위해서는 벤처캐피털 간 자유경쟁을 저해하는 높은 진입장벽과 칸막이식 벤처투자제도, 4차 산업혁명 시대에 융복합형 투자를 가로막는 불필요한 운용상의 규제, 그리고 벤처기업의 M&A가 이루어지지 않는 투자 생태계에 대한 개선이 가장 시급한 것으로 평가된다.

2) 벤처캐피털 설립 위한 높은 진입 장벽 및 칸막이식 벤처투자제도

국내 벤처투자 시장은 벤처캐피털 설립을 위한 자본금과 전문 인력에 대한 자격 요건 때문에 산업 전문성을 보유한 선배 창업가나 능력있는 투자자가 진입하기 어려운 환경이다. 예를 들어, 대표적인 벤처캐피털 형태라고 할 수 있는 창업투자회사(이하 창투사)는 자본금 50억 원과 전문 인력[15] 2명 이상이라는 요건이 충족되어야 하며, 신기술사업금융

14) 중소기업청에 등록된 투자조합의 수치만 포함 (신기사, PEF 등 제외)

15) 자격증 보유자 (변호사, 회계사, 변리사, 경영지도사, 기술지도사), 관련 학위 보유자(경상 혹은 이공 계열 박사 및 석사+학위 관련 업무 3년 이상 종사자) 또는 경력 보유자(투자심사 업무를 창투사에서 3년 이상 또는 기업구조조정 전문회사/신기사에서 2년 이상)

회사(이하 신기사) 또한 최소자본금이 100억 원에 이른다.

아직 국내에서 규모가 크지는 않지만 자본금 규제가 완화된 유한회사형 벤처캐피털(이하 LLC 형 벤처캐피털)에 부여되는 벤처투자 경력 3년 이상이나 변호사, 회계사, 변리사 자격증 보유 등 전문 인력에 대한 자격 요건 또한 실효성이 부족하다는 것이 전문가들의 견해다. 미국, 영국 등의 해외 선진 시장은 대부분 벤처캐피털로 등록하는 데 필요한 자본금이나 전문 인력 수의 요건을 규정하지 않는다. 벤처캐피털에 요구되는 기본적인 공시 등의 의무를 수행하는 한 누구든지 민간투자자의 펀딩을 받아 자유롭게 투자할 수 있다.

이는 특정 경력과 자격증으로 전문가를 규정할 수 없고, 오히려 정부에서 정한 규정을 준수하고 공정하게 경쟁하며 나타난 실질적 성과(예컨대 투자수익률)를 통해 시장에서 자연스럽게 전문가와 비전문가가 결정된다고 믿기 때문이다. 예를 들어 미국에서 벤처캐피털 펀드는 증권거래위원회(SEC) 등록이 필요한 경우와 SEC 등록 없이 금융산업규제기구(FINRA)에만 등록하는 2가지 유형으로 구분된다.

법률로 정해진 적격 벤처캐피털 펀드 요건에 부합하거나(예컨대 80% 이상을 비상장 기업의 지분에 투자하는 경우) 운용자산(AUM)이 1억 5,000만 달러 미만인 경우에는 상대적으로 많은 규제가 적용되는 SEC 등록이 면제되고, 자율규제기구인 FINRA에서 정한 일부 방침만 따르면 된다. 어느 경우든 자본금이나 정부가 정한 전문 인력을 포함할 것을 요구하지는 않으며, 투자자문사로서 정보공개 등의 기본 의무를 엄격하게 적용하고 있다. 오히려 전문성에 대한 평가는 엔젤리스트와 같은 민간 데이터베이스 또는 마켓플레이스에서 투자자에 대한 정보가 공유되며 시장 내에서 자생적으로 이루어지고 있다는 것이 주목할 만한 점이다. 높은 진입장벽과 더불어 다원화된 벤처캐피털 제도 또한 투자시장의 비효율을 야기하는 요인이다.

창투사, 신기사, LLC형 벤처캐피털 등 서로 다른 회사 유형에 따라 관련 규제와 주무 부처가 달라지기 때문에 행정 비용과 투자자 간 역차별이 발생할 우려가 있다. 예컨대 창투사의 경우 투자 대상 업종 및 업력 제한이 신기사에 비해 엄격하여 동일한 스타트업을 놓고 투자를 고려하는 두 투자회사가 상이한 규제의 적용을 받는 상황이 발생한다. 기존 투자회사 유형에 더해 2017년 도입된 창업·벤처 전문 사모투자펀드(PEF)는 설립 요건이나 운용상의 규제가 창투사나 신기사에 비해 훨씬 완화된 형태로, 벤처투자제도의 복잡성은 더욱 커질 것으로 보인다.

이처럼 벤처투자제도가 다원화되면서 국내 벤처캐피털과 관련된 통계자료가 파편화되어 성과 측정과분석이 어려워지는 등 부차적인 부작용도 발생한다. 실제로 국내에서 사용되는 대부분의 벤처투자 관련 통계정보는 중소기업청에 등록된 투자조합의 수치만 집계된 자료이며, 신기사나 PEF 등 금융위원회 소속 기관의 정보는 제외되어 있다.

국내 벤처캐피탈 유형 비교

		창업투자회사 (창투사)	신기술가업 금융회사(신기사)	유한회사형 벤처케피탈	엑셀러레이터	PEF
실험요건		• 자본금 50억원 • 전문인력 2명	• 자본금 100억원	• 전문인력 2명	• 자본금 1억원 • 전문인력 2명	• 자본금 1억원
주무 부처		• 중소기업청	• 금융위원회	• 중소기업청	• 중소기업청	• 금융위원회
결성 가능 투자 조합	창업투자조합 - "창업지원법"에 근거 - 7년 이내 중소기업 및 벤처기업 투자 - 3년 내 40% 투자 의무	✔	✔	✔		
	한국벤처투자조합(KVF) - "벤처특별법"에 근거 - 모태펀드 의무출자 - 중소기업 및 벤처기업 투자	✔	✔	✔		
	신기술사업투자조합 - "여신전문법"에 근거 - 신기술사업자 투자		✔			
	개인투자조합 - "벤처특별법"에 근거 - 3년 이내 초기기업 투자 - 49명 이하 조합원수 구성				✔	
	창업 · 벤처전문 PEF - "자본시장법"에 근거 - 50% 이상 중소기업 및 벤처기업 투자 의무					✔

출처: 중소기업청, 금융위원회[16]

3) 투자 업종 및 방식에 대한 높은 수준의 규제

국내 벤처투자 펀드의 운용 자율성에 대한 정부의 규제는 혁신 스타트업에 대한 유연한 투자를 저해하는 요소로 작용할 수 있으며, 특히 창업 생태계의 특성을 고려하지 않은 투자 업종과 투자 방식에 대한 규제는 시급하게 개선해야 할 영역으로 여겨진다.

중소기업청에 등록된 국내 벤처캐피탈의 경우 특정 업종으로 분류되는 기업에 투자가 허용되지 않는다. 도박업 등 공익에 반하는 사행성 업종에 대한 투자 금지는 필요할 수 있으나, 금융 · 보험업, 부동산업, 음식 · 숙박업 등에 대한 투자 제한은 과도하다는 것이 국내외 업계 전문가들의 공통된 의견이다. 특히 4차 산업혁명 시대에 융복합이 활발하게 이루어지는 금융 · 보험업, 부동산업 등의 업종에 대한 일률적인 투자 제한은 향후 혁신 스타트업의 발전을 저해할 수 있다. 일례로, 이러한 업종 제한으로 국내 핀테크 스타트업

---

16) ① 개인 엔젤투자자 제외
　② M&A, 세컨더리 펀드 제외
　③ 액셀러레이터가 조성한 개인투자조합의 경우
　④ 신기술사업금융업 외 겸업 시 200억원
　⑤ 창업투자회사가 액셀러레이터로 등록한 경우, 개인투자조합을 결성할 수 없음

들이 적기에 성장 자금을 수혈받지 못했다는 비판이 제기되어 왔다.

　스타트업 전문 미디어인 〈플래텀(Platum)〉에 공개된 투자 정보에 따르면, 2015년 핀테크 사업자에 대한 투자를 부분적으로 허용한 뒤 국내 금융 · 보험업에 대한 벤처캐피털의 투자금액이 15배 가량 증가한 것으로 나타났다. 이는 성장하는 핀테크 산업에 대한 투자 기회와 수요가 많았다는 것을 방증한다.

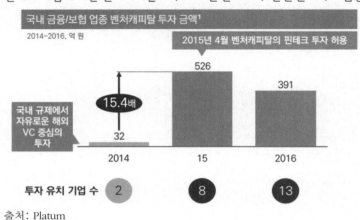

핀테크 기업에 대한 벤처캐피탈의 투자 요건 완화 이후 관련 분야 투자급증

출처: Platum

　제2의 핀테크로 불리며 해외에서는 빠르게 성장하고 있는, 부동산 서비스와 IT를 결합한 '프롭테크(Proptech)' 기업에 대한 투자는 여전히 국내에서는 불가능하여 해외시장에 대비한 혁신이 늦어질 수 있다는 우려가 있다. 그뿐 아니라 매번 업계의 반복되는 요구에 따라 규제 완화를 검토하는 '반창고식' 대응 방식에 근본적 한계가 있지 않느냐는 의문도 존재한다.

　벤처캐피털의 투자 방식에 대한 현행 규제 제도 또한 개선이 필요한 영역이다. 현재 국내 벤처캐피털의 투자는 신주, 신주인수권부사채, 전환사채, 교환사채 등으로 상법상 근거를 찾을 수 있는 방식으로 제한되어 있다. 이로 인해 창업 초기 스타트업의 기업가치 평가가 어렵다는 점을 감안하여 유연한 구조로 설계한 컨버터블 노트 등의 대안 투자 방식은 현행법상 위법에 해당한다. 이는 잠재력 높은 초기 기업에 대한 국내 벤처캐피털의 적극적 투자를 저해할 뿐 아니라, 해외의 우수 벤처캐피털 또는 출자자가 국내 시장에 투자를 결정하는 데 걸림돌로 작용하기도 한다. 특히 해당 투자 방식들이 해외에서 스타트업들의 첫 투자 유치 방식으로 일반화되었다는 것을 감안할 때 아쉬움이 크다.

　마지막으로, 국내 벤처캐피털의 핵심 출자자인 모태펀드를 포함한 정책 자금의 엄격한 운용 지침에 따른 부작용도 개선이 필요한 영역이다. 민간 시장에서 수행하기 어려운 정책적 목적에 부합하는 투자를 하기 위해 운용상의 가이드라인을 제공하는 것은 바람직하지만, 과도한 리포팅 업무나 투자 대상 및 방식에 대한 상세한 지침(예컨대 투자 가능 대상에 대한 열거주의, 높은 관리보수 인정을 통한 보통주 투자 유도)은 오히려 벤처캐피탈이 우수한 투자 기업을 발굴하는 것을 저해하는 요인으로 작용할 수 있다. 예를 들어 정부가 초기 창업 기업 육성을 목적으로 결성한 마이크로 VC 펀드의 경우에, 창업한 지 3년이 되지 않는 기업을 대상으로 최대 3~5억 원 투자[17]로 운용 방식을 구체화함에 따라, 자금 수혈이 필요한 초기 기업에 대한 후속 투자나 업력에 관계없이 초기 성장 단계의 기업에 대한 투자가 불가능한 부작용이 일부 존재하기도 했다.

4) M&A 시장 부진에 따른 투자회수의 병목현상

국내 벤처투자의 회수 시장은 M&A가 제한되어 장기간 소요되는 IPO에만 전적으로 의존하고 있는 구조다. 2016년 말 기준 국내 벤처투자 회수 유형별 비중을 살펴보면, IPO가 27%, M&A가 3%를 차지하고 있으며, 기타 장외 매각 및 상환 등의 방식이 70%에 해당한다. 반면 해외에서는 회수시장에서 M&A가 가장 중요한 역할을 담당하고 있다.

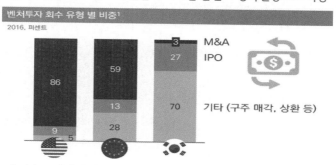

벤처기업 M&A시장의 부진은 투자자금 순환의 병목현상으로 작용

1 유럽은 2015년 수치

자료: KVCA , Preqin, EVCA

IPO까지 평균 약 13년 이상 소요되는 현 상황에서 대부분의 벤처투자는 보유 지분을 장외에서 매각하거나 우선주로 전환하지 않고 상환하는 회수 방식에 집중하고 있다. 이는 투자자금이 회수 후 재투자되는 선순환 구조를 가로막는 장벽이자, 국내외 민간 투자자가 벤처투자 펀드에 출자를 꺼리는 주요 원인으로 작용하고 있다.

또 M&A와 같은 중간회수 시장이 발달하지 않고서는 민간 투자금이 초기 기업보다 상

---

17) 개인투자자조합형 3억 원, 유한회사형 5억 원

장 전 단계의 후기 성장 기업에 집중되는 부작용도 근본적으로 해결하기 어려운 상황이다.

5) 벤처투자 시장의 선진화를 위한 변화 방향성

벤처투자 시장이 질적으로 성장하려면 우선 능력 있는 투자자들이 자유롭게 벤처캐피털을 설립하고 펀드를 운용할 수 있는 자율성을 제고해야 하며, 중장기적으로 현재의 칸막이식 벤처투자제도를 단일화하여 정책 운영상의 중복과 비효율을 제거해야 한다. 이와 함께 스타트업 M&A의 실질적 수요를 창출하기 위해 대기업의 벤처투자 시장 참여에 대한 규제를 완화하고 M&A 관련 세제를 개편해 기업 간 인수합병을 통한 성장을 장려해야 한다.

6) 선진 시장 수준의 투자자 진입과 운용의 자율성 제고

벤처투자를 위한 시장 진입과 운용의 자율성을 확보하여 국내 벤처캐피털의 경쟁력을 제고할 필요가 있다. 우선 벤처캐피털 설립을 위한 자본금과 전문 인력 요건을 완화하여 능력 있는 새로운 투자자가 시장에 쉽게 진입할 수 있도록 해야 한다.

투자자의 전문성에 대한 평가는 정부가 아닌 시장에서 이루어지도록 하는 것이 바람직하다. 이와 함께 중소기업청과 금융위원회에 의해 분산 운영되고 있는 다원화된 벤처캐피털 제도를 일원화하여, 불필요한 행정 비용과 참여자 간 역차별을 방지해야 한다.

또한 투자 업종에 대한 규제를 완화하여 융합형 혁신 스타트업을 장려할 필요가 있다. 과거 벤처 버블 때 이루어진 부정적인 투자 관행의 재발을 방지하기 위해 도입된 특정 산업에 대한 투자 규제는 도박 등 공익을 반하는 업종을 제외하고는 완화하는 것이 필요하다.

투자 방식 또한 전통적인 신주나 채권형 투자 이외에도 컨버터블 본드, 세이프(SAFE, Simple Agreement for Future Equity), 키스(KISS, Keep It Simple Security) 등 초기 스타트업에 유연하게 투자할 수 있는 대안 투자 방식을 적극 허용해야 한다.

최근 중소기업청, 미래창조과학부 등 관련 부처가 합동으로 발표한 '스타트업 투자시장 활성화 방안'(2017년 4월)에서 컨버터블 노트, 세이프 등 새로운 투자 방식의 법적 허용을 추진하겠다고 한 것은 고무적인 일이다. 빠른 시일 내에 제도를 개선하기 위한 노력을 적극적으로 기울여야 하겠다.

마지막으로, 지금까지 마중물로서 벤처투자 성장을 견인했던 정책 자금의 역할도 변화해야 할 시점이다. 정책 자금을 출자할 시 상세한 투자 관련 리포팅 요청과 정책 목적에 대한 세부 운용 방침은 오히려 자본의 효율적 배분을 저해하는 부작용을 초래해 개선할 필요가 있어 보인다. 이와 함께 중장기적으로는 정부 지분에 대한 콜옵션 확대 등을 통해 벤처투자를 위한 펀딩을 점진적으로 민간으로 이양하고, 시장에서 자생적으로 성장하기 어려운 영역에 대한 보완적 역할(초기 기업, 사회적 기업 등에 투자)에 선택적으로 집중하는 것이 바람직하다.

해외에 일반적인 초기 스타트업에 적합한 투자방식의 도입 필요

투자방식	설명
컨버터블 노트 Convertible Note	• 현재 미국의 초기 스타트업에 대한 가장 일반적인 투자 방식 • 전환사채와 동일하게 원금상환 및 이자지급 의무가 있으나, 주식으로의 전환 가격이 다음 투자 라운드에 정해지는 '오픈형 전환사채' • 밸류에이션 캡, 디스카운트 등의 별도 조건을 활용하여 다음 투자라운드에서의 주식 전환권 행사 시 기존 투자자의 지분율을 적정수준으로 보장
세이프 SAFE	• 2013년 미국의 유명 엑셀러레이터인 Y combinator가 창안한 것으로 기존 컨버터블 노트를 단순화하여 만든 비채권형 주식전환 투자 방식 　- 만기, 원금상환 및 이자지급 의무 없음 • 주식 전환권 행사 시 사용될 밸류에이션 캡과 디스카운트 요건에 대한 4페이지 표준 계약서를 통해 투자 계약을 위한 협상 시간과 법률 비용을 현저히 감소
키스 KISS	• 2014년 미국의 유명 엑셀러레이터인 500 Stertups가 컨버터블 노트와 SAFE가 결합된 형태의 하이브리드 주식전환 투자 방식 • SAFE가 스타트업에 유리하다는 업계의 요구에 따라, 일부 채권 투자의 특성(예, 만기, 이자)이 추가

자료: Y Combinator, 500 Startups

7) 기업의 벤처투자 시장 내 참여 확대

국내 벤처투자의 회수 시장을 개선하기 위해서는 근본적으로 벤처기업 M&A가 활성화되어야 한다. 이는 IPO에 비해 조기에 높은 투자수익을 실현할 수 있는 중간회수 시장의 역할과 더불어, M&A를 기반으로 한 빠른 성장으로 향후 IPO 가능성을 높이는 디딤돌 역할을 함께 수행하기 때문이다.

앞서 살펴보았듯이 미국이나 영국 등의 선진 시장에서는 M&A가 주요한 회수 방식으로서 작동하고, 이렇게 회수된 자금이 벤처시장에 재투자되는 선순환 구조를 이룬다.

기존 기업들의 국내 벤처기업 M&A가 활발하지 않은 것은 원천기술이 있거나 글로벌화할 수 있는 매력적인 타깃이 많지 않다는 데 근본적인 이유가 있다.

이러한 문제는 국내 창업 생태계가 발전함에 따라 대기업과 직접 경쟁하고 글로벌 시장에서 경쟁력을 확보한 성공적인 스타트업들이 증가하면 자연스럽게 개선될 수 있을 것이다. 이를 위해서 정부가 앞서 논의한 기존 사업자 중심의 진입 규제 등을 완화하여 대기업과 스타트업이 동등하게 경쟁할 수 있는 평등한 경쟁의 장(Level playing field)을 마련하는 것이 중요하다.

기존 기업들과 경쟁할 수 있는 스타트업의 자생적 성장 이외에도, 기존 대기업과 중

견 기업들이 더 적극적으로 벤처투자 시장에 참여하여 '개방형 혁신'을 추구할 수 있도록 관련 규제를 완화하는 것 역시 단기적으로 고려 가능한 대안이다. 이를 위해서 우선 벤처기업에 대한 대기업과 중견 기업의 실질적 투자 수요를 창출할 수 있는 기업형 벤처캐피털(또는 엑셀러레이터)을 육성하기 위한 환경이 마련되어야 한다.

해외에서는 대형 기업들의 개방형 혁신(Open Innovation) 수요가 확대되면서 기업형 벤처캐피털(CVC, Corporate Venture Capital)이 전체 벤처투자에서 차지하는 비중이 30% 이상으로 증가했다. 그러나 국내에서는 일반지주회사의 벤처캐피털 설립 불가, 기업형 벤처캐피털이 투자한 스타트업에 대한 부당 지원과 같은 공정거래법 위반 가능성 등으로 기업형 벤처캐피털이 초기 단계에 머물러 있다(전체 시장의 약 7.7% 수준).

대기업과 중견 기업의 참여 없이 M&A 시장이 활성화되기 어려운 현실을 감안하면, 기존 공정거래법의 취지에 어긋나지 않는 범위에서 예외조항 등을 통해 기업형 벤처캐피털 설립과 투자를 육성하고 이를 통해 기존 기업들의 개방형 혁신을 양성화하는 방안을 고려해볼 수 있다.

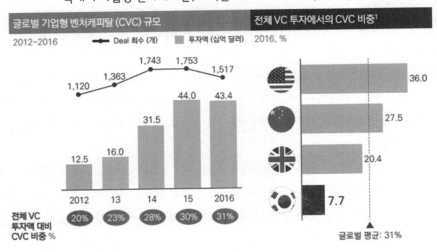

국내의 기업형 벤처캐피탈(CVC)은 해외에 비해 아직 초기 단계[18]

자료: Pitchbook, The VC, 팀 분석

벤처기업에 대한 대기업의 직접 투자를 장려하기 위한 규제 완화도 검토할 필요가 있으며, 인수 벤처기업에 대한 대기업 편입의 유예기간과 증손회사에 대한 지분율 규제가 대표적인 사례라고 할 수 있다.

18) 한국은 2016년 국내 스타트업에 대한 VC 투자액에서 기업형 VC로 분류될 수 있는 28개 회사의 투자액이 차지하는 비중(스타트업 투자정보 사이트인 The VC에 공개 투자정보 기준)

창업 후 IPO 까지 평균 13년 이상 소요되는 현재의 스타트업 생태계를 고려하면, 대기업의 인수 스타트업에 대한 계열사 편입 유예기간을 현재의 7년에서 확대하여 실효성을 제고할 필요가 있다.

증손회사에 대해서도 지주회사가 100% 지분율을 의무화하는 현 규제는 계열사를 통한 대기업의 스타트업 인수에 걸림돌이 될 수 있어, 자회사 또는 손자회사에 대한 규제 수준(비상장회사 40%, 상장회사 20%)으로 완화하는 방안을 검토해볼 수 있다.

이처럼 대기업들이 스타트업들을 통해 혁신할 수 있는 길을 열어주되, 이를 악용한 경우에 대한 사후 규제를 강화하는 것이 4차 산업혁명 시대에 대기업과 스타트업 모두가 글로벌 경쟁력을 확보할 수 있는 길이다.

8) 스타트업 간 인수합병을 통한 성장 장려

기존 대기업 또는 중견 기업들의 벤처기업에 대한 투자와 더불어, 스타트업 간 결합이나 인수합병을 통한 성장이 활발하게 이루어지는 환경이 마련되어야 한다.

실제로 미국 등 해외에서는 많은 창업 기업이 동종 업계나 유사 업계 기업과의 합병을 통해 성장 속도를 높이는 롤업(Roll-up) 전략을 활발하게 추구하고 있다.

국내에서도 이러한 스타트업 간 인수합병을 통한 성장을 장려하기 위해서는 M&A 관련 세제에 대한 개편을 고려할 수 있다.

스타트업 간의 M&A는 많은 경우 현금 거래가 아닌 '주식 교환' 형태로 이루어지고 있으나, '발생주의'를 근거로 하는 현 세법에서는 실제 현금 수익이 없었음에도 회계상의 차익에 대한 양도소득세를 납부해야 하는 상황이다.

이로 인해 M&A시점의 세금 부담뿐 아니라 매각 이후 기업가치가 하락하면 지분을 처분할 때 실제 손해를 보는 등 불합리한 상황이 발생하고 있다.

현재 한시적인 과세 특례를 통해 전략적 제휴를 위한 비상장 주식 교환이나 기업 매각 후 벤처기업에 재투자하는 경우 양도소득세의 과세 이연을 허용하고 있다.

이러한 취지를 더 확대하여 주식교환을 통한 인수합병에 대한 양도소득세를 주식 처분 시점으로 이연하는 세제 개편을 통해 스타트업 간 결합과 합병을 통한 성장을 장려할 필요가 있다.

3. 창업 문화

창업 문화의 현황 및 개선 방향성

1) 다양한 우수 인력이 창업하지 않는 문화

국내 창업 기업은 양적으로 급격하게 증가했음에도 불구하고, 다양한 우수 인력들의 혁신 창업은 선진 시장에 비하면 부족한 상황이다. 2014년 OECD가 발표한 보고서 〈한눈에 보는 기업가정신〉에 따르면, 한국은 생계형 창업이 OECD 국가 중 가장 높은 전체의 63%를 차지하며, 기회 추구형 창업은 21%에 불과했다. R&D 및 원천기술 기반의 창업에 고등 인력의 유입이 부족한 것도 한국 창업 생태계의 장기적 경쟁력을 저해하는 요인이다.

〈2016 ICT 창업 기업 실태 조사〉에 따르면 대학원 이상 졸업자의 창업은 전체의 13.6%(석사 10%, 박사 3.6%)에 불과하여, 미국의 40% 수준에 크게 못 미치고 있는 실정이다. 다양성 측면에서도 국내 창업 생태계는 여전히 남성 위주의 문화로(여성 창업자 비중 9%, 서울 기준) 실리콘밸리(24%), 런던(18%), 텔아비브(20%), 싱가포르(19%)에 비해 여성 인력의 창업 참여도가 낮은 상황이다.[19]

2) 혁신을 장려하는 문화 형성을 위한 변화 방향성

다양한 우수 인력이 혁신 기회를 추구하는 창업을 하지 않는 문화는 장기적으로 국내 창업 생태계의 경쟁력을 저해할 수 있다. 그러나 문화라는 것은 다양한 변수의 복합적인 결과로서 나타나는 현상이므로 특정 제도를 개선하고 규제를 완화하여 단기적으로 변화

19) 2016 대한민국창업백서, K-ICT 본투글로벌

시킬 수는 없을 것이다.

장기적 비전에서 조기 교육을 통해 청소년들의 기업가정신을 고취하고, 창업이라는 도전에 필요한 역량을 강화하며, 재도전이 가능한 환경을 조성할 때 혁신을 장려하는 사회로 실질적으로 변화할 것이다.

3) 기업가 정신 고취를 위한 청소년 대상의 체험형 교육 강화

다양한 우수 인력들이 창업 대신 안정적인 진로를 선택하는 배경에는 성장기에 '창업가'라는 커리어를 그들의 선택지에 넣을 만한 지식과 경험이 부족하기 때문이다.

교육부와 한국직업능력개발원이 발표하는 〈진로교육 현황조사〉에 따르면, 지난 10년간 초·중·고등학교 학생들의 희망 직업 상위 10개에서 '창업'과 관련된 직업은 찾아볼 수 없다. 이처럼 대학 진학 전에 한 번도 고려해보지 못한 선택지를 과감히 선택할 수 있는 도전의식이 대학 진학 후 단기간에 형성되기는 쉽지 않으며, 이것이 대학교 중심의 창업 지원과 교육에 그치지 않고 청소년들에게 기업가정신을 고취하는 조기교육을 해야 하는 이유다. 어릴 때부터 주변의 사소한 아이디어를 통해 사회에 긍정적인 변화를 만들어보는 경험을 해보거나 롤모델이 될 만한 성공한 창업가들의 역경 극복과 도전의 과정을 듣는 기회가 주어져야, 학생들에게 창업가라는 커리어에 대한 객관적 인식과 향후 변화를 주도하는 기업가정신이 형성될 수 있다.

국내 초, 중, 고등학생들의 희망진로 순위

순위	초등학생			중학생			고등학생		
	2007	2012	2016	2007	2012	2016	2007	2012	2016
1	선생님	운동선수	선생님	선생님	선생님	선생님	선생님	선생님	선생님
2	의사	선생님	운동선수	의사	의사	경찰	회사원	회사원	간호사
3	연예인	의사	회사	연예인	연예인	회사	공무원	공무원	생명, 자연 과학자 및 연구원
4	운동선수	연예인	요리사	법조인	요리사 및 음식 관련 분야	운동선수	개인사업	연예인	경찰
5	교수	교수	경찰	공무원	교수	군인	간호사	간호사	군인
6	법조인	요리사 및 음식 관련 분야	법조인	교수	경찰	요리사	의사	공학 관련 엔지니어	정보시스템 및 보안전문가
7	경찰	법조인	가수	경찰	운동선수	생명, 자연 과학자 및 연구원	연예인	의사	요리사
8	요리사	경찰	제빵원 및 제과원	요리사	공무원	정보시스템 및 보안전문가	경찰	요리사 및 음식 관련 분야	의사
9	패션 디자이너	패션 디자이너	과학자	패션 디자이너	법조인	가수	공학관련 엔지니어	경찰	기계공학 기술자 및 연구원
10	프로게이머	제빵사	프로게이머	운동선수	회사원	공무원	패션 디자이너	컴퓨터 관련 전문가	승무원

자료: 진로교육 현황조사, 교육부, 한국직업능력개발원

기업가정신 조기교육의 대표적인 선진 사례인 영국은 2000년대 초반부터 학교에서의 '기업 교육 (Enterprise Education)'이 중요하다는 것을 인지하고 이를 지속적으로 강화해오고 있다.

영국 교육부는 창업가(Entrepreneur)라는 직업이 학생들이 추구할 수 있는 하나의 진로임을 알려주는 것이 학교의 '의무'라고 강조하고 있으며, 실제로 학교에서 이루어지는 기업가정신 교육 활동에 대한 가이드라인(A Guide to Enterprise Education)을 제공하여 자유롭게 교과과정을 설계하도록 지원하고 있다. 영국의 기업가정신 교육에서 주목할 점은 지역 내 기업들과 만나 현장의 목소리를 듣거나 실제 아이디어를 실행해보는 체험형 교육을 강조하고, 학교가 직접 교육과정을 만들기보다는 민간 비영리기관과 협업할 것을 권장하고 있다는 것이다. 영국 학교들이 활용하는 대표적 비영리 교육기관이라고 할 수 있는 영 엔터프라이즈(Young Enterprise)는 학생들의 연령대별로 다양한 체험형 교육 프로그램을 운영하고 있다. 예를 들어, 국내에서도 잘 알려진 '5 챌린지 & 10파운드 챌린지'를 통해 학생들이 적은 자본금을 가지고 교사와 멘토들의 지도하에 4주간 자신의 아이디어를 실제로 현실화하는 경험을 할 수 있다.

알파고를 개발한 딥마인드(Deep Mind)의 공동 창업자인 무스타파 술레이만(Mustafa Suleyman)도 학창 시절 영 엔터프라이즈 프로그램에 참여하여 수상한 경험이 있을 정도로, 어릴 적 체험 교육으로 형성된 창업가에 대한 긍정적 인식이 향후 혁신을 위한 도전에 밑거름이 된다.

국내에서도 청소년을 대상으로 한 기업가정신 교육이 일부 학교의 자생적 수요에 의해 민간전문기관과의 협업을 통해 이루어지고 있으나, 아직은 걸음마 단계에 있다. 예를

영국의 민간 전문기관과 협업 통한 체험형 조기 기업가정신 교육

영 엔터프라이즈 (Young Enterprise)		체험형 기업가정신 교육 프로그램 예시: '5파운드 챌린지 & 10파운드 챌린지'
• 1962년에 설립된 자선단체로서, 학생들에게 필수적인 비즈니스 시직과 역량 배양을 지원하는 것이 목표 • 연간 25만 명, 현재까지 총 4백만 명 이상의 학생 참여 • 9,000명 이상의 교사들에 대한 교육 지원 • 초등학교, 중고등학교, 대학교별 별도 프로그램 운영	목적	• 초,중,고등학생들이 작은 돈을 가지고 일상 생활에서 느낀 문제해결을 위한 아이디어를 실행해보는 경험을 제공

- 기업방문, 워크샵, 문제해결 위한 실습 등 다양한 체험형 교육 진행
 	
- 8%의 초등학교, 57%의 중/고등학교, 23~50%의 대학교가 참여 경험
	프로그램 참여 방식	• 학교를 통해 참가 신청
		• 사업화를 위한 자본금 제공
		  - 초등학생 : 5파운드
		  - 중,고등학생 : 10파운드
		• 4주간 선생님과 멘토의 지원 하에 상품 또는 서비스 개발 및 운영
		• 4주 후 우수 상품/ 서비스 시상 및 수익이 발생할 경우 처음 수령한 자본금의 1.1배를 재단에 기부

출처: Young Enterprise

들어, '체인지 메이커' 양성을 목표로 문제 해결 능력을 교육하는 어썸스쿨이나 청소년을 위한 기업가정신 교육을 제공하는 OEC(Open Entrepreneur Center) 등 민간 단체들이 창의적 체험 활동이나 방과 후 활동 등을 통해 학교 교육에 참여하고 있다.

　이러한 교육 프로그램은 아이들의 자기 효능감, 성실성 등의 전반적인 역량을 계발할 뿐 아니라, 주변의 문제를 해결하기 위한 도전으로 이어지는 등 실질적인 성과로 이어지고 있다. 비트바이트라는 스타트업이 2015 출시한 '바른말 키패드'(채팅 창에서 욕설과 비속어를 이모티콘으로 순화해주는 애플리케이션)라는 서비스는 창업자들이 고등학교 재학 당시 참여했던 기업가정신 교육 프로그램에서 느낀 문제의식이 실제 변화를 위한 도전으로 이어진 좋은 사례라고 할 수 있다. 이처럼 국내에서 이루어지고 있는 초기 시도들을 교육 환경 전반으로 확대하고 학교들이 다양한 민간 단체들과 협업하여 기업가정신을 교육하는 환경을 조성할 필요가 있다.

4) 산학협력 확대를 통한 예비창업자의 실질적 역량 배양

　창업에 대한 인식 변화와 더불어 창업 역량을 배양하는 교육 프로그램의 실효성도 높아져야 한다. 창업에 대한 긍정적인 인식은 물론 '성공할 수 있다'라는 자기 역량에 대한 자신감이 밑바탕이 되어야 도전할 수 있기 때문이다.

　국내에서도 2013년 '대학 창업 교육 5개년 계획' 수립 이후 창업 강좌 수강자 수가 4배 이상 증가(2012 년 4만 8,000명에서 2016년 30만 명으로)하는 등 긍정적 성과를 보였으나, 교육의 질적 측면에서는 여전히 개선할 것이 많다. 실제 창업 경험이 없거나 교육 프로그램 개발을 위한 지원을 충분히 받지 못한 강사진이 교육을 담당하는 경우가 많아, 교육 내용이 원론적인 수준에 그친다는 비판이 제기되고 있다. 이를 보완하기 위해 정부가 2017년부터 적극적으로 추진한 '벤처1세대 멘토링 프로그램'은 선배 창업가들의 경험과 노하우를 직접 전수받을 수 있는 좋은 기회이긴 하지만, 근본적인 역량을 개발하기 위한 교육으로서는 여전히 부족하다.

　이러한 측면에서 스탠포드, MIT, 밥슨 등의 해외 유수 대학들이 적극적으로 추진하고 있는 상주기업가 제도(Entrepreneur In Residence)는 국내 대학들의 창업 역량 교육에 대안이 될 수 있다. 학생들에게 일회성으로 멘토링을 하는 데 그치지 않고 선배 창업가들이 대학에 상주하면서 창업 교과목을 강의하고 교육과정을 공동으로 기안하는 등 적극적으로 교육 프로세스에 참여함으로써 더 실질적인 현장형 교육을 제공하는 것을 목표로 하고 있다.

　국내에서도 국민대학교와 엑셀러레이터인 프라이머가 공동으로 진행하는 수업인 'K 엔턴십'처럼 일부 대학교에서 교수와 외부 전문가가 함께 하는 팀 티칭(Team Teaching)이 이루어지고 있지만 아직 활성화되지는 못했다. 이러한 산학협력을 통한 현장형 교육이 대학에서 일반화되어야 예비 창업가의 역량이 좀 더 실질적으로 높아질 것이다. 캠퍼스 내에 다양한 창업 지원 기관들이 서로 다른 부처 소관으로 개별적으로 운영되고 있어서 창업 지원 역량이 집중되지 않고 있다는 점 또한 대학 교육 측면에서 개선이 필요한 부분이다.

중기청 소속의 창업보육센터, 창업대학원, 기업가센터와 교육부 소속의 기술지주, 창업교육센터, 미래부 소속의 TLO(Technology Licensing Office), 과학기술기반 창업대학사업단 등 다수의 창업 지원 기관이 서로 중복된 역할을 수행하고 있다. 이러한 점에서 교육부가 2017년 3월 '통합 운영 주체'를 구성하여 대학 내 창업 지원 기관 간 연계와 역할 분담을 통해 시너지 효과를 내겠다고 공표한 것은 올바른 방향으로 볼 수 있다. 다만 컨트롤타워가 허울뿐인 조직이 되지 않도록 세 부처 소속 기관의 사업을 실질적으로 조정할 수 있는 권한을 부여하는 것이 필요할 것이다. 이와 함께 서로 다른 부처에 소속된 기관 간의 연계를 위해 현재의 소관 부처·기관별 성과가 아닌 대학 단위의 통합된 성과를 공동의 실적 지표로 설정하는 제도적 지원이 뒷받침되어야 한다.

5) 재도전이 가능한 사회 안전망 확충

창업에 대한 부정적 인식을 형성하고 성공할 수 있다는 믿음을 가로막는 대표적 요인은 실패 비용이 높아 재도전이 쉽지 않은 환경이다. 현대경제연구원이 2015년 조사한 '창업 관련 국민의식 변화와 시사점'에 따르면, 전체 응답자의 70.1%가 한국은 '창업 후 실패하면 재기가 어려운 사회'라고 답변했고, 91.7%가 '창업 후 실패하면 신용불량자가 될 수 있다'고 답변했다.

평균적으로 2~3회의 실패 이후 성공하는 스타트업의 특성을 고려했을 때, 재도전이 불가능하다는 인식은 안정적이고 매력적인 대안을 가진 우수 인력들이 창업가의 길을 걷는 데 큰 걸림돌이 되고 있다. 잠재적 창업자들에게 '재도전이 어려운 사회'라는 인식이 존재하는 이유 중 하나로 한국의 특수한 연대보증제도를 들 수 있다. 이는 창업 기업이 보증기금이나 시중은행 등에서 대출을 받을 때 대표이사에게 보증을 요구하는 것으로서, 주식회사에 대한 연대보증 제도는 대부분의 선진 시장에서 유례를 찾아볼 수 없는 제도이다.

정부는 그동안 지속적으로 연대보증 제도를 개선하기 위해 노력했다. 2016년부터 신용보증기금과 기술보증기금의 설립 5년 이내의 법인에 대한 연대보증을 폐지했고, 2017년 4월 '건강한 창업 생태계 조성 지원 방안'을 통해 연대보증 제도의 면제 대상을 중소기업진흥공단과 지역신용보증기금으로 확대했다. 그러나 창업 5년 이상의 기업, 시중은행의 대출 등에 연대보증이 여전히 남아 있고, 연대보증이 상법과 민법상 법률적 근거를 두고 있는 한 잠재적 창업자와 부모의 인식을 바꾸기는 어렵다. 정부의 적극적인 노력의 결과로 연대보증 제도가 상당히 완화되어 이미 실효성이 낮아진 상황에서, 불합리한 제도를 유지하기보다는 전면적 폐지를 통해 혁신 창업자가 도전과 재도전을 할 수 있는 환경을 조성할 필요가 있다.

실패를 인정하고 재도전하기 위한 제도적 장치로서 회생 및 파산 제도 또한 개선해야 할 영역이다. 국내에서는 개인과 법인에 대한 회생 및 파산 절차가 지나치게 복잡하고 시간이 오래 걸려 실패를 딛고 재기하는 데 어려움이 크다는 것이 창업가들의 공통적인 의견이다. 회생 및 파산 절차를 위해 30종 가량의 서류를 제출해야 하고, 채권자의 이의 제기가 없음에도 법원에서 채무자 가족의 재산 관계를 요구하는 등 복잡하고 엄격한 과정 때문에 실제 절차가 완료되는 데 6개월, 많게는 최대 1년 이상 소요되는 경우가 많다. 이러한 상황에서 2017년 3월 국내 최초의 회생·파산 전문 법원인 서울회생법원이 개원하여 판사들의 전문성을 강화하고 법인의 회생 절차를 단순화한 '프리패키지 제도[20]'를 도입한 것은 고무적인 일이다. 이러한 긍정적 변화를 모멘텀으로 하여, 스타트업들의 회생 및 파산 절차를 간소화한 패스트 트랙(Fast Track) 프로그램을 더욱 강화하고, 조세 등 면책 범위를 확대하는 지속적인 제도 개선 노력이 이루어져야 할 것이다.

6) 스타트업 생태계 활성화를 위해 필요한 변화

4차 산업 혁명기를 맞이한 우리 창업 생태계는 양적 팽창기에서 질적 성장기로 도약해야 할 시점이다. 이를 위해 본 리포트에서는 생태계를 둘러싼 주요 환경인 진입 환경, 데이터 인프라 환경, 투자환경, 창업문화를 우선적으로 점검하고 새로운 정책 방향성을 제안했다.

먼저 글로벌 시장을 선도할 혁신적 스타트업의 출현을 가로막는 진입 장벽을 없애고 평등한 경쟁 환경(Level playing field)을 만드는 것이 중요하다. 이를 위해 우리 규제 체제를 혁신을 수용할 수 있는 개방형 체제로 전환해 나가는 한편 현재 활용 가능한 규제 예외 옵션들을 적극적으로 활용하여 4차 산업혁명의 글로벌 혁신 경쟁에 대응해 나가야 한다.

규제 사전평가와 규제 일몰제를 의무적으로 적용해 혁신을 저해하는 규제가 늘어나지 않도록 하고, 규제를 통해 필연적인 산업구조의 변화를 막기보다는 사회적 안전망 구축을 통해 기존 산업 종사자를 보호하는 형태로 전환해 나가는 것도 4차 산업혁명에 적극적으로 대처하는 방법일 것이다. 비식별 개인정보 규제를 사전동의 철회 형식으로 전환하여 데이터 활용 인프라를 확대하고 벤처투자 시장의 자율성을 제고함으로써 '신자본(데이터)'과 '자본'이 효율적이고 원활하게 돌게 하는 것도 경쟁력 있는 스타트업의 출현과 성장을 가속화하는 데 꼭 필요한 일이다.

---

20) 회생절차를 신청하기 전에 법인이 채권자와 협의하여 사전계획안과 자금 지원 방안을 마련하게 한 제도

마지막으로 창업가정신 교육을 통한 커리어인식 제고와 재도전이 가능한 사회 안전망 확보, 산학협력 확대를 통한 실질적 역량 교육 확대는 정부의 장기적인 비전과 적극적인 추진이 기대된다. 또한 다양한 창업 지원 정책들 간의 조율, 효과적인 자원 배분 등도 실효성 있는 컨트롤타워가 있어야 가능하다. 과거 정부도 정책 간 조율의 필요성에 공감하여 2016년 7월 정부 지원 사업의 정보를 제공하는 채널을 통합하고 예산을 협의하는 '창업지원정책협의회'를 중소기업청 산하에 신설했다. 그러나 해당 협의회는 의결 사항의 법적 구속력이 없고, 구성원들이 각 부처별 창업 지원 정책을 총괄하는 담당자로 규정되어 있지 않아 실효성이 떨어진다는 한계가 있다. 규제개혁장관회의 등의 규제 개선을 위한 협의체에 강력하게 의견을 개진하고, 스타트업 지원 정책과 규제에 대한 부처 간 입장 차를 조정하는 역할을 효과적으로 수행할 컨트롤타워의 역할은 4차 산업혁명의 혁신 속도를 감안할 때 필수적이다.

7) 스타트업 생태계를 위한 든든한 조력자로서의 정부의 역할

창업 생태계를 활성화하기 위한 정부의 역할을 정립하는 데 영국 정부의 '디지털 서비스 설계 원칙'을 참고할 만하다. 특히 10대 원칙 중 '정부는 정부만 할 수 있는 일에 집중한다(Government should only do what only government can do.)'는 'Do less' 원칙은 시사하는 바가 크다. 정부가 민간 시장에 직접 개입하여 공공서 스를 제공하는 것은 공익 차원에서 필요할 때가 있지만, 이때에도 초기 시장에 민간의 개발 의지가 없는 경우만 '한시적으로' 허용함을 명확히 규정한 것이다. 우리 정부도 이러한 원칙에 입각하여 각 부처별로 시행하고 있는 창업 지원 정책이 민간의 영역을 침범하고 있는 것은 아닌지 사안별로 검토할 필요가 있다.

영국 정부의 디지털 서비스 설계 원칙

자료: UK Government Digital Service

　　반면 앞에서 살펴본 진입 규제 개선을 통한 대기업과 스타트업 간 평등한 경쟁 환경 조성, 데이터의 부익부 빈익빈 해소, 사회적 인식 전환과 실질적 창업교육을 통한 창업 장려 문화 형성 등은 민간이 해나가기 어려운 영역으로 정부의 주도적인 역할이 중요하다. 특히 평등한 경쟁 환경 조성은 비단 대기업과 스타트업 간의 문제만은 아니며, 스타트업 사이에서의 경쟁에도 적용된다. 예를 들어, 현행 벤처 인증 제도는 혁신 스타트업 기업에 대한 지원 정책을 제도화하고 투명성을 제고했다는 측면에서 긍정적으로 평가할 수 있다. 그러나 인증대상에 대한 세부적 기준으로 인해 혁신 스타트업이 오히려 정부지원의 역차별을 받게 되는 사례가 발견되기도 하여 인증 요건을 합리적으로 개선하는 등의 변화가 필요하다는 것이 전문가들의 견해다.

　　4차 산업혁명에 따른 혁신의 외부 수혈 흐름은 대기업에 편중된 한국의 산업구조를 변화시킬 기회다. 급속도로 진행 중인 혁신의 글로벌화 또한 내수시장의 한계에 부딪힌 한국 스타트업들이 글로벌 시장을 공략할 수 있게 하는 기회 요인이다. 4차 산업혁명 시대에 혁신의 속도를 늦추는 규제들은 글로벌 혁신 경쟁에서의 도태를 불러일으킬 수 있다. 이러한 혁신 경쟁에서 도태되면 대한민국이 경제성장 및 고용증진의 모멘텀을 잃어버리는 결과를 초래할 수 있다. 스타트업들이 차별없이 경쟁할 수 있는 환경을 만드는 것이 중요하다. 이러한 평등한 경쟁의 장을 통해 민간주도의 자생적인 스타트업 생태계가 형성되고, 혁신이 발생할 수 있도록 돕는 든든한 조력자로서 정부의 역할이 필요한 때다.

7

4차 산업혁명과 신산업

1. 4차 산업혁명[1])과 신산업[2])

빅데이터(BigData)라는 개념이 나온 것은 불과 7~8년 정도 밖에 되지 않았지만 사회 각 분야에서 큰 주목을 받고 있으며, 가트너, IDC, EMC와 같은 세계적인 시장 조사기관 10개 중 9개에서는 빅데이터의 전망을 밝게 보고 있다. 이와 같이 빅데이터가 주목을 받은 이유는 시장규모의 급격한 증가와 관련 있으며, 이러한 추세와 맞물려 빅데이터는 우리 삶에 지대한 영향을 미칠 것으로 예상되고 있다.

일반적으로, 빅데이터의 기초 단위인 데이터는 의미 있는 수치나 문자, 기호를 뜻한다. 기존의 빅데이터에 관한 사전적 정의는 단순히 데이터의 양이 많은 것을 의미하였으나, 최근 빅데이터의 정의의 범주가 확장되어, 기존의 대용량의 정형화된 데이터를 뜻하는 정의뿐만 아니라 비정형화된 일상의 정보들까지 포함하는 거대한 데이터의 집합을 의미한다.

- 디지털 경제의 확산으로 규모를 가늠할 수 없을 정도로 많은 정보와 데이터가 생산되면서, 과거에 비하면 그 규모가 방대하고, 생성 주기도 짧으며, 수치와 문자 등의 정형 데이터뿐만 아니라 영상, 음향 등의 비정형 데이터를 포함하는 대규모 데이터를 칭한다.
- 또한 기존 컴퓨팅 시스템을 이용한 데이터 수집, 처리, 분석 할 수 있는 역량을 넘어서는 대량의 데이터 집합과 이러한 데이터로부터 가치를 추출하고 결과를 분석하는 기술을 의미한다.
- 이러한 빅데이터에 대해 가트너의 더그레이니(Doug Laney)는 데이터 양(Volume), 증가속도(Velocity), 다양성(Variety) 등 3V로 정의하였으며, 이후에도 여러 사람이 유효성(Validity), 진실성(Veracity), 가치(Value), 가시성(Visibility) 등의 다양한 V를 추가하며 빅데이터에 대한 정의를 확대해오고 있다.

따라서 빅데이터에 대한 정의는 주관적이고 상대적이며, 기술의 발달에 따라 계속 변화해 나갈 것으로 예상되고 있다.

빅데이터 산업은 최근 ICT기술의 발전으로 데이터 축적이 급격히 이루어지면서 이를 활용하기 위한 각국 산업계 및 정부의 관심이 뜨거우며 방대한 양의 데이터를 분석하여 가치 있는 정보를 추출하고 경제적 가치를 창출하는 4차 산업혁명의 핵심기반기술로서 산

---

1) KOTRA(2018) ; WEF, 2016
2) 상세한 내용은 Kotra, Global Market Report 18-008 참조

업 전반에 큰 파급효과를 불러올 것으로 예상된다.

　Klaus Schwab 세계경제포럼(WEF) 회장은 2016년 다보스 포럼에서 4차 산업혁명과 관련하여 "우리는 지금까지 우리가 살아왔고, 일하던 삶의 방식을 근본적으로 바꿀 기술혁명의 직전에 와 있다. 이 변화의 규모와 범위, 복잡성 등은 이전에 인류가 경험했던 것과는 전혀 다를 것이다"라고 주장하였다.

　4차 산업혁명은 3차 산업혁명을 주도한 ICT 기술을 기반으로 물리학, 생물학 분야의 기술이 상호 교류와 융합하면서 사회경제적 측면에서 혁명적 변화를 가져올 것으로 예상, 4차 산업혁명이 이전 산업혁명과 달리 전략적 지향점으로서 사전적으로 제시되고 있다는 점에서 정의나 개념이 다소 모호하며 현재 진행 중이라는 점에 유의할 필요가 있다.[3] 특히, 4차 산업혁명은 초자동화, 초연결성, 초지능화의 특성을 갖는 사이버 물리시스템(Cyber Physical Systems) 기반을 통해 기존 하드웨어 제품 중심의 제조 및 조립 위주의 생산방식에 변화가 크다.

　제품 및 제조공정에서의 혁신 이외에도 제품기획, 연구개발, 시제품 제작, SCM, AS 등 가치사슬 전반에서의 획기적 비용절감과 고부가가치화, 상호연계와 융합으로 제조업과 서비스간의 융합이 급속히 진행되고 있다. 사물인터넷, 클라우드 및 모바일 기술과의 융합으로 초연결성 기반의 플랫폼이 발전하고 O2O, 공유경제와 같은 새로운 비스니스 모델 등이 속속 등장하고 있다. 한편, 주요국들은 다양한 전략으로 4차 산업혁명에 능동적으로 대비 중에 있다. (미국)혁신제조파트너십(AMP 2.0), (독일)인더스트리 4.0, (일본)4차 산업혁명 선도전략, (중국)중국제조 2025, (인도)Make in India 등 추진 중이다.

　WEF 4차 산업혁명 준비 평가 결과, 스위스(1위), 미국(5위), 일본(12위), 독일(13위), 한국(25위), 중국(28위) 순으로 나타났다.[4] 이에 따라, 정부는 4차 산업혁명에 대응하여 고부가가치 창출 미래형 신산업 발굴·육성을 통해 성장과 고용 창출 전략을 추구하고 있다. 특히, 4차 산업혁명 대응을 위해, 플랫폼 제품 중심의 '5대 신산업 선도프로젝트' 착수하였다.[5] 한편, 고부가가치 창출 미래형 신산업 발굴·육성을 위해 5대 신산업 프로젝트를 중심으로 성과 창출 목표 제시('18.1.24)하였다.

신산업 12개 분야별 5개국 간 경쟁력 비교[6]

　전체 12개 분야 중 독일이 8개 분야에서 가장 높은 평가를 받았으며, 미국(3개), 일본

---

3) 산업연구원(KIET), '4차 산업혁명이 한국 제조업에 미치는 영향과 시사점', 2017.5.
4) UBS, 세계경제포럼(WEF), 2016
5) 산업부, 새 정부의 산업정책 방향 발표, '17.12.18
6) 신산업 분야별 5개국 간 경쟁력 비교는 한국을 100이라 할 때, 미·독·일·중에 관한 전반적인 평가를 수치로 비교

분야별 5개국 간 경쟁력 비교

구분	동일 제품 국가 간 평가				
	한국	미국	독일	일본	중국
전기차 · 자율차	100	115	129	122	89
스마트선박	100	108	123	111	80
IoT가전	100	113	116	110	80
로봇	100	109	118	118	83
바이오헬스	100	112	118	110	72
항공 · 드론	100	124	119	113	96
프리미엄 소비재	100	108	110	109	75
에너지산업	100	112	120	109	84
첨단 신소재	100	113	122	114	84
AR, VR	100	118	113	112	88
차세대 디스플레이	100	102	99	107	80
차세대 반도체	100	115	113	113	78

(1개) 순으로 나타났다.

중국은 전반적으로 한국제품보다 낮은 평가를 받았으나, 항공 · 드론(96), 전기차 · 자율차(89), AR/VR(88) 분야는 상대적으로 높은 평가를 받고 있다. 상대국 입장에서 평가한 한국 신산업 경쟁력은 다음과 같다.

전반적으로 북미, 일본지역 응답자들은 자국 신산업을 한국보다 높게 평가하였다. 중국지역 응답자들은 중국을 한국보다 낮게 평가하나, 전기차 · 자율차, 스마트선박, 항공 ·

북미 · 일본 · 중국지역 응답자 대상 2개국 간 경쟁력 비교

구분	북미지역 응답자 대상 2개국 비교		일본지역 응답자 대상 2개국 비교		중국지역 응답자 대상 2개국 비교	
	한국	미국	한국	일본	한국	중국
전기차 · 자율차	76.7	100	84.0	100	96.5	100
스마트선박		100	87.1	100	99.7	100
IoT가전	88.5	100	101.2	100	113.4	100
로봇	81.7	100	74.0	100	113.3	100
바이오헬스	88.0	100	77.4	100	142.8	100
항공 · 드론	86.2	100	88.4	100	98.1	100
프리미엄 소비재	92.1	100	78.5	100	138.2	100
에너지산업	89.4	100	89.6	100	112.4	100
첨단 신소재	76.1	100	83.1	100	109.0	100
AR, VR	91.4	100			105.6	100
차세대 디스플레이	115.8	100	109.9	100	122.4	100
차세대 반도체	83.9	100	83.3	100	117.4	100

* 미 · 일 · 중 평가를 100으로 환산 후 한국 평가를 역으로 산출

드론 등 3개 분야는 한국보다 높게 평가하였다.

2. 시사점

전 세계적으로 4차 산업혁명에 대한 인식은 많이 확산되었다고 볼 수 있으나, 혁신적 변화에 대한 준비는 상대적으로 미흡하다는 지적이다.

○ 인지도(77%)에 비해 충분히 준비하고 있다는 응답 비율 낮음

(충분히 준비하고 있다는 응답은 생산(29%), 유통(39%), 소비(36%)로 나타남)

○ 중국과 북미지역이 4차 산업혁명의 인식도와 준비 모두 선두

1) 4차 산업혁명 신산업, 독일이 가장 강한 경쟁력을 보유한 것으로 평가

○ 독일이 가장 높은 산업 경쟁력을 보유

- 4차 산업혁명 관련 신산업 12개 분야 중 독일이 8개 분야에서 가장 높은 평가
- 8개 분야에서 독일은 한국보다 20% 내외로 고평가되어, 한국과 독일 간 격차가 큰 것으로 나타남

○ 로봇, 바이오헬스, 에너지산업 강국

- 3개 분야에서 독일은 대부분의 지역에서 조사대상 5개국 중 가장 높은 평가를 받아, 세계적으로 선도적 지위를 구축한 것으로 보임

2) 한국은 주요 선진국(독 · 미 · 일) 대비 경쟁력 열위

○ 전반적으로 세계 각 지역에서 독 · 미 · 일은 한국보다 높은 평가를 받는 경향

○ 일본지역은 자국 신산업을 높이 평가하고, 타 지역에 비해 한국을 더 낮게 평가하는 경향

- 로봇, 바이오헬스, 프리미엄소비재 분야는 일본지역에서 자국인 일본이 5개국 중 가장 높게 평가됨
- 일본지역 응답자를 대상으로 한국과 일본을 비교한 결과, IoT가 전, AR · VR을 제외한 10개 분야에서 일본을 높게 평가
- 한국 신산업에 대한 요소별 평가에서도 일본지역에서 인식 저조[7)]

---

7) 일본지역에서는 한국의 신산업 8개 분야에 대하여 품질기술력, 가격 등 7개 평가요소 전체에 대하여 설문전체평균보다 낮게 평가

3) 중국, 일부 분야에서 한국을 근소한 격차로 추격

○ 5개국 간 경쟁력 비교에서 항공·드론(96), 전기차·자율차(89), AR/VR(88) 분야는 상대적으로 높은 평가

○ 중국지역 응답자를 대상으로 한국과 중국을 비교한 결과, 전반적으로 한국에 대한 평가가 중국보다 높았으나, 전기차·자율차, 스마트선박, 항공·드론 등 3개 산업은 자국을 한국보다 더 높게 평가

(한국 신산업 요소별 평가)

신산업 12개 분야 전반적으로 품질·기술력은 우수하나 AS 등 고객관리, 합리적 가격에 대한 평가는 낮음

| 신산업 해외경쟁력 설문조사 개요(Kotra)

□ 목적
  ○ 4차 산업혁명 관련 우리 신산업의 해외경쟁력 파악을 위해 한국의 신산업에 대한 해외 인식도 조사 실시
  ○ 신산업에 관한 수출동향분석 등 다양한 연구가 이루어지고 있으나, 해외 바이어를 대상으로 한 시장분석은 미흡

□ 설문조사 개요
  ○ (조사 기간) '17.11.16~12.1
  ○ (대상 분야) 4차 산업혁명 관련 신산업 12개 분야
    * ① 전기차자율차, ② 스마트선박, ③ IoT가전, ④ 로봇, ⑤ 바이오헬스, ⑥ 항공드론, ⑦ 프리미엄 소비재, ⑧ 에너지산업, ⑨ 첨단 신소재, ⑩ AR, VR, ⑪ 차세대 디스플레이, ⑫ 차세대반도체
  ○ (설문 대상)
    4차 산업혁명 신산업 12개 분야 관련 현지 수입업체, 도매업체, 제조업체 및 현지 연구소 등
  ○ (조사 지역) 총 10개 지역 59개 국가(95개 무역관)
    * (지역별 설문참여 국가) CIS(4), 동남아대양주(9), 북미(2), 서남아(4), 아프리카(1), 유럽(20), 일본(1), 중국(3), 중남미(6), 중동(9)
    * 설문지역 및 설문건수는 12개 분야 수출비중 등을 고려하여 할당
  ○ (설문 내용)

① 취급 분야 현황, ② 한국 신산업에 대한 요소별 평가

③ 5개국 간 경쟁력 비교, ④ 향후 유망 신산업 ⑤ 4차 산업혁명 인식 현황

* (한국 신산업 요소별 평가) 품질, 디자인, 사용, 브랜드이미지, A/S, 가격 등에 대한 평가

* (경쟁력 비교) 한국('100') 기준, 경쟁국 신산업의 종합적인 경쟁력을 수치로 평가

  (예: 한국 100, A국 110, G국 120, J국 105, C국 90)

3. 사례연구

중소기업 기술로드맵 기술개발테마 리스트

□ **4차 산업혁명 (15개 분야)**[8]

전략분야	기술개발 테마	전략분야	기술개발 테마
AI/ 빅데이터 (8)	음성인식 SW 영상처리 시스템 인공지능 플랫폼 인지과학 SW 빅데이터 기반 SW Cloud Brokering Cloud service 가상화/컨테이너	지능형 센서 (9)	광학부품 및 기기 반도체 검사장비 반도체 공정장비 반도체 패키징 소재 전력반도체소자 고주파 반도체 SoC 부품 반도체 센서 반도체 화학 소재
5G (7)	초고속단거리 무선통신부품 5G 무선전송 및 접속 기술 5G 프론트홀·백홀 기술 5G 코어 네트워크 기술 massive MCT 기술 무선 접속을 위한 RRH 기술 고속 이동체를 위한 초고속 인터넷 제공 기술	AR/VR (7)	AR/VR 응용 서비스 플랫폼 실사 기반 AR/VR 영상 입력 장치 과업 특화형 개인 AR/VR 디스플레이 도구 AR/VR 서비스용 콘텐츠 AR/VR 오감 인터랙션 시스템 공간형 AR/VR 디스플레이 솔루션 AR/VR 콘텐츠 제작용 소프트웨어
정보 보호 (9)	생체인증 클라우드 보안 사물 인터넷 보안 모바일 보안 스마트 산업제어시스템(ICS) 보안 지능형 자동차 보안 지능형 보안위협 대응 블록체인/블록체인 기반 보안 지능형 영상보안	스마트 가전 (8)	피코 프로젝터 스마트 미러 에어가전 스마트 콘센트 및 플러그 스마트 비서 융·복합형 정수기 스마트키친 디바이스 고효율 난방기기

8) 상세한 내용은 중소기업벤처부 기업과제 공고(2018) 참조.

전략분야	기술개발 테마
로봇 (8)	인간 친화형 협동로봇 착용형 근력증강 웨어러블 로봇 산업용 부상방지 및 작업지원 로봇 물류 로봇 스포츠 시뮬레이터 로봇 노인과장애인을위한근력보조웨어러블로봇 소셜 로봇 플랫폼 및 서비스 가전 로봇
미래형 자동차 (9)	운전자용 편의시스템 자율주행차량용 카메라 정보제공 시스템 자율주행차량의 Lidar 전기자동차 충전인프라 친환경 경량화 부품 전력변환 시스템 전기구동 시스템 에너지 저장/관리 시스템
스마트공장 (8)	스마트 제조 애플리케이션 센서 및 화상처리 기술 스마트 제조 CPS 제조 빅데이터 분석 시스템 스마트 제조 AR/VR 3D 프린팅 제조 시스템 산업용 고신뢰/저전력 네트워킹 스마트공장 플랫폼
바이오 (9)	유전체분석 및 정보 분석 바이오칩 분자진단 면역화학진단 웰빙 전통식품 건강 기능성 식품 소재 기능성 화장품 아토피개선 화장품 부착형 화장품
웨어러블 (8)	스마트 시계 · 밴드 스마트 신발 스마트 의류 스마트패치 생활약자보조 착용기기 실감 · 체험형 웨어러블 디바이스 레저 · 스포츠용 웨어러블 디바이스 휴대용 생체인증기기 · 시스템

전략분야	기술개발 테마
물류 (6)	물류 로봇 · 드론 관제시스템 소형지게차 기술 스마트 화물이동정보 모니터링 시스템 스마트 패키징 시스템 배송물류 라우팅 지원시스템 스마트 물류창고
안전 (6)	센서형 식품 안전관리 시스템 안전사고 대응 지능형 모니터링시스템 지능형 화재안전 대응 시스템 유해물질 유통 모니터링 시스템 미세먼지 측정 시스템 범죄 대응 시스템
에너지 (15)	대기오염 물질처리 소재 및 공정 수처리 공정 전처리 설비 재활용 폐기물 분리 및 재사용 설비 연료전지용 M-BOP xEMS 시스템 소규모 분산자원 중개 시스템 폐열에너지 활용 시스템 제조업 부생가스 재활용 레독스 플로우 배터리 초고용량 커패시터 이차전지 전해질 건물 일체형 신재생에너지 시스템 태양광 발전시스템 태양광 공정장비 소형풍력발전기
스마트홈 (5)	생활밀착형 스마트디바이스 스마트홈 서비스 플랫폼 스마트 통합형 홈 네트워크 연동기술 홈/빌딩 지능형 공간 서비스 지능형 HEMS

(1) AI/빅데이터

구분	기술개발테마	정의
1	음성인식 SW	컴퓨터와 같은 자동적 수단을 이용해 인간이 발생시키는 음성신호로부터 언어적 의미를 식별해내는 기술을 의미
2	영상처리 시스템	영상을 분석하여 내포된 특성을 인식하고 패턴을 추출하는 기술로 목적과 대상에 따라 객체 인식(얼굴, 색상, 글자, 숫자, 사물 등), 상황 감지, 모션 인식 및 추적, 검색할 수 있는 시스템
3	인공지능 플랫폼	비정형, 정형 데이터, 사진, 동영상 등 다양한 멀티 콘텐츠에 대한 상황정보(Context)를 인지/학습하고 분석하여 사용자가 원하는 정보를 신속하게 검색, 추천, 예측하는 기술을 의미
4	인지과학 SW	사람의 지각, 기억, 학습 및 감정 등 인지과정을 규명해 인간 중심의 사회를 구현하고 각종 인공물 개발에 적용 가능한 SW
5	빅데이터 기반 SW	빅데이터 플랫폼을 통한 데이터 수집, 저장, 분산 처리, 검색, 공유, 분석, 시각화 등을 이용하여 데이터를 처리하는 소프트웨어
6	Cloud Brokering	복수의 퍼블릭 IaaS 플랫폼과 연동하여 맞춤형 서비스 구성, 워크플로우 매니저 기능 등을 제공하는 서비스
7	Cloud service	사용자의 환경 밖에서 서비스로서 제공된 확장 가능한 컴퓨팅 자원을 사용한 양에 따라 비용을 지불하고 사용하는 서비스를 제공하는 기술
8	가상화/컨테이너	기존의 서버 가상화가 '하드웨어 레벨'의 가상화라 한다면, 가상화/컨테이너는 OS레벨의 가상화라 할 수 있으며 도커(Docker)가 대표적인 컨테이너 기술의 하나임

(2) 5G

구분	기술개발테마	정의
1	초고속단거리 무선 통신부품	기존의 주파수 대역에서 벗어나 다양한 주파수 대역을 활용할 수 있는 초고속 무선 통신 및 초절전 무선통신 부품
2	5G 무선전송 및 접속 기술	이동통신 네트워크의 용량을 증대하는 Flexible spectrum usage 기술과 소형셀 기지국 SW에 서로 다른 여러 개의 주파수 대역을 묶어 하나의 주파수처럼 속도를 끌어올리는 기술을 융합하여 사각지대 없는 데이터 전송을 구현하는 기술
3	5G 프론트홀 · 백홀 기술	5G로 이동통신이 발달함에 따라 트래픽 증가에 대한 대안이 되는 기술
4	5G 코어 네트워크 기술	각종 서비스를 제공해주는 유선 네트워크 시스템에 대한 기능 분산화, 유무선 융합화, 트래픽 최적화 기술
5	massive MCT 기술	소량의 데이터를 송/수신하는 무수히 많은 MTC device를 수용하기 위해 기존과 다른 네트워크 · 통신 방식 및 비용 측면을 고려한 새로운 메커니즘
6	무선 접속을 위한 RRH 기술	전기적 또는 무선 인터페이스를 통해 원격 전파 트랜스시버에 연결해주는 전파 조작 기술
7	고속 이동체를 위한 초고속 인터넷 제공 기술	고속 이동 환경에서 기가(Gbps)급 데이터 서비스를 제공하여 고속으로 움직이는 철도나 자동차에 고속 인터넷 제공

(3) 정보보호

구분	기술개발테마	정의
1	생체인증	생체인식이라고도 하며 지문 · 목소리 · 눈동자 등 사람마다 다른 특징을 인식하는 것. 즉, 인간의 신체적 · 행동적 특징을 자동화된 장치로 측정하여 개인식별의 수단으로 활용하는 모든 것을 가리킴
2	클라우드 보안	HW/SW 등 각종 ICT 자원을 통신망에 접속해서 서비스로 이용하는 방식인 클라우드의 안전성 강화를 위해 요구되는 보안 기술
3	사물 인터넷 보안	인간과 사물, 서비스 세 가지 분산된 환경 요소에 대해 인간의 명시적 개입 없이 상호 협력적으로 센싱, 네트워킹, 정보 처리 등 지능적 관계를 형성하는 사물 공간 연결망인 사물인터넷의 안전성 강화를 위해 요구되는 보안 기술
4	모바일 보안	모바일 환경을 보호하기 위한 총체적인 활동으로, 보안 위협은 스마트폰의 보안 위협 이슈로 부각
5	스마트 산업제어시스템 (ICS) 보안	산업제어시스템은 산업 생산을 위해 이용되는 제어 시스템으로 SCADA 시스템, 분산 제어 시스템, 프로그래머블 로직 컨트롤러 및 프로그래머블 오토메이션 컨트롤러 등이 있음. ICS 보안은 주로 전력, 석유 · 가스, 물, 통신 및 교통 운송 등의 분야에 도입 중
6	지능형 자동차 보안	기술융합을 통해 안전성 및 편의성을 획기적으로 향상시킨 자동차인 지능형 자동차의 안전성 강화를 위해 요구되는 보안 기술
7	지능형 보안위협 대응	특정 ICT의 불법 조작 또는 정보 탈취를 위하여, 오랜 기간 동안 불법 정보활동을 지속하는 지능형 보안위협에 대응하여 네트워크 샌드박스와 엔드포인트 보안, 이메일 필터링, 메모리 분석 기반 지능형 익스플로잇 탐지, 데이터 및 보안이벤트 연관성 분석 등을 수행하는 전방위적 보안 대응 기술
8	블록체인/ 블록체인 기반 보안	블록체인 기술이 적용된 전자화폐의 거래를 투명하고, 안전하게 보호하기 위한 분산 네트워크 운영, 암호화 등의 다양한 보안 기술
9	지능형 영상보안	고정식 카메라 및 단일 센서를 이용한 기존 아날로그/디지털 CCTV 감시 통합관제 시스템의 문제점을 개선하여 실시간(사전 예방형) 모니터링이 가능하도록 루프 센서, 열적외선 이미지 센서, RFID 및 초음파 방식 등을 활용한 통합관제 시스템

(4) 지능형센서

구분	기술개발테마	정의
1	광학 부품 및 기기	렌즈를 통해 들어온 이미지를 디지털 신호로 변환시키는 부품이며, 모듈을 구성하는 이미지 센서와 렌즈 모듈, IR-filter Package 등의 개발 및 양산 기술 포함
2	반도체 검사장비	반도체 제조공정에서 공정이 완료 된 후 웨이퍼와 패키지 상태에서 반도체 칩이 제 기능을 올바로 수행할 수 있는지를 확인하고 불량 유무를 결정하는 장비
3	반도체 공정 장비	반도체 회로설계, 웨이퍼 제조 등 반도체 제조를 위한 준비 단계부터 웨이퍼를 가공하고 칩을 제조하는 단계까지의 모든 장비를 지칭
4	반도체 패키징 소재	반도체 칩에 필요한 전원을 공급하고, 반도체 칩과 메인 PCB 간에 신호연결을 위해 전기적으로 연결하고 외부의 습기나 불순물로부터 보호할 수 있도록 포장하는 데 필요한 소재
5	전력 반도체 소자	전력반도체 전력을 시스템에 맞게 배분하는 제어와 변환기능을 가진 소자로 에너지 절약 및 제품의 크기를 축소하기 위해 전력변환 장치에 사용
6	고주파 반도체	고주파수 대역 신호를 고속 처리 할 수 있는 고주파 시스템에 사용되는 고주파 반도체

구분	기술개발테마	정의
7	SoC 부품	스마트폰, 태블릿 등 차세대 이동통신기기에 필수적으로 내장되어 동영상·멀티미디어 콘텐츠, 웹 콘텐츠 등의 다양한 데이터 서비스를 지원할 수 있는 관련부품
8	반도체 센서	외부로부터의 갖가지 신호를 전기신호로 변환하는 것으로, 반도체의 여러 가지 효과가 이용되고 있으며, 이것을 이용한 다양한 센서를 통칭
9	반도체 화학 소재	반도체용 화학 소재로 박리성, 도전성 및 정전기 차폐 등의 기능성이 부여된 소재 및 고성능 반도체 소재를 지칭

(5) AR/VR

구분	기술개발테마	정의
1	AR/VR 응용 서비스 플랫폼	각 기업이나 개인들이 소비자들에게 자신들의 AR/VR 응용 서비스를 편리하게 제공할 수 있도록 지원해주는 플랫폼
2	실사 기반 AR/VR 영상 입력 장치	실제 환경을 기반으로 하는 AR/VR 콘텐츠 제작이 가능하도록 하는 영상 입력 장치
3	과업 특화형 개인 AR/VR 디스플레이 도구	부품 수리, 수중 탐사 작업 등 특정 과업에 특화된 개인 AR/VR 디스플레이 도구
4	AR/VR 서비스용 콘텐츠	사용자가 현실 세계에서 직접 경험하지 못하는 상황을 체험할 수 있도록 하는 AR/VR 서비스에 특화시킨 콘텐츠
5	AR/VR 오감 인터랙션 시스템	실감 시네마, 차세대 게임(가상현실), 홀로그램, ScreenX 등 실감형 기술을 이용해 시청각 중심의 콘텐츠 한계를 극복하는 상호작용 시스템
6	공간형 AR/VR 디스플레이 솔루션	복수의 사용자가 거리와 상관없이 같은 가상공간에서 상호작용이 가능하도록 제작된 AR/VR 디스플레이용 솔루션
7	AR/VR 콘텐츠 제작용 소프트웨어	AR/VR 콘텐츠 제작을 위한 엔진, 시뮬레이터 등 AR/VR 콘텐츠 제작에 최적화된 소프트웨어

(6) 스마트가전

구분	기술개발테마	정의
1	피코 프로젝터	기존의 업무용, 가정용 프로젝터와 달리 매우 작은 크기로 휴대하기 간편한 프로젝터 제품군을 지칭하며, 작은 배터리를 내장해 외부전원이 없이도 화면 투사 및 시청이 가능한 프로젝터
2	스마트 미러	특수증착 처리된 유리를 사용해 평소에는 일반거울처럼 사용하다가 터치 등의 동작을 통해 PC 모니터나 스마트폰 액정 역할을 하는 스마트 디스플레이
3	에어가전	공기청정기, 선풍기, 에어컨, 제습기 등 실내공기 상태를 조절하는 가전을 통칭하는 기기
4	스마트 콘센트 및 플러그	전원On/Off 제어, 전력측정, 안전관리, 통신기능을 포함한 차세대 제품으로 기존의 단순한 기계식구조를 탈피하여 전력의 이상상태를 모니터링하고 외부에 전송할 수 있는 IoT형 기기를 의미
5	스마트 비서	주요가전제품을 컨트롤하고, 화재, 침입 등 위기상황에서 자체적으로 제어하는 지능형 비서 기기 및 시스템

구분	기술개발테마	정의
6	융·복합형 정수기	융복합형 정수기는 물리/화학적인 정수기능 외에 수질에 대한 측정, 필터의 오염정도, 급수수질에 대한 실시간 모니터링 등 입/출력되는 수질정보를 사용자에게 실시간 제공하는 통신기능을 포함하며, 냉/온수, 탄산, 수소수, 커피추출 등 부가기능을 결합하여 활용도를 높인 제품을 의미
7	스마트키친 디바이스	스마트 전자레인지, 렌지 후드 등 가정용 주방에서 탑재된 센서를 통해 자동 작동하는 기능 등 IoT 기반의 센서 네트워크를 이용하여 동작되는 중방용 가전기기를 의미
8	고효율 난방기기	가정용 전기기기 중 1~2인이 사용가능한 가정용 소형 난방기기 및 이를 제조하기 위한 기술로, 스마트 기능 탑재를 통한 사용자설정에 따라 자동으로 온도설정 및 On/Off 기능 등이 가능한 기술 및 시스템

(7) 로봇

구분	기술개발테마	정의
1	인간 친화형 협동로봇	산업자동화 분야에 사용되며 인간과 작업 공간을 공유하면서 인간과의 직접적인 상호 작용을 위해 설계된 로봇
2	착용형 근력증강 웨어러블 로봇	신체 외부에 착용해 근력을 증강시키고, 이를 통해 기존 사용자가 수행하기 힘들었던 과업들을 효과적으로 수행하도록 지원해주는 로봇
3	산업용 부상방지 및 작업지원 로봇	산업현장에서 개별 작업에 최적화된 보조력을 생성하여 작업자의 부상을 방지하거나 작업효율을 증가시켜주는 로봇
4	물류로봇	인간을 대신하여 생산자와 소비자 사이에서 원료 재료, 부품, 상품을 안전하고 효율적으로 전달하기 위하여 물류 센터 등에서 상품을 자동으로 관리하는 로봇
5	스포츠 시뮬레이터 로봇	스포츠 활동의 실제적인 움직임을 모사하는 로봇으로, 실제 스포츠 환경의 제약 요인으로부터 벗어나 효과적인 스포츠 활동을 가능하게 하고 실감나는 가상의 스포츠 체험을 제공
6	노인과 장애인을 위한 근력보조 웨어러블 로봇	노인들과 장애인들을 위한 근력보조 서비스를 제공하기 위해 신체 외부에 장착하는 로봇
7	소셜 로봇 플랫폼 및 서비스	사람들의 반응이나 행동에 따라 상호 작용하는 지능형 서비스 콘텐츠를 통해서 사람들의 교육 및 여가 활동에 도움을 주는 로봇
8	가전 로봇	일반 가정 내에서 인간과 함께 생활하며 지능형 가전 역할 또는 가사 활동을 보조하는 미래 지능형 로봇

(8) 미래형자동차

구분	기술개발테마	정의
1	운전자용 편의시스템	운전자에게 편의를 제공해주는 목적으로 사용되는 전기 전자장치(도어 및 윈도우, 스마트키, 선루프, 메모리시트, TPMS, 공조기, 시트벨트 등)와 관련된 부품 및 시스템
2	자율주행 차량용 카메라	차량의 윈드쉴드에 부착되어 전방의 장애물(차량, 보행자, 자전거, 이륜차)을 감지하거나 도로 정보를 인식하여 운전자 지원시스템 및 자율주행시스템에 제공함으로써 차량의 안전을 확보하는 데 필요한 제품군
3	정보제공 시스템	반 자율주행 상황에서도 주행 중 운전자에게 안전하게 정보제공을 해주고 사고 위험을 줄일 수 있는 정보 제공의 기능을 갖춘 시스템

구분	기술개발테마	정의
4	자율주행 차량의 Lidar	사물까지의 거리측정을 위한 수단으로 활용되고 있는 LidaR는 빛을 발사해 물체에 반사되어 돌아오는 시간과 강도, 주파수와 편광상태의 변화 등을 측정하여 대상과의 거리 등 물리적 성질을 측정하는 장치
5	전기자동차 충전인프라	전기자동차에 탑재된 이차전지를 급속 충전하기 위한 기본적인 충전시스템과 관제 플랫폼, 긴급충전 서비스 등을 포함하는 기술
6	친환경 경량화 부품	자동차 중량 감소를 위한 차제 내부의 경량화 부품 소재 등을 의미
7	전력변환 시스템	전기에너지를 이용하여 운행하는 전기자동차(EV)나 하이브리드자동차(HEV), 플러그인 하이브리드 자동차(PHEV) 등의 전기동력 기반 자동차(xEV)에서, 차량 전장시스템이 요구하는 전원형태(전압, 전류, 주파수 등)를 갖도록 전기에너지를 변환하고 제어하는 장치
8	전기구동 시스템	엔진이 없는 전기자동차에서 동력을 발생하는 장치로 전동기와 인버터로 구성되며 전동기 축에 감속기 또는 변속기를 연결하여 회전력을 바퀴에 전달하여 차량을 구동시키는 모듈 부품임
9	에너지 저장/관리 시스템	리튬배터리 셀/모듈, 대용량 릴레이, 전류센서, 고전압 케이블, 커넥터 등의 에너지 저장기술과, 에너지의 소모, 방전, 충전을 관리하는 시스템을 의미

(9) 스마트공장

구분	기술개발테마	정의
1	스마트 제조 애플리케이션	스마트공장의 공정설계, 제조실행분석, 품질분석, 설비보전, 안전/증강 작업, 유통/조달/고객 대응 등을 실행하는 애플리케이션
2	센서 및 화상처리 기술	기존 센서에 논리, 판단, 통신, 정보저장 기능이 결합되어 데이터 처리, 자동 보정, 자가 진단, 의사결정 기능을 수행하는 고기능, 고정밀, 고편의성, 고부가가치 센서
3	스마트 제조 CPS	기업의 정보시스템(ERP, CRM, SCM, MES 등) 및 컴퓨팅 시스템(PLC, CAD, CAM, 센서 등)과 현실세계의 사물(기계, 로봇 등)들과 네트워크로 통합하여 제어하는 기술
4	제조 빅데이터 분석 시스템	제조의 全주기를 빅데이터 심층분석을 통해 정확한 수요예측, 고객 맞춤형 설계, 심층적 피드백 반영, 라인효율 최적화, 예방형 장비 교체, 선진적 물류/유통체계, 장비효율 극대화, 레고식 맞춤형/주문형 생산, 이상탐지 기반 고품질 제품 생산 등을 가능하게 하는 시스템
5	스마트 제조 AR/VR	자동차/기계 부품 등의 여러 요소를 입력하여 산출된 시제품의 AR/VR 영상을 검토하여 보완, 정밀도 등 품질향상, 비용 및 시간 절감을 도모하게 하는 기술
6	3D 프린팅 제조 시스템	디지털 디자인 데이터를 이용, 소재를 적층(積層)해 3차원 물체를 제조하는 기술로 사용자 요구에 맞게 다종소량 제조에 적합하고 제조사의 전체 비용절감 효과를 볼 수 있는 제품
7	산업용 고신뢰/저전력 네트워킹	스마트공장 환경에 적합한 네트워킹 기술을 제공하는 제품 및 기술을 개발하는 것으로 공장 환경에 적합한 고신뢰성 저전력의 네트워킹 기술을 탑재한 제품, 단위 시간 당 전송 속도뿐만 아니라 지연시간(latency), 전력 소모 등 종합적인 성능의 획기적 개선이 필요하며, 설치 면적, 유연성, 신뢰성 등에서도 우수한 특성을 제공해야 함
8	스마트공장 플랫폼	글로벌 기업이 주도하고 있는 스마트공장 플랫폼의 국내 실정에 맞는 중소기업형 스마트공장 공통 플랫폼을 의미. 센서, PLC, 설비 등과의 공통 연결을 지원하고 표준화된 데이터 교환을 가능하게 하고, 응용프로그램 및 클라우드와 통합 등의 기능을 제공하는 제품

(10) 바이오

구분	기술개발테마	정의
1	유전체 분석 및 정보 분석	인간 등 생물의 유전체를 초고속으로 해석하여 산업적, 의학적 유용한 유전정보를 획득하기 위한 차세대 유전정보 해독, 분석 및 활용 기술
2	바이오칩	작은 기판 위에 DNA, 단백질 등 생물 분자들을 결합시켜 유전자 결함, 단백질 분포, 반응 양상 등을 분석해낼 수 있는 생물학적 마이크로칩
3	분자진단	대표적 체외진단 기법으로, 인체나 바이러스 등의 유전자 정보를 담고 있는 DNA의 분자수준 변화를 기내 핵산 증폭기술 PCR 등의 기술을 적용하여 질병 등을 진단
4	면역화학 진단	감염성 인자, 외부 이물질, 독소(독성물질), 살아있는 세포와 암 등을 포함한 모든 자극에 대한 방어 기전이 포함된 면역에 기초를 두고 혈청학적 현상을 화학적인 입장에서 추구하는 진단
5	웰빙 전통식품	건강기능성 소재와 발효기술로 새로운 유통기술 등을 융합한 고부가 식품
6	건강 기능성 식품 소재	생물, 식물에서 추출한 소재나 신체에 존재하는 효소 등으로 신체의 항상성을 유지시키며 대사를 촉진시키기 위하여 제조 · 가공하기 위한 소재
7	기능성 화장품	피부의 미백에 도움을 주는 제품, 피부의 주름개선에 도움을 주는 제품, 피부를 곱게 태워주거나 자외선으로부터 피부 보호에 도움을 주는 제품 중 어느 하나 이상 포함
8	아토피 개선 화장품	유아기 혹은 소아기에 시작되는 만성적이고 재발성의 염증성 피부질환인 소양증(가려움증)과 피부 건조 증상 등을 완화하거나 개선을 목적으로 하는 화장품
9	부착형 화장품	얼굴 모양 및 개선시키고자 하는 부분의 모양에 맞추어 시트, 하이드로겔과 카타플라스마 제형 등을 사용하여 피부에 수분과 다양한 영양 성분, 미백과 주름 개선 성분 등을 공급

(11) 웨어러블

구분	기술개발테마	정의
1	스마트 시계 · 밴드	센서기술을 활용하여 사용자 신체 및 활동 정보를 측정하는 손목 착용형 기기로 스마트폰과 연동하여 문자 · 전화 · SNS 등을 이용할 수 있고, 연동 없이 직접 데이터 처리가 가능한 기기도 포함
2	스마트 신발	신발에 지능형 센서를 장착하여 사용자의 운동상태 및 보행습관 등의 분석이 가능한 신발로 일체형, 분리형(기기장착 또는 인솔) 등이 있음
3	스마트 의류	디지털화된 의류로 웨어러블 컴퓨터를 패션에 적용한 것을 의미. 의류에 디지털 센서, 초소형 컴퓨터 칩이 들어있어 의복 자체가 외부 자극을 감지하고 반응할 수 있음
4	스마트 패치	신체에 부착하여 내 · 외부의 다양한 정보를 획득하여 외부 전자기기 혹은 의료 전문가에게 전달하여 사용자의 건강 증진에 기여할 수 있는 패치를 의미
5	생활약자 보조 착용기기	유아 · 노약자 · 장애인 등에게 위급 상황 발생 시 센서 작동으로 보호자에 도움을 요청하거나, 건강패턴을 실시간으로 기록 · 분석하는 디바이스를 의미. 착용자의 신체적 · 인지적 정보를 수집하여 필요한 정보제공 및 신체적 · 인지적 능력을 보조하는 기능을 갖춘 디바이스를 의미
6	실감 · 체험형 웨어러블 디바이스	오감(시각, 청각, 촉각 등)의 표현 및 인터페이스 기술을 조합해서 실제와 유사한 느낌을 제공하는 웨어러블 기술을 의미. 영상물 속에 직접 들어가 있는 것과 같은 생생함을 주거나 다른 대상이 된 것 같은 느낌을 줄 수 있음

구분	기술개발테마	정의
7	레저 · 스포츠용 웨어러블 디바이스	레저 · 스포츠용 각종 도구나 장갑, 신발, 안경 등 신체의 각 부위에 부착된 장치로 운동량 데이터를 수집하고 모바일 기기를 통해 시각화된 정보를 제공하고 운동량 향상을 위한 코칭 등이 가능한 디바이스
8	휴대용 생체인증 기기 · 시스템	사람의 신체적 특징(지문, 얼굴, 홍채)과 행동적 특징(음성, 서명, 걸음걸이)을 자동화된 IT기술로 추출 및 저장하여 휴대용 IT기기로 개인을 식별하거나 확인하는 수단을 의미

(12) 물류

구분	기술개발테마	정의
1	물류로봇 · 드론 관제시스템	배송로봇 · 드론에 관한 감시, 통제 및 트래픽 관리 등을 위해 현장상황을 별도의 장소에서 집중화하여 모니터링하기 위한 시스템
2	소형지게차 기술	소형 트럭에 싣고 다니면서 500kg 수준의 중량물까지 들어 올려 적재함에 싣고 내릴 수 있는 소형 지게차 기술
3	스마트 화물 이동 정보 모니터링 시스템	RFID/센서 기술이 결합된 물류용기(파렛트, 플라스틱 상자, 대차 등)를 기반으로 상품의 이력 추적, 상품 품질 지표 기준, 다양한 물류 정보 서비스 등을 제공할 수 있는 친환경 첨단 물류시스템
4	스마트 패키징 시스템	온도, 충격, 냄새 등 화물 특성에 따라 다양한 화물 상태를 실시간으로 확인하여 공유함으로써 화물의 안전성, 보안성을 확보하고 가시성을 향상시켜 물류서비스 수준을 향상하는 기술
5	배송물류 라우팅 지원시스템	중소기업 등이 말단 배송 시 배송루트 결정, 물동량 배분, 운행 지역 결정 등 말단 배송 운영의 효율화를 지원할 수 있는 상용화된 시스템 제공 기술
6	스마트 물류창고	단순히 제품을 보관만 하는 곳이 아니라, 고객의 수요변동에 능동적으로 대처하는 공급망 관리(SCM) 및 부가서비스(Value Added Service)를 수행하는 창고

(13) 안전

구분	기술개발테마	정의
1	센서형 식품 안전관리 시스템	ICT, 바이오기술, 센싱기술 등을 활용해 식품의 이력, 안전, 품질과 신선도 등의 각종 정보를 제공하고 효율적인 관리가 가능하도록 하는 차세대 식품 시스템
2	안전사고 대응 지능형 모니터링 시스템	모바일과 앱을 통해 정보를 공유하고, 문자 · 영상 등 다양한 ICT 기술과 장비들을 활용하여 재난관리 정보를 사전에 공유 · 전파하고 피해를 최소화하기 위한 시스템
3	지능형 화재안전 대응 시스템	ICT 및 센싱기술을 바탕으로 최근 대형 및 고층화 된 건물에서 발생하는 화재를 조기에 발견하고 신속하게 대응함으로써 피해를 최소화하도록 하는 시스템
4	유해물질 유통 모니터링 시스템	유해물질이 누출되었을 경우, 곧바로 감지해 통합 모니터링을 한 뒤 처리시스템으로 전송해 정보를 수집하고 전달하는 시스템으로, 유독성물질 누출로 인한 피해를 최소화하고 쾌적한 환경에서 작업하도록 도움
5	미세먼지 측정 시스템	심장과 호흡기에 치명적인 질환을 일으키는 원인으로 작용하는 미세먼지 및 초미세먼지로의 노출을 사전에 차단하고 실시간으로 경보하는 시스템
6	범죄 대응 시스템	대량살상용 유독성산업용화합물(군사용 화학작용제 포함), 폭발물 및 감염성병원균에 대한 탐지/식별 또는 실시간 모니터링 장비/시스템을 개발하여 원인물질을 추적 조사함으로써 경보/주의보를 조기에 발령하고 신속히 대처함으로써 인명 및 물적 피해확산을 줄여 사회적 경제적 피해를 최소화하기 위한 시스템

(14) 에너지

구분	기술개발테마	정의
1	대기오염 물질 처리 소재 및 공정	대기 중 잔류하여 환경오염을 유발하는 물질을 저감하는 공정 및 정화 기술로 사전에 예방하거나 사후에 대기 환경 부하를 저감할 수 있는 기술 및 제품
2	수처리 공정 전처리 설비	수처리 공정의 유입수에 공정의 효율을 감소시키거나 오염을 유발하는 물질을 제거하거나 감소시키는 기술 및 시설
3	재활용 폐기물 분리 및 재사용 설비	폐기물 매립/소각기술, 유해 폐기물 처리기술, 폐기물 재활용 및 자원화와 관련된 기술로, 폐기물의 재사용이 가능하도록 설계 하는 기술을 의미. 최근에는 플라즈마를 이용한 열분해 용융방법을 이용한 폐기물 처리 기술이 개발되고 있음
4	연료전지용 M-BOP	연료전지용 M-BOP는 연료전지 스택의 안정적 운전을 위하여 가스공급 등에 필요한 기계적 주변장치들을 의미. 스택 및 시스템의 내구성 향상과 운전 최적화를 위한 연료 공급 시스템, 공기 공급 시스템, 수처리 시스템 등으로 구분 가능
5	xEMS시스템	에너지의 효율적인 이용이 가능하도록 관련 데이터를 수집, 분석, 정보화하여 관리 및 운용하는 시스템을 의미하며 스마트그리드, 스마트시티, 마이크로그리드 등 다양한 환경에서 필수적으로 요구하는 시스템
6	소규모 분산자원 중개 시스템	10MW이하의 수요 인근에 위치하는 자원을 총칭하며 기존의 중앙전원이 가지고 있는 대규모 및 장거리 송전과 대비되는 개념
7	폐열에너지 활용 시스템	에너지 생성 과정에서 사용하지 못하고 버려지는 폐열을 이용하여 새로운 에너지를 생산하는 시스템
8	제조업 부생가스 재활용	화력발전소 또는 일반 산업체에서 배출되는 CO_2를 고농도로 포집한 후 산업적인 용도로 이용하거나, 지중이나 해저에 주입하여 대기로부터 격리하는 기술을 의미하며, 분리방법을 통한 CO_2 포집, 포집된 CO_2의 산업 목적으로의 이용, 포집 CO_2의 압축, 수송 및 저장 기술을 포함
9	레독스 플로우 배터리	산화수가 다른 액상의 양극전해액 및 음극전해액으로 구성된 전지로서 양극 및 음극 전해액을 구성하고 있는 레독스 쌍의 전위차에 의해 기전력이 발생하고 충·방전이 가능한 이차전지 시스템
10	초고용량 커패시터	대용량 에너지를 저장 후 높은 전류를 순간적·연속적으로 공급하는 고출력 전기에너지 저장장치로 전극활물질, 전해질 등 핵심원료소재 개발 기술과 시스템 제작기술 등의 내용을 포함
11	이차전지 전해질	이차전지의 양극 및 음극사이에서 해당 이온의 삽입/탈리 혹은 산화/환원 반응에 필요한 이온이 이동하는 매질의 역할을 하는 물질. 성상에 따라 액체 전해질, 고체 혹은 젤 상태의 고분자 전해질, 이온성 액체 전해질, 기타 세라믹 형태의 무기 고체 전해질 등을 포함
12	건물 일체형 신재생 에너지 시스템	건축물의 에너지 자립을 위해 태양광 모듈을 건물의 외피 또는 설비 시스템과 접목하여 건축 부자재의 기능과 전력생산을 동시에 할 수 있는 기술을 의미
13	태양광 발전시스템	태양광 발전시스템은 태양전지(solar cell)로 구성된 모듈(module)과 축전지 및 전력변환장치 등의 기술로 구성
14	태양광 공정장비	태양광 공정 장비란 실리콘계(실리콘 박막 포함) 및 박막 태양전지 등을 제조할 수 있는 공정 및 제조할 수 있는 모든 장비를 의미
15	소형풍력 발전기	한국에너지공단 인증 기준에 의해 회전자 면적 200m² 이하 정격용량 30㎾ 미만을 소형 풍력발전기로 정의하며 용도 상으로 독립전원용 또는 계통연계형으로 구분됨

(15) 스마트홈

구분	기술개발테마	정의
1	생활밀착형 스마트 디바이스	통신기능을 통해 다양한 기능을 수행할 수 있는 기능뿐만 아니라, 지능화된 자원 관리 시스템과 사용자 인터페이스를 통해 각종 스마트 기기를 상호 제어하고 연동할 수 있는 기술
2	스마트홈 서비스 플랫폼	스마트홈과 외부의 소통을 위한 통신 채널을 제공하고 스마트홈을 구성하는 다양한 스마트 가전 및 서비스들을 관장하며 실감·감성·융합형 홈 서비스를 제공하는 플랫폼 기술
3	스마트 통합형 홈 네트워크 연동기술	가정 내의 디지털 정보가전을 유·무선으로 연결하여 정보교환, 원격제어, 멀티미디어 서비스 등을 제공하는 기반기술
4	홈/빌딩 지능형 공간 서비스	다목적(주거 및 비 주거) 빌딩에서 전통적인 제어를 위한 BAS와 시설/설비의 제어를 위한 BMS뿐만 아니라 에너지 효율적인 관리를 위한 EMS 또는 BEMS를 포함하는 기술
5	지능형 HEMS	댁내 에너지 사용량 정보를 실시간으로 획득한 Bigdata 처리 및 다양한 IoT 통신 기능을 제공하며, 사용자 패턴 및 외부환경 요인과의 지능적 결합, 에너지 공급사와의 협력을 통해 고객 중심의 전력, 물, 가스, 온수 등의 총 에너지 사용량 및 비용을 절감 가능하게 해주는 제품

4. 중소·중견기업 기술로드맵(2017-2019)[9]

(1) 데이터인텔리전스

중소기업 환경 및 대응전략의 기회 및 위협요인

Factor	기회요인	위협요인
정책	• 스마트국가 구현을 위한 빅데이터 마스터플랜을 수립/추진 • 주요 선진국 정부들은 빅데이터를 차세대 성장동력으로 보고 관련 정책 및 기업지원 정책을 수립/추진 • 우리정부도 인공지능분야 등 중점적 투자 계획	• 민간 차원의 빅데이터 활성화에만 기댈 것이 아니라 관련 부처와 기업들의 긴밀한 공조가 필요 • IoT, 클라우드, 빅데이터 등 신기술과 원천기술 개발에 대한 지원이 상대적인 부족
산업	• 타산업과의 융합을 통해 수요 및 분야 확대 • 빅데이터 기술의 빠른 발견 • 정부와 기업들이 빅데이터 도입과 활용을 서두르면서 관련 산업과 신산업이 생겨나는 추세	• 국내 산업이 글로벌 회사로의 기술 종속 • 외산 기술과의 치열한 시장 경쟁 • 미국 및 유럽기업과의 기술 격차
시장	• 주요 통신사 및 대기업을 중심으로 중소기업이 협력하는 생태계가 점차 확대 • 데이터 기술력을 토대로 다양한 사업 및 솔루션을 개발하여 진출이 가능	• 높은 기술 의존도 및 관련기술의 급격한 변화 • 시장선점을 위한 치열한 경쟁 예상
기술	• 데이터 저장매체의 발달과 비용 하락 • 통신기술의 발달로 인한 IoT 기술력 증가 • 데이터 처리 시스템 활성화 • 다양한 솔루션 개발이 활성화	• 전문 인력의 부족 • 전문 인력의 단기 육성 불가 • 보안 이슈 및 사회적 인식 부족

⬇

---

9) 상세한 내용은 중소기업청, 중소기업기술정보진흥원, ㈜윕스, NICE평가정보(주) 자료 참조

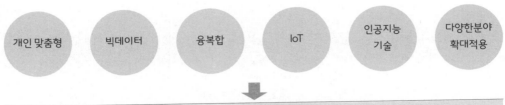

| 개인 맞춤형 | 빅데이터 | 융복합 | IoT | 인공지능 기술 | 다양한분야 확대적용 |

중소기업의 시장대응전략

→ 글로벌 플랫폼에서 제공하기 어려운 실시간 데이터 수집 및 연계기술의 개발

→ 가상화 기반 기술을 개발하여 글로벌 기업과의 기술 격차 해소

→ 응용환경을 고려한 독자적인 핵심기술과 고급 개발 인력 확보

→ 로봇, 자율주행, IoT 등에 적용할 인공지능 알고리즘 개발로 중소기업 경쟁력 확보

→ 데이터 보안을 위한 지능시스템의 개발로 중소기업의 경쟁력 강화

중소기업 주요 전략제품

전략제품		개요
데이터인텔리전스	1) 빅데이터 기반 SW	빅데이터 플랫폼에서 데이터를 수집, 저장, 분산 처리, 검색, 공유, 분석, 시각화 등을 이용하여 데이터를 처리하는 소프트웨어
	2) 클라우드 기반 SW	클라우드 기반 SW는 클라우드 서비스 (가상의 자원을 제공하고 사용한 만큼 비용을 청구하는 서비스)를 이용하여 컴퓨터나 휴대폰 등에 불러와서 사용하는 웹에 기반한 소프트웨어 서비스
	3) 음성인식 SW	언어 및 음성인식 기술은 컴퓨터와 같은 자동적 수단을 이용해 인간 발생시키는 음성신호로부터 언어적 의미를 식별해내는 기술로 음성신호를 전기적 신호로 처리하고, 그 패턴과 파형을 분석해 미리 수집된 음성모델 데이터베이스를 참조하여 문자로 변환하거나 정의된 기능을 실행하는 SW
	4) 데이터 보안 및 비식별화	
	5) 영상처리 시스템	
	6) 인공지능 기반 SW	

사례연구

에듀테크 빅뱅…AI교사 5년 내 나온다

美·中 등 VR·AR 교육 확산… 시장 2020년 48l조 급성장

　　초등학생들이 교실에서 '인체의 신비'를 공부하고 있다. 인공지능(AI) 교사의 안내에 따라 '스마트 글라스(AR 글라스)'를 착용하고, 증강현실(AR) 기술을 통해 인체 기관의 생김새나 움직임을 입체적으로 본다. 가상현실(VR) 영상이 펼쳐지면서 실제 혈관으로 피가 돌고 있는 모습까지 생생하게 보고 배운다.

디지털 교과서인 태블릿PC를 통해 AI 교사가 멀티미디어 콘텐츠로 수업을 마치면, 학생들은 배운 내용에 대한 퀴즈를 풀기 시작한다. 퀴즈 결과는 데이터로 쌓여 학생마다 어떤 부분이 취약하고, 이에 따른 보충학습은 어떻게 해야 하는지 인간 선생님에게 전달된다. 인간 선생님은 더 이상 아이들을 가르치기 위해 글이나 사진에 의존할 필요가 없다. 아이들의 주도적 학습을 이끌어내는 역할을 담당할 뿐이다. 학습 데이터가 쌓일수록 아이들 학습 역량과 적성은 AI 교사가 섬세하게 분석해 적절한 공부 방법을 추천해 더 나은 성적을 내도록 도와준다.

이 같은 장면은 곧 교육 현장에서 보편화될 모습이다. AI 교사, 챗봇(대화가 가능한 채팅로봇), VR · AR · MR · 360도 영상 기술을 활용한 디지털 교과서 등으로 상징되는 에듀테크(Edutech) 빅뱅이 임박했다. AI, 빅데이터, VR, AR 같은 디지털 기술이 교육에 접목되면서 선생님과 학생으로 이뤄지는 전통적인 학교가 사라지게 된다. 다양한 창조적 디지털 콘텐츠가 텍스트 위주의 종이책을 밀어낸다. AI 교사와 챗봇이 등장하면서 학생 개개인별로 맞춤형 학습 시대가 꽃피게 된다. 세계 각국은 이미 에듀테크 시장을 선점하기 위한 소리 없는 전쟁을 시작했다.

미국 시장조사업체 글로벌인더스트리애널리스츠(GIA)에 따르면 글로벌 에듀테크 시장 규모는 2020년 약 481조원에 이를 것으로 추정된다. 특히 에듀테크 상징인 AI 교사는 5년 이내 도입될 것이 확실하다. 중국은 디지털 교과서를 넘어 'AI 개인교사 프로젝트'를 2022년부터 적용할 계획을 세우고 있다. 프로젝트안에 따르면 학생 수준에 맞는 문제를 AI가 만들고 학생의 대답을 채점하고 첨삭까지 한다.

교실에는 선생님의 수업을 보조해주는 로봇이 있어 아이들이 수업 도중 궁금한 것을 물으면 영상과 음성으로 가장 정확한 답을 알려준다. 불과 4년 뒤 바뀔 중국 교실의 모습이다. 또 인간 교사와 AI 교사의 협업은 다양한 창조적 교육 패턴을 창출해낼 것이다.

위성취안 베이징사범대 교수는 "머지않은 미래에 AI 교사인 'AI 튜터(Tutor)' 제도가 도입되고 AI 교사에 의한 개인별 교습이 현실화할 것"이라고 말했다.

VR, AR 등 실감형 콘텐츠 활용은 디지털 교과서 시대를 맞이해 더욱 보편화된다. AR는 현재 휴대폰 기반 모바일 AR가 대세지만, 2020년부터는 스마트 글라스(AR 글라스)가 본격적으로 활용될 것이다. VR는 지금 많이 사용하고 있는 휴대폰을 헤드셋에 넣거나 PC 연결형보다는 CPU와 배터리가 결합된 '스탠드얼론(Standalone) 헤드셋'이 대세가 될 것이다.

구글은 헤드셋을 착용해 제공하는 VR 콘

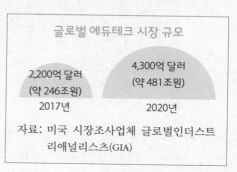

글로벌 에듀테크 시장 규모

2,200억 달러
(약 246조원)
2017년

4,300억 달러
(약 481조원)
2020년

자료: 미국 시장조사업체 글로벌인더스트리애널리스츠(GIA)

텐츠를 800개 이상 제공한다. 영국에서도 에듀테크 산업에 뛰어든 스타트업이 급증하고 있다. 디지털 교과서는 이미 전 세계가 앞다퉈 도입할 예정이다. 일본은 2020년까지 디지털 교과서가 도입되고 우리나라도 2021년까지 도입될 예정이다.

아울러 에듀테크가 더욱 진화하게 되면 '디지털 트윈(Digital Twin)'도 교육 현장에서 현실화할 것이다.

디지털 트윈은 현실에서 적용하기 어려운 실험이나 예측 등을 시뮬레이션해 정확한 미래 데이터를 얻어내는 가상 시스템이다. 이를 교육에 적용한다면 학생의 성격과 적성, 학습 데이터를 컴퓨터상 디지털 트윈에 입력해 일종의 아바타를 만든다. 이 아바타에 다양한 조건과 변수를 입력해 결과를 확인하면 해당 학생에게 미치는 영향이나 결과를 미리 예측해 볼 수 있다(출처: 매일경제, 2018.10.4.).

사례연구

구글·아마존, VR 교육콘텐츠 쏟아내…유럽은 에듀벤처 급증
美시장 연평균 9%씩 폭발성장. "최대 IT기업, 교육서 나올 것"

英스타트업 에듀테크로 몰려, 중국·인도 시장도 급성장
전세계 블루오션 선점 경쟁에, 한국도 정책적 뒷받침 시급

광주광역시 한 초등학교에서 학생들이 수업시간에 안경처럼 착용하는 HMD(Head Mounted Display)를 사용해 공부하고 있다. [사진 제공=시공미디어]

"2030년 지구상에서 가장 큰 인터넷 기업은 교육 관련 기업이 될 것이다."(미래학자 토머스 프레이) 인공지능(AI), 사물인터넷(IoT), 빅데이터, 클라우드 등의 발전된 기술이 교육

에 접목되는 에듀테크 산업의 급성장을 예견하는 미래학자들의 전언이다.

미국 시장조사 업체 글로벌인더스트리애널리스츠(GIA)도 전 세계 에듀테크 시장 규모를 2017년 2,200억 달러(약 246조원)에서 2020년에는 4,300억 달러(약 481조원)까지 성장할 것으로 내다봤다. 시장조사 및 컨설팅 회사인 그랜드뷰리서치는 보수적으로 전망해 2025년 글로벌 에듀테크 시장 규모가 4,232억달러(약 472조원)에 이를 것으로 내다봤다.

에듀테크 산업의 폭발적인 성장이 눈앞에 다가온 것이다. 벌써 세계 각국은 에듀테크 시장을 선점하기 위해 무한 경쟁에 돌입했다. 미국의 에듀테크 시장은 2014년(360억 9,000만 달러) 기준으로 연평균 9.07%씩 성장하고 있다.

내년에는 557억 1,000만 달러 시장이 될 것으로 전망된다. 특히 자율학습형 이러닝(self-paced e-Learning) 시장은 2016년 약 208억 달러 규모로 전 세계 시장의 45%를 차지하는 세계 1위 교육 산업 시장이 됐다.

이미 대표적 글로벌 정보기술(IT) 기업인 구글과 아마존은 에듀테크 산업을 정조준하고 있다. 구글은 '구글 익스페디션(Expedition)'이라는 몰입형 교육 앱을 통해 현장감 있는 가상현실(VR)·증강현실(AR)을 제공하고 있다. 학생들이 실제 여행하는 느낌으로 학습할 수 있는 환경을 구현한 것이다.

학생들은 익스페디션 앱이 설치된 구글 카드보드 헤드셋을 착용해 구글이 제공하는 800개 이상의 VR 콘텐츠와 100개 이상의 AR 콘텐츠를 사용할 수 있다. 교실에서 미술관이나 박물관을 가상으로 살펴볼 수 있고 생생한 우주 탐험도 가능한 것이다.

아마존도 초등학교와 중학교 교사들이 손쉽게 교육 콘텐츠를 구하고 공유할 수 있도록 디지털 교육자료를 제공하고 있다. 교사들은 간단한 정보를 입력하고 교육 자료 5건 이상을 업로드하면 발급되는 코드를 무료로 사용할 수 있다. 자료 업로드는 직관적 인터페이스로 간단히 이뤄지며, 자료에 대한 교사들의 평가와 리뷰도 제공한다. 교사는 학년, 과목, 표준, 완수 시간, 콘텐츠 포맷 등 최적의 자료를 검색할 수 있으며 여러 자료를 하나의 컬렉션으로 만들어 편집하고 공유하는 것이 가능하다.

검색창과 고객 리뷰, 별점 등 기존 아마존 사이트의 특징을 그대로 구현했다. 아마존은 이 같은 서비스를 통해 클라우드 서비스인 아마존웹서비스(AWS), 전자책인 킨들 등 관련 매출이 증대하는 효과를 누리고 있다.

영국도 에듀테크에 성장동력을 집중하고 있다. 영국의 에듀테크 시장은 2015년 기준 175억 파운드(약 30조원)에서 2020년까지 300억 파운드(약 50조원) 규모로 증가할 것으로 본다. 유럽에서 빠르게 성장하는 에듀테크 회사 20개 중 10개가 영국에서 출발한 스타트업이다. 에듀테크 관련 스타트업이 급증하고 있는 것이다.

중국은 높은 교육열과 산아제한 정책 폐지로 인해 에듀테크 산업의 블루오션 시장으로 주목받고 있다. 중국 정부의 디지털 교육 장려 정책과 'BAT'로 불리는 바이두, 알리바바, 텐센트 등 온라인 대기업의 막대한 투자로 연간 세 자릿수 이상의 성장률로 가파르게 성장하고 있다. 2015년 기준 전 세계 에듀테크 시장의 10%를 중국 기업이 차지하고 있다. 워낙 시장이 넓어 성장 가능성이 무궁무진하다.

아직 교육 시스템이 제대로 갖춰지지 않은 인도에서도 에듀테크 시장이 연평균 52% 가량 성장할 것으로 예측된다.

한국은 사실 에듀테크의 선구자다. 세계 최초로 이러닝 산업발전법을 제정하면서 교육과 산업을 연결하는 데 앞장섰다.

사이버대 인터넷 강의 등 원격교육 분야에서 양질의 교육 환경을 구축했다. 국내 이러닝 시장 규모는 2011년 2조 4,513억원에서 2015년 3조 4,851억원으로 5년간 연평균 9.2% 성장했다. 기존 이러닝 시장과 데이터 분석, AI, IoT, AR · VR와 융합한 에듀테크 총 시장 규모는 2020년까지 10조원으로 신장할 것으로 예상된다.

세계적으로 폭발적인 성장을 하고 있는 에듀테크 시장에서 한국이 뒤떨어지지 않기 위한 정책적 노력이 더욱 뒷받침돼야 하는 이유다(출처: 매일경제, 2018.10.4.).

사례연구

챗봇·스마트글라스·AI…4차 산업혁명 기술이 교실로
에듀테크가 바꾸는 교육현장

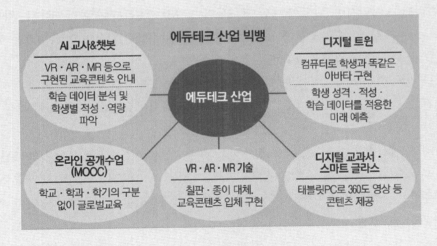

　　지난 5월 세종시 도담초등학교 과학 수업시간. 아이들이 집중해서 보고 있는 것은 책이 아닌 태블릿PC다. 학생들은 태양계를 구성하는 행성 탐사 스토리를 만든 후 가상현실(VR) · 증강현실(AR) 콘텐츠 등을 활용해 온라인상에서 직접 행성을 탐사했다.

　　우주뿐만 아니라 공룡 그림이 그려진 카드를 태블릿 카메라로 비추면 실제 공룡이 깨어나 포효하고, 스마트 글라스를 쓰면 생생한 독도의 모습을 볼 수 있다.

　　에듀테크는 먼 미래가 아니라 벌써 우리 학교 교실 안까지 들어왔다. 이로 인해 세계 각국 학교 풍경도 확 바뀌고 있다. 프랑스의 정보기술(IT) 교육 전문학교 '에콜 42'에는 커리큘럼과 선생님이 없다. 프로그래밍에 관해 주어진 미션을 해결하면 다음 레벨로 올라가는 식이다. 이렇게 총 42단계 미션을 해결하면 졸업 자격이 주어진다. 미션을 해결하는 방식은 혼자 해결하거나 동료들과의 협업을 통해 가능하다. 학교 안에서 자유롭게 스타트업을 만들기도 한다. 학교 내에는 이런 스타트업이 이미 150개 가량 있다.

　　인공지능(AI) 교사, 빅데이터, VR · AR 기술 등으로 상징되는 에듀테크의 발전은 교사가 주도하는 암기 위주의 전통적인 교육을 근본부터 흔든다. 일정한 교과과정이 없기 때문에 학생 중심의 능동적이고 탐구 기반 학습으로 변화된다. 이제 아이들은 기술과 사회 변화로 학습에서 참여와 토론은 일상이 되고 3D프린팅, 드론, AI, 빅데이터 등을 통해 마음껏 상상의 나래를 펴고 하고 싶은 일을 실제 추구해 볼 수 있다.

　　부모도 에듀테크를 통해 우리 아이들이 어떤 아이인지 정확히 알 수 있다. 아이들 장래를 부모 생각대로가 아니라 아이가 좋아하고 잘하는 것을 파악해서 지원만 하면 된다.

　　세상과 소통하기 위해 학교라는 공간을 없앨 수도 있다. 이미 '온라인 공개수업(MOOC · Massive Open Online Course)'은 전 세계적으로 자리 잡았다. MOOC로 인해 학교와 학과, 학기의 구분은 무의미해지고 온라인이 새로운 캠퍼스로 인식된다.

　　미국 미네르바 스쿨은 강의실 짓는 비용을 아껴 수업료를 다른 대학교의 4분의 1 수준으로 책정했다. 샌프란시스코, 런던, 베를린, 하이데라바드, 타이베이, 부에노스아이레스, 서울 이렇게 7개 도시에 다양한 국적의 학생들이 함께 생활하는 기숙사만 존재한다. 학생들은 교실과 캠퍼스를 벗어나 타 문화권 도시와 친구들에게서 배운다. 모든 수업은 온라인 강의와 실시간 토론으로 이뤄진다.

　　이 학교에서 온라인 강의는 흔히 떠올리는 일방향적 강의가 아니라 영상통화에 가깝다. 한 클래스는 20명이 넘지 않으며, 교수는 모든 학생의 얼굴과 함께 토론 주제에 대한 동의 여부를 모니터로 볼 수 있다. 평가 역시 시험 없이 수업에서의 토론 역량으로 이뤄진다. 모든 발언을 남길 수 있는 온라인의 장점을 십분 활용해 수업 이후에라도 언제든 평가 근거를 확인할 수 있다.

　　이 같은 기술이 가져온 혁명적 변화에도 불구하고 변하지 않는 가치가 있다. 지능화·자동화·기계화·정보화가 되면 될수록 인성, 사랑, 자연, 신뢰, 관용, 독서 등에 대한 교육의 가치와 필요성은 증대된다. AI, 빅데이터 등의 기술이 교육과 결합해서 얻는 최고의 가치는 인성, 사랑, 관용, 협력, 창조 등을 기본으로 한 좋은 인간 만들기에 있다. 기술사회에서도 교육에선 여전히 선생님, 친구, 부모가 매우 중요하다는 점은 분명하다(출처: 매일경제, 2018.10.4.).

사례연구

AI용 어휘 '말뭉치' 태부족…영어 2,000억개 vs 한국어 2억개

AI 인프라 외면한 정부

지난 5월 구글이 개발자대회에서 공개한 구글 어시스턴트는 사람처럼 가게에 전화를 걸어 점원과 자연스럽게 대화하며 예약을 수행해 전 세계를 놀라게 했다.

구글이 공개한 영상에 따르면 구글 어시스턴트는 전화상 음성이나 말투만 봤을 때 사람이라고 깜빡 속을 정도였다. 구글 어시스턴트는 "5월 3일 예약될까요"라고 말을 걸었다. 점원이 "잠깐만 기다리세요"라고 하자 "음…" 하며 기다리는 모습을 보였다.

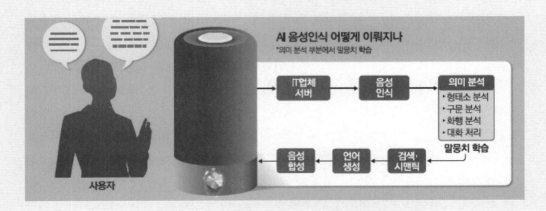

상대방이 공손하게 부탁하면 칭찬을 섞어 답변도 한다. 상대의 맥락과 뉘앙스까지 파악하는 수준으로 향상된 것이다. 반면 국내 업체들이 내놓은 인공지능(AI) 어시스턴트는 말귀를 못 알아듣는다는 불만이 많다.

리서치기관 컨슈머인사이트가 지난 4월 전국 14~64세 휴대전화 사용자 1만 2,580명을 조사한 바에 따르면 AI 스피커 사용 경험자의 이용 만족률은 49%로 낮은 수준에 머물렀다. 불만족 이유는 '음성 명령이 잘 되지 않는다'(50%) '자연스러운 대화가 곤란하다'(41%) '소음을 음성 명령으로 오인한다'(36%) 등 순이었다.

컨슈머인사이트는 "국내 음성인식 스피커는 날씨나 일정 등 단순한 정보를 서툴게 검색하는 수준"이라고 했다.

AI 스피커, 챗봇 등 자연어 처리 기술에서 파생되는 시장은 급팽창하고 있다. AI 스피커만 해도 올해 말 전 세계 설치 대수가 지난해보다 2.5배 증가한 1억대에 이를 전망이다.

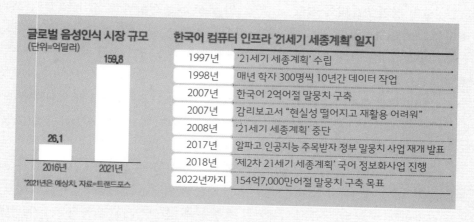

글로벌 음성인식 시장 규모 (단위=억달러)		한국어 컴퓨터 인프라 '21세기 세종계획' 일지
	1997년	'21세기 세종계획' 수립
	1998년	매년 학자 300명씩 10년간 데이터 작업
	2007년	한국어 2억어절 말뭉치 구축
159.8	2007년	감리보고서 "현실성 떨어지고 재활용 어려워"
	2008년	'21세기 세종계획' 중단
	2017년	알파고 인공지능 주목받자 정부 말뭉치 사업 재개 발표
26.1	2018년	'제2차 21세기 세종계획' 국어 정보화사업 진행
2016년 2021년	2022년까지	154억7,000만어절 말뭉치 구축 목표

*2021년은 예상치. 자료=트렌드포스

말뭉치는 이처럼 급성장하는 음성인식 분야의 '씨앗'과 같은 자원이다. 마치 어린아이가 책을 읽거나 TV를 보면서 스스로 언어를 배워가는 것처럼 기계도 많은 언어를 학습할수록 성능이 좋아지기 때문이다. 하지만 말의 뉘앙스 차이까지 구별할 정도로 기술력을 갖춘 외국 AI 스피커에 비해 국내 제품의 인식률이 떨어지는 이유는 무엇일까. 전문가들은 여러 가지 차이가 있겠지만 근본적으로 국가별로 구축해 놓은 언어 데이터베이스, 한마디로 말하면 컴퓨터용 국가별 언어 인프라스트럭처에 엄청난 차이가 벌어졌기 때문이라고 지적한다. 컴퓨터가 사람 말을 인식해서 이해한 다음 이를 다시 사람 말로 표현하려면 기본적으로 사람이 말하는 언어, 말뭉치를 컴퓨터용으로 구축해 둬야 한다.

미국, 일본, 중국은 민간 기업·대학·연구소와 손잡고 20년 넘게 대규모 말뭉치 구축 사업을 지속적으로 전개해 왔다. 영어권 국가인 영국·미국은 정부와 대학, 민간 연구소, 기업이 손잡고 1990년대 초반부터 일찌감치 영어 말뭉치 구축 사업을 시작했다. 미국, 영국, 캐나다 학계는 정부 지원 아래 말뭉치 통합 작업을 했고 이 방대한 데이터베이스는 미국 브리검영대 주도 아래 하나로 구축해 약 260억개 어절을 확보했다. 학계에 따르면 현재 영어는 2,000억개 넘는 어절의 말뭉치가 구축된 것으로 알려졌다. 일본은 2006년부터 정부와 대학이 공동으로 '고토노하 프로젝트'를 진행했다. 현재는 약 40억개의 말뭉치를 확보하며 앞서가고 있다. 일본 국립국어연구소는 100억개 구축을 목표로 하고 있다.

중국은 2000년대부터 본격적으로 대만과 함께 국가 예산을 바탕으로 중국어 말뭉치 구축에 나서 현재는 800억개 이상 말뭉치가 구축돼 있다. 구글은 이미 10년 전에 1,900억개 영어 말뭉치를 구축했다. 이를 토대로 컴퓨터가 학습을 하기 때문에 구글 AI는 시간이 지날수록 더 잘 인식할 수밖에 없다.

자연어 처리 기술자는 "언어를 기계가 학습한다는 것은 어느 정도 자료가 쌓여야 의미 있는 결과가 나오기 때문에 음성인식 기술 업력이 짧은 기업들이 딥러닝 기술을 확보해도 인식률이 떨어질 수밖에 없다"고 했다. 이 관계자는 "요즘에는 (걸그룹) '트와이스'라고 하면 걸그룹을 뜻하지만 과거 데이터를 학습한 기계는 '두 배'로 알아듣는다"며 "기 처리 기술은 음성 '인식' 단계에서 완성도가 떨어지기 때문에 제대로 된 서비스를 할 수 없다"고 했다.

예를 들어 세종 말뭉치를 구축한 '국립국어원 언어정보나눔터'에서 '먹었니'를 검색하면 2건만 검색된다. 한 개발자는 "통상 10억 어절 이상은 돼야 딥러닝을 적용할 수 있는데 2건으로는 '먹었니'를 기계에 학습시킬 수 없다"고 했다.

'비트코인' '헬조선' 등 최근 사용되는 어휘 또한 찾아볼 수 없다. 이 프로젝트가 2007년 종료된 후 더는 진행되지 않았기 때문이다. 김한샘 연세대 언어정보연구원 교수가 쓴 '말뭉치 구축의 세계 동향과 국어 말뭉치의 현주소'에 따르면 세종 말뭉치는 1990년대가 7,000만건, 2000년대가 1,800만건으로 절반 이상이 1980년대 이전 자료에 치우쳐 있다.

■ 용어 설명

말뭉치: 자연어 처리 개발에 사용되는 언어 데이터를 모아놓은 덩어리(DB)다. 음성인식 인공지능 서비스는 자연어 처리 과정을 통해 인간 언어를 인식하고 분석한 뒤 다시 인간 언어로 답한다. (출처: 매일경제: 2018. 7.15)

8

금융시스템과 지급결제

1. 개요

　　우리나라의 금융정보화는 1960년대 후반 각 은행이 급여계산업무를 일괄처리(batch) 방식으로 전산화하면서 출발하였으며 1970년대 후반 은행들이 사무자동화 및 본지점간 온라인망을 구축하면서 본격화되었다.

　　1980년대 들어 금융전산망의 중요성에 관한 인식이 높아지면서 금융전산망을 행정, 교육 · 연구, 국방, 공안 전산망과 함께 5대 국가기간전산망 사업의 하나로서 추진되었다. 금융전산망 사업을 추진하기 위한 기구로 정부의 「전산망조정위원회」 산하에 한국은행 총재를 위원장으로 하는 「금융전산위원회」가 1984년 9월 발족되었다. 1987년 1월에는 「전산망보급확장과 이용촉진에 관한법률」이 시행됨에 따라 금융전산위원회가 1987년 6월 「금융전산망추진위원회」로 개칭되었고 대상 금융기관도 은행뿐만 아니라 증권회사, 보험회사, 종합금융회사 등 비은행 금융기관까지 확대되었다.

　　또한 1996년 1월 「정보화촉진기본법」이 시행되면서 국가 정보화추진기구가 전산망조정위원회에서 「정보화추진위원회」로 변경되었고 1996년 6월 금융전산망추진위원회도 「금융정보화추진분과위원회」로 명칭이 바뀌었으며 그해 11월에는 동 위원회 위원장이 한국은행 총재에서 한국은행 부총재로 변경되었다. 이후 2009년 8월에는 「정보화촉진기본법」의 전부개정으로 「국가정보화 기본법」이 시행되면서 2009년 11월 금융정보화추진분과위

금융정보화 추진조직 체계도(2017년 6월말 현재)

원회가 한국은행과 민간기관과의 협의체인 「금융정보화추진협의회」로 개편되었다.

현재 금융정보화추진협의회(사무국: 한국은행 금융결제국)는 금융정보화 공동추진사업의 선정, 금융정보망과 외부전산망 등과의 접속에 관한 사항 및 금융정보화 업무와 관련한 표준화 등의 사업을 추진하고 있다. 2016년 4월에는 금융정보화협의회는 변화된 전자금융 환경을 반영하여 협의회를 확대 개편하였다.

은행, 증권사, 카드사, 보험사 등 주로 금융기관 중심으로 구성되어 있는 참가기관 범위를 핀테크 업체 등 비금융회사로 확대함으로써 심화되고 있는 금융의 디지털화에 대응할 수 있는 체재로 갖추었다. 또한 동 협의회 산하에 '동전없는 사회 워킹그룹'과 '핀테크 금융정보화 워킹그룹'을 신설하여 관련 사업 추진과정에서 제기되는 기술 및 제도적 문제에 대해 효과적으로 대응하는 한편 새로운 금융정보화 공동추진사업 발굴을 위해 노력하고 있다.

2. 우리나라 금융시스템

(1) 금융시스템

금융시스템(financial system)은 금융시장 및 금융기관과 이들을 형성하고 운영하며 원활하게 기능하도록 하는 법규와 관행, 지급결제시스템 등 금융인프라를 모두 포괄하는 개념이다. 먼저 금융시장은 기업, 가계, 정부, 금융기관 등 경제주체가 금융상품을 거래하여 필요한 자금을 조달하고 여유자금을 운용하는 장소를 의미한다.

금융상품은 현재 혹은 미래의 현금흐름에 대한 법률적 청구권을 나타내는 증서를 의미하는데 채권, 주식 등과 같은 기초자산뿐만 아니라 선물, 옵션 등 파생금융상품도 포함된다. 금융시장은 거래되는 상품의 성격에 따라 대출시장, 주식시장, 채권시장, 외환시장, 파생금융상품시장으로 구분할 수 있다. 여기서 외환시장은 서로 다른 통화를 교환하는 시장으로 자금의 대차거래는 아니지만 자금이 운용되고 있다는 점에서 금융시장에 포함된다.

금융기관은 거래비용의 절감, 만기 및 금액의 변환, 위험의 분산, 지급결제수단의 제공 등을 통해 금융시장에서 경제주체가 원활하게 금융거래를 할 수 있도록 하는 역할을 수행하고 있다. 구체적으로 금융기관은 예금·대출, 투자, 신용분석 등과 관련한 많은 전문 인력과 경험을 바탕으로 자금의 공급자와 수요자가 보다 적은 비용으로 금융거래를 할 수 있도록 해준다. 이와 함께 금융기관은 다양한 리스크관리 기법과 분산투자 등을 통해 리스크를 축소하거나 분산함으로써 자금을 보다 안정적으로 운용한다.

한편 경제주체 간의 각종 거래를 종결시켜 주는 지급결제수단을 제공하여 경제활동을 보다 활성화시켜주는 기능도 수행한다. 금융인프라는 금융시장과 금융기관이 원활히 기능하도록 하는 각종 금융규제 및 감독제도, 금융안전망, 지급결제시스템 등을 총칭한다. 금융규제와 감독은 금융시장 참가자가 일정한 룰을 준수토록 함으로써 시장이 공정하고 투명하며 효율적으로 작동할 수 있도록 하는 제도를 의미한다. 이에는 금융관련 법률과 규정, 금융기관의 인허가, 건전성 감독 및 감시, 제재 등이 포함된다. 금융안전망은 금융기관 도산 등으로 금융시스템이 불안해지고 이것이 경제에 악영향을 미치는 것을 방지하기 위한 금융시스템의 보완장치이다. 대표적인 금융안전망으로는 예금자보호제도와 중앙은행의 긴급유동성 지원제도(=최종대출자 기능)가 있다. 한편 지급결제시스템은 경제주체의 경제활동에서 발생하는 각종 거래를 마무리하는 지급결제가 원활히 이루어지도록 해주는 제도적 장치를 의미한다.

1) 금융시장

금융시장이란 상품 등이 거래되는 특정 건물이나 장소를 의미하는 것이 아니라 일정한 질서 속에서 자금의 거래가 상시적으로 이루어지도록 하는 체계 또는 기구를 가리키는 추상적 개념의 시장이다.

2) 금융시장의 기능

가계부문의 잉여자금을 기업부문으로 이전시킴으로써 자본의 효율을 높이고, 영세유휴자금을 동원함으로써 대규모 기업의 설립을 가능케 하여 경제적 생산 활동을 뒷받침한

금융시장의 분류

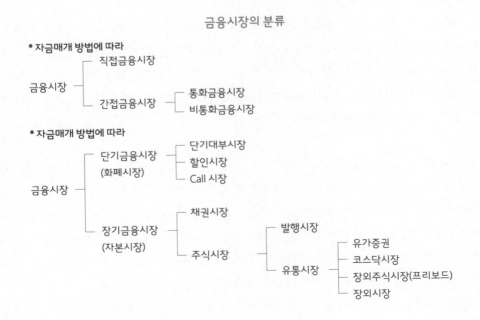

다. 또한 금융시장은 저축에 대한 대가(이자)를 보장함으로써 일반 대중의 저축의욕을 높여 자본형성을 촉진함은 물론 시장의 공급자로부터 수요자에게로 구매력 이전을 통하여 재화의 유통을 원활히 촉진한다.

3) 금융기관과 제도

금융기관을 분류하는 기준은 여러 가지이다. 일반적으로 사용되는 기준은 국제통화기금(IMF)의 통화성 기준으로 금융기관의 통화창출 기능의 유무에 따른 구별방법이다. 이에 따르면 금융기관은 크게 통화금융기관과 비통화금융기관, 그리고 기타기관으로 나누어진다.

통화금융기관은 현금통화를 창출하는 중앙은행과 예금통화를 창출하는 예금은행으로 나누어지며, 예금은행은 다시 일반은행과 특수은행으로 나누어진다. 일반은행은 은행법에 의하여 설립된 것으로 시중은행, 지방은행, 외국은행 국내지점 등이 이에 속한다. 특수은행은 일반은행이 기업성이나 전문성 때문에 접근하기 어려운 부분에 자금을 공급하는 등 특수한 목적달성을 위하여 설립된 금융기관이다.

비통화금융기관은 업무의 특성에 따라 개발기관, 투자기관, 저축기관, 보험기관으로 나누어진다. 개발기관에는 산업은행, 수출입은행 등이 있으며 종합금융회사, 자산운용회사, 증권금융회사 등은 투자기관으로 분류된다. 그리고 저축기관으로는 은행신탁계정, 저축은행, 체신예금 등이 있다.

그 외에 통화금융기관이나 비통화금융기관에 포함되어 있지는 않지만 금융중개 기능을 수행하거나 금융기관과 관련성이 많은 업무를 수행하는 증권회사와 증권관련기관, 신용보증기관, 벤처금융회사, 손해보험회사, 리스회사 등이 기타기관으로 분류된다.

최근에는 금융기관을 업무영역으로 구분하기도 한다. 금융의 개방화와 자율화가 확

업무영역별 금융기관의 분류[1]

구 분	금 융 기 관 명	비 고
증권기관	증권회사, 자산운용회사, 투자자문회사, 증권금융회사, 종합금융회사	
은행기관	시중은행, 지방은행, 외국은행 국내지점	예금은행(일반은행)
	중소기업은행, 농업협동조합, 수산업협동조합	예금은행(특수은행)
	한국산업은행, 한국수출입은행	개발기관
	저축은행, 신용협동조합, 상호금융, 체신예금	저축기관
	종합금융회사	투자기관
	리스회사, 벤처금융회사, 신용카드회사, 할부금융회사	여신전문기관
보험기관	생명보험회사, 외국생명보험 국내지사 및 법인, 손해보험회사, 체신보험	

---

1) 종합금융회사는 증권 관련업무도 수행하고 있어 증권기관으로도 은행기관으로도 볼 수 있다.

산됨에 따라 금융산업은 전업주의에서 겸업주의로 옮아가고 있다. 이에 따라 우리나라는 금융의 개방이나 제도개선 등을 업무영역별로 구분하며 접근하고 있다. 금융산업을 증권·은행·보험의 3대 업무영역으로 나누어 업무조정을 하고 있는 것이다. 각 영역별 고유업무에 대해서는 자회사를 통한 상호진출을 허용하고, 부수 및 주변업무에 대해서는 겸업을 확대하고 있다. 업무영역별 구별방법은 다음의 표와 같다.

(2) 금융시스템의 기능

금융시스템의 중요한 기능은 가계, 기업, 정부, 금융기관 등 경제주체들이 저축, 차입, 보험계약 등을 통해 소비나 투자와 같은 경제활동을 원활하게 수행할 수 있도록 지원하는 것이라고 할 수 있다. 가령 가계는 금융시스템이 제공하는 저축이나 보험 수단을 이용함으로써 실직, 질병, 노후 등의 상황에서도 일정한 소비수준을 유지할 수 있다. 또한 경우에 따라서는 미래의 소득을 예상하여 차입을 통해 현재의 소비를 늘릴 수도 있을 것이다. 기업도 높은 수익이 기대되는 부문에 대한 투자를 늘리고 싶을 경우 부족한 자금을 금융시장이나 금융기관을 통해 조달할 수 있으며, 이와는 반대로 여유자금이 있는 경우에는 금융시장이나 금융기관을 통해 운용하게 된다.

이와 같이 금융시스템은 예금, 주식, 채권 등의 금융상품을 제공함으로써 경제주체의 여유자금이 저축되어 자금이 부족한 경제주체의 투자나 소비 지출로 이어지도록 하는 기능을 수행한다. 특히 이러한 과정에서 금융시스템이 자원을 생산성이 더 높은 경제활동의 영역으로 흘러가도록 기능하게 되면 자원배분의 효율성이 증대되면서 사회 전체의 후생도 늘어나게 된다. 이는 저축 혹은 투자주체의 부(wealth) 혹은 수익이 늘어나는 것을 의미한다.

금융시스템이 이와 같은 기능을 수행할 수 있는 것은 금융시장이 금리, 주가, 환율 등 금융상품의 가격을 형성하여 줌으로써 다양한 선호체계를 가진 경제주체의 금융거래가 원활하게 이루어지도록 하기 때문이다. 예를 들면 어떤 자금운용자는 위험이 높더라도 높은 수익을 보장하는 투자를 선호하고 어떤 자금운용자는 그와 반대인 경우도 있다. 또한 자금운용을 단기로 하고 싶을 수도 있고 장기를 원할 수도 있다.

자금 차입주체가 선호하는 차입조건 역시 다양할 것이다. 이와 같이 금융시스템은 위험, 수익성, 만기, 유동성 등 다양한 시장참가자의 선호 요인이 반영된 금융상품을 제공하고 가격을 형성함으로써 자금거래가 원활히 이루어지도록 한다. 이와 같이 금융시스템이 발전하여 다양한 금융상품이 제공되고 금융거래가 활성화되면 적절한 가격을 바탕으로 경제주체는 위험을 분산할 수 있다. 위험 분산을 위한 금융상품으로는 생명 건강 등과 관련한 보험상품과 금융자산 가격의 변동 위험, 거래상대방의 채무불이행 위험(=신용위험)

등과 관련한 각종 파생금융상품이 있다.

최근에는 금융공학과 정보통신기술의 발전 등으로 파생금융상품의 종류가 더욱 다양화, 국제화되고 있으며 그 거래규모도 더욱 증대되는 추세이다. 한편 금융시스템은 각종 경제활동의 거래결과를 완결해주는 기능인 청산 및 지급결제기능을 수행한다.

마지막으로 금융시스템은 정책당국이 금융·경제정책을 수행하는 중요한 경로가 된다. 예를 들어 중앙은행의 금리정책은 금융시장에서 공개시장운영 등을 통해 실행되며 정책의 효과는 금융시스템을 거쳐 실물경제로 파급된다. 이는 금융시스템이 금융상품의 공급을 통해 실제로 발행되는 중앙은행의 현금통화보다 더 많은 유동성을 창출하는 기능을 수행하면서 실물 경제활동을 뒷받침하기 때문이다.

그러나 금융시스템이 금융거래 계약을 통해 유동성을 창출하는 본원적 기능을 수행하는 이면에는 금융시스템의 불안을 유발할 수 있는 잠재적인 요인도 함께 존재한다. 즉 금융거래 계약은 현금을 이용한 거래와는 달리 차후에 이행되지 못할 위험성도 내포하고 있다. 또한 불완전 정보, 불완전 경쟁 등으로 금융시장은 완벽하게 작동하기 어려워 금융시스템이 항상 스스로 사회적 후생을 극대화시켜주지 못하거나 경우에 따라서는 금융불안이 야기되어 큰 경제적 비용이 초래될 수도 있다.

따라서 금융시장, 금융기관 및 금융인프라로 구성된 금융시스템이 본연의 기능을 원활하게 수행할 수 있도록 정책당국의 금융안정을 위한 다양한 노력이 필요하게 된다. 이러한 관점에서 한국은행도 우리나라 경제의 건전한 발전을 도모하기 위해 금융안정상황 분석 및 평가, 금융시장 안정을 위한 긴급유동성 지원 등 다양한 금융안정 정책을 수행하고 있다.

(3) 금융시장

우리나라의 금융시장은 금융기관을 통해 자금중개가 이루어지는 대출시장, 장단기 금융상품이 거래되는 전통적 의미의 금융시장, 외환시장, 파생금융상품시장으로 구성된다.

대출시장은 은행, 저축은행, 상호금융, 신용협동조합 등과 같은 예금취급 금융기관을 통해 다수의 예금자로부터 자금이 조달되어 최종 자금수요자에게 공급되는 시장을 말한다. 또한 신용카드회사와 같은 여신전문금융회사가 제공하는 현금서비스나 판매신용도 대출시장에 포함된다. 대출시장은 차주에 따라 기업대출시장과 가계대출시장으로 구분할 수 있다.

전통적 금융시장은 거래되는 금융자산의 만기에 따라 자금시장(money market)과 자본시장(capital market)으로 구분된다. 자금시장은 단기금융시장이라고도 하는데 콜시장, 한국은행 환매조건부증권매매시장, 양도성예금증서시장, 기업어음시장 등이 자금시장에

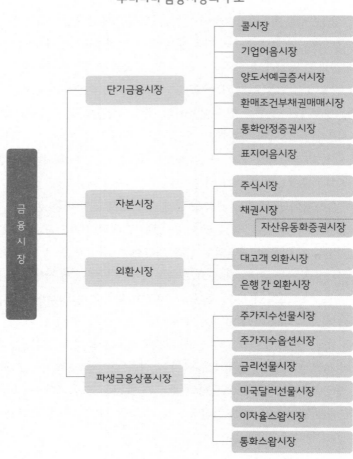

우리나라 금융시장의 구조

해당된다. 자본시장은 장기금융시장이라고도 하며 주식시장과 국채, 회사채, 금융채 등이 거래되는 채권시장 그리고 통화안정증권시장 등이 여기에 속한다.

외환시장은 외환의 수요와 공급에 따라 외화자산이 거래되는 시장으로 우리나라에서는 교역규모 확대, 외환자유화 및 자본시장 개방, 자유변동환율제 도입 등에 힘입어 주로 원화와 달러화를 중심으로 이종통화간의 거래가 활발히 이루어지고 있다. 한편 외환시장은 전형적인 점두시장의 하나로서 거래 당사자에 따라 외국환은행 간 외환매매가 이루어지는 은행 간 시장(inter-bank market)과 은행과 비은행 고객 간에 거래가 이루어지는 대고객시장(customer market)으로 구분된다.

은행 간 시장은 금융기관, 외국환중개기관, 한국은행 등의 참여하에 대량의 외환거래가 이루어지고 기준환율이 결정되는 도매시장으로서 일반적으로 외환시장이라 할 때는 은행 간 시장을 말한다.

파생금융상품시장은 전통 금융상품 및 외환의 가격변동위험과 신용위험 등 위험을 관리하기 위해 고안된 파생금융상품이 거래되는 시장이다.

우리나라의 경우 외환파생상품 위주로 발전되어 왔으나 1990년대 중반 이후에는 주가지수 선물 및 옵션, 채권선물 등이 도입되면서 거래수단이 다양화되고 거래규모도 크게 확대되고 있다.

(4) 금융기관

우리나라의 금융기관은 제공하는 금융서비스의 성격에 따라 은행, 비은행예금취급기관, 보험회사, 금융투자회사, 기타 금융기관, 금융보조기관 등으로 분류할 수 있다.

은행에는 은행법에 의해 설립된 일반은행과 개별 특수은행법에 의해 설립된 특수은행이 있다. 일반은행은 예금·대출 및 지급결제 업무를 고유업무로 하여 시중은행, 지방은행, 외국은행 국내지점으로 분류된다. 시중은행은 각각 2016년, 2017년에 은행업을 인가받아 운영 중인 인터넷전문은행 2개사를 포함한다. 특수은행은 일반은행이 재원의 제약, 수익성 확보의 어려움 등을 이유로 필요한 자금을 충분히 공급하기 어려운 부문에 자금을 원활히 공급하기 위하여 설립되었으며, 한국산업은행, 한국수출입은행, 중소기업은행, 농협은행 및 수협은행이 있다.

비은행예금취급기관에는 상호저축은행, 신용협동기구, 우체국예금, 종합금융회사 등이 있다. 상호저축은행은 특정한 지역의 서민 및 소규모 기업을 대상으로 하는 여신업무를 전문으로 한다.

신용협동기구는 조합원에 대한 저축편의 제공과 대출을 통한 상호간의 공동이익 추구를 목적으로 운영되며, 신용협동조합, 새마을금고 그리고 농업협동조합·수산업협동조합·산림조합의 상호금융을 포함한다.

우체국예금은 민간금융이 취약한 지역을 지원하기 위해 전국의 체신관서를 금융창구로 활용하는 국영금융이며, 종합금융회사는 가계대출, 보험, 지급결제 등을 제외한 대부분의 기업금융업무를 영위한다.

보험회사는 사망·질병·노후 또는 화재나 각종 사고를 대비하는 보험을 인수·운영하는 금융기관으로 생명보험회사, 손해보험회사, 우체국보험, 공제기관 등으로 구분된다. 손해보험회사에는 일반적인 손해보험회사 외에도 재보험회사와 보증보험회사가 있다. 또한 국가기관이 취급하는 국영보험인 우체국보험과, 유사보험을 취급하는 공제기관이 있다.

금융투자업자는 주식, 채권 등 유가증권과 장내·장외파생상품 등 금융투자상품의 거래와 관련된 업무를 하는 금융기관이다. 투자매매·중개업자, 집합투자업자, 투자자문·일임업자, 신탁업자로 분류된다.

기타 금융기관에는 금융지주회사, 리스·신용카드·할부금융·신기술사업금융을 취급하는 여신전문금융회사, 벤처캐피탈회사, 증권금융회사, 그리고 한국무역보험공사, 한국주택금융공사, 한국자산관리공사, 한국투자공사 등이 있다.

금융보조기관은 금융거래에 직접 참여하기보다 금융제도의 원활한 작동에 필요한 여건을 제공하는 것을 주된 업무로 하는 기관을 의미한다. 여기에는 예금보험공사, 금융결제원, 한국예탁결제원 등 금융하부구조와 관련된 업무를 영위하는 기관과 한국거래소, 신용보증기관, 신용정보회사, 자금중개회사 등이 포함된다.

(5) 금융하부구조

금융하부구조는 금융시장과 금융기관이 본연의 기능을 원활히 수행할 수 있도록 도와주는 토대가 되는 것으로 금융규제 및 감독제도, 금융안전망, 지급결제시스템 등을 모두 포괄하는 개념이다.

우리나라의 금융규제 및 감독제도는 금융관계법령의 제정·개정 업무를 관장하는 금융위원회가 만들어 발전시키고 있다. 이렇게 만들어진 틀 안에서 금융위원회와 금융감독원은 관련 규정의 제정·개정, 금융기관의 설립·합병 등의 인허가, 검사·제재 등과 관련한 업무를 수행함으로써 금융시장이 공정하고 투명하며 효율적으로 작동할 수 있도록 하고 있다.

한편 한국은행과 예금보험공사도 제한적인 금융감독 기능을 수행하고 있다. 즉 한국은행은 통화신용정책 수행과 관련하여 금융기관에 대해 금융감독원과 공동검사를 하거나 자료를 요청할 수 있으며 예금보험공사는 예금자보호와 관련하여 예금보험에 가입한 금융기관에 대한 검사를 실시할 수 있다.

다른 여러 나라와 마찬가지로 우리나라에서도 금융시스템의 불안을 방지하기 위한 금융안전망으로 예금보험제도와 중앙은행의 긴급유동성 지원제도가 마련되어 있다. 예금보험공사가 운영하는 예금보험제도는 예금보호 대상 금융기관으로부터 일정한 예금 보험료를 받아두었다가 금융기관이 예금 등을 지급할 수 없게 되는 경우 예금보험공사가 이를 대신 지급해주는 제도이다. 우리나라의 예금보험제도는 보호대상 금융기관과 금융상품 및 금액의 한도를 정하여 운영하는 부분지급보장 방식으로 운영되고 있다. 한편 금융시장의 불안이나 특정 금융기관의 일시적인 유동성 위기가 금융시스템 전반의 불안으로 확산되는 것을 방지하기 위해 필요한 경우 한국은행은 긴급유동성을 지원하게 된다. 예를 들면 외환위기가 발생하였던 1997년과 신용카드회사 영업부실 등으로 금융시장이 불안해졌던 2003년에 한국은행은 금융시스템 안정을 도모할 목적으로 금융기관에 긴급자금을 지원한 바 있다.

우리나라의 지급결제시스템은 거액결제시스템, 각종 소액결제시스템 및 증권결제시스템 등으로 구성되어 있다. 거액결제시스템으로는 한국은행이 운영하는 신한은금융망(BOK-Wire+)이 있으며 은행, 금융투자업자 등 참가금융기관은 한국은행에 개설된 당좌예금계정의 자금이체를 통해 자금을 결제하고 있다.

소액결제시스템은 경제주체간의 자금이체를 처리하고 그 결과 발생하는 금융기관 간 자금대차 금액을 정산하는 지급결제시스템으로 금융결제원이 운영하는 어음교환시스템, 지로시스템, 현금자동인출기(CD)공동망 등이 있다. 그리고 증권결제시스템은 주식이나 채권 등을 사고 팔 때 그 증권의 소유권을 이전하고 매매대금을 결제하는 지급결제시스템으로 한국거래소와 한국예탁결제원이 운영하는 유가증권 시장결제시스템 등이 있다.

한편 한국은행은 우리나라의 중앙은행으로서 지급결제제도를 총괄 감시(oversight)하는 업무를 수행하고 있다. 이와 관련하여 필요한 경우 한국은행은 자금지원을 통해 지급결제시스템이 금융 불안의 확산경로로 작용하지 않도록 한다.

3. 지급결제

(1) 개념

경제주체들이 경제활동에 따른 채권채무관계를 지급수단을 이용하여 해소하는 행위를 지급결제라고 한다. 우리는 생활용품을 구입하거나 서비스를 이용하고 그 값을 치를 때 현금, 수표 또는 신용카드와 같은 지급수단을 사용한다. 기업도 원자재를 구입하거나 종업원에게 급여를 줄 때 어음·수표 또는 계좌이체 등의 지급수단을 이용한다. 정부도 재정지출을 집행하거나 개인·기업으로부터 세금을 걷을 때 현금이나 신용카드 또는 수표, 계좌이체 등을 지급수단으로 사용한다. 이렇게 경제주체들이 각종 경제활동에 따라 거래당사자들 사이에서 발생하는 채권·채무관계를 지급수단을 이용하여 해소하는 행위를 지급결제라고 한다. 우리가 신용카드로 대금을 치르는 것도, 가까운 금융기관을 통해 지방에 사는 친지에게 송금하는 것도, 매달 자동계좌이체서비스를 이용하여 휴대전화요금을 내는 것도 모두 지급결제의 예이다.

지급수단에는 여러 가지가 있지만 가장 기본적이고 단순한 지급수단은 현금(화폐)이다. 현금은 중앙은행이 발행하는 지급수단으로서 그 공신력을 국가가 보장하고 있다. 그러므로 어떤 거래에서나 현금을 지급하면 더 이상의 결제과정을 거칠 필요없이 지급결제가 마무리된다. 그러나 소액거래를 제외한 대부분의 거래에는 현금 대신 어음이나 수표, 신용카드, 계좌이체 등의 지급수단이 사용된다. 이러한 지급수단은 지급인이 자신의 거래은행에 맡겨 놓은 돈을 수취인에게 지급하여 줄 것을 요청하는 수단에 불과하다. 그러므로 이러한 지급수단을 사용하는 경우에는 해당 금액을 지급인의 금융기관 예금계좌에서 인출하여 수취인의 예금계좌로 입금하여 주는 금융기관 간 자금이체 절차를 거쳐야 한다.

현금 이외의 지급수단이 우리 사회에서 일상적으로 통용되고 있는 것은 이러한 지급수단이 금융기관 간에 이루어지는 자금이체 과정을 거쳐 자신의 예금으로 전환되고 언제든지 손쉽게 현금으로 찾을 수 있을 것이라는 믿음이 있기 때문이다. 이처럼 현금을 지급수단으로 사용하는 경우에는 그 자체로서 지급결제가 마무리되지만 그렇지 않은 경우에는 지급, 청산 및 결제의 세 단계를 거쳐 지급결제가 이루어진다.

지급은 개인이나 기업과 같은 경제주체들이 서로 주고받을 채권·채무를 해소하기 위하여 어음, 수표, 신용카드, 계좌이체 등으로 대금을 지불하는 것을 말한다. 청산은 현금 이외의 지급수단으로 지급이 이루어졌을 때 금융기관들이 서로 주고받을 금액을 계산하는 것이다. 결제는 청산과정을 통해 계산된 금액을 각 금융기관이 중앙은행에 개설한 당좌예금계정간에 자금이체 등을 통해 서로 주고받아 채권채무관계를 해소하는 과정이다.

(2) 지급결제의 단계

지급	청산	결제
↓	↓	↓
물건대금을 내는 것	금융기관간 주고받을 금액을 계산하는 것	실제로 자금을 주고받아 거래가 최종적으로 종결되는 것

(3) 지급결제제도의 기본구조

지급결제제도는 개인, 기업 및 정부와 같은 경제주체들이 금융거래나 경제활동을 하는 과정에서 발생하는 지급결제가 원활히 이루어지게 하는 금융의 하부구조(infrastructure)로서 지급수단, 참여기관, 전산시스템, 업무처리규정 등으로 구성된다.

(4) 지급수단

지급수단은 크게 현금과 현금 이외의 지급수단으로 구분된다. 현금 이외의 지급수단은 금융기관을 거쳐 현금화할 수 있는 지급수단을 말하는데, 여기에는 어음, 수표, 신용카드 및 계좌이체 등이 포함된다. 또한 지급수단은 지급결제과정에서 종이로 된 지급수단인

장표가 실제로 이동하는지 여부에 따라 장표방식 지급수단과 전자방식 지급수단으로 구분하기도 한다.

장표방식 지급수단에는 어음, 수표, 지로 등이 있으며, 전자방식 지급수단에는 신용카드, 직불카드, 선불카드 및 계좌이체 등이 있다.

[5] 참여기관

우리가 상품이나 서비스의 대금을 현금 이외의 지급수단으로 지불하기 위해서는 자금이체 등 지급서비스를 제공하는 기관이 필요하다. 또한 현금화될 때까지의 지급결제과정에는 청산 및 결제 업무를 담당하는 지급결제시스템 운영기관과 중앙은행 등이 참여하게 된다.

지급서비스 제공기관은 은행, 우체국, 금융투자회사(증권회사), 신용카드회사와 같이 고객에게 상품이나 서비스를 구입할 수 있는 지급수단을 제공하는 기관을 말한다.

청산기관은 고객이 현금 이외의 지급수단을 사용할 경우 고객이 거래하는 금융기관 간에 주고받을 금액을 확정하는 기관이다.

결제기관은 청산기관으로부터 확정된 금액 내역을 송부받아 그 금액을 각 금융기관이 결제기관(중앙은행)에 개설한 당좌예금계정 간에 이체시킴으로써 모든 지급결제과정을 마무리하는 기관이다.

지급결제는 결제되는 자금의 특성에 따라 소액결제와 거액결제로 구분된다. 소액결제는 건당 금액이 작은 거래에 따르는 지급결제로서 개인이나 기업의 경제활동에서 주로 발생한다. 거액결제는 건당 금액이 큰 거래에 따르는 지급결제로서 금융기관 간의 자금거래에서 주로 발생한다. 이에 따라 지급결제시스템도 그 대상이 되는 거래의 특성에 따라 소액결제시스템과 거액결제시스템으로 구분된다.

일반적으로 소액결제의 경우 건당 거래금액이 작은 반면 건수가 매우 많기 때문에 건별로 결제하기보다는 일정기간(보통 1일) 중 발생한 모든 거래를 합산하여 금융기관별로 주고 받을 금액을 상계한 후 차액만을 결제하는 것이 보통이다.

거액결제의 경우에는 건당 거래금액이 큰 반면 건수는 적기 때문에 거래가 이루어지는 즉시 건별로 거래 금액을 서로 주고받는 방식으로 결제하는 것이 일반적이다.

[6] 지급결제 관련기관

국내 지급결제 관련기관

금융결제원	한국예탁결제원	여신금융협회
한국거래소	한국금융투자협회	전국은행연합회

국외 지급결제 관련기관

Executives' Meeting of East Asia-Pacific Central Banks(EMEAP)
Committee on Payment and Market Infrastructures(CPMI)
South-East Asian Central Banks(SEACEN)

(7) 지급결제제도의 발전과 중앙은행

중앙은행은 지급결제제도의 원활한 운영과 안정을 본연의 책무로 부여받고 이에 상응하는 기능을 수행하고 있다. 대부분의 국가에서 중앙은행은 법정통화의 발행, 금융기관간 거래에 필요한 최종결제자산의 제공, 거액결제시스템의 소유 및 운영 그리고 지급결제시스템에 대한 감시 등 지급결제제도와 관련하여 핵심적인 역할을 수행하고 있다.

중앙은행이 지급결제제도와 관련하여 주도적인 역할을 수행하는 이유는 무엇보다도 금융안정이 중앙은행의 중요 책무 가운데 하나인 데다 지급결제제도가 통화정책의 수행을 위한 단기금융시장의 기능이나 국내 통화에 대한 신뢰성 확보 그리고 금융안정에 직접 연관되어 있기 때문이다. 특히 지급결제제도와 중앙은행의 발전과정을 살펴보면 최종결제자산을 제공하던 중앙은행 본연의 역할로부터 중앙은행의 두 가지 핵심책무인 물가안정과 금융안정이 발전했음을 알 수 있다.

중앙은행이 존재하기 전에는 상거래나 금융거래시 금·은, 주화와 같은 금속화폐 또는 어음, 수표가 이용되거나 상업은행들이 독자적으로 발행한 은행권이 사용되었다. 이때 다른 은행이 발행한 수표, 어음 또는 은행권을 최종 결제하기 위해서는 은행의 결제담당자들이 은행별로 주고받을 금액을 계산한 후에 금속화폐를 가지고 각 은행을 찾아다니며 결제해야 하는 불편함이 있었다. 이를 해결하기 위해 은행들은 공동으로 청산소를 설립하여 결제에 필요한 준비금을 예치하고 청산소에 모여 일괄적으로 결제함으로써 소요되는 시간과 비용을 절감할 수 있었다. 그러나 청산소는 회원은행만을 위해 조직되어 비회원은행을 포함한 전체 금융시스템의 원활한 작동을 책임질 수 없었고 일부 회원은행이 결제하지 못하였을 때 해결할 수 있는 수단도 갖지 못하였기 때문에 금융위기 등이 발생하였을 때 적절히 대처할 수 없었다.

중앙은행제도가 도입되어서야 비로소 이러한 문제가 해소될 수 있었다. 중앙은행이 발행하는 법정통화에 강제 통용력이 부여됨에 따라 중앙은행은 안전한 지급결제자산을 공급하여 상업은행들이 발행하는 은행권 사용에 따르는 혼란을 방지할 수 있게 되었다. 또한 중앙은행은 금융위기 시 발권력을 이용하여 위기 극복에 필요한 긴급자금을 공급하는 최종대부자기능을 수행하여 금융안정에도 기여할 수 있게 되었다. 이와 같이 중앙은행은 역사적으로 물가안정과 금융안정 이전에 지급결제제도의 원활한 운영과 안정을 본연의 책무로 부여받고 이에 상응하는 기능을 수행해 왔다.

(8) 지급결제제도와 통화정책

통화정책이 효율적으로 수행되기 위해서는 지급결제제도의 안정이 필수적이다. 통화신용정책의 효과는 중앙은행이 운영하는 거액결제시스템과 민간이 운영하는 여타 결제시스템에서의 자금이전을 통해 파급되므로 통화정책이 효율적으로 수행되기 위해서는 지급결제제도의 안정이 필수적이다.

중앙은행은 거액결제시스템의 안전하고 효율적인 설계 및 운영에 지대한 관심을 가진다. 거액결제시스템은 유동성 공급과 같은 중앙은행의 통화정책이 일차적으로 전달되는 경로이다. 따라서 거액결제시스템의 안정성이 훼손될 경우에는 정상적인 통화정책의 수행이 불가능해진다. 안전하고 효율적인 거액결제시스템의 구축 및 운영은 간접조절방식의 통화정책 수행을 위한 필수 조건이다. 예를 들어, RP거래를 통한 단기 유동성 조절정책이 실효를 거두기 위해서는 그 효과를 전체 금융시장으로 신속히 확산시킬 수 있는 효율적인 은행 간 지준시장이 필요하며, 이를 위해서는 거액결제시스템을 통해 은행 간 지준수급이 신속히 이루어질 수 있어야 한다. 따라서 거액결제시스템의 효율적 운영은 통화정책의 효율성과 직결된다. 소액ㆍ증권ㆍ외환 결제시스템도 원활히 운영될 필요가 있다. 이들 지급결제시스템은 거액결제시스템을 중심으로 긴밀히 연계되어 있어 한 시스템의 불안이 거액결제시스템의 안정적 운영을 저해할 수 있기 때문이다. 또한 이들 지급결제시스템이 불안해지게 되고 그에 따라 금융시스템의 안정이 저해될 경우에는 통화정책의 효과가 제대로 나타나지 않게 된다. 한편 지급수단의 안전성 및 효율성도 통화의 신뢰성 확보에 중요하다는 점에서 통화정책과 관련이 있다.

(9) 지급결제제도와 금융안정

지급결제제도가 안정적으로 운영되면 금융불안을 예방하거나 금융위기에 따른 충격을 흡수할 수 있다. 지급결제제도는 금융시장, 금융기관과 함께 금융시스템을 구성하는 요소이므로 중앙은행의 책무 가운데 하나인 금융안정을 도모하기 위해서는 지급결제제도의 안정이 필수적이다. 지급결제제도가 안정적으로 운영되면 거래에 따른 결제가 원활히 이루어져 금융불안을 예방하거나 금융위기에 따른 충격을 흡수할 수 있다. 또한 지급결제제도 참가기관이 결제를 불이행하거나 참가기관의 시스템에 장애가 발생하면 해당 지급결제제도뿐 아니라 금융시스템에 대한 신뢰가 약화되므로 참가기관의 안정도 중요하다.

중앙은행은 최종대부자 기능과 지급결제제도 감시기능을 통해 금융안정에 기여할 수 있다. 중앙은행은 한 금융기관에서 발생한 문제가 다른 금융기관이나 전체 지급결제제도의 결제유동성 부족문제로 확산되지 않도록 최종대부자 기능을 발휘하여 결제유동성을 신속히 지원할 수 있다. 그리고 지급결제제도의 견실한 설계 및 운영 여부를 점검하고 미비점의 개선을 유도하는 감시업무를 통해 지급결제제도의 안정성을 강화할 수 있다.

한편 최근 들어 경제규모가 확대되고 금융거래 규모가 빠르게 증가하면서 지급결제 규모도 급증하고 있다. 특히 금융의 글로벌화 등에 따른 국내외 지급결제시스템 간 상호 연계성 증대로 특정 금융시장 또는 지역에서 발생한 금융 불안이 전체 금융시장 또는 다른 지역으로 확산될 위험이 커지고 있다. 따라서 지급결제제도 및 금융안정을 위한 국가 간 협력이 한층 강화될 필요가 있다.

4. 우리나라의 지급결제제도

우리나라의 지급결제제도는 각종 지급수단, 거액결제시스템, 소액결제시스템, 증권 결제시스템과 그 참가기관, 청산기관, 결제기관 등으로 구성되어 있다.

(1) 지급수단

우리나라에서는 현금뿐만 아니라 어음, 수표, 계좌이체, 각종 카드 및 전자화폐 등 현금 이외의 지급수단이 거래규모나 거래의 성격에 따라 다양하게 사용되고 있다.

어음은 발행인이 그 소지인이나 그 밖의 적법한 경제주체에게 일정금액을 지급할 것을 약정하는 약속어음과 발행인이 제3자에게 지급을 위탁하는 환어음으로 구분되며 주로 기업 간 신용공여 및 지급수단으로 이용되고 있다. 수표는 금융기관의 당좌예금계좌에 자금을 예치해 놓은 사람이 일정 금액을 수표의 소지인에게 지급해 주도록 금융기관에 위탁하는 유가증권이다. 수표는 개인이나 기업, 정부 등 경제주체들 간의 자금거래 등에 널리 이용되고 있다.

계좌이체는 지급인과 수취인간에 현금, 수표 등 지급수단을 직접 교환하지 않고 결제 당사자의 예금계좌 간 자금이체로 지급이 이루어지는 것을 말한다. 대표적인 계좌이체 방법으로는 지로, 인터넷뱅킹 등이 있다. 계좌이체나 카드와 같은 전자방식 지급수단의 이용이 크게 늘어나고 있다. 우리나라에서 사용되고 있는 카드에는 선불카드, 체크카드, 신용카드 등이 있다. 선불카드는 물품이나 서비스를 구매할 때 사전에 카드에 충전된 금액 범위 내에서 그 대금에 해당하는 금액이 판매자의 예금계좌로 이체되는 카드이다. 체크카드란 이를 사용하는 시점에 사용자의 예금계좌에서 판매자의 예금계좌로 대금이 이체되는 카드이다. 신용카드는 물품이나 서비스를 신용으로 구매하거나 현금서비스를 받은 후 일정 기간이 지난 때에 대금을 지급하는 카드이다. 전자화폐는 IC카드나 통신망과 연결된

PC 등 전자기기에 전자적인 형태로 화폐적 가치를 저장하였다가 물품이나 서비스를 구매할 때 사용할 수 있는 지급수단이다. 거래에 사용된 전자화폐는 판매자의 단말기나 PC 등으로 이전되어 저장되었다가 지급수단으로 다시 사용되거나 판매자의 은행계좌에 입금처리된다.

우리나라에서는 1980년대까지 현금이나 어음 수표 등 장표방식 지급수단이 주로 사용되었다. 그러나 1990년대 이후에는 지급수단의 전자화가 급속히 진전되면서 계좌이체나 카드와 같은 전자방식 지급수단의 이용이 크게 늘어나고 있다.

(2) 지급결제 시스템

우리나라의 주요 지급결제시스템으로는 거액결제시스템, 소액결제시스템, 증권결제시스템 및 외환결제시스템이 있다. 거액결제시스템은 금융기관 간 자금거래 등을 결제하는 시스템으로서 건당 거래금액이 크고 거래건수는 많지 않은 거액소량결제시스템이다. 한국은행금융결제망(BOK-Wire+/한은금융망)은 한국은행이 운영하는 지급결제시스템으로서 우리나라에서 하나뿐인 거액결제시스템이다.

한은금융망에는 은행, 금융투자회사, 보험회사 등 대다수 금융기관이 참가하고 있다. 참가기관들은 한국은행에 개설되어 있는 당좌예금계좌 간 또는 결제전용예금계좌 간 자금이체를 통하여 한국은행은 물론 다른 금융기관과 주고받을 자금을 결제하고 있다.

소액결제시스템은 주로 금융기관이 개인이나 기업과 같은 고객을 상대로 한 거래를 결제하는 시스템으로 건당 거래금액은 크지 않으나 거래건수가 많은 소액 대량 결제시스템이다.

우리나라의 주요 소액결제시스템은 대부분 금융결제원이 운영하고 있는데 어음교환시스템, 지로시스템, 은행공동망, 전자상거래 지급결제시스템 등이 대표적이다. 이러한 소액결제시스템의 참가기관은 주로 은행들이었으나 2009년 7월부터는 금융투자회사들도 참가하기 시작하였다.

(3) 금융결제원의 소액결제시스템

- 어음교환시스템 (어음, 수표 등 장표방식 지급수단의 교환 결제)
- 지로시스템 (급여, 공과금, 보험료 등 정기적으로 소액대량 자금이체)
- 은행공동망 (은행 간 공동전산망을 통한 온라인송금, 잔액조회 등)
  - 현금자동인출기(CD)공동망: 소액 인출 · 입금 · 송금
  - 타행환공동망: 1억원 이하의 타행앞 송금
  - 지방은행공동망: 지방은행 거래고객 전용 예금 · 대출거래망

- 자금관리서비스(CMS)$^{2)}$공동망: 급여, 보험료 등 소액대량 자금이체
- 직불카드공동망: 직불카드를 이용한 물품구매대금 결제
- 전자화폐(K-CASH)공동망: 은행 공동발행 전자화폐 사용대금 결제
- 전자금융공동망: 인터넷뱅킹, 텔레뱅킹, 모바일뱅킹 등을 이용한 10억원 이하의
  송금
- 전자상거래 지급결제시스템
  - 기업과 개인 간(B2C)전자상거래 지급결제시스템: 개인의 인터넷 구매대금 결제
  - 기업 간(B2B)전자상거래 지급결제시스템: 기업 간 인터넷 구매대금 결제

금융결제원이 운영하는 이러한 소액결제시스템 외에도 우리나라에서는 신용카드사가 운영하는 신용카드결제시스템, 이동통신회사가 운영하는 모바일결제시스템, 전자화폐발행기관이 운영하는 전자화폐결제시스템 등 다양한 형태의 소액결제시스템들이 생겨나고 있다.

증권결제시스템은 주식이나 채권 등을 사고 팔 때 그 증권의 소유권을 이전하고 매매대금을 결제하는 지급결제시스템이다. 증권 실물은 한국예탁결제원에서 증권의 소유권을 장부상으로 매도자로부터 매수자 앞으로 옮기는 계좌대체를 통해 이전되며, 증권 매매대금은 신한은금융망을 통하거나 시중은행 상호 간의 계정을 통하여 결제된다. 증권결제시스템에는 한국거래소가 운영하는 유가증권, 코스닥 및 파생상품시장결제시스템, 한국예탁결제원이 운영하는 채권기관투자자, 주식기관투자자 및 기관 간 RP 결제시스템이 있다.

외환결제시스템은 외환시장에서 외환의 매도기관과 매입기관 간에 사고 판 통화를 서로 교환·지급함으로써 채권·채무관계를 종결시키는 지급결제시스템이다.

일반적으로 외환결제는 환거래은행을 통한 건별 결제방식으로 결제가 이루어진다. 그러나 환거래은행을 통한 결제방식은 지역 간 영업시간이 달라 매입통화와 매도통화의

---

2) ① CMS(Cash Management Service)공동망은 금융기관을 통해 대량의 출금 및 입금서비스를 제공하는 시스템으로 금융결제원이 1996년 8월부터 가동하였다.

② 먼저 출금이체 서비스는 각종 상품 판매대금, 서비스 이용대금, 수업료, 회비 등 납부자가 지정된 각종 수납대금을 다수의 납부자 예금계좌나 예탁금계좌에서 출금하여 이용기관의 수납계좌로 입금시키는 업무로서 지로 자동이체와 유사하다.

③ 입금이체 서비스는 각종 상품 구입대금, 배당금, 연금, 급여 등을 이용기관의 지급계좌에서 자금을 인출하여 타 금융기관의 수취인 계좌로 자금을 지급하는 업무로서 지로의 대량지급과 비슷하다.

④ CMS는 각종 사회단체, 학교 및 학원 등을 중심으로 활발히 이용되고 있으며 이를 통해 비교적 저렴한 비용으로 매번 금융기관을 방문하거나 인터넷뱅킹 등을 통해 이체하지 않고 정기적인 대금 수납 및 지급을 처리할 수 있다.

결제가 동시에 이루어지지 않기 때문에 한 은행이 매도통화를 이미 지급한 상황에서 거래 상대방이 파산하는 경우 매입통화를 수취하지 못하는 경우가 발생할 수 있다.

이와 같은 리스크를 없애기 위하여 CLS(Continuous Linked Settlement)은행[3]을 통해 외화를 동시에 결제하는 외환동시결제시스템이 2002년 9월 구축되어 국제적으로 가동되고 있으며 우리나라는 2004년 12월에 동 시스템을 도입하였다.

(4) 금융시장 인프라에 관한 원칙

지급결제시스템은 글로벌 금융위기 극복 과정에서 금융시스템의 원활한 작동을 위한 인프라로서의 역할을 수행함으로써 위기 수습에 크게 기여하였다.

그러나 향후 발생할지도 모르는 더 큰 규모의 금융위기에 대비하여 현행 지급결제시스템을 개선·강화할 필요가 있다는 주장에 대해 국제적으로 폭넓은 공감대가 형성되었다.

이러한 논의를 배경으로 지급결제 및 시장인프라 위원회(CPMI: Committee on Payment and Market Infrastructures)[4]는 국제증권감독기구(IOSCO: International Organization of

---

3) ① CLS은행은 외환결제리스크 감축에 관한 국제결제은행(BIS)의 권고에 따라 1999년 주요 국제 상업은행들이 세계 외환거래의 동시결제를 구현할 목적으로 설립한 국제외환결제전문은행이다.

　② 동 은행이 운영하는 CLS시스템을 이용하여 외환거래를 결제하면 각 통화별 중앙은행에 개설된 CLS은행 계좌를 통해 양 거래통화의 동시결제(PVP)가 이루어지므로 원금 리스크를 제거할 수 있으며 다자간 상계에 따른 결제유동성 절감효과도 거둘 수 있다.

　③ CLS은행은 스위스 취리히에 소재한 CLS그룹지주회사(CLS Group Holdings)의 자회사로서 1999년 11월 미국 뉴욕에 설립되었으며, 2017년 말 현재 전 세계 67개 결제회원은행과 약 24,000개의 제3자 고객을 대상으로 원화 등 총 18개 주요국 통화 간 외환거래 등에 대해 결제서비스를 제공하고 있다.

4) ① 설립년도: 1990년

　② 주요기능

　　• 「금융시장인프라에 관한 원칙」 등 지급결제분야의 국제기준 제정

　　• 지급결제제도 관련 공동 조사·연구 실시 및 정책 개발

　　• 중앙은행간 지급결제분야 협력 증진 및 정보교환 촉진 등

　③ 회원 : 총 24개 중앙은행

　　• 초기에는 G-10* 중앙은행으로 구성되었으며 1997년에 홍콩금융관리국(HKMA) 및 싱가포르통화청(MAS)이, 1998년에는 유럽중앙은행(ECB)이 추가 가입, 벨기에, 캐나다, 프랑스, 독일, 이탈리아, 일본, 네덜란드, 스웨덴, 스위스, 영국, 미국(11개국), 2009.7월에 한국 등 9개국(브라질, 러시아, 인도, 중국, 호주, 멕시코, 사우디아라비아, 남아프리카공화국)이, 2009.11월에 터키가 신규 가입

　④ 조직: BIS 본부(스위스 바젤)내 사무국:

　　위원회 산하에 각종 현안사항 논의를 위해 실무그룹을 운영

　⑤ 국제결제은행(BIS)의 [지급 및 시장인프라 위원회] (CPMI; Committee on Payments and Market Infrastructures)는 1990년 설립된 [지급결제제도위원회](CPSS; Committee on Payment and Settlement Systems)의 명칭을 2014년 9월 1일부터 변경한 것으로, 처음에는 주요국의 지급결제제도 동향을 모니터링하고 분석하기 위해 설립되었다.

　⑥ 현재는 [금융시장인프라에 관한 원칙] 등 국제기준 제정 및 이행상황 모니터링, 금융시장인프라 감시와 관련한 정책 개발 및 제안 주도, 중앙은행 간 협력 증진 및 정보교환 촉진 등의 기능을 수행하고 있다.

　⑦ 2017년말 현재 CPMI에는 23개국 중앙은행이 참여중이며 한국은행은 2009년 7월 24일 회원으로 가입하였다.

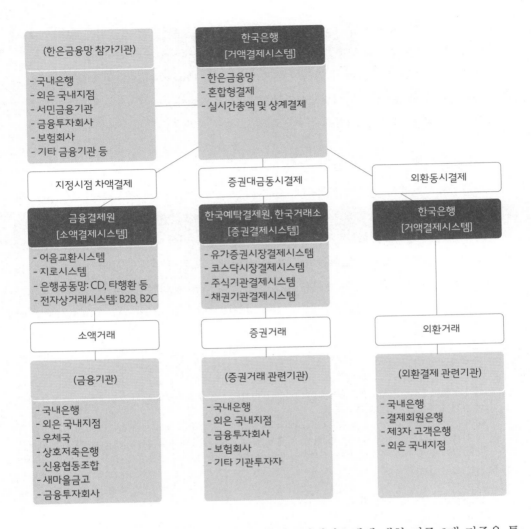

Securities Commissions)와의 공동 작업을 통해 지급결제시스템에 대한 기존 3대 기준을 통합한 「금융시장 인프라에 관한 원칙(PFMIs; Principles for Financial Market Infrastructures)」을 2012년 4월 제정·공표하였다.

　　PFMIs는 금융시장의 안정과 관련 리스크의 효과적인 통제를 위해 금융시장인프라(FMI; Financial Market Infrastructure)들이 준거로 삼아야할 내용들을 일반 조직, 신용 및 유동성 리스크 관리, 결제, 중앙예탁기관 및 가치교환형 결제시스템, 채무불이행 관리, 일반 사업 및 운영 리스크 관리, 접근, 효율성, 투명성 등 9개 영역으로 구분하고 각 영역별로 2~3개씩 총 24개의 원칙을 구체적으로 제시하고 있다.

　　또한, 규제·감독·감시 당국의 책무에 관하여 5개 부문에 걸쳐 별도로 규정함으로써 PFMIs 제정이 단순히 FMI들이 참고할 기준을 제시하는 것에 그치지 않고 관계당국의 관여를 통한 PFMIs의 실질적인 이행을 강조함으로써 FMI들이 PFMIs를 반드시 준수해야 할 규정으로 인식하도록 유도하였다.

5. 금융표준화

　　금융업무의 표준화는 사무자동화, 신상품의 개발, 원활한 금융거래 등을 위하여 금융 기관 상호간 또는 금융기관과 고객 간에 업무처리절차, 양식 또는 매체 등을 통일하는 것 으로 주요 표준화 대상 업무로는 각종 금융거래 메시지 양식의 통일, 메시지 구성요소의 코드화, IC카드 등 지급결제수단 사양 및 보안 관련 시스템 등을 들 수 있다.

　　우리나라의 표준화는 1980년대 후반부터 추진되기 시작하였으며 1994년 5월 금융전 산망 추진위원회(현 금융정보화추진분과위원회 전신)의 발족 이후 본격적으로 추진되었다. 금융업무가 표준화되면 고객들의 금융서비스 이용 편의성이 높아지고 금융기관은 각종 서비스의 독자 개발에 따른 중복투자 비용을 최소화할 수 있다.

　　특히 지급결제서비스는 표준화된 시스템을 이용하는 고객 및 금융기관이 많을수록 전체 효용이 증가하는 네트워크시스템이므로 관련기술 및 이용절차의 표준화를 촉진하여 호환성을 높일 필요가 있다.

(1) 크라우드펀딩[5]

1) 제도안내

　　크라우드펀딩은 군중 또는 다수를 의미하는 영어단어 「크라우드(crowd)」와 자금조달 을 뜻하는 「펀딩(funding)」을 조합한 용어로, 창의적 기업가를 비롯한 자금수요자가 인터넷

크라우드펀딩(Crowdfunding): 대중(Crowd) + 자금조달(Funding)

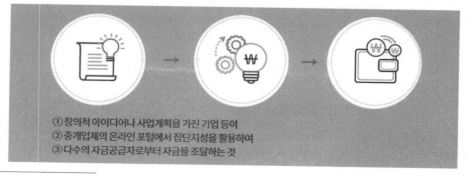

① 창의적 아이디어나 사업계획을 가진 기업 등이
② 중개업체의 온라인 포털에서 집단지성을 활용하여
③ 다수의 자금공급자로부터 자금을 조달하는 것

---

5) 크라우드펀딩 안내사이트: 크라우드넷(www.crowdnet.or.kr)
　중소기업 정보제공: 기업투자정보마당(www.ciip.or.kr)

등의 온라인상에서 자금모집을 중개하는 자(크라우드펀딩 중개업체)를 통하여 불특정 다수
의 소액투자자로부터 자금을 조달하는 행위를 의미한다.

2) 크라우드펀딩 유형

크라우드펀딩은 자금모집 및 보상방식 등에 따라 기부 · 후원형, 대출형, 증권형(투자형)으로 구분할 수 있다.

유 형	자금모집 방식	보상방식	주요사례
기부 · 후원형	기부금 · 후원금 납입	무상 또는 비금전적 보상	문화 · 예술 · 복지 분야 시제품 판매 등
대출형	대출계약 참가	금전적 보상(이자)	긴급자금 등이 필요한 개인, 사업자 등
증권형(투자형)	증권(주식 등) 투자	금전적 보상(지분, 배당 등)	창업 초기 기업 등

① 기부형

자금공급자에게 주어지는 보상이 없거나, 제공된 자금에 대한 직접적인 연관성이 없는 비금전적 대가(감사카드, 사은품 등)를 제공하는 경우로 주로 문화 · 예술 · 복지 분야에서 이루어진다.

② 후원형

기부형과 유사하나 주로 자금모집 목적과 직접적인 연관성이 있는 비금전적 혜택을 자금공급자에게 보상(rewards)으로 제공하는 경우이다.

③ 대출형

자금공급에 대한 반대급부로 이자를 제공 받는 경우로, 주로 은행과 같은 제도권 금융회사의 이용이 쉽지 않은 개인 또는 사업자 등이 자금을 조달하는 경우이다.

④ 증권형

자금공급에 대한 반대급부로 주식 등 증권을 수취하여 사업으로부터 발생하는 이익을 배분받는 경우로, 주로 신생 · 창업단계(seed, start-up)의 기업이 자금 수요자가 된다.

3) 자금조달

– 발행인 범위

크라우드펀딩을 통하여 증권을 발행하여 자금을 조달할 수 있는 발행인은 원칙적으로 비상장 중소기업으로서 업력 7년 이하의 창업자(중소기업창업지원법 제2조제2호) 또는 신기술개발 · 문화사업 등 프로젝트 사업[6]을 수행하는 자이다.

---

6) 프로젝트 사업: 비상장중소기업이 기존 사업과 회계를 분리하여 운영하는 경우.

다만 벤처기업과 기술혁신형 중소기업(이노비즈 기업)은 업력에 관계없이 증권 발행이 가능하며, 일부업종 영위자는 발행인 범위에서 제외된다.

> * 제외업종: 금융·보험업, 부동산업, 무도장, 골프장, 스키장, 배팅업 등
> (중소기업창업지원법 시행령 제4조)

구 분	포 함	제 외	비 고
업력 7년 이내	창업자	주권상장법인 금융·보험, 부동산, 기타 사행성 업종	제외 업종 중 '기타 금융지원서비스(핀테크 일부)' 및 '공익목적 부동산'은 포함
업력무관 (업력 7년 초과)	벤처기업 이노비즈기업 프로젝트 사업 (비상장중소기업)	주권상장법인	해당분야: 신기술 개발, 문화, 관광, 스포츠 등

– 발행증권 범위

크라우드펀딩으로 발행할 수 있는 증권은 채무증권, 지분증권, 투자계약증권으로 한정하고 있다.

구 분	내 용
채무증권	국채, 지방채, 사채, 기업어음 등과 같이 지급청구권이 표시된 것
지분증권	주권, 신주인수권 등과 같이 출자지분 또는 출자지분을 취득할 권리가 표시된 것
투자계약증권	주로 타인이 수행한 공동사업(예: 영화제작 등)의 결과에 따른 손익을 귀속 받는 계약상의 권리가 표시된 것

– 발행한도

크라우드펀딩에 대하여는 신생기업의 원활한 자금조달을 지원하기 위하여 관련 규제를 대폭 완화하고 있는 만큼 발행한도를 연간 7억원으로 제한하고 있다.

– 합산

연간 한도 산정 시에는 이번에 모집하려는 증권의 모집가액과 해당 모집일로부터 과거 1년 동안 이루어진 증권의 모집가액을 모두 합산하여 7억원을 초과하지 않아야 한다.

– 제외

투자한도의 제한이 없는 전문투자자 등이 해당 크라우드펀딩을 통해 발행되는 증권을 취득하면서 1년 간 전매제한 조치를 취하는 가액은 모집가액을 산정할 때 제외한다.

크라우드펀딩 운영구조

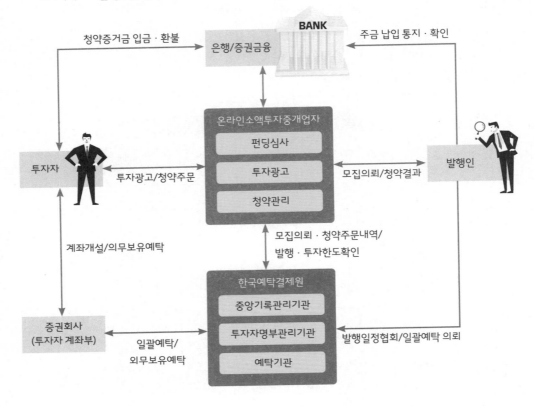

☞ **온라인소액투자중개업자**

　　온라인소액투자중개업자란 크라우드펀딩 중개를 담당하는 금융투자업자를 말하며 고객자산을 직접 수탁하거나 운용하지 않고 발행인과 투자자 사이에서 증권을 단순 중개하는 역할을 수행한다.

　　크라우드펀딩 중개는 발행인이 중개업자의 인터넷 홈페이지에 일정한 투자정보를 게재하고, 동 게재사항에 대하여 투자자와 발행인 간, 투자자 상호 간에 의견 교환이 이루어질 수 있도록 하는 것을 의미한다.

　　투자자를 보호하고 시장질서 교란을 방지하기 위하여 온라인중개업자는 반드시 자본금, 인적·물적요건 등의 일정요건을 갖추어 금융위원회에 등록하여야 한다.

☞ **중앙기록관리기관**

　　온라인소액투자중개업자로부터 발행 및 투자한도 등 크라우드펀딩의 발행인과 투자자에 대한 정보를 제공받아 관리·보관하며 정책감독당국을 지원하는 역할을 수행한다.

(2) 개인사업자대출 119

1) 제도개요

개인사업자대출 119란 일시적 유동성 위기에 처한 개인사업자에 대해 은행[7]이 선제적으로 관리함으로써 정상적인 영업활동이 가능하도록 지원하는 제도이다.

① 지원대상

은행별로 상이하나, 일반적으로 총여신 5억원 또는 10억원 미만 개인사업자 중 3개월 이하 연체차주 또는 연체우려 차주

② 지원방식

만기연장, 이자유예, 이자감면(연체이자감면 및 금리할인), 대환·재대출 등

지원절차[8]

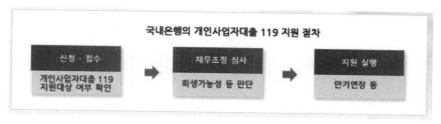

2) 매출채권보험

- 제도 안내

매출채권보험은 중소기업이 물품 또는 용역을 구매기업에 제공하고 그 대가로 취득한 매출채권을 보험에 가입하였다가, 향후 구매기업의 채무불이행으로 인한 손실이 발생할 경우 보험금을 수령하는 보험 상품이다.

은행 및 신용보증기금은 중소기업의 매출채권보험 가입 부담을 덜어주기 위해 은행에서 추천받은 중소기업에 대해 보험료(신용보증기금) 할인 및 외상매출채권담보대출 금리(은행) 우대혜택을 준다.

3) 외상매출채권 담보대출 제도

납품기업은 구매기업에게 물품을 제공한 후 구매기업이 발행한 관련 외상매출채권을 담보로 은행으로부터 대출받고, 구매기업이 만기일에 동 금액을 은행에 결제하여 대출금

---

7) 15개 국내은행(산업은행, 수출입은행 제외)

8) 일시적인 자금부족으로 대출원리금 상환이 어려운 개인사업자는 연체기간이 3개월을 넘기기 전에 거래은행에 개인사업자대출 119 지원이 가능한지 여부를 상담해야 한다.

을 상환하는 제도이다.

은행이 상환청구권을 보유하는 경우 구매기업의 미결제 시 납품기업이 동 금액을 상환한다.

매출채권보험 가입 및 보상절차[9)]

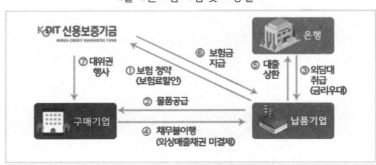

4) 금융교육이수자 금리할인

- 제도개요

은행[10)]이 금융교육을 이수한 개인사업자에게 대출금리 할인을 통하여 이자부담 경감을 지원하는 제도이다.

5) 프로그램 진행절차

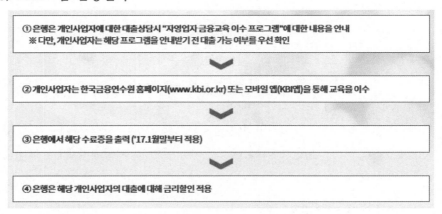

---

9) 절차와 관련한 상세한 내용 및 상담·문의는 신용보증기금 영업점 또는 전국 단일 전화 ☎ 1588-6565

10) KB국민은행, 신한은행, 우리은행, KEB하나은행, SC제일은행, 씨티은행, 부산은행, 경남은행, 광주은행, 대구은행, 전북은행, 제주은행, 농협은행, 수협은행, 기업은행

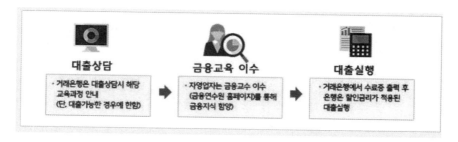

6) 비대면 보증서담보대출

- 제도개요

개인사업자가 지역신용보증재단 및 금융회사를 직접 방문하지 않고 모바일 앱[11]을 통해 보증서 발급과 대출 신청이 가능하다.('16.4.6. 시행)

- 지원대상

신청일 기준 사업기간 3개월 이상, 외부신용등급(CB) 6등급 이상인 개인사업자

- 보증한도 및 비율

보증한도 2,000만원 이내,[12] 보증비율 85%

구분	1~2등급	3~4등급	5~6등급
대출한도	2,000만원	1,500만원	1,000만원
보증한도	1,700만원	1,275만원	850만원

- 보증기한

5년 이내(1년 거치 4년 매월 원금 균등 분할상환)

비대면 보증서 담보대출 절차

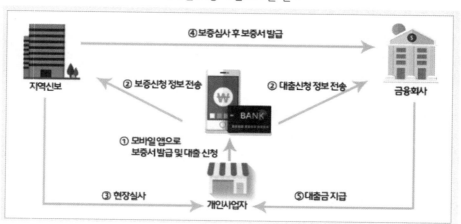

---

11) 6개 국내은행(우리, 신한, KEB하나, 국민, 기업, 농협)에서 시행 중

12) 추가대출 가능여부 및 대출금액 등은 고객의 신청 및 금융회사의 평가결과에 따라 결정

(3) 환위험 관리

7) 환위험 개요

개념

환위험은 서로 다른 통화를 거래할 때 환율이 변동함에 따라 손실을 입을 수 있는 위험을 말한다. 예를 들면, 수출기업이 수출 후 대금 수취일의 환율이 하락하면 원화 환전금액이 감소하여 손실을 입을 수 있다.

노출 대상

환위험은 외화로 결제하는 수출입 기업과 외화대출을 받은 기업에서 주로 발생한다. 수출입기업이나 외화대출기업은 수출입대금 또는 대출을 외화로 받기 때문에 환율변동에 따른 손실이 발생할 수 있다.

수출기업이 수출대금 100만 달러를 3개월 후에 받기로 한 경우 달러 환율이 현재 1,000원에서 3개월 후에 800원으로 하락한다면 원화로 환전한 수출대금이 10억원에서 8억으로 감소하여 2억원의 손실을 입게 된다. (수입기업은 환율 상승 시 손실발생)

기업이 외화대출을 1년 만기로 100만 달러를 받아, 환율이 1,000원일 때 환전하여 10억원을 시설자금 등으로 사용한 후, 만기상환 시에 환율이 1,200원으로 상승하면 12억원을 상환하여야 하기 때문에 2억원만큼 손실을 보게 된다.

환헤지 개념

환헤지는 외화 수출입대금이나 외화대출을 선물 등 다양한 금융상품을 이용하여 향후 발생할 수 있는 환위험을 줄이거나 제거하는 행위이다. 수출입기업이나 외화대출기업은 환헤지를 통해 환율변동에 따른 손실을 관리하여 안정적인 수익을 확보할 수 있다.

8) 환헤지 방법

통화선도(선물), 통화옵션, 통화스왑, 보험, 기타 금융상품을 통해 향후 환율변동에 따른 위험을 관리할 수 있다.

통화선도(선물환, Forward) / 통화선물(Futures)

통화선도(선물)는 사전에 정한 시점에서 미리 정해 놓은 환율로 외화를 매수 또는 매도하는 거래(이행의무가 있음)이다. 선도와 선물은 동일한 것이나, 표준화(거래소 상장) 여부에 따라서 표준화되지 않은 것은 선도(선물환)라고 하며, 표준화된 것은 선물이라고 한다. 수출기업은 1개월 후에 받을 외화 수출대금에 대해서 현재 환율로 외화수출에 상당하는 통화선도(선물)를 매도해 놓으면 향후 환율변동에 따른 위험을 상쇄할 수 있다. 수출기업은 은행 등 금융기관과 협의를 통해 만기, 약정 환율 등을 정하여 맞춤형 선도(선물환)거래를 할 수 있다. 또한, 수출기업은 거래소시장을 통해서 표준화(약정환율, 만기 등)된 달러 · 엔 · 유로 선물거래를 할 수 있다.[13]

통화옵션(Option)

통화옵션은 외화를 사전에 정한 시점에서 미리 정해놓은 환율(약정 환율)로 매도 · 매수할 수 있는 권리를 사고파는 것이다. 옵션종류는 콜 옵션(살 수 있는 권리)과 풋 옵션(팔 수 있는 권리)이 있다. 선도(선물환)는 만기일에 의무적으로 이행할 거래이나, 옵션매수자는 옵션행사 여부를 결정하는 권리를 갖는 것이다. 따라서, 옵션매도자는 옵션매수자의 권리행사에 반드시 응해야 하는 의무가 있다.

수출업자는 외화를 현재 환율(약정 환율)로 매도할 수 있는 권리인 풋옵션을 매입하면, 대금 수취일에 환율이 하락해도 약정 환율로 수출대금을 환전할 수 있으므로 환율하락에 따른 영향을 받지 않을 수 있다.

표준화된 달러 옵션은 거래소시장을 통해 매입하거나, 은행 등 금융기관과 협의하여 만기일, 행사환율 등을 약정하여 맞춤형 옵션을 매입할 수 있다. 옵션 매도는 손실한도가 한정되지 않는 구조로 막대한 손실을 입을 수 있으니 각별히 유의해야 한다.

통화스왑

통화스왑은 거래 당사자 간에 약정된 환율로 이종 통화를 교환한 후, 약정된 기일에 통화를 재교환하는 거래이다. 수출입기업이 수입대금을 달러로 지불하고 1개월 후 수출대금을 달러로 수취할 경우 약정 환율로 보유한 원화를 달러로 교환하여 수입대금을 지불한 후 1개월 뒤에 수출대금을 달러로 받아서 약정 환율로 원화와 재교환하는 거래를 하면 환율변동을 관리할 수 있다. 통화스왑상품은 거래소시장에 상장되어 있지 않으므로, 은행 등 금융기관을 통해서 장외에서 맞춤형으로 거래할 수 있다. (이자 수수과정이 수반될 수 있음)

환변동보험

수출입기업은 향후 환율변동 손실에 대한 보험을 가입한 후, 환율변동으로 인해 손실이 발생하면 보험금을 수령하여 환율손실을 보전할 수 있다. (반면, 환율변동 이익은 무역보험공사에 귀속된다.) 수출입기업은 무역보험공사가 판매하는 수출환(수입환)변동보험 등을 통해 환위험을 관리할 수 있다. 무역보험공사가 판매하는 수출환변동보험은 일반형, 옵션형, 범위형이 있다.[14]

---

13) ① 달러 · 엔 · 유로선물에 대한 이해: http://www.krx.co.kr → KRX시장 → 시장안내 → 파생상품시장 → 통화상품
　② 통화선물 거래 방법 등: http://riskdoctor.krx.co.kr
14) ① (수입환 변동보험으로는 일반형, 범위제한 선물환이 있음) 환변동보험: https://www.ksure.or.kr → 보험종목 → 환변동보험
　② 그 외 환헤지 방법: http://riskdoctor.krx.co.kr/

환위험 관리

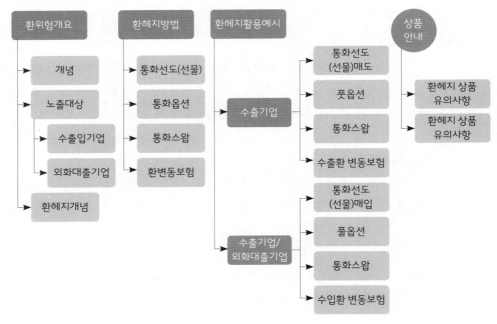

환헤지 활용예시

수출기업은 통화선도(선물) 매도, 풋옵션 매입, 통화스왑 , 수출환변동보험을 통해 환헤지를 할 수 있다.

> 예 3개월 후 수출대금 100만 달러 수취 예정이며, 현재 달러 환율은 1달러당 1,000원인 경우를 중심으로 설명

통화선도(선물환, Forward) / 통화선물(Futures) 매도[15]

수출기업은 거래소시장 또는 은행 등을 통해 3개월 만기 달러 선도(선물)매도계약을 환율 1,000원에 100계약(1계약당 $1만 달러)체결하여 환율변동에 따른 영향을 관리할 수 있다. 수출기업은 3개월 후에 달러환율이 1,000원에서 800원으로 하락하여도 이에 따른 손실을 입지 않는다. 수출업자는 3개월 후에 수출대금 100만 달러를 받아서 환율 800원으로 환전하게 되면 8억원을 받게 되어 2억원의 손실이 발생한다. (수출 당시 10억원의 수출대금을 예상) 그러나, 선도(선물)매도계약에서 환율이 800원으로 하락하여 2억원의 이익이 발생하므로 현물에서의 손실을 상쇄한다. 반면, 수출업자는 3개월 후에 달러환율이 1,000원에서 1,200원으로 상승해도 이에 따른 추가 이익을 얻을 수는 없다.

수출업자는 수출대금을 1,200원에 환전하게 되어 2억원의 이익이 발생하지만 선도

---

15) 통화선도(선물) 상품 가입 시 별도의 수수료 및 증거금 등 관련비용이 발생한다.

(선물)계약에서 2억원 손실을 입어 현물의 이익을 상쇄한다. (환율 하락의 경우와 정반대임)

풋옵션 매입[16]

수출기업은 거래소시장 또는 은행 등을 통해 3개월 만기 달러 풋옵션(약정환율에 팔 수 있는 권리)을 환율 1,000원에 100계약(1계약당 $1만 달러) 체결하여 환율하락에 대한 손실을 관리할 수 있다. 수출기업은 3개월 후에 달러환율이 1,000원에서 800원으로 하락하여도 풋옵션을 통해 환율 1,000원에 달러를 매도할 수 있으므로 환율하락에 따른 손실이 발생하지 않는다. 수출업자는 3개월 후에 수출대금 100만 달러를 받아서 환율 800원으로 환전하게 되면 8억원을 받게 되어 2억원의 손실이 발생한다. (수출 당시 10억원의 수출대금을 예상) 그러나, 수출업자는 환율이 800원으로 하락하여도 풋옵션 계약을 통해 수출대금을 1,000원에 매도할 수 있으므로 환율하락에 따른 손실을 상쇄할 수 있다.

수출업자는 3개월 후에 달러환율이 1,000원에서 1,200원으로 상승하면 풋옵션 권리(달러를 환율 1,000원에 매도할 수 있는 권리)를 포기하고 환율 1,200원에 달러를 매도하므로 환율상승에 따른 이익을 얻을 수 있다. 수출업자는 3개월 후에 수출대금 100만 달러를 받아서 환율 1,200원으로 환전하여 2억원의 이익이 발생한다. 반면, 수출업자는 환율이 1,200원으로 상승하였기 때문에 이보다 낮은 환율 1,000원에 달러를 매도할 이유가 없으므로 풋옵션 권리 행사를 포기하게 된다.

통화스왑 거래[17]

수출입기업이 수입대금으로 100만 달러를 지불하고 3개월 후 수출대금 100만 달러를 수취하는 경우 은행 등 금융기관을 통해 10억원과 100만 달러를 교환하는 통화스왑거래를 체결하면 환율변동에 따른 영향을 관리할 수 있다.

수출입기업은 10억과 100만 달러를 교환하여 수입대금을 지급하고 3개월 후에 수출대금으로 받은 100만 달러를 10억원과 재교환하므로 환율 변동에 따른 영향을 받지 않는다.

수출환변동보험[18]

수출기업은 무역보험공사에서 판매하는 3개월 만기 수출환변동보험(일반형)을 환율 1,000원에 계약을 체결하여 환율변동에 따른 영향을 관리할 수 있다. 수출기업은 3개월 후에 달러환율이 1,000원에서 800원으로 하락하여도 이에 따른 손실을 입지 않는다.

수출업자는 3개월 후에 수출대금 100만 달러를 받아서 환율 800원으로 환전하게 되

---

16) 옵션 상품 가입 시 수수료 및 증거금 등 관련비용이 발생하며, 옵션 매도는 손실한도가 한정되지 않는 구조로 막대한 손실을 입을 수 있으니 각별히 유의해야 한다.

17) 통화스왑 상품 가입 시 수수료 및 증거금 등 관련비용이 발생한다.

18) 수출환변동보험 상품 가입 시 보험료 등 관련비용이 발생한다.

면 8억원을 받게 되어 2억원의 손실이 발생한다(수출 당시 10억원의 수출대금을 예상). 그러나, 수출업자는 수출환변동보험계약에 의해 손실 본 2억원의 보험금을 수령하여 손실을 보전할 수 있다.

반면, 수출기업은 3개월 후에 달러환율이 1,000원에서 1,200원으로 상승하여도 환율 상승에 따른 이익을 얻을 수 없다. 수출업자는 3개월 후 수출대금 100만불을 환율 1,200원에 환전하여 2억원의 이익을 얻는다. 그러나, 수출기업은 수출환변동보험 계약에 의해 2억원의 이익금을 무역보험공사에 지급하게 된다.

환헤지 활용예시

수입기업(외화 대출기업)은 통화선도(선물)매입 , 콜옵션 매입, 통화스왑, 수입환변동보험을 통해 환헤지를 할 수 있다.

> 예 3개월 후 수입대금 100만 달러 지급예정이며, 현재 달러 환율은 1달러당 1,000원인 경우를 중심으로 설명(외화 대출기업은 수입기업과 환헤지 구조가 동일함)

통화선도(선물환, Forward) / 통화선물(Futures) 매입[19]

수입기업은 거래소시장 또는 은행 등을 통해 3개월 만기 달러 선도(선물)매입계약을 환율 1,000원에 100계약(1계약당 $1만 달러) 체결하여 환율변동에 따른 영향을 관리할 수 있다. 수입기업은 3개월 후에 달러환율이 1,000원에서 1,200원으로 상승하여도 이에 따른 손실을 입지 않는다.

수입업자는 3개월 후에 수입대금 100만 달러를 마련하기 위해 환율 1,200원으로 환전하면 12억원이 소요되어 2억원의 손실이 발생한다(수입 당시 10억원 수입대금을 예상). 그러나, 선도(선물)을 매입계약에서 환율이 1,200원으로 상승하여 2억원의 이익이 발생하므로 현물에서 발생한 손실을 상쇄한다.

반면, 수입업자는 3개월 후에 달러환율이 1,000원에서 800원으로 하락해도 이에 따른 이익을 얻을 수는 없다. 수입업자는 수입대금을 환율 800원으로 마련하여 2억원의 이익이 발생하지만 선도(선물)계약에서 2억원 손실을 입어 현물의 이익을 상쇄한다(환율 하락의 경우와 정반대임).

콜옵션 매입[20]

수입기업은 거래소시장 또는 은행 등을 통해 3개월 만기 달러 콜옵션(약정환율에 살 수 있는 권리)을 환율 1,000원에 100계약(1계약당 $1만 달러) 체결하여 환율상승에 따른 손실을

---

19) 통화선도(선물) 상품 가입 시 수수료 및 증거금 등 관련비용이 발생한다.

20) 옵션 상품 가입 시 수수료 및 증거금 등 관련비용이 발생하며, 옵션 매도는 손실한도가 한정되지 않는 구조로 막대한 손실을 입을 수 있으니 각별히 유의해야 한다.

관리할 수 있다.

수입기업은 3개월 후에 달러환율이 1,000원에서 1,200원으로 상승하여도 콜옵션을 통해 환율 1,000원에 달러를 매입할 수 있으므로 환율 상승에 따른 손실을 입지 않는다. 수입업자는 3개월 후에 환율 1,200원으로 수입대금 100만달러를 마련하면 12억원이 소요되어 2억원의 손실이 발생한다(수입 당시 10억원 수입대금을 예상). 그러나, 수입업자는 환율이 상승하였으므로 콜옵션을 통해 수입대금을 환율 1,000원에 매입할 수 있으므로 환율상승에 따른 손실을 상쇄할 수 있다.

수입업자는 3개월 후에 달러환율이 1,000원에서 800원으로 하락하면 콜옵션 권리(달러를 환율1,000원에 살 수 있는 권리)를 포기하고 환율 800원에 달러를 매입하므로 환율 하락에 따른 이익을 얻을 수 있다. 수입업자는 3개월 후에 환율 800원으로 수입대금 100만 달러를 마련하면 8억원이 소요되어 2억원의 이익을 얻게 된다(수입 당시 10억원 수입대금을 예상). 반면, 수입업자는 환율이 800원으로 하락하였기 때문에 이보다 높은 환율 1,000원에 달러를 매입할 이유가 없으므로 콜옵션 권리 행사를 포기한다.

통화스왑 거래[21]

수출입기업이 수입대금으로 100만 달러를 지불하고 3개월 후 수출대금 100만 달러를 수취하는 경우 은행 등 금융기관을 통해 10억원과 100만 달러를 교환하는 통화스왑거래를 체결하면 환율변동에 따른 영향을 관리할 수 있다. 수출입기업은 10억과 100만 달러를 교환하여 수입대금을 지급하고 3개월 후에 수출대금으로 받은 100만 달러를 10억원과 재교환하므로 환율 변동에 따른 영향을 받지 않는다.

수입환변동보험[22]

수입기업은 무역보험공사에서 판매하는 만기 3개월인 수입환변동보험을 보장환율 1,000원에 계약을 체결하여 환율변동에 따른 영향을 관리할 수 있다. 수입기업은 3개월 후에 달러환율이 1,000원에서 1,200원으로 상승하여도 이에 따른 손실을 입지 않는다.

수입업자는 3개월 후에 환율 1,200원에 수입대금 100만 달러를 마련하면 12억원이 소요되어 2억원의 손실이 발생한다(수입 당시 10억원 수입대금을 예상). 그러나, 수입기업은 수입환변동보험계약에 의해 2억원의 보험금을 수령함으로써 환율상승에 따른 손실을 보전할 수 있다. 반면, 수입기업은 3개월 후에 달러환율이 1,000원에서 800원으로 하락하여도 환율상승에 따른 이익을 얻을 수 없다. 수입업자는 3개월 후 환율 800원에 수입대금 100만 달러를 마련하면 8억원이 소요되어 2억원의 이익이 발생한다(수입 당시 10억원 수입

---

21) 통화스왑 상품 가입 시 수수료 및 증거금 등 관련비용이 발생한다.

22) 수입환변동보험 상품 가입 시 보험료 등 관련비용이 발생한다.

대금을 예상). 그러나, 수입기업은 수입환변동보험 계약에 의해 환율하락에 따른 이익금 2억원을 무역보험공사에 지급하게 된다.

환헤지 활용예시

수입기업(외화 대출기업)은 통화선도(선물)매입 , 콜옵션 매입, 통화스왑, 수입환변동보험을 통해 환헤지를 할 수 있다.

> 예 3개월 후 수입대금 100만 달러 지급예정이며, 현재 달러 환율은 1달러당 1,000원인 경우를 중심으로 설명(외화 대출기업은 수입기업과 환헤지 구조가 동일함)

통화선도(선물환, Forward) / 통화선물(Futures) 매입[23]

수입기업은 거래소시장 또는 은행 등을 통해 3개월 만기 달러 선도(선물)매입계약을 환율 1,000원에 100계약(1계약당 $1만 달러)체결하여 환율변동에 따른 영향을 관리할 수 있다. 수입기업은 3개월 후에 달러환율이 1,000원에서 1,200원으로 상승하여도 이에 따른 손실을 입지 않는다.

수입업자는 3개월 후에 수입대금 100만달러를 마련하기 위해 환율 1,200원으로 환전하면 12억원이 소요되어 2억원의 손실이 발생한다(수입 당시 10억원 수입대금을 예상). 그러나, 선도(선물) 매입계약에서 환율이 1,200원으로 상승하여 2억원의 이익이 발생하므로 현물에서 발생한 손실을 상쇄한다. 반면, 수입업자는 3개월 후에 달러환율이 1,000원에서 800원으로 하락해도 이에 따른 이익을 얻을 수는 없다. 수입업자는 수입대금을 환율 800원으로 마련하여 2억원의 이익이 발생하지만 선도(선물)계약에서 2억원 손실을 입어 현물의 이익을 상쇄한다(환율 하락의 경우와 정 반대임).

---

23) 통화선도(선물) 상품 가입 시 수수료 및 증거금 등 관련비용이 발생한다.

9

글로벌 핀테크

1. 글로벌 핀테크 시장 현황

(1) 글로벌 핀테크 투자 현황

시장조사기관 엑센츄어에 따르면 최근 5년간 4배 정도(2008년 9억 달러 → 2013년 40억 달러) 증가한 글로벌 핀테크 투자는 2014년에 120억 달러를 기록하며 1년 만에 다시 3배 늘어나는 폭발적인 증가세를 보임으로써 전체 벤처자본투자 확대(63%)를 선도하는 "차세대 프론티어 부문"으로 자리 매김하고 있다. 특히, 투자금액으로 볼 때 미국이 전체의 83%를 차지하고 있으나, 증가속도 측면에서는 영국이 가장 빠르게 늘어나고 있다.

기존 금융기관들도 핀테크로 인해 가능해진 다양한 성장 기회에 적극 대응하기 위해 클라우드, 모바일 지갑, 블록체인 등 새로운 기술을 도입하는 등 사업모델을 다시 검토 하고 있으며, 실제로 은행, 보험사 등은 핀테크 벤처자본, 인큐베이터, 스타트업 등에 대한 투자를 확대하고 있다. 최근에도 모바일 결제, P2P 대출 플랫폼 위주로 핀테크 투자가 활발하게 지속되고 있다.

(2) 글로벌 핀테크 주요 동향

1) 결제 · 송금

2000년대 들어 eBay(2002), Alibaba(2004), Amazon(2007) 등 e-Commerce 플랫폼 사업자들의 간편결제 서비스업 진출이 증가하였고, 2014년 10월 애플의 Apple Pay출시를 기점으로 삼성전자, 구글 등 글로벌 ICT플랫폼 사업자들이 자사 플랫폼 내 사용자들의 결제 편의성을 극대화하여 초기 고객을 확보하기 위해 간편결제 서비스 출시가 가속화되었다. 또한, 동종 및 이업종 간 제휴도 활발하게 진행되었다. 신용카드사(Visa, Master 등)와 핀테크 기업 간 제휴도 증가하였고 온라인 결제 플랫폼과 동종 · 이업종 플랫폼 간 제휴도 확대되고 있다. 특히, 미국은 신용카드의 불법복제 사고를 방지하기 위해 기존 마그네틱 단말기를 IC칩을 읽을 수 있는 EMV 단말기로 대체하도록 유도하고 있다.

2015.10.1일부터 EMV 미지원 카드단말기를 사용하는 카드가맹점은 도난 또는 복제 카드사고에 대한 배상 책임을 부담해야 하는데 2015년 8월까지 중소상인의 31%만 EMV 단말기를 구입한 것으로 나타났다. 이는 EMV 단말기가 기존 마그네틱 단말기보다 2~12배 비싸기 때문인데 이러한 비용문제를 극복하기 위해 기존 EMV보다 저렴하게 IC카드를 읽을 수 있는 카드단말기(Square사 등)가 새로운 핀테크 기술로 부상하고 있다.

2) P2P대출

미국, 영국, 중국을 중심으로 P2P 대출이 가파르게 성장하고 있다. 미국은 세계 최대 P2P 대출 기업인 Lending Club의 대출이 누적액 기준 100억 달러를 돌파하였고 영국도 Zopa의 누적대출이 10억 파운드를 넘어섰다. 중국은 P2P대출 플랫폼이 2,000개를 초과하였으며 누적대출규모도 2014년말에 이미 480억 달러를 돌파하여 활황세를 지속하고 있다. 이에 따라 건전성 규제를 강화하려는 움직임이 나타나고 있는데 중국은 2014년 P2P 대출 플랫폼 급증으로 300여 개가 부실화되어 폐쇄되면서 2015년 3월부터 최소자본금 규제 계획을 발표하였고 미국 금융당국도 P2P 대출 플랫폼 기업에 자발적 대출심사 강화를 요청하는 한편, 필요시 규제를 고려하고 있다고 밝혔다.

3) 크라우드 펀딩

미국은 정부가 주도하여 증권형 크라우드 펀딩 활성화를 시도하고 있다. Regulation A＋시행으로 소액 공모시장 성장을 도모하고 있는데 이 정책이 성공하면 IPO 단계 기업들이 자금조달이 보다 용이해질 것으로 보고 있다. 특히 스페인과 이탈리아는 크라우드 펀딩 관련 법안을 시행하여 관련 시장의 성장을 기대하고 있다. 우리나라를 비롯하여 태국, 말레이시아, 인도네시아, 호주 등은 아직까지 관련 펀딩을 규제하고 있지만 제도 도입을 검토하고 있다. 크라우드 펀딩은 스타트업 기업의 초기 자금조달 수단으로 활용되었으나 최근 환경복원 등 사회문제 해결 목적의 공공 크라우드펀딩 프로젝트도 증가 추세에 있다.

4) 기타

비트코인과 같은 가상화폐도 활성화되고 있다. 비트코인 전문업체인 Cubits와 BTCGreece는 그리스에서 경제위기로 현금인출 금액이 제한(최대 60유로/일)됨에 따라 그리스 전역에 1,000개 이상의 ATM을 설치하는 계획을 수립하였다. 호주도 비트코인을 상품이 아닌 민간통화로 간주하여 부가가치세가 아닌 자본세를 부과하기 위한 입법을 계획하고 있으며 미국은 뉴욕주에서 비트코인 규제 가이드라인(Bit License)을 공표하였고 시카고에서는 비트코인센터를 설립하였다.

또한 온라인 자산관리 시장에서도 핀테크 기술이 확산되고 있는데, 온라인 자산관리 서비스를 제공하는 Betterment는 2015년 상반기 중 가입고객과 운용자산이 각각 10만명, 25억 달러를 돌파하였다. 경쟁사인 Wealthfront도 최소가입금액($500)을 인하하는 등 초기 가입고객 확보에 집중하고 있다. 또한, 스마트폰 기반 무료 주식중개서비스 업체인 호주의 Robinhood는 5천만 달러 규모의 투자를 유치하였다.

(3) 핀테크 산업 성장의 특징과 시사점

1) 금융 민주화 (Democratising Finance)

핀테크 혁명의 가장 큰 공헌은 금융서비스 개방을 이끌어 내는 데 있다. IT 기술 진보에 따라 금융서비스 비용이 현저하게 감소하고 종전에 일부 계층에만 국한되었던 일련의 고비용 금융 서비스가 훨씬 더 개방되고 있다. 빅데이터를 이용한 차주의 신용평가나 가치분석의 정교화 등으로 실시간, 저비용, 맞춤형 금융이 가능해짐으로써 소수 금융기관이 주도하던 금융환경이 변화되었다. 예를 들면, GoCardless사는 은행을 통하지 않고 웹사이트에 몇 줄의 코드를 입력함으로써 결제 계정 개설을 가능케 하였다. 중소기업은 운전자본 공급업체(iWoca, Ezbob 등)나 P2P 대출업체(Funding Circle 등)를 통해 10분 내에 대출자금 조달이 가능하게 되었다. 온라인 비즈니스 관리 및 회계 시스템업체(FreeAgent 및 Xero 등)는 기본 회계 관리와 중소기업경영 지원을 저가로 제공하고 있다. 이처럼, 핀테크 산업과 디지털기술은 종전에 금융 접근이 어려웠던 영세 중소기업과 개인에게도 금융서비스 제공 기회를 늘리고 있다.

2) 틈새시장 집중

일반적으로 성공적인 스타트업들은 대부분 소수 "얼리 어답터들"의 특정 수요 해결에 초점을 맞추는 전략을 구사해 왔다. 핀테크 기업들도 중소기업의 요구에 초점을 맞춘 B2B 서비스나 수직적 대출기회를 사업화하는 P2P 대출 등에 집중하는 모습을 보였다. 특히, 대학 동문과의 연계를 바탕으로 한 P2P 학자금대출 전문업체인 SOFI는 창업 4년 만에 2억 달러 규모의 기업공개에 성공하였다. 이제까지는 동 전략이 핀테크 산업의 성장에 효과적이었으나 성장을 유지하기 위해서는 은행이 주도하고 있는 금융 업무영역으로 확장할 필요성이 있다.

3) 전통 금융권과의 경쟁

핀테크는 각국의 금융규제 및 금융 인프라, IT기술 수준 등에 따라 발전 방향이 다른데, 금융 인프라가 열악한 경우 핀테크가 이를 보완하는 대체재로서의 역할을 충분히 수행하는 것으로 나타났다. 케냐의 모바일뱅킹서비스인 MPESA는 낙후된 금융 환경 때문에 성공한 경우로 분석된다. 선진국에서는 핀테크 기업과 은행권과의 직접적인 경쟁이 이미 진행 중인데, 영국해외송금 핀테크 업체인 TransferWise는 낮은 수수료 체계와 프로필 마케팅 전략을 통해 선진금융 환경에서도 핀테크가 은행에 대한 경쟁력을 가지고 충분히 활용될 수 있음을 보여 주었다. 이같은 새로운 경쟁 상황은 마케팅에 국한된 것만은 아니며 골드만삭스는 핀테크 기업들의 비은행 중개업무 확대에 따라 향후 5년 이상에 걸쳐 연간

11억 달러(현재 이익의 7% 규모)의 이익 감소 위험에 직면할 것으로 보고 있다.

신규 핀테크 비지니스는 저비용을 무기로 개선된 디지털 경험과 편의성을 소비자에게 제공함으로써 주류 고객들의 은행 이탈을 주도하기 시작한 것으로 보인다.

4) 금융권과의 제휴

기존 은행들은 핀테크와 협업해야 한다는 점을 인식하고 있는 상황이다. 미국 핀테크 업체인 Lending Club의 CEO는 소비자와 기업에 대한 신용 비용을 줄이기 위해 은행과 파트너십 관계를 형성하는 것이 은행과 금융시장 모두에게 최선의 이익이라고 주장하였다. 실제로 산탄데르(Santander) 은행은 업계 최초로 런던 P2P 대출업체인 Funding Circle 과 업무협약을 체결하고 은행의 대출이 곤란할 경우 P2P 대출로 고객을 인계하기 시작하였다.

5) 시사점

핀테크 산업은 이제는 어느 정도 정당성을 확보하여 성숙해 나가는 단계에 도달함으로써 투자자, 기업과 소비자들로부터 지지받는 환경을 스스로 창조하고 있다. 과거에는 대기업이 소기업을 이기는 약육강식의 생태계였다면 지금은 빠른 회사가 느린 회사를 이기는 시대가 도래하고 있다.

2. 미국의 핀테크 현황과 정책

(1) 미국의 핀테크 산업 투자 규모 및 현황

미국은 핀테크 기업 수, 투자 규모 등에 있어 압도적인 성장세를 보이며, 글로벌핀테크 산업을 주도하는 세계 최대 시장이다. 2014년 미국의 핀테크 투자 규모는 전년대비 200% 증가한 98.9억 달러로서 글로벌 핀테크 투자(122.1억 달러)의 83%를 차지하였으며 지난 5년간 연평균 57% 증가(2010년 16.4억 달러)하였다.

미국의 세부 사업별 핀테크 투자 현황을 보면 지급결제 및 예금, 대출 영역 이외에도 소비자들이 기업에 직접 투자하고 지분을 확보하는 방식의 크라우드 펀딩 서비스와 자산관리 서비스 등 다양한 영역으로 확장 중이다. 미국 금융시장은 시장 선도 핀테크 기업들이 차별화된 금융서비스로 파괴적 혁신을 주도함으로써 2020년경 은행권의 점유율이 25% 이상 하락할 것으로 전망되었다.

액센추어(Accenture)에 따르면 세부 사업별로 2014년 중 미국의 모바일 결제 관련투자 건수가 29%(금액기준 54%)로 가장 많았으며, 대출 관련 핀테크 투자는 경기부진에 따른 은행의 대출 기피현상을 반영하여 2014년 중 건수기준 16%(금액 기준25%)로 2위를 차지하였으며, 시장거래기술 12%, 자산관리 9%의 순으로 나타났다.

(2) 이원화된 핀테크 허브: 뉴욕과 실리콘밸리

미국의 경우 금융 중심지인 뉴욕의 월스트리트와 IT기술의 근간인 실리콘밸리 등으로 이원화된 핀테크 허브를 운영하며 핀테크 산업을 선도하고 있다. 핀테크의 핵심 요소인 금융과 기술의 중심이 지리적으로 분산되어 있기 때문에 미국의 핀테크가 영국 등 유럽권보다 성장 속도가 완만하다는 평가도 존재하지만 뉴욕과 실리콘밸리는 각각의 강점을 살리는 방향으로 발전하고 있다. 뉴욕의 경우 잠재적 소비자에 대한 접근성, 풍부한 금융 서비스 전문 인재풀 등의 이점이 핀테크 사업자에게 커다란 장점으로 작용하고 있다. 핀테크 스타트업들은 전직 금융회사 임원을 영입 중이며 금융기관들은 핀테크 생태계 진입을 위해 직접 투자 또는 벤처 인큐베이터 등의 노력을 펼치고 있다.

2014년 뉴욕에서의 핀테크 투자금액은 전년 대비 32% 증가한 7.7억 달러로 나타났다. 특히 뉴욕의 핀테크 허브인 Fintech Innovation Lab에서는 15개 주요 금융기관의 지원을 통해 18개 업체가 7.6천만 달러를 유치하였다. 한편 뉴욕의 세부 사업별 핀테크 투자 현황을 보면 대출 관련 핀테크 회사에 대한 투자규모가 47%로 가장 많았다(건수 기준 21%). 뉴욕의 중소기업 전문 대출 플랫폼인 Biz2Credit은 Direct Lending Investments사로부터 2.5억 달러를 조달하였으며 온라인 기업 대출 회사인 OnDeck은 2014.12월 IPO를 통해 2억 달러를 성공적으로 조달하여 현재 시가총액이 10억 달러로 성장하였으며, 2007년 사업시작 이후 빅데이타 분석으로 소기업 대상 누적대출액이 20억 달러를 넘어섰다. 지급결제 관련 투자는 2012년 33%, 2013년 28%, 2014년 21%로 점유율이 지속적으로 낮아지고 있어 간편결제 분야의 성장 여력이 점차 축소되고 있다. 반면 해외거래 관련 송금 및 공유경제 관련 지급수단 개발 등 B2B 결제 분야는 소액결제에 비해 성장 전망이 밝은 것으로 평가되었다.

실리콘 밸리의 핀테크 산업은 주로 초기단계에서 벤처 캐피탈의 금융지원 위주로 이루어지고 있다. 동 지역은 그동안 미국내 핀테크 투자를 주도하여 왔으며 2014년에 투자의 폭발적 증가세는 정체되었지만 투지금액으로는 여전히 전년대비 2배 이상 늘어났으며 유럽 전체의 투자규모(14.8억 달러)를 상회하는 20억 달러를 유치하였다. 건수 기준으로는 뉴욕의 경우 2011년까지만 해도 미국 다른 지역에 비해 핀테크 투자가 부진하였으나 이후 증가세가 높아지기 시작하여 2014년부터는 실리콘 밸리뿐만 아니라 글로벌 핀테크 투자 증가율을 상회하였다.

3. 영국의 핀테크 현황과 정책

(1) 영국의 핀테크 산업 투자 규모 및 현황

영국 핀테크 산업은 글로벌 최고 수준의 모바일·인터넷 보급률, 유럽 최대 전자상거래 시장 등 디지털 경쟁력(connectivity)이 부각되는 가운데, 글로벌 위기 이후 기존 은행 서비스에 대한 불만, 금융기관의 혁신 및 투자부진 등이 맞물려 빠른 속도로 활성화되고 있다. 2008년까지만 해도 미국이 전세계 핀테크 투자의 거의 대부분을 차지했으나, 최근에는 영국을 중심으로 한 유럽 국가들이 빠른 성장세를 앞세워 시장을 확대하고 있다. 2008년 이후 5년간 영국 및 아일랜드의 핀테크 산업투자금액은 8배 증가하는 등 연평균 74%의 속도로 급성장하여 실리콘밸리(13%)와 전 세계 평균(27%) 증가세를 크게 압도하고 있다.

2014년 들어서 영국·아일랜드의 핀테크 투자는 6.2억 달러로 전체 유럽투자(14.8억 달러)의 42%를 차지하였으나 증가세가 다소 둔화되었다(전년비 136%). 한편, 2014년에는 유럽 타지역의 핀테크 투자가 급속하게 늘어나기 시작하였다(노르딕 국가 3.45억 달러, 네덜란드 3.1억 달러, 독일 82백만 달러 등). 영국의 핀테크 시장은 13만 5천명의 종사자가 1,800여개 기업에서 활동하면서 연간 200억 파운드(약 32.9조원)의 매출을 올리고 있다. 대부분 전통적인 핀테크 분야가 주류를 이루고 있으며 새로운 신종 핀테크는 아직 18% 정도에 불과하다. 그러나 전통 핀테크 부문은 아직은 글로벌 100대 핀테크 기업 중 4개에 불과한 반면, 신종 핀테크는 최근 유럽의 유망 핀테크 스타트업의 절반 정도를 점유하는 등 성장세가 두드러지고 있다.

핀테크 세부 사업영역별 매출 현황을 보면 지급결제가 전체 시장의 절반(100억 파운드)을 차지하며 이 중 81억 파운드를 인프라 기반 지급결제가 차지하고 있다. 다음으로 금융기관 위험관리, 지급결제, 회계 등의 소프트웨어 솔루션 사업(42억 파운드)과 고객의 금융정보나 시장 거래정보를 수집, 분석하는 데이터 사업(38억 파운드)이 각각 20%씩 점유하고 있다.

플랫폼 부문에서는 P2P대출, 트레이딩, 개인자산관리, 정보제공 등으로 다양화되고 있으며 시장규모는 20억 파운드 정도로 작지만 빠른 성장세를 보이고 있다. 한편, 영국 핀테크 시장의 각 사업영역별 규모와 성장 잠재력을 보면 플랫폼, 데이터분석서비스 분야에서 글로벌 시장 선도역할을 하고 있으며 향후 성장 여력이 가장 유망한 부문은 P2P 플랫폼, 온라인 지급결제, 데이터분석서비스(신용조회, 자본시장, 보험 등) 등으로 전망되었다.

뉴욕과 실리콘벨리의 산업 생테계 육성 역량 비고

	뉴욕	실리콘벨리
정부 자금 지원	○ Start-up America: 기업, 대학, 창업자, 재단, 전문가 연계 ○ 미국 투자 인센티브 제도 　 (SSBCI: State Small Business Credit Initiative) ○ NY Fund Seed($45m), State Fund($35m), 　 Goldman Sachs($10m), Private Investment($450m)	○ 아이디어를 사업으로 이끄는 정부지원 펀드 활 　 성화 ○ 정부, 민간, 학계가 연계된 펀딩시스템은 ICT 발 　 전의 원동력
비자, 이민정책	○ Start-up 비자(2013.06): 현재 미제정 ○ Start-up을 지원하는 다양한 종류의 비자 및 이민정책	
세제 혜택	○ ATRA(American Taxpayer Relief Act) 세금 우대 ○ Start-up NY: 10년 간 100% tax free	○ ATRA(American Taxpayer Relief Act) 세금 우대 ○ 감가삼각, R&D, 합병 등의 서제 혜택, 소형주 양 　 도차익 면제
자금 조달 능력	○ 최근 5년간 핀테크 투자 성장률 31% 　 - 풍부한 정부 금융지원 　 - 투자은행 등 대형 금융기관의 금융서비스 ○ 다양한 자본 조달 　 - Ondeck: peer-to-peer 대출 플랫폼, 1억 달러 규모의 　　 대출 성장 　 - Learn Vest: 개인 금융 플랫폼, 28 백만 달러 VC funding 　 - Kickstarter: 크라우드 펀딩, 11억 달러, 640만 투자자, 　　 63,000개 프로젝트, 10백만 달러 VC fund	○ 정기적 관점의 금융서비스가 상대적 취약 　 - 금융기관 연계 핀테크 펀딩 능력은 취약하나 　　 강한 기술력으로 세계 최대의 핀테크 투자 유도 ○ 타지역 벤처 허브의 자금동원 　 - 40% 이상의 Venture capital 딜, 50% 이상의 　　 테크 Start-up 자금을 7개 주요허브(뉴욕, 메 　　 시추세츠 등)에서 조달
ICT기술 및 인재	○ 뉴욕 경제성장을 위한 프로그램 　 - 2014년 Cornell 과학기술 캠퍼스 설립 　　 (뉴욕시 부지와 $100million 제공) 　 - 2013년 Carnegie Melon 대학과 Sciences program 　 - 2012년 Columbia 대학과 과학기술 institutes 설립 ○ 글로벌 기업의 지원 　 - 2012년 Google 22,000sq 부지 기증 　　 (Cornell NYC Tech 캠퍼스) 　 - Google, Facebook Twitter, Amazon, eBay 등 글로벌 　　 기업의 뉴욕 사무실 및 인력 확대	○ 숙련된 전문가와 기술력 　 - 45% 이상이 석사 이상의 고학력 　 - 과학기술 분야 60% 이상이 대학 졸업자 　 - 학생의 인턴쉽 채용 활성화, 전문가 양성으로 　　 연계 ○ 강한 교육기관 네트워크 　 - 스탠포드, MIT, Yale 등 top tier 교육 기관과 　　 강한 연계 　 - 핀테크 Start-up에 요구되는 인재 양성 및 기 　　 술 지원
비즈니스 환경	○ 선진 금융기관 집중 　 - 실리콘 밸리보다 2배 빠른 핀테크 성장의 원동력 　 - Start-up 기업과 accelerators 들이 선호하는 환경을 　　 제공 ○ 고객 접근성 　 - 핵심 기술을 지닌 창업가가 쉽게 고객에게 접근할 수 　　 있는 환경 ○ 글로벌 투자자 네트워크 활용	○ 테크 Start-up 허브의 글로벌 리더 　 - 첨단 기술과 숙련된 기술자가 집약 　 - 초부유층(HNWI) 자산가 거주 지역 ○ 핀테크를 지원하는 글로벌 기업 　 - Apple, Cisco System, eBay, Google, HP 등 ○ 발달된 Start-up ecosystem 　 - Investors, Accelerators, Incubators 등 　 - 투자자와 기업가의 시너지(금융지원, 기술 지 　　 원 등) ○ 도전적 기업가 정신 　 - 테크 혁신의 근간
기타	- SBDCs(Small Business Development Centers) 운영	

자료: 인터넷진흥원(2015.5) 재인용

참고 1	'FinTech Innovation Lab'

□ 미국 전통 금융권의 핀테크 투자는 'FinTech Innovation Lab'을 중심으로 진행 중
   ○ 2010년에 엑센츄어와 뉴욕시 파트너십 펀드가 공동 개설한 이후, 2012년에는 런던, 2014년에는 아일랜드 및 홍콩 등 아태지역에 개설
   ○ 핀테크 이노베이션 랩은 미국 15개 주요 금융기관과 벤처캐피털, 시(City)나 정부 기관이 참여하며, 공모를 통해 선정된 7~8개 핀테크 스타트업을 선정하여 3개월간 집중 육성하는 방식으로 멘토 프로그램 운영
      - 뉴욕 랩의 지원을 받은 18개 핀테크 스타트업은 76백만 달러를 유치

□ 런던 랩의 경우 15개 주요 은행*의 고객 임원이 멘토로 참여하는데, 프로그램을 이수한 스타트업들은 평균 수익 170% 및 직원 55% 증가 등 높은 성과를 내는 것으로 분석
   * Bank of America, Barclays, Citi, Credit Suisse, Deutsche Bank, Goldman Sachs, HSBC, Intesa Sanpaolo, Jp Morgan, Lloyds Banking Group, Morgan Stanley, Nationwide, RBS, Santander, UBS
   ○ 이 중 14개 핀테크 스타트업은 35백만 달러를 유치

(2) 영국 핀테크 산업 성장과 테크시티

영국 핀테크 산업이 급성장하면서 매력적인 세계적 핀테크 허브로 부상하고 있는 것은 기본적으로 20세기 이후 고도로 발달한 금융산업이 건재하고 있는 가운데, 정부의 강력한 지원정책이 한 몫을 담당하고 있는 것으로 분석된다. 영국 정부는 2011년 런던 내 "테크시티"를 조성하여 핀테크 스타트업의 허브로 육성하기 위해 기업 우호적인 규제환경을 제공하는 등 핀테크에 대한 전폭적인 지원을 강화하고 있다. 글로벌 금융 서비스 중심지로서의 런던, 기술적으로 세련된 경험을 가진 대규모 고객 기반을 배경으로 한 시장 및 충분한 자본의 가용성 등이 시너지 효과를 창출하는 것으로 분석되며 글로벌 교역허브로서 런던의 지정학적 위치와 우수한 금융서비스 인프라 등도 핀테크 허브로서의 영국의 위상을 뒷받침하고 있다.

2014년 8월에는 영국정부는 자국을 세계 금융혁신의 중심지로 육성하기 위한 핀테크 산업 종합지원대책을 발표하였으며 금융감독청(Financial Conduct Authority, FCA)은 핀테크

지원조직(Innovation Hub)을 신설하고 전문 컨설팅과 A/S 제도를 운영하고 있다.

영국의 핀테크 기업에 대한 세제 해택

세금 혜택 항목	세부내용
EIS(Enterprise Investment Scheme)	소규모 비상장기업 투자 시 조세 혜택
SEIS(Seed Enterprise Investment Scheme)	스타트업 투자 시 소득세/자본소득세 혜택
ER(Enterpreneur's Relief)	지분 5% 이상 보유 임직원 1년 이상 근무시 주식 매각 때 세금 공제
R&D Tax Credit	R&D 투자 관련 세액의 중앙-지방정부간 합산 부과
Patent Box Scheme	특허 이윤에 대한 법인세율 경감
Bitcoin	Bitcoin 세금 면제

자료: 영국 금융투자청(2014) 재인용

참고 2	테크시티(Tech City) 개요

□ 개요
- 런던 중동부에 위치한 기술관련 창업기업 클러스터
- 실리콘밸리와 뉴욕에 이어 전세계 세 번째로 큰 규모
- 미국 실리콘밸리와 경쟁할 수 있는 클러스터 조성을 위해 연방정부와 지방정부가 함께 개발
- 2008년부터 클러스터 형태로 조성되기 시작했으며, 2010년 카메론 총리의 육성 계획 이후 빠르게 성장
- 스타트업, 투자자, 파트너 연결 허브로 기능
- 핀테크 기업들은 테크시티를 통해 금융회사와 연결 금융솔루션, 플랫폼 산업에 진출 가능
- Techstars, Startup Boot Camp, Level39 등 공동체 활용 가능
- 시스코, 페이스북, 구글, 인텔 등이 투자하고 있는 가운데 런던 왕립대학, 런던 시립대학 등 연구기관들이 파트너로 참여

□ Tech City 창업기업 지원활동
- Future Fifty: 영국 내 유망 50개 창업기업을 집중 지원 육성하는 프로그램
- IoT Launchpad: 100만 파운드 규모의 사물인터넷 창업기업 지원 프로그램
- Tech City UK Cluster Alliance: 영국 내 12개 테크 클러스터 간 정보공유 및

　　　　교류활동 지원
　　　　　○ Digital Business Academy: UOL, 캠브리지대학 등 온라인 경영 강의

　　　　□ Leve139
　　　　　○ 테크시티의 기술력과 글로벌 경쟁력을 갖고 있는 금융산업과의 시너지 효과
　　　　　　를 극대화시키기 위해 만든 유럽 최대 핀테크 클러스터
　　　　　　 - 자금조달, 경영자문 등 핀테크 창업기업 인큐베이터 역할
　　　　　○ 핀테크 창업기업들과 인근의 HSBC, 씨티그룹, 바클레이즈 등 대형 금융회사
　　　　　　간 연결고리 역할을 하면서 영국의 핀테크 산업성장을 주도

4. 중국의 핀테크 현황과 정책[1)]

(1) 중국 핀테크 산업의 특징과 시사점

　　중국의 핀테크 산업규모는 관련 투자 및 거래액이 전세계 국가중에서 2~3위를 차지할 정도로 크게 확대되었다. 특히, 2010년 이후(2010.1월~2015.6월중) 중국의 핀테크 관련 누적 투자규모는 35억 달러로 전 세계 투자비중의 7% 수준으로 미국(316억 달러), 영국(54억 달러) 다음으로 많은 편이다.

　　중국이 금융산업의 발전은 상대적으로 더딘 상황에서도 핀테크 산업의 강자로 떠오른 데는 다음과 같은 특징적인 성장배경이 있었던 것으로 분석되고 있다.

① 핀테크를 통한 금융포용 확대

　　　　상대적으로 낙후된 기존 금융 인프라(신용평가시스템 미발달 등) 대신 핀테크를 통해 금융 취약계층 등에 대한 신용확대 전략 추진

② 전통적 금융서비스를 대체

　　　　인터넷 및 모바일 보급률(2015년 각각 50%, 45%)이 빠르게 상승하는 점을 고려하여 부족한 은행 및 결제인프라(예: 1인당 신용카드 보유0.3장)를 대체하여 핀테크를 이용, 광범위한 지역의 고객에 금융서비스 제공

③ 중국식 신용거래 솔루션 제공

　　　　신용거래에 대한 인식이 높지 않은 중국 시장에서 '제3자 온라인 결제'방식을 도

---

1) 조사국 국제경제리뷰, 제2016-5호, 2016.3.3.

입하여 소비 편의를 제고하며 시장을 대폭 확대

중국 핀테크 산업의 성장은 중국 내수시장 확대, 금융산업 경쟁력 제고 등에 도움을 줄 것으로 기대된다. 특히, 중국의 온라인 소비시장 비중이 2018년 16.6%까지 확대될 것으로 예상되는 가운데 핀테크는 소비 접근성 개선 등을 통해 내수확대에 기여하고 있다.

이러한 핀테크 기업의 등장은 거래비용 인하, 금융혁신 및 신상품 개발 등을 통해 금융산업의 효율성을 높이는 효과가 있다. 다만, 핀테크 산업의 빠른 성장과 함께 소비자의 권익침해, 불법 금융행위 등이 증가하면서 금융시스템의 리스크도 증대될 우려되고 있는 편이다.

중국 핀테크 산업의 성장을 주도하고 있는 주요 중국 기업들은 글로벌 시장에서의 영향력을 확대해 가고 있는바, 국내 관련기업과의 경쟁도 심화될 전망이므로 우리의 핀테크 산업 발전을 위한 노력을 더욱 강화할 필요가 요구되고 있다.

한편 핀테크 산업의 성장에 따른 금융서비스 확대 및 첨단 정보기술을 활용한 금융혁신은 중앙은행의 통화정책 파급 경로에도 영향을 미칠 것으로 예상되므로 이를 철저히 점검할 필요가 있다.

(2) 배경

핀테크(FinTech)는 금융(Finance)과 기술(Technology)의 합성어로 "금융부문에 정보통신기술이 결합되어 새롭게 창출된 산업"을 의미하며, 최근에는 IT기술을 활용한 금융 서비스 혁신을 지칭하는 용어로도 사용되고 있다. 핀테크 산업은 주로 지급결제, 자산관리 및 투자 등의 금융부문과 데이터분석 및 정보보안의 정보통신기술 부문으로 구분되고 있다.

핀테크는 글로벌 금융위기로 기존 금융기관의 역할에 대한 비판과 함께 이를 대체할 새로운 금융서비스에 대한 수요가 높아진 상황에서, 정보통신기술을 보유한 비금융 기업들이 소비자에게 첨단기술이 융합된 새로운 방식의 금융서비스를 제공하기 시작하면서 부상하였다.

전자금융(Electronic Banking)이 금융회사의 금융인프라를 보완하여 기존 금융산업의 효율성 제고에 기여하는 데 비해, 핀테크 산업은 기존 금융산업을 대체하여 최종소비자에게 직접 금융서비스를 제공한다는 점에서 차이가 있다.

<table>
<tr><td>참고 3</td><td>핀테크 세부산업 분류</td></tr>
</table>

□ 핀테크 산업의 구분은 다양한 방식이 있는데, 크게 다음과 같이 금융부문과 정
  보통신 기술부문으로 영역을 분류하여 산업을 구분하는 방식이 많이 이용되고
  있음

  ○ 비금융회사인 핀테크 기업이 직접 소비자에게 지급결제, 자산관리, 투자 등
    금융서비스를 제공하는 금융 부문

  ○ 정보통신 기술을 활용하여 금융관련 데이터분석, 보안서비스 등을 제공하는
    정보통신 기술 부문

핀테크 사업 영역 구분

사업영역		주요 내용	중국 주요기업/상품
금융	지급결제	모바일 송금, 자금결제서비스	알리페이, 텐페이
	자산관리	온라인 펀드ㆍ보험, 인터넷 전문은행	위어바오, 리차이퉁
	투자	P2P, 클라우드 펀딩 등 금융투자플랫폼	홍링캐피탈
정보통신 기술	데이터분석	금융 빅데이터분석, 금융 소프트웨어 개발	IZP, TRS
	정보보안	인터넷, 모바일 등의 금융정보보안	360 모바일 세이프

자료: 영국 무역투자청, 한국인터넷진흥원 등

□ 중국의 대표적 IT 업체인 알리바바의 경우 다음과 같이 다양한 방면으로 진출을
  확대

알리바바의 핀테크 사업 영역 진출 상황[1]

개시연도	부문	관련회사	서비스 내용
2004	지급결제	알리페이	알리바바 전자상거래 결제서비스
2007	대출	알리바바 파이낸셜	온라인 쇼핑몰 입점업체 대상 대출서비스
2013	자산관리	위어바오	알리페이 예치 잔액 MMF 투자
2013	보험	중안온라인보험	인터넷 보험회사
2015	은행	MyBank	인터넷 전문은행

주: 1) 보험 및 은행 부문은 타회사와 합작 형식으로 진출

　　일부에서는 핀테크 산업을 전자금융 등이 포함된 전통적 핀테크(Traditional FinTech)
와 신흥 핀테크(Emerging FinTech)로 구분. 전자는 기존 금융서비스의 효율을 높이는 조성

자 (faciliator)의 역할을, 후자는 기존 금융서비스를 대체하는 파괴자(disruptor)의 역할을 영국 무역투자청 등에서 담당하고 있다. 최근 알리바바 등 중국 핀테크 기업이 세계적인 주목을 받고 있는 가운데 중국의 핀테크 산업은 향후 중국의 중요한 신성장 동력이 될 전망이다. 중국은 전통적인 금융서비스의 제공범위는 제한적인 반면 인터넷 및 모바일 보급률은 높아 핀테크가 성장하는 데 유리한 조건을 갖추고 있으며, 이러한 여건을 활용하여 자생적 경쟁력을 확보한 중국의 핀테크 기업들은 최근 해외진출을 적극 모색 중이다.

각국 정부가 금융산업의 국제 경쟁력 확보를 위한 방법의 하나로 핀테크 산업육성에 적극적으로 나서고 있는 가운데 중국정부도 핀테크 산업을 신성장동력으로 육성해 나갈 방침이다.

특히, 중국 공산당은 2015. 10월 제13차 5개년(2016~20년) 계획('13.5계획)에서 '인터넷 플러스' 액션 플랜을 발표. 동 플랜은 인터넷 등 정보통신기술과 제조업 등을 융합하여 새로운 비즈니스 모델의 창출을 추구하여 중국 핀테크 산업의 현황과 빠른 성장을 가능케 한 편이다.

(3) 중국의 핀테크 산업 현황

1) 투자 및 거래규모

중국의 핀테크 투자규모는 개별 국가 기준으로 핀테크 산업 육성에 적극적으로 나서고 있는 미국, 영국 다음으로 세 번째로 높은 수준이다.

2010년 이후(2010. 1월~ 2015. 6월 중) 핀테크에 대한 누적 투자액을 보면 실리콘밸리, 뉴욕 등 핀테크 육성 환경이 양호한 미국이 316억 달러로 전 세계 투자의 63.6%를 차지하고 있는 가운데 영국이 54억 달러(10.9%), 중국이 35억 달러(7.0%)를 각각 기록하였다. 거래규모 면에서는 중국의 핀테크 거래액이 미국에 이어 세계 두 번째를 기록할 전망으로, 중국의 2016년 중 핀테크 거래액은 4,433억 달러로 영국(1,673억 달러), 일본(1,367억 달러) 등을 크게 상회할 전망이다.

한편 핀테크 산업의 대표적 분야인 모바일 지급결제 부문은 향후 5년간 전세계적으로 연평균 약 25% 수준의 성장세를 보일 전망이다.

2) 세부 부문별 현황

중국 핀테크 산업을 세분해보면 개인(기업 포함)이 은행 등의 금융기관을 거치지 않고 온라인상의 플랫폼(웹사이트 등)을 통해 다수의 개인들로부터 자금을 차입하는 거래인 P2P(Peer-to-Peer) 및 지급결제 부문에 대한 투자가 집중적으로 이루어지면서 동 부문이 특히 빠르게 성장하였다.[2]

---

2) 2013~14년 중 전 세계 P2P 투자 비중은 미국 23%, 중국 38%이며, 온라인·모바일 지급결제 비중은 각각

중국의 P2P 부문은 일부 업체가 시장을 과점하고 있는 미국[3]과 달리 다수 업체들간 경쟁이 지속[4]되고 있는데 P2P 대출 규모는 약 170억 달러(2014년)로 미국(55억 달러)을 크게 상회하고 있으며 업체수도 급격히 증가하고 있다.

중국 지급결제 부문의 경우 소수 핀테크 업체가 전체 시장을 주도하고 있는 편이다. 특히, 중국 최대 온라인 쇼핑몰 등을 운영하고 있는 알리바바(Alibaba)의 전자상거래 결제 서비스인 알리페이(Alipay)와 모바일 메신저 및 게임서비스 제공사인 텐센트(Tencent)의 텐페이(Tenpay)가 시장을 과점하고 있다. 알라바바와 텐센트 등은 지급결제부문 고객을 기반으로 자산관리 부문에도 진출, 알리바바는 2013년 6월 고객들이 알리페이에 예치하고 있는 잔액을 금융상품에 투자할 수 있도록 온라인 MMF인 위어바오(餘額寶)를 출시하였으며, 동 상품은 2015년말 현재 자산규모 6,200억 위안(가입자 2.6억명) 규모로 성장하였다. 텐센트도 모바일 메신저 고객기반을 바탕으로 사업영역을 넓혀 2014.1월 온라인펀드 리차이퉁(理財通)을 판매하였으며, 자산규모 1,040억 위안, 가입자 4천 만명(2015년말)으로 성장하였다. 또한 기존 핀테크 기업들은 보험 및 영업점 없이 또는 소수의 영업점만을 운영하며 대부분의 업무를 ATM, 인터넷, 모바일 등 전자매체를 통해 영위하는 인터넷 전문은행 등으로 진출범위를 확대하고 있다.

2014년 중국정부가 설립을 허가한 5개 민영은행 중 2개 은행이 인터넷 전문은행으로 이 중 'MyBank'는 알리바바, 'WeBank'는 텐센트가 최대 주주로, 2개 은행은 각각 2015.6.25일, 2015.1.4일 영업을 개시, 리커창 총리는 'WeBank' 개점식에 참여해 첫 인터넷 대출을 직접 승인하였다. 이 밖에 고객에게 직접 금융서비스를 제공하지는 않으나 정보통신기술을 활용하여 금융 데이터분석, 금융 정보보안 서비스 등을 제공하는 핀테크 기업들이 성장하고 있으나 아직까지는 초기 단계에 있는 편이다.

금융 데이터분석 및 정보보안 부문은 지급결제 부문 등의 급속한 성장으로 시장수요가 충분한 상황이나, 아직 중국 기업의 정보통신 기술 수준이 미흡하여 해외 핀테크 기업들과 경쟁할 수 있는 기업은 부족한 상황이다. 다만 정보보안 부문은 중국정부가 정책적으로 자국 정보보안 업체를 지원[5]하고 있는 데다 민간부문 외에 정부, 군수산업 등 공공부문의 활용분야가 넓어 향후 급속한 성장세를 보일 전망이다.

55%, 18%(CB Insight) 수준으로 나타났다.

3) 미국의 P2P 대출은 Lending Club 및 Prosper Marketplace의 2개 회사가 전체 시장의 98%(2014년말, 각각의 시장점유율은 79.6% 및 18.4%)를 점유

4) 중국 P2P 대출시장 상위 2개 업체(Hongling Capital, Lufax)의 시장점유율 합계는 19.9%(2014년)

5) 쓰촨성 지방정부는 정보보안산업 매출규모를 2014년 183억 위안(중국 전체 정보보안산업 매출액의 약 25%)에서 2020년 1,100억 위안으로 증가시킨다는 계획이다. 중앙정부는 이를 위해 쓰촨성에 정보안전보장설비 설치 및 데이터 응용센터 건설을 지원할 예정이다.

(4) 중국 핀테크 산업의 특징

중국이 금융산업의 발전은 상대적으로 더딘 상황에서도 핀테크 산업의 강자로 떠오른 데는 ① 핀테크를 통한 금융포용 확대, ② 전통적 금융서비스 대체, ③ 중국식 신용거래 솔루션 제공, ④ 핀테크 산업에 우호적인 정책 환경 등과 같은 특징적인 성장배경이 있었던 것으로 분석되고 있다.

1) 핀테크를 통한 금융포용 확대

알리바바, 텐센트 등 핀테크 기업들은 금융 취약계층에 신용공급을 확대하고자 하는 중국정부의 금융산업 발전전략과 맞물리면서 단기간에 급속히 성장하였다.

특히, 중국정부는 소수의 대형 국영은행은 투자은행으로 발전할 수 있도록 지원하고, 소형은행 및 핀테크 사업자들이 중소기업, 저신용 가계 등에 금융서비스 제공을 확대하는 것이 바람직하다고 판단하고 있다.

또한 신용평가 시스템 발달 미흡 등으로 금융거래 실적이 부족한 개인 및 중소기업에 신용배분이 충분히 이루어지지 않고 있는 상황[6]에서, 핀테크 기업은 정보통신기술을 활용하여 금융 서비스 공급가능 계층을 확대하고 있는 추세이다.

지역별 대출 분포 등을 보면 산업화가 진행된 동부지역에 대출 및 영업점 등이 집중되어 있고 동북부 지방 등은 상대적으로 금융서비스 공급이 부진한 편이다.

기존 금융기관들이 금융거래 내역, 소득, 담보가치 등 재무적 자료를 기반으로 하는 전통적 신용평가 모델을 활용하는 데 반해 핀테크 기업들은 금융거래 외 상거래 자료 등을 활용하여 기존 제도권 금융에서 흡수하지 못한 계층에도 금융서비스를 제공하고 있다.

알리바바가 자사 고객인 전자상거래 사업자에게 제공하는 소액대출의 부실대출 비율은 1% 미만으로 중국 은행 평균(1.7%)을 밑돌고 있다. 이는 전자상거래 내 거래량, 재구매율, 만족도, 구매후기 등 빅데이터를 분석하여 리스크를 사전에 측정한 데 기인된다.

2) 핀테크를 통한 전통적 금융 인프라 대체

핀테크 기업들은 자국 인터넷 및 모바일 보급률은 빠르게 상승하는 반면 기존 금융인프라는 낙후된 점을 활용하여 단기간에 전통적 금융서비스를 대체하는 핀테크 금융서비스를 제공하며 성장하고 있다.

중국은 주요 선진국에 비해 은행 인프라가 열위에 있고 신용카드 보급률이 낮은 등 결제 인프라가 부족한 편이다. 중국의 10만명당 ATM 수는 37.5개, 은행 지점수는 7.7개,

---

6) 약 5,600만개의 중소, 개인 기업 중 1/3만 은행 대출을 받고 있으며, 이는 은행 총대출의 12%에 불과하다 (2015.6월).

은행 인프라 및 신용카드 보급 현황

	중국	영국	미국
ATM 수(인구 10만명당)	37.51	124.28	173.43
은행 지점수(인구 10만명당)	7.7	24.2	35.2
신용카드수(1인당)	0.33	0.88	2.97

주: 2014년 기준
자료: BIS, Fintech HK

1인당 신용카드 보유수는 0.33장으로 미국, 영국 등에 비해 크게 낮은 수준이다.

이에 비해 인터넷 및 모바일 보급률은 빠르게 높아지고 있어 핀테크 사업자들이 이를 통해 도시지역 이외의 소비자에게까지 금융서비스 제공이 가능하다. 인터넷 보급률이 50%, 모바일 보급률도 45%(2015년 기준)에 달하는 데다 사용 비중도 높아 핀테크 사업자들이 고객에 접근하기 양호한 편이다.

중국에서는 최근 인터넷 및 모바일 사용자들이 전통적 금융계좌가 아닌 온라인계좌를 이용하여 모바일 채팅방 등을 통해 타인에게 자금을 송금하는 홍바오(紅包; 세뱃돈, 보너스, 쿠폰 등의 의미로 사용)가 크게 유행하고 있다.

지역별 모바일 결제 비율을 보면 도시화율이 낮은 남서부 및 북부지방에서 높은 비율을 기록하고 있다.

3) 핀테크를 통한 중국식 신용거래 솔루션 제공

중국은 신용거래에 대한 인식이 높지 않고 위조상품에 대한 우려가 커(2008~10년 중 전 세계 세관에 압수된 위조 상품의 약 67%가 중국산[7]) 신용거래 비중이 크지 않았으나 핀테크

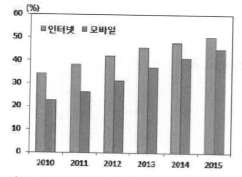

인터넷 및 모바일 보급률

자료: 중국인터넷정보센터

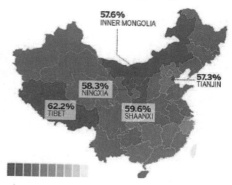

지역별 모바일 결제비중

자료: China Daily

---

7) UN, 2013.4월 자료 참조.

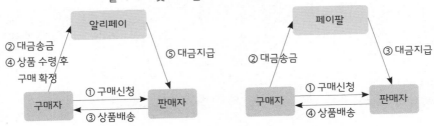

알리페이 및 페이팔의 '제3자 온라인결제' 비교

기업의 선두주자인 알리페이가 Escrow(제3자 온라인 결제) 방식의 전자화폐를 도입하면서 중국 전자상거래 시장에서 새로운 신용거래방식이 정착하는 편이다.

알리페이가 도입한 '제3자 온라인결제' 방식은 기존 온라인 결제서비스와 달리 구매자가 일정 금액을 미리 알리페이 계좌에 적립한 후 상품구매시에는 실제 물건을 수령하여 이상 유무를 확인하고 문제가 없을 경우에 한해 구매대금을 계좌에서 인출하도록 승인하는 방식이다.

한편, 미국 페이팔의 경우 초기에는 신용카드를 매개로 상품구매자와 판매자를 직접 연결하였으나 현재 '제3자 결제' 방식을 도입하고 있다. 단 알리페이가 상품수령 후 대금을 판매자에게 입금하는 데 비해 페이팔은 배송 전 판매대금 입금을 완료해야 한다.

'제3자 온라인결제' 시장은 2010년 1.1조 위안에서 2014년 10.4조 위안으로 확대되었는데, 2017년에는 30.4조 위안까지 성장할 것으로 추정되며 모바일 결제가 인터넷 결제보다 빠르게 성장 중이다.

해외물품 구입에서도 알리페이의 '제3자 온라인 결제' 서비스 도입으로 그동안 장애가 되었던 신용카드 보유 필요성이 낮아지는 등 중국 소비자들의 구매 관행을 변경하지 않으면서도 소비편의를 확대하였다는 평가다.

중국 제3자 결제시장 거래규모 (조 위안)

	2010	2011	2012	2013	2014	2015	2016	2017
인터넷 결제	1.0	2.2	3.7	5.4	7.4	10.4	14.2	18.5
모바일 결제	0.1	0.1	0.1	1.2	2.9	5.2	8.5	11.9
합 계	1.1	2.3	3.8	6.6	10.4	15.6	22.6	30.4

주: 2015년 이후는 추정치
자료: 중국인터넷정보센터

4) 핀테크 산업에 우호적인 정책환경

중국정부는 그동안 핀테크 산업에 대해 사전적 승인보다는 사후적 규제를 선호하는 입장에 따라 네거티브(negative) 방식으로 핀테크 산업을 규제하고 있다. 이는 중국정부가 사전규제 강화시 핀테크 산업의 성장을 저해할 것을 우려하여 사후적으로 규제하는 관망적 자세를 보인 것으로 판단된다.[8] 국영은행들의 반대에도 불구하고 핀테크 기업이 주주로 참여한 민영은행 설립을 승인하는 등 핀테크 기업의 금융업 진출을 장려한 것도 같은 배경이다.

중국정부의 이런 태도는 그동안 IT 기술 등을 이용한 금융서비스 제공범위의 확장이나 전자상거래의 수요 증가 등에 부응하였다는 평가를 받고 있다. 그러나 핀테크 산업의 발전에 따라 관련 금융시스템 리스크 증가, 소비자 권익 침해 및 불법 금융행위 가능성 증가 등의 부정적 측면이 최근 대두되고 있다. 이에 따라 중국정부는 2015.7월 감독당국 규정 및 소비자 보호 강화 등을 골자로 하는 '인터넷금융의 건전한 발전을 위한 가이드라인'을 발표하였다.

참고 4　중국의 '인터넷금융의 건전한 발전을 위한 가이드라인' 주요내용

- 상품별로 감독기관을 지정하고, 핀테크 업체들이 투자자 자금을 제3자인 은행에 예치하고 관련정보를 공개하도록 조치
- 또한 소비자보호를 위해 핀테크 기업 정보 및 투자상품의 리스크에 대한 정보 공개를 강화하고 고객 및 거래기록 정보보호를 강화

(규제 도입 배경)
- 최근 급속한 핀테크 발전과 관련하여 감독관리의 부제, 신용시스템 및 금융 소비자 보호 시스템 미비 등의 문제점이 제기
- 이에 인민은행, 공업정보화부, 재무부 등 10개 부서는 2015.7.18일 국무원 비준을 거쳐 '인터넷금융의 건전한 발전을 위한 가이드라인'을 공동발표

(주요 내용)
- 은행, 증권, 보험, 펀드, 신탁 등 금융기관이 인터넷 기술을 이용하여 새로운 상품과 서비스를 개발하도록 적극적으로 핀테크 플랫폼과 상품, 서비스를 지원
- 핀테크 기업에 대한 금융지원 및 조세 우대정책을 강화
- 핀테크가 금융에 해당하는 점을 감안하여 관리 감독을 강화하되 핀테크가 안정적으로 발전할 수 있도록 법에 의거하여 분야별로 적절하게 감독

---

8) 쉬밍치 사회과학원 세계경제연구소 부소장(2015.3월)

□ 인터넷 지급 결제 서비스는 인민은행, PP 등 네트워크 대출과 크라우딘 펀드 및
   인터넷 신탁상품은 은행감독관리위원회, 인터넷 펀드는 증권감독관리위원회,
   인터넷 보험은 보험감독관리위원회가 각각 규제를 담당
□ 개인 등이 인터넷 금융관리 사이트를 개선할 경우 금융감독규정 외에 통신관리
   부서에 등록해야 하며, 국가인터넷 정보관리국은 이를 관리감독
□ 고객이 투자한 자금은 은행을 자금 관리기관으로 선정하고 이에 대한 독립적인
   허계 감사를 실시하여 해당 결과를 고객에게 공개
□ 관련 기관은 투자자에게 해당 기관의 경영활동 및 세무 상황을 즉시 공개하고
   투자자 관리 및 의무에 대해자세히 설명하며, 관련 기관은 고객 및 거래 정보를
   적절하게 보관하고 불법판매 및 유출을 금지

이 밖에 최근 P2P 등의 문제점이 제기되자 최소 자본요건, 레버리지 등의 규제 도입을 통해 리스크 관리 강화방안을 검토하고 있다. 중국정부는 2015년말 금융사기 방지, 대출한도 설정, 정보공개의무 확대 등을 골자로 하는 '인터넷 대출정보 중개기관 업무활동 관리 시행법안' 초안을 발표하고 의견 수렴 절차를 진행 중이다.

5) 핀테크 산업 발전이 중국경제에 미치는 영향

중국 핀테크 산업의 성장은 중국 내수시장 확대, 금융산업 경쟁력 제고 등에 도움을 줄 것으로 기대된다.

6) 내수시장 확대

중국 소비에서 온라인 소매판매 비중이 커지고 있음을 감안할 때 핀테크 산업의 성장은 소비 접근성 개선 등을 통해 내수확대에 기여할 것으로 전망되고 있다.

중국 온라인 소매시장이 전체 소비에서 차지하는 비중은 2015년 12.0%에서 2018년

전체 소매판매 대비 온라인 거래 비중 (%)

	2013	2014	2015 (A)	2016	2017	2018 (B)	증가폭(%p) (B - A)
영국	11.6	13.0	14.4	15.6	16.9	18.0	3.6
중국	8.3	10.1	12.0	13.8	15.5	16.6	4.6
미국	5.8	6.5	7.1	7.7	8.3	8.9	2.4
일본	4.4	4.9	5.4	5.8	6.2	6.7	1.3

주: 2015년 이후는 추정치
자료: eMarketer

에는 16.6%로 증가하여 주요국 중 증가폭이 가장 클 것으로 전망된다.

일례로 중국에서 할인행사 등으로 소비가 크게 증가하는 광군제(11.11일) 기간 중 주요 온라인 쇼핑몰 매출액은 2011년 70억 위안에서 2015년 1,229억 위안으로 4년 만에 19배가 증가하였다. 지역적 측면에서도 핀테크 발전으로 중국 내 저개발지역 주민들의 소비 접근성이 개선되어, 낙후 지역 소비인프라 투자 부담을 줄이면서 소비 증진을 유도할 수 있을 것으로 기대된다.

2015.1~9월 중 전체 온라인 소매판매액 중 농촌지역 비중은 약 7% 수준이나, 농촌지역 인터넷 광대역 보급, 정부의 택배 등 소비인프라 육성 정책 등으로 농촌지역의 온라인 소매판매가 빠르게 늘어날 전망으로, 국무원 발전연구센터 농촌경제연구부는 향후 10년 내에 농촌 온라인쇼핑 규모가 도시지역을 상회할 것으로 전망하였다.[9]

7) 투자 활성화

핀테크 발전으로 저소득층 가계, 중소기업 등 금융 취약계층에까지 신용공급이 확대되어 민간 투자 활성화에도 긍정적인 영향을 미칠 것으로 전망된다. 특히, 전체 중소기업 중 89%의 기업이 자금 대출이 필요한 것으로 나타나고 있는 가운데, 53.7%는 무담보대출, 55.4%는 50만 위안 이하의 소액 대출을 원하고 있어 핀테크 금융 활성화가 이들 기업의 자금 수요 충족에 기여할 수 있을 것으로 평가된다.

그동안 대부분의 투자가 은행대출이 집중된 국영기업에 의해 이루어졌으나 최근 과잉설비 등으로 국영기업 개혁 필요성이 높아지고 있는 데다 정부도 민간부문의 자생적 투자를 유도하고 있어 핀테크 발전은 경제여건 및 정부 정책에도 부합되고 있다.

기업의 자금대출 수요 규모 분포 (%)

10만위안 이하	10~20만위안	20~50만위안	50~100만위안	100만위안 이상
9.4	19.4	26.6	20.7	23.9

자료: Ye Fenfen(2014)

또한 핀테크 산업 발전은 민간의 금융자산 투자 계층 다양화 및 저변확대에 기여할 전망이다.

전통적인 펀드 및 PB 상품들의 평균 투자액이 7~8만위안인 데 비해, 위어바오 등 핀테크 상품의 1인당 평균 투자액은 1,913위안에 불과하다. 투자 최소단위가 1위안으로 전통적 은행의 투자상품 최소단위인 1,000위안보다 진입장벽이 낮은 편이다.

9) 2014.10월

5. 금융산업 경쟁력 제고 등

핀테크 산업 발전은 금융산업 전체의 구조에도 영향을 미치고 있는데, 정부가 민간 금융기관 외에 비금융기관인 핀테크 사업자의 금융업 진출을 허용하면서 전체금융기관의 경쟁구도에 영향을 받는다.

정부가 기존 금융산업 민영화 추진과정에서 핀테크 사업자가 주주로 참여한 인터넷 전문은행 설립을 승인, 인터넷 전문은행의 경우 영업점 등 대면채널은 제한적이나 영업시간에 제한을 받지 않는 장점이 있어 일반 금융기관과의 경쟁이 불가피할 전망이다. 공상은행 등 중국의 5대 대형은행은 모바일 송금 수수료를 인하 또는 면제하기로 결정(2016.2.25.일), 그동안 국영은행 중심으로 운용되어 온 금융산업에 핀테크 산업이 진출함으로써 거래비용 인하 등 소비자 권익 향상과 산업 내 효율성 및 혁신 강화 등의 긍정적 효과가 예상되고 있다. 또한 핀테크 기업은 은행서비스 외에 보험 등에서 알리바바, 텐센트 등이 대주주인 '중안온라인재산보험'의 경우 빅데이터 분석 등을 통해 소액대출 보증보험, 온라인 결제 안전보장 책임보험, 해외배송 사고 보험 등의 새로운 상품을 개발하는 등 금융시장 발전에 기여하고 있다는 평가이다.

그러나 핀테크 산업이 취약계층에까지 금융서비스를 제공하면서 금융서비스 제공 범위가 확대된 데다 P2P, 자산관리 부문 등에 첨단 정보기술이 접목되면서 금융산업 내 기존 리스크 관리 시스템으로는 통제하기 어려운 새로운 리스크가 발생할 우려도 있다. 텐센트가 보유한 온라인 구매 관련 데이터를 신용평가에 활용하는 WeBank의 경우 새로운 리스크 평가 방식의 유효성과 관리기법에 대한 검증이 필요하다는 지적이다. 또한 P2P의 경우 소액대출 위주로 이루어져 총대출에서 차지하는 비중은 낮으나 부도 시 다수(최근 Ponzi 혐의로 구속된 P2P 대출인 Ezubao의 경우 피해금액이 500억 위안/약 9조원, 피해자수는 1백만명으로 알려짐; FT, 2016.2.2)에게 금융피해를 주는 등의 문제점이 발생하고 있어 이에 대한 대책이 필요할 것이다.

(1) 시사점

중국 핀테크 산업의 성장을 주도하고 있는 주요 중국 기업들은 글로벌 시장에서의 영향력을 확대해 가고 있으며 국내 관련 기업과의 경쟁도 심화될 전망이다. 중국 내에서 자국 핀테크 기업들이 미국 등 기존 선두 핀테크 기업과의 경쟁에서 성공을 거두면서 중국 기업들의 사업모델 영향력이 확대되고 있으며 해외고객도 상당 수준 증가하고 있다.

한편, 알리페이는 중국 내 회원 4억명(2015.6월말) 외에 240여 개 국가에서 5,400만명의 회원을 보유. 알리바바 그룹은 해외기업 M&A를 통해 해외진출을 가속화할 계획이다.

알리페이의 '제3자 온라인 결제' 방식이 성공을 거두면서 페이팔 등 미국 핀테크 기업들도 이들 기업의 지급결제 모델을 일부 수용하고 있는 것으로 알려진다.

국내 기업들이 중국인 관광객 유치를 위해 알리페이와 제휴를 강화하고 있는 가운데 인도 및 싱가포르에서는 알리페이가 현지인 대상 지급결제서비스 시장에 진출하고 있다. 국내 은행들은 예대 마진 및 수수료 중심의 경직적 수익구조를 유지하고 있는 데 비해 중국 핀테크 기업은 자국에서의 경험을 기반으로 효과적인 수익모델을 개발하고 있어 향후 관련 업무 영역에서 경쟁력 확보가 쉽지 않을 전망이다. 일부에서는 지급결제부문의 경우 중국 등 해외 선도 핀테크 업체들이 이미 규모의 경제를 달성하고 있는 점을 들어 국내진출 시 시장을 상당부문 점유할 것으로 전망하고 있다.[10] 따라서 국내 핀테크 산업의 발전을 위해서는 금융의 공공재적 특성을 감안하여 시장자율과 규제 간 적절한 균형을 모색하면서 보다 적극적으로 대응해 나갈 필요가 있을 것이다.

국내기업들은 발달된 정보통신 기술을 보유하고 있어 핀테크 산업의 성장 잠재력은 크지만 일부 금융규제가 핀테크 산업의 성장을 제한하는 요인으로 작용한다는 지적도 있다. 국내 간편결제업체인 페이게이트는 페이팔, 알리페이보다 앞서 신용카드번호 등 최소한의 정보만으로 결제를 완료할 수 있는 기술을 개발하였으나 공인인증서 사용을 의무화하는 보안성 심의를 통과하지 못하여 사업진출이 제한(핀테크와 디지털 뱅크, 2015.7월)되고 있다.

정부는 전자금융업 최소 자본금 인하, 등록절차 간소화, 공인인증서 및 보안프로그램 설치의무 폐지 등 규제 패러다임을 사전적·획일적 규제에서 사후점검·책임강화로 전환하는 방안을 추진중인바, 핀테크 산업 발전에 도움이 되는 방향으로 제도를 개선하고 있다('핀테크 육성 정책 현황 및 향후 계획', 금융위원회, 2015.11.26일). 다만 핀테크를 이용한 지급결제의 불안 등이 발생하는 경우에는 전체 금융시스템의 신뢰성에 부정적인 영향을 미칠 수 있는 만큼 잠재리스크를 철저히 점검하여 관련 규제를 완화해야 할 것이다. 아울러 민간기업인 핀테크 기업이 금융업에 진출함에 따라 이들 기업의 부도에 대비한 적절한 시장퇴출 절차를 정비하여 시스템 리스크로의 전이를 예방하고 소비자 권익을 보호할 수 있는 제도적 장비를 마련하는 것도 중요하다.

한편 핀테크 산업의 성장에 따른 금융서비스 확대 및 첨단 정보기술을 활용한 금융혁신은 중앙은행의 통화정책 파급 경로에도 영향을 미칠 것으로 예상되므로 이를 철저히 점검할 필요가 있을 것이다.

핀테크 기업들이 금융 취약계층에까지 금융서비스를 제공하면서 금융서비스 제공 범

---

10) 여신금융협회, 2014.12.

위가 확대된 데다 P2P, 자산관리 부문 등에 첨단 정보기술이 접목되면서 기존과 상이한 금융서비스가 등장하고 있어 중앙은행 통화정책에 대한 금융부문의 반응이 달라질 가능성이 제기되고 있다. 중앙은행의 정책금리 조정이 금융상품 가격에 직접 영향을 미치는 구조이다. 아직까지는 핀테크 기업들이 기존 금융기관과의 경쟁 등을 감안하여 금융상품 가격 조정에 신중한 모습이다. 그러나 향후 첨단기술을 활용하여 고객별 최적금리를 산출하는 등 금융상품혁신을 주도할 경우 중앙은행 통화정책 변화에 대한 민감도가 변화할 가능성이 있다.

(2) 중국의 모바일 시장 현황과 핀테크

2014년 중국의 모바일 인터넷 이용자수는 전년대비 11.3% 증가한 5.6억명으로 전체 인터넷 이용자수의 86%를 차지하고 있다. 최근 모바일 인터넷 이용자 수는 전체 인터넷 이용 인구보다 2배 이상 빠른 속도로 늘어나고 있으며 2018년에는 6.6억명으로 늘어날 전망이다. 다만, 중국의 인터넷 보급률은 2014년 기준 48%에 불과하지만 스마트폰이 2015년 1분기 현재 8.4억개가 보급되는 등 시장 잠재력은 매우 큰 상황이다.

한편, 2014년 중국의 모바일 시장 규모는 전년 대비 120% 늘어난 2,229억 위안으로 아직은 PC 인터넷 시장의 1/3에 불과하지만, 증가속도로 보면 2017년 이후 유선 인터넷 시장을 추월하기 시작하여 2018년에는 오히려 1.4배 규모로 늘어난 1조 1,800억 위안에 달할 전망이다. 모바일 인터넷 시장의 급성장에 따라 모바일 결제시장도 폭발적으로 증가하고 있다. 2014년 중국의 온라인 결제 이용자는 전체 인터넷 이용자의 약 절반 정도인 3억명으로 추정되며 비중이 계속 증가하는 추세이다.

온라인 결제는 주로 온라인쇼핑(24%, 이하 2015년 1분기 기준), 펀드 매입(20%), 항공기 티켓 구입(12%) 등에 사용한 것으로 나타났다. 이 중 모바일 결제시장 규모는 2014년 전년보다 약 5배 가까이 폭증한 6조 위안으로서 Alipay14)(82%)와 Tencent(11%)가 거의 대부분 거래를 차지하였다. 향후, 부족한 하드웨어와 인프라가 갖추어질 경우 모바일 결제가 일상화되면서 2018년에는 3배 정도 늘어난 18조 위안을 넘을 것으로 추정된다.

모바일 시장 중 전자상거래 부문 비중은 2013년 중 전체 시장의 1/3 정도였으나 동년 하반기 이후 급상승하여 2014년 사상 처음으로 절반(52%)을 넘어섰으며 2015년 1분기 중에는 점유율이 60%로서 2013년 초 대비 2배까지 상승하였다.

2015년 1분기 상위 IT 10개사가 전체 모바일 전자상거래 시장의 96%를 점유하고 있으며 이 중 알리바바(Alibaba)가 85%(모바일 Taobao와 모바일 T-mall 합계)로 압도적 지위를 차지하였다. 이는 중국의 신용카드 보급률이 낮아 일반인들이 Alipay 계좌에 충전해 온라인 쇼핑을 하면서 점차 Alipay가 전자화폐 역할을 하는 것에 기인한 것으로 분석된다.

알리바바의 위어바오 상품 개요

특히 중국 대표 모바일 기업인 알리바바는 모바일 사용자를 기반으로 위어바오라는 MMF 상품을 출시하고 P2P 대출중개 사이트, 온라인 펀드 및 보험 등으로 업무를 확장했는데 이는 Alipay가 결제 보조수단에 그치지 않고 금융 기능을 융합한 대표 사례로 꼽힌다. 2014년에는 자회사인 Taobao에서 중국 사업자 40만명에게 소액 대출을 제공하는 등 사업영역을 확장하였다.

또한 Tencent는 2005년 통합결제 플랫폼 텐페이를 출시해 온라인 메신저 QQ와 모바일 메신저 위챗 사용자가 사용할 수 있는 온라인 결제시스템을 구축하였으며 2014년에는 중국 2위 쇼핑몰 JD닷컴에 지분(15%)을 투자해 텐페이와 연계하였다.

(3) 중국의 핀테크 정책

중국 정부는 낙후된 금융산업의 경쟁력을 높이기 위해 핀테크 산업 육성을 적극적으로 지원하는 중이며 그 일환으로 알리바바, Tencent 등 5개의 인터넷 전문은행을 정책적으로 허가하였다. 특히 Tencent는 중국 최초의 온라인 전용 은행인 위뱅크(Webank)를 설립하고 2015년 1월부터 시범 운영하고 있다. Tencent는 모바일 메신저 위챗을 위뱅크와 연계하고 소매금융, 기업금융, 신용카드 서비스를 비롯한 은행 업무 대부분을 제공할 예정이다(대출은 1억 8천만원 미만을 주로 취급할 예정).

중국은 P2P 대출 플랫폼 등록이 2,000개를 초과하였으며 누적대출도 2014년말에 480억 달러를 돌파하였다. 다만, 그동안 P2P 대출시장이 급속히 증가한 여파로 2014년 P2P 대출 플랫폼 300여 개가 부실화되어 폐쇄되면서 2015년 3월 최소자본금 규제 계획이 수립되는 등 대출 플랫폼 책임을 강화하는 쪽으로 정책을 보완하고 있다.

이와 같이 중국의 핀테크 산업이 세계 최대의 규모로 성장하게 된 것은 중국 정부의 개방적인 금융규제 정책과 세계 최대의 인구를 바탕으로 하는 거대한 소비자시장 등이 뒷받침된 데 기인하는 것으로 평가된다.

6. 인도 핀테크 산업 현황

(1) 시장동향

인도정부는 부정부패 척결을 내세우며 2016년 11월 전격적으로 화폐개혁을 단행하였으며 이후 현금 없는 거래(Cashless)를 강조하며 디지털 거래를 적극적으로 장려하고 있다.

인도 핀테크 산업은 핀테크의 지급결제 기능에 초점이 맞추어져 있음. 아직까지 인도는 거래의 90% 이상이 현금으로 이루어지고 있으며, 은행계좌를 가지고 있는 인구의 수가 많지 않아 금융접근성이 떨어지기 때문이다.

(2) 시장규모

인도 모바일 결제 산업규모는 2011년 8,600만 달러에서 연평균 68% 고속성장하며 2016년 11억 5,000만 달러에 이르렀다. 인도 정부는 금융소외계층 지원을 위해 강력한 제도를 갖추고 있다. 예를 들어, 인도에서 영업 중인 은행은 총 대출금의 일정 금액 이상을 농민이나 소상공업자(MSME)에 대출해야 한다. 인도 소상공업자는 총GDP의 37%를 기여하고 있으며, 금융 인프라가 부족한 상황에서 소상공인의 대출 수요와 공급간 격차는 2,000억 달러에 이른다는 연구결과가 있다. 이들에게 대출을 제공하기 위한 대안대출(Alternative Lending) 시장이 주목받고 있다. 소비자 대면 솔루션(Consumer Facing Solution) 분야의 경우, 아직 금융소외계층이 많은 인도의 현실을 반영하여 발전이 미진한 상황이다.

은행기술(Banking Technology) 분야에는 2008년 이래 74개 기업이 활동하고 있는 것으로 알려져 있으며 핀테크 분야에서 가장 빠르게 성장하는 분야 중의 하나이다. 상대적으로 보험 분야는 인도의 보험 산업이 성숙되지 않았기 때문에 핀테크의 적용 또한 부진한 편이다.

(3) 인도의 주요 디지털 거래방식

① 지불방식

Banking Cards

- 은행 카드는 소비자에게 다른 지불 방법보다 보안, 편의 및 제어 기능을 제공함. 신용카드, 직불카드 및 선불카드 등 다양한 종류의 카드는 사용의 유연성을 제공하고 있음. 이 카드는 보안 지불을(예: PIN 및 OTP) 위해 2단계의 인증을 제공하고 RuPay, Visa, MasterCard는 카드 지불 시스템의 대표적인 예로 볼 수 있음.
- 지불 카드는 상점, 인터넷, 카탈로그 및 전화를 통해 상품을 쉽게 구매 가능할 수 있게 하였고 고객과 판매자의 시간 및 비용을 절약할 수 있어 거래를 용이하게 함.

USSD	- 혁신적인 지불 서비스 * 99 #는 비정형 부가 서비스 데이터(USSD, Unstructured Supplementary Service Data) 채널에서 작동함. 이 서비스는 휴대전화를 사용하여 모바일 뱅킹 거래를 허용하기 때문에 모바일 뱅킹 사용을 위한 별도의 데이터 기능이 필요하지 않음.
AEPS	- AEPS는 인도의 공식 전자신분증 체계인 아다르(Aadhaar) 인증을 사용하는 은행의 사업대리은행(BC, Business Correspondent) 및 뱅크미트라를 통해 판매시점 정보관리시스템(PoS: Point of Sale / Micro ATM)에서 온라인 상호 운용 금융 거래를 허용하는 은행 주도 모델임. - 뱅크미트라(Bank Mitra): 은행 지점을 개설할 수없는 곳에서 은행 대리인으로 활동하는 개인으로 기본적으로 은행 대리인처럼 행동하며 계좌 개설에 모든 종류의 지원을 제공
UPI	- 인도정부통합결제인터스페이스(UPI, Unified Payments Interface)는 여러 은행 계좌를 하나의 모바일 응용 프로그램 (참여 은행사)으로 통합하여 여러 은행 업무, 원활한 자금 경로 및 가맹점 지불을 단일 후드로 병합하는 시스템으로 '피어 투 피어 (Peer to Peer)' 수집 요청을 처리하여 요구 사항과 편의에 따라 일정을 잡고 지불할 수 있음. 각 은행은 Android, Windows 및 iOS 모바일 플랫폼 용 UPI 앱을 제공함.
Mobile Wallets	- 모바일 지갑은 현금을 디지털 방식으로 전달하는 방법으로 모바일 장치의 신용 카드 또는 직불 카드 정보를 모바일 지갑 응용 프로그램에 연결하거나 온라인을 통해 모바일 지갑으로 송금 할 수 있음. - 실제 플라스틱 카드를 사용하는 대신 스마트 폰, 태블릿 또는 스마트 시계로 결제가능하며 개인 계정에 연결하여 돈을 적립해야 함. 대부분의 은행은 모바일 지갑 앱을 운영하고 있고 기타 여러 모바일 지갑 애플리케이션 기업이 있음.
Point of Sale	판매시점 정보관리시스템(PoS)은 판매가 이루어지는 계산대처럼 거래를 진행하는 방식으로 카드 결제를 용이하게 하는 장점이 있음
Internet Banking	- 인터넷 뱅킹은 은행이나 다른 금융 기관의 고객이 금융 기관의 웹 사이트를 통해 다양한 금융 거래를 수행할 수 있게 해주는 전자 지불 시스템으로, 인터넷 뱅킹에는 다음과 같은 방식을 적용하고 있음. - 전자자금결제(NEFT: National Electronic Fund Transfer) / 실시간 총액 결제 시스템 (RTGS: Real Time Gross Settlement) / 전자결제시스템(ECS, Electronic Clearing System) / 즉시지불 서비스(IMPS,Immediate Payment Service)
Mobile Banking	- 모바일 뱅킹은 휴대 전화나 태블릿과 같은 모바일 장치를 사용하여 원격으로 다양한 유형의 금융 거래를 수행 할 수 있으며 일반적으로 은행이나 금융 기관에서 제공하는 소프트웨어 (일반적으로 앱이라고 함)를 사용함
Micro ATMs	- 마이크로 플랫폼은 전국의 은행에 연결될 저비용 장치(마이크로 ATM)를 통해 기능을 기능하게 함. 이를 통해 특정 사업대리은행(BC)과 관련된 은행과 관계없이 즉시 입금과 인출 및 지불을 할 수 있음. 이 장치는 휴대 전화 연결을 기반으로 하며 모든 사업대리은행(BC)에게 제공될 것임. - 고객은 신원을 인증 받고 은행 계좌에 돈을 인출하거나 입금해야 하며 마이크로 ATM이 지원하는 기본 거래 유형은 입금, 출금, 계좌 이체 및 잔액 조회임.

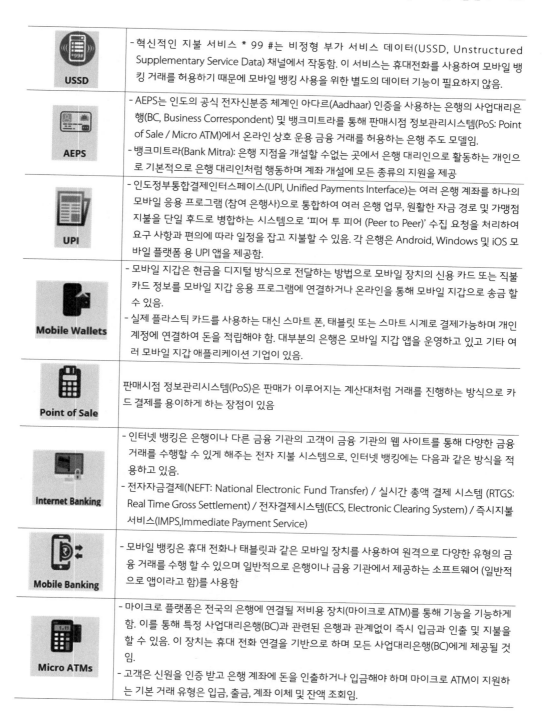

② 인도의 주요 핀테크 기업 현황

기업명	모회사	사업 분야	시장점유율 및 매출
Paytm	One 97 Communications pvt ltd	전자 상거래, 디지털 결재	- 40%(2018. 2월) - Paytm의 모회사 매출은 81억 3,880만 루피
MobiKwik		모바일 결제	- 5% (2017. 6월) - 2016~17 회계연도 3억 7,300만 루피
BankBazaar.com	A&A Dukaan Financial Services Pvt. Ltd	온라인 대출, 보험	- (비공개) - 2017~18 회계연도 3분기 매출 전년 동기대비 168% 증가
Lendingkart		소상공인 온라인 대출	- (불명) - Lendingkart는 10만 명 이상의 지원자와 450,000명의 등록된 사용자를 통해 2억개의 데이터 포인트에서 데이터를 수집
Mswipe		모바일 지급결제 솔루션	- (비공개) - 2016~17 회계연도 매출 14억 1,000만루피. - 전년동기비 140% 증가

출처: 각 사 홈페이지 및 KOTRA 뉴델리 무역관 종합

(4) 향후 전망 및 시사점

① 향후 전망

인도의 금융 인프라는 아직 열악한 상황이나 정부의 적극적인 금융 인프라 보급 정책으로 인해 지급결제를 중심으로 핀테크 산업은 매해 큰 폭으로 성장하고 있다. NASSCOM은 인도 핀테크 산업규모가 2016년 12억 달러에서 2020년 24억 달러로 두 배 가량 성장할 것으로 전망하였으며, PWC(2017)는 인도의 핀테크 투자 예상수익이 타 지역에 비해 높게

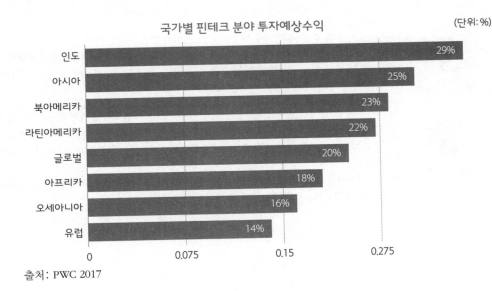

국가별 핀테크 분야 투자예상수익 (단위: %)

- 인도 29%
- 아시아 25%
- 북아메리카 23%
- 라틴아메리카 22%
- 글로벌 20%
- 아프리카 18%
- 오세아니아 16%
- 유럽 14%

출처: PWC 2017

나타날 것으로 예상하였다.

인도정부는 주민등록제도(Aadhaar)를 전자금융망인 UPI에 통합, 연계하는 사업을 진행하고 있다. 주민등록정보를 기반으로 디지털 금융 인프라를 포괄적으로 구축한다는 것으로, 향후 소매금융의 디지털화와 활성화에 기여할 것으로 보인다.

② **시사점**

인도는 IT 강국으로 알려져 있으나 하드웨어 기반이 빈약하고 국내 시장이 활성화되어있지 않아 실질적으로는 IT하청 형태의 산업이 발달해 있다. 최근 인도의 경제성장과 더불어 내수시장이 커지면서 투자자금이 유입되고 TCS, Tech Mahindra 등 인도의 대표기업들의 기술개발이 활성화되면서 하청 위주의 산업구조에 변화가 일어나고 있다.

하드웨어 분야에 비해 IT서비스, 소프트웨어, 엔지니어링 분야에 대한 한국기업의 인도진출은 매우 빈약한 편이나, 인도시장이 성장함에 따라 인도 내에서의 창업, 협업 수요가 크게 확대되고 있어 신시장으로 주목할 만한 잠재성이 다양하다. 익명의 현지 모바일 앱 창업 한국기업은 2015년 4G가 도입된 이래 스마트폰 사용자가 폭발적으로 늘어나면서 어플리케이션 수요 또한 크게 늘어나고 있다. 어플리케이션으로 모은 사용자를 기반으로 핀테크, 온라인 쇼핑 등으로 영역을 넓혀간다면 새로운 사업 기회가 생길 것으로 전망되고 있다.[11]

---

11) gital India 홈페이지, 핀테크 주요기업 홈페이지, KOTRA 뉴델리 무역관

10

중소기업 금융지원제도

1. 중소기업 금융지원제도[1]

(1) 개요

중소기업 금융지원제도는 대기업에 비해 신용도와 담보력이 취약한 중소기업의 금융이용 기회를 확대하고 자금조달비용을 줄여줌으로써 중소기업 진흥과 이를 통한 국민경제의 발전을 뒷받침하는 데 주목적이 있다. 중소기업 금융지원제도의 기본체계는 한국은행의 자금공급과 일반예금자의 예금을 재원으로 금융기관이 취급하는 금융자금 지원제도, 정부의 재정자금 지원제도 등으로 구성되어 있다.

한국은행은 금융기관의 중소기업에 대한 무역금융, 기술형 창업 기업대출 등의 취급 실적을 토대로 금융기관별로 저리자금을 배정하는 금융중개 지원 대출제도 및 수출환어음담보대출제도 등의 운용을 통하여 금융기관의 중소기업 대출 취급을 촉진하는 한편 중소기업 지원에 필요한 자금을 공급한다. 또한 중소기업대출비율제도의 활용 등을 통하여 금융기관의 중소기업에 대한 금융지원 확대를 적극 유도하고 있다.

한편, 중소기업 전담은행인 중소기업은행은 일반자금 외에 기술개발자금대출, 부품소재산업육성자금대출 등 중소기업특별자금을 지원하고 있으며 여타 금융기관들도 중소기업 지원을 위한 특별프로그램을 마련하여 시행하고 있다.

현재 우리나라에서 시행되고 있는 중소기업 금융지원제도는 정책자금지원제도, 금융기관지원제도, 채무조정지원제도, 신용보증지원제도, 여성기업지원제도 등으로 대별할 수 있다.

---

1) 사세한 내용은 BOK 관련 자료 참조

(2) 중소기업금융 지원체계

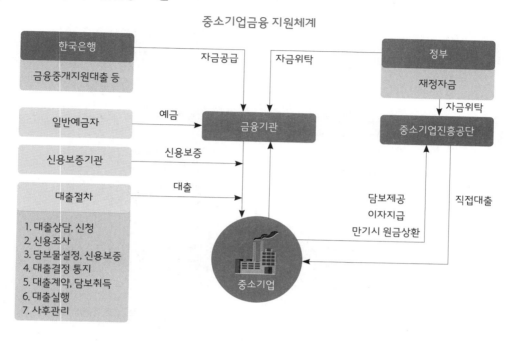

중소기업금융 지원체계

(3) 정책자금

1) 정책자금 지원제도[2]

정책자금 지원제도는 정부가 중소기업 경쟁력 강화, 창업촉진 등 정책목표를 달성하기 위해 예산 및 기금 등을 원천으로 조성한 자금을 중소기업에 저리로 융자·출연·출자·보조의 형태로 지원하는 제도이다. 중소기업에 대한 정책자금은 중소벤처기업부, 중소기업진흥공단, 산업통상자원부 등 정부 각 기관, 지방자치단체 등에서 운영하고 있다. 특히 중소벤처기업부에서 취급하는 정책자금이 큰 비중을 차지하고 있는데, 그 종류에는 창업기업지원자금, 투융자복합금융자금, 신시장진출지원자금, 신성장기반자금 등이 있다.

---

2) 상세한 사항은 중소벤처기업부 또는 중소기업진흥공단에서 확인

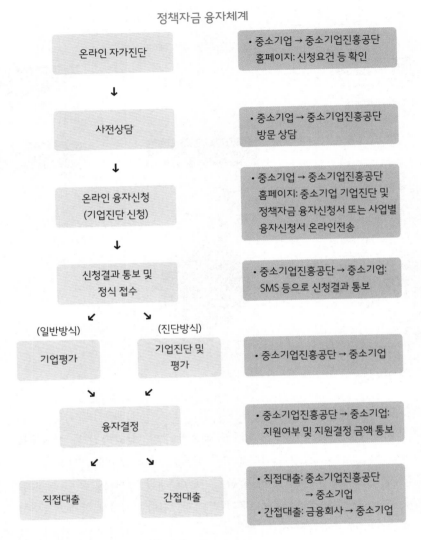

정책자금 융자체계

2) 제3자 부당개입(불법 브로커)주의

중소기업 정책자금 지원은 담당기관인 중소기업진흥공단만이 가능하므로 '정책자금
센터', '중소기업진흥센터' 등 정부기관인 듯 간판을 내걸고 중소기업 지원사업의 자문대
행을 하거나 통상의 자문, 컨설팅 외에 기업평가에 직접 관여하여 지원결정을 조건으로
일정 비율을 성공보수로 지급하기로 한 경우 등은 제3자 부당개입(불법브로커)에 해당되어
주의해야 한다.

☞ 제3자 부당개입(불법 브로커)이 발생한 경우 중소기업진흥공단에서 운영하는 제3
자 부당개입 신고센터: (중소기업진흥공단 홈페이지 → '참여광장' → '정책자금 제3자부
당개입 온라인신고센터')

중소기업 정책자금 지원 담당기관

관련기관	홈페이지 주소
산업통상자원부	www.motie.go.kr
중소벤처기업부	www.mss.go.kr
중소기업진흥공단	hp.sbc.or.kr
중소기업중앙회	www.kbiz.or.kr
소상공인시장진흥공단	www.semas.or.kr
기업마당	www.bizinfo.go.kr

(4) 신용보증

1) 제도안내

신용보증지원제도는 담보력이 부족하여 자금조달에 애로를 겪는 중소기업이 금융기관 등으로부터 자금을 대출 받을 수 있도록 중소기업의 자금차입에 대하여 신용을 보증해 주는 제도이다.

이를 담당하는 기관으로는 ① 일반 중소기업에 대한 보증을 담당하는 신용보증기금, ② 신기술사업자 등 기술력 우수 중소기업 등에 대한 보증을 담당하는 기술보증기금, ③ 지방자치단체별로 소기업 및 소상공인에 대한 보증을 담당하는 지역신용보증재단이 있다.

2) 신용보증 업무내용

구분	신용보증기금	기술보증기금	지역신용보증재단
설립근거	신용보증기금법	기술보증기금법	지역신용보증재단법
설립일자	76.6.1.	89.4.1.	00.3.1.
설립목적	담보능력이 미약한 기업 채무보증 신용정보의 효율적 관리운용	신기술사업자에 대한 자금공급 원활화	담보력이 부족한 지역 내 소기업, 소상공인 채무 보증
기금조성	정부출연 금융기관 출연	정부출연 금융기관 출연	정부 지자체 출연금 금융기관 출연
업무내용	기본재산관리 신용보증 신용조사 및 신용정보관리 경영지도 구상권행사 재보증 신용보험	기본재산관리 기술신용보증 신용조사 및 신용정보관리 경영지도 구상권행사 재보증 -	기본재산관리 신용보증 신용조사 및 신용정보관리 경영지도 구상권행사 재보증 -
보증종류	• 대출보증, 지급보증의 보증, 시설대여보증, 어음보증, 이행보증(신보, 기보, 지역보증) • 제2금융권보증, 사채보증, 사채인수보증, P-CBO 보증, 전자상거래담보용보증(신보, 기보) • 무역어음인수보증, 납세보증(신보) • 사채인수보증(기보)		
영업범위	전국	전국	해당지역
업무감독	금융위	중기부	중기부

3) 담당기관

관련기관	홈페이지 주소
신용보증기금	www.shinbo.co.kr
기술보증기금	www.kibo.or.kr
신용보증재단중앙회	www.koreg.or.kr

4) 보증업무 기본구조

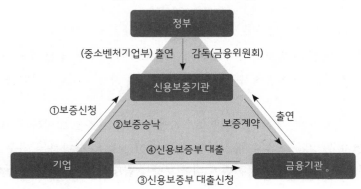

신용보증기금 · 기술보증기금

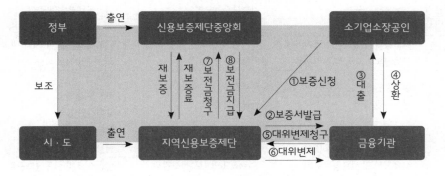

지역신용보증재단

주요 보증제도

구 분	내 용
유명창업기업성장 지원프로그램	창업초기기업의 성장단계별로 "예비창업보증 → 신생기업보증 → 창업초기보증 → 창업성장보증"으로 구분하여 지원하는 맞춤형 보증 프로그램
수출중소기업 종합지원 프로그램	수출을 희망하거나 수출실적을 보유한 중소기업의 수출역량 단계에 따라 지원하는 맞춤형 보증 프로그램
구매자금	상업어음 이용을 줄이는 대신 구매기업이 금융회사 등으로부터 대출받아 납품대금을 결제할 수 있도록 하는 금융결재수단에 대한 보증
시설자금	사업의 확장, 신설 등을 위해 사업용공장, 고정적인 기업 설비의 취득 등에 소요되는 시설자금 지원을 위한 보증
지식재산보증	지식재산 창출을 위한 R&D, 기술거래 등 소요자금을 보증
M&A 보증	합병, 주식인수, 영업양수 등 M&A 소요자금을 보증

신용보증종류

보증종류	보증내용
대출보증	기업이 금융회사 등으로부터 대출 받을 때 담보로 이용되는 보증
지급보증의 보증	기업이 금융회사 등으로부터 지급보증 받을 때 담보로 이용되는 보증
제2금융보증 (기보: 비은행대출보증)	제2금융기관 및 기타 대출기관에서 대출 또는 어음 할인을 받을 때 이용되는 보증
시설대여보증	기업이 시설대여회사로부터 기계, 기구 등 필요한 시설을 대여받을 때 이용되는 보증
사채보증 (기보: 회사채보증)	기업이 자본시장을 통하여 자금을 조달하기 위해 회사채를 발행할 때 원리금의 상환채무를 보증
어음보증	기업이 상거래의 담보 또는 대금결제수단으로 주고 받는 어음에 대한 지급을 보증
이행보증	기업이 정부 등 공공기관의 건설공사, 물품납품, 용역제공 등을 위한 입찰참가 또는 계약체결시에 납부하여야 할 각종 보증금에 대한 보증
납세보증	기업이 국세 및 지방세 납세의무와 관련하여 세무관서 또는 지방자체단체에 분할납부 하고자 하거나 징수유예를 받고자 할 때 담보로 이용되는 보증
상거래담보보증	기업의 상거래와 관련된 계약상의 대금지급채무를 보증
무역어음인수보증 (신용보증기금운용)	수출신용장(내국신용장 포함)을 근거로 발행한 무역어음을 인수한 자에 대하여 부담하는 채무에 대한 보증
사채인수보증	기업이 신기술사업금융업자 또는 금융기간, 중소기업창업투자회사, 중소기업창업투자조합, 신기술사업투자조합, 투자신탁운용사와의 사채인수계약에 의해 자금조달을 하는 경우 담보로 이용되는 보증
P-CBO등 보증	기업이 발행하는 회사채 또는 은행의 대출채권을 담보로 유동회사(SPC)가 발행하는 유동화증권(CBO, CLO)을 보증

(5) 자금조달 및 창업지원제도

정부에서는 창업자를 위한 창업육성을 적극적으로 추진하고 있으며, 창업에 따른 산업발전에 기여할 수 있는 핵심 자원 등을 확보하기 위하여 다양한 방식으로 자금지원을 위한 노력을 하고 있다.

다만, 문제가 되는 것은 정부창업지원금만을 노리는 일명 창업헌터들로 인해 실제 정상적으로 창업하고자 노력하는 창업자들에게 피해를 발생시키고 있는 것이 현실로 정부는 창업헌터에 대한 법적 조치 및 해결 할 수 있는 규제방안을 더욱 강구할 시점이라고 생각된다.

여기서는 자금조달에 관한 사항과 창업지원제도에 대한 Map을 정리하여 살펴보고 창업자가 자금조달을 위한 방향을 설정할 수 있도록 기초적 이해를 위한 내용으로 살펴보고자 한다.

(6) 기업성장단계와 자금유치 유형[3]

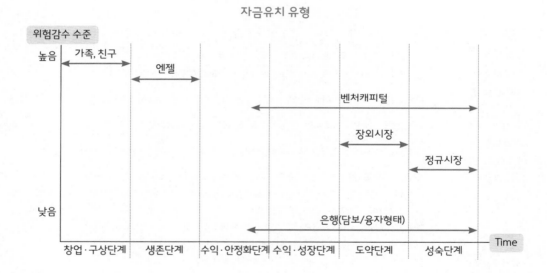

자금유치 유형

창업자가 최초 자금조달을 하는 방법은 우선 ① 창업자 본인의 자금을 최대한 사용하고, 그 다음 부모님과 친구 등 지인들을 대상으로 자금을 대여하거나 투자로 유치하는 등의 행동을 한다. ② 이후 창업자는 창업관련 공모전 또는 창업지원 사업 등을 통해서 시제품제작 비용 및 마케팅 지원비 등을 받아서 업무를 진행하나 해당 공모전과 창업지원 사업은 한계성이 있다.

또한 창업자는 자금을 다 사용한 경우 ③ 2차적으로 금융기관을 통한 융자를 시도하거나 특허 등의 기술이 있을 경우 기술보증보험 또는 중소기업진흥공단 등을 통해서 벤처확인을 통한 보증을 받아 금융권으로부터 대출을 받는다.

---

3) 정보통신정책연구원, "엔젤의 유형과 엔젤자금 유치 벤처기업의 성향 분석", 2000.

창업자는 대출받은 자금 등을 다 사용하기 전에 미래를 위해서 ④ 3차적으로 IR 등의 참가를 통해서 투자기관을 통한 투자 유치, 벤처캐피탈에 의한 투자 유치, 엔젤투자자를 통한 투자 유치 등의 방법을 강구하나 실제 창업자의 창업 아이템이 투자로까지 연결되는 것은 정말 어렵다. 즉, 창업자는 초기에는 가족 또는 지인 등을 통한 자금을 빌려 창업에 사용을 하나 한계성이 있고, 투자자 또는 금융기관 또한 미래를 알 수 없는 창업자에 Risk를 감수하면서까지 쉽게 자금을 투자해주거나 융자해 줄 것을 기대할 수 없는 것이 현실이다.

(7) 엔젤투자 VS 벤처캐피탈

엔젤투자와 벤처캐피탈 비교

구분	엔젤투자 (Angel Investor)	벤처캐피탈 (Venture Capital)
투자단계	성장 초기단계 선호	창업 후 초기성장단계 선호
지원내용	노하우 및 자금지원 등	자금지원
투자동기	고수익성, 지인, 인연 등	고수익성
투자재원	개인자산(투자펀드 작음)	투자자 모집(투자펀드 큼)
자격요건	제한 없음	법적요건
위험허용도	높음	낮음
투자수익성	높음	낮음
피투자자의 위치	투자자와 근거리	제한 없음
신분노출	비공개	공개
접촉계기	우연적 만남	협의 후 만남
형태	클럽	회사 또는 조합

벤처캐피탈은 창업지원법 제16조와 동법 시행령 제11조에 의거하여 벤처조합을 결성할 경우 약정 총액의 40%를 창업 또는 벤처기업에 의무적으로 투자하도록 규정하고 있으며, 약정 총액이 10억 원인 벤처조합을 결정할 경우 4억원에 대해서는 의무적으로 창업 또는 벤처기업에 투자하여야 한다.

엔젤투자와 벤처캐피탈을 정리하여 살펴보면 다음과 같다.

① 엔젤투자는 창업자가 '죽음의 계곡(Death Valley)' 단계에 있을 때 창업자가 엔젤투자자에게 투자설명을 하여 선정된 경우 소액의 필요한 자금을 직접 투자하는 것이다.

엔젤투자자는 창업자로부터 주식으로 대가를 받아 경영에 대한 자문과 멘토링 등을 실시하여 창업기업이 더 성장할 수 있도록 적극적인 지원을 하고 창업자의 기업 가치를 저변 확대하여 '투자이익'을 회수하는 것이 주요한 목적이다.

② 벤처캐피탈은 고위험의 창업자에게 투자하고 창업자는 VC에게 지분을 제공하여 창업자의 성장에 따른 약정된 이익을 취하는 투자전문가로 형성된 전문적 투자집단이다.

즉, 창업자가 기술은 있으나 경영운영이 미흡하거나 자본금이 낮아 추가적 성장에 어려움이 있다고 판단되는 경우 초기투자를 진행하여 적극적인 경영지원과 멘토링을 통해서 창업자를 성장시켜 투자금을 회수하는 것이 일반적인 형태이다.

투자방법으로는 창업자로부터 투자설명을 듣고 가치가 있다고 판단되는 창업자를 선정하여 창업자의 신주인수 또는 지분을 출자하거나, 무담보 전환사채 또는 무담보 신주인수권부 사채를 인수하기도 하며, 직접적인 프로젝트 투자를 진행하기도 한다.

(8) 창업지원제도 Map

창업지원제도는 ① 중앙부터 지원 사업, ② 지방자치단체 지원 사업, ③ 창업절차 및 제도로 구분되며, '창업넷' 홈페이지를 통해서 세부적인 제도 등을 살펴볼 수 있다. 창업자는 해당 창업지원제도 Map을 기반으로 자신에게 필요한 창업지원이 무엇인지를 파악하여 해당 기관 또는 해당 기관의 홈페이지를 살펴보는 노력이 필요하며, 단계적으로 창

창업지원 중앙부처 및 주요지원 사항

업관련 지원 사업 등을 한눈에 볼 수 있도록 구축해 놓은 '창업넷' 홈페이지를 적극 활용할 경우 창업 진행에 많은 도움이 될 것이다.

2. 중소기업 금융지원[4]

(1) 금융권지원제도

1) 관계형금융

관계형금융이란 은행이 기업과의 장기 신뢰관계를 통해 축적한 재무 및 대표자의 전문성, 업계 평판, 거래신뢰도, 사업전망, 노사관계의 안정성 등 비재무정보를 활용하여 신용도가 낮거나 담보는 부족하지만 유망한 중소기업에 대해 자금 등을 지원함으로써 기업의 성장과 함께 사업성과를 공유하는 금융방식을 의미한다.

- 중소기업들은 사업전망이 양호함에도 불구하고, 은행에 충분한 담보나 보증을 제공하지 못하거나 신용등급이 낮은 경우 필요한 자금을 적기에 지원받지 못하고 있다.
- 또한 은행들은 중소기업 대출의 대부분을 1년 이하의 단기로 운용하여 기업들의 안정적인 경영활동에 애로사항이 많다.
- 이에 세계적으로 경쟁력 있는 중소기업들을 육성한 독일 · 일본의 사례를 참고하여, 외형적인 담보 또는 보증보다는 장기적 신뢰관계를 바탕으로 사업전망, 성장가능성, 대표자의 전문성 및 경영능력 등을 종합적으로 판단하는 관계형금융을 도입하기로 했다('14.11월).
- '관계형금융'은 은행이 기업과의 장기신뢰 관계를 통해 장기대출, 지분투자 외에 경영컨설팅서비스를 제공함으로써 기업의 성장과 함께 사업성과를 공유하는 제도이다.
- 기존에는 기업의 사업전망이 양호하여도 신용등급이 낮거나 담보가 부족하면 은행이 대출취급에 소극적이었으나, 관계형금융은 기존의 재무정보뿐만 아니라 비재무정보를 포함한 모든 기업정보를 종합적으로 평가한다.
- 비재무정보는 '대표자의 도덕성, 경영의지, 업계 평판, 거래신뢰도, 사업전망, 채무상환능력, 노사관계의 안정성 등 기업현황을 정량적 · 정성(情性)적으로 평가하는 정보를 의미한다.
- 또한 관계형금융을 시행하고 있는 은행은 기업이 필요한 자금을 장기로 지원하고

---

4) 상세한 내용은 http://fine.fss.or.kr/main/people_busi/small_busi/relation.jsp

금리 면에서도 우대하는 것은 물론 회계, 법률 등 경영컨설팅서비스를 폭 넓게 제공하고 있다.

기존금융과 관계형금융 비교

구분	기존금융	관계형금융
대상기업	신용이 우수하거나 담보가 충분한 기업	신용도·담보가 부족하지만 대표자의 도덕성, 사업전망 등이 양호한 기업
지원내용	1년 이내 단기대출 위주	3년이상 장기대출(지분투자 가능)
대출심사 방법	재무제표 및 신용평가결과만 활용	은행 자체 대출심사결과(재무, 비재무 경영정보) 활용
사업성과	은행은 기업의 사업성과를 미공유	은행은 기업의 사업성과를 공유 (배당, 자본이득)

2) 기술금융

제도 개요

기술금융이란 아이디어와 기술의 개발·사업화 등 기술혁신 全과정에 필요한 자금을 지원하는 것을 의미한다. 즉, 기술금융이란 기술력이 우수한 중소기업에 대해 아이디어와 기술의 개발·사업화 등 기술혁신 全 과정에 필요한 자금을 지원하는 것을 의미한다. 이는 미래 수익 창출이 기대되는 기술과 아이디어 등에 대한 기술신용평가기관(TCB: Tech Credit Bureau)의 기술신용평가정보를 활용하여 기업이 필요로 하는 자금을 대출이나 투자 형태로 지원된다.

자본은 부족하지만 기술력이 있는 중소기업이 은행에 대출을 신청하면 은행은 기술

기술신용대출 진행절차

① 은행 지점 등을 방문하여 기술신용대출 사전상담 진행

② 은행에서 기술신용평가기관(TCB)에 해당 기업의 기술신용평가 의뢰

③ 기술신용평가기관(TCB)은 기술정보DB(TDB)를 바탕으로 기술신용등급을 산출하고 은행에 제공

④ 은행은 기술신용평가결과와 자체 여신심사를 토대로 해당 기업의 대출가능여부 결정

출처: 금융감독원

기술금융(기술신용대출) 흐름도

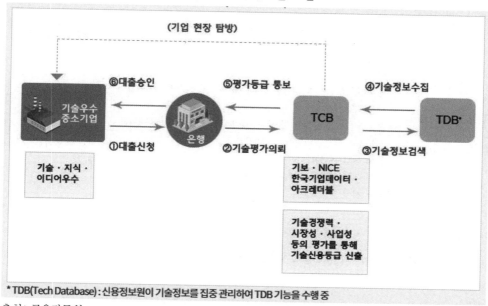

출처: 금융감독원

신용평가기관(TCB)[5]에 해당 중소기업의 기술력과 재무정보 평가를 의뢰하고, 이 평가결과를 바탕으로 대출여부를 진행한다.

3) 해외온렌딩제도(한국수출입은행)

제도 개요

중소기업(건설 · 플랜트 및 해양기자재 중견기업 포함) 및 중소 · 중견기업 해외현지법인[6]의 대외거래에 필요한 자금을 국내중개금융기관의 지점망을 통해 공급하는 간접적 정책금융지원제도이다.

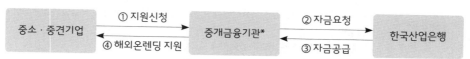

* 수출입은행과 해외온렌딩 약정을 체결한 중개금융기관: (주)우리은행, IBK기업은행, (주)하나은행, 농협은행(주), (주)부산은행, (주)신한은행, 신한베트남은행

---

5) TCB(Tech Credit Bureau): 기술보증기금, NICE평가정보, 한국기업데이터, ㈜나이스디앤비, SCI평가정보 등 6개사('17.2.27. 기준)

6) 현지법인 사업자금대출에 한정

지원내용

자금종류	지원대상거래	대출기간
수출촉진자금	• 대상: 수출을 추진하는 국내기업 • 용도: 시설투자 및 수출증진 효과가 있다고 인정되는 부분	• 시설자금: 10년 이내 • 기타: 3년 이내
수입자금	• 대상: 국내기업 • 용도: 국민생황 안정, 고용증대 및 수출 촉진 등에 기여하는 수입	• 수입자금: 2년 이내
해외투자자금	• 대상: 국내기업 • 용도: 외국법인 앞 출자 및 국내기업이 출자한 외국법인 앞 대여금	• 운영자금: 3년 이내 • 시설 및 투자자금: 10년 이내
해외사업자금	• 대상: 해외사업을 영위하는 국내기업 • 용도: 시설, 운영자금	
현지법인 사업자금	• 대상: 해외사업을 영위하는 국내기업의 해외자회사 • 용도: 시설, 운영자금	

대출금액:

소요자금의 90% 이내(단, 수출촉진자금은 대상기업별 대출한도 기준에 의해 별도산정)

[참고]   수출입 관련 중소기업에 대한 금융지원 제도(수출입은행)

• 제도 개요

○ 중소기업의 수출입, 해외투자 거래 및 수출경쟁력 제고 등을 위해 필요한 금융을 지원

구분	상품	지원대상 및 지원내용

대출	수출촉진자금	□ 지원대상: 수출전환 및 수출확대 등을 추진하는 국내기업
		□ 용도: 시설투자, 기술개발, 해외시장개척활동, 수출기업 인수 및 제작자금 등
		□ 대출금액: 실소요자금의 최대 90% 이내
		□ 대출기간
		  • 시설투자, 기술개발, 수출기업 인수, 제작자금: 10년 이내
		  • 기타: 3년 이내

	수출성장자금	□ 지원대상
		  • 지원대상 물품을 수출하거나 수출목적물의 생산에 필요한 원부자재 등을 공급한 실적을 보유한 중소기업
		  • 우대지원산업과 관련된 지식재산권 또는 지식재산권 적용물품 등의 수출실적을 보유한 기업
		□ 대출금액
		  • 대출기간 6개월: 수출실적의 90% 이내
		  • 대출기간 1년 이상 3년 이하: 수출실적의 70% 이내
		□ 대출기간: 3년 이내

구분	상품	지원대상 및 지원내용
대출	수출이행자금	□ 지원대상: 지원대상 물품을 수출 또는 생산(해외건설공사는 제외)하거나 수출목적물 생산에 필요한 원부자재 등을 공급하는 국내기업 □ 대출금액 • (수출계약금액 - 기수령금액)의 90% 이내에서 생산 또는 수출에 필요한 금액* * 단, 서비스산업 중 런닝로열티방식 판권수출계약 순제작비(총 제작비 - 홍보비용 등)×50% 이내 □ 대출기간: 최초 대출취급일로부터 최종 수출대금 결제기일에 30일을 가산한 기간 이내* * 단, 기술신용 지원으로 신용취급이 가능한 대출: 6개월 이내
	이행성보증	□ 개요: 수출거래의 수주, 국민경제의 중요한 수입 또는 해외사업 이행 등에 필요한 제반 이행성보증을 지원하는 제도 □ 보증종류 • 입찰보증: 국제입찰에 참여한 수출자가 입찰서상 규정된 내용을 위반할 경우 이에 대한 발주자의 손해를 보상 • 선수금환급보증: 수출자 귀책으로 수출목적물을 인도하지 못하는 경우, 수출자에게 기지급된 선수금 환급을 보장 • 계약이행보증: 수출자 귀책으로 계약조건대로 수출을 이행하지 못할 경우 수출금액의 일정비율을 발주자 또는 수입자 앞 보상 • 하자보수보증: 수출이행 후 하자보수기간 중 발생한 사업주 또는 발주자의 손실을 보상 • 유보금보증: 사업주 또는 발주자가 하자보수 등을 위해 유보한 금액 대한 계약조건을 이행하지 못한 경우 발생하는 손해를 보상 • 기타이행성보증: 자재선수금환급보증 등 관련 계약서에 따라 규정한 다양한 손해를 보상 ※ 공동보증제도: 금융기관들이 리스크를 분담하여 신용도는 취약하나 사업성이 양호한 사업에 참여하는 중소·중견기업에 이행성보증을 공동으로 제공(문의처: 해외인프라수주·투자지원센터 02-1800-5285) □ 보증금액 및 기간: 보증대상거래의 입찰안내서 또는 계약서상 요구하는 금액 및 기간 범위 안내
	무역금융	□ 지원대상 • 수출환어음매입: 수출실적이 있는 기업 • 수출팩토링: 1년 이상 동종품목 제작경험 및 수출실적이 있는 등 동일 해외수입자와의 안정적인 거래관계를 유지하고 있는 수출기업 • 포페이팅: 1년 이상의 동종품목 제작경험 및 수출실적 보유기업 또는 동일 수입자와의 과거 1회 이상 거래경험이 있는 기업 □ 지원거래 • 수출환어음 매입: 결제기간 2년 미만의 신용장 또는 무신용장 방식(D/A, O/A)에 의한 수출거래 • 수출팩토링: 장기공급계약 및 개별 Purchase Order를 기반으로 하는 사후 송금방식(Open Account) 외상수출거래 • 포페이팅: 수출입은행 기준 일정 등급 이상 소재국가의 국외은행이 개설 또는 확인한 취소불능 신용장 방식 또는 국외은행 지급보증이 수반된 무신용장 방식의 수출거래 □ 대출금액 • 수출환어음 매입: 건당 미화 5만불 이상 • 포페이팅: 건당 미화 1만불 이상 5천만불 이하 □ 대출기간: 30일 이상 2년 미만

구분	상품	지원대상 및 지원내용
대출	수입자금	□ 지원대상: 지원대상 물품 등을 수입하는 국내수입자 □ 대출금액: 수입소요자금 총액의 90% □ 대출기간 　• 개발수입거래 및 시설재수입거래: 10년 이내* 　* 단, 시설재의 경우 법인세법시행령상의 고정자산 내용연수 이내 □ 기타: 2년 이내
	해외사업 관련대출	□ 지원대상 　• 해외투자자금: 해외투자를 추진하는 투자예정업종에 대한 사업경력 3년 이상의 국내기업 　• 해외사업자금: 해외사업(해외투자 제외)을 영위하는 국내기업 　• 현지법인사업자금: 국내 모기업의 해외자회사(현지법인) 　• 외사업활성화자금: 국내기업이 추진하는 해외사업, 해외투자의 호라성화에 기여하는 국내기업 등 □ 지원내용 　• 해외투자자금: 국내기업의 외국법인앞 출자금, 국내기업이 출자한 외국법인앞 대여금(투자자금) 　• 해외사업자금 · 해외사업활성화자금: 시설 또는 운영자금 　• 현지법인사업자금: 시설 · 투자 또는 운영자금 □ 대출금액 　• 해외투자 · 해외사업 · 해외사업활성화자금: 소요자금의 90% 이내 　• 현지법인사업자금: 소요자금의 90% 이내* 　* 단, 운영자금의 경우 별도의 대출한도 범위 이내 　(자원개발사업은 100% 이내) □ 대출기간 　• 운영자금: 3년 이내 　• 기타: 30년 이내

참고 1	중소기업 기준 및 확인요령

중소기업 기준

중소기업이란 영리를 목적으로 사업을 영위하는 기업(상법상 회사 등과 개인사업자) 중 규모기준과 독립성 기준을 충족하는 기업 또는 비영리 사회적기업(「중소기업기본법」제2조)

– 규모기준: 자산총액이 5,000억원 미만이고 평균 매출액이 업종에 따른 규모(400 억원~1,500억원)[7] 이하

　예 식료품제조업(1,000억원), 금융업(400억원), 도매 및 소매업(1,000억원) 등

---

7) 「중소기업기본법 시행령」 별표1

– 독립성기준(계열관계에 따른 판단기준): 다음 3가지 중 어느 하나에도 해당하지 않을 것

- 상호출자제한 기업집단 및 채무보증제한 기업집단에 속하는 회사
- 자산총액 5,000억원 이상인 법인이 주식등의 30% 이상을 직접적 또는 간접적으로 소유하면서 최다출자자인 기업
- 관계기업에 속하는 기업의 경우, 출자 비율에 해당하는 평균매출액 등을 합산하여 업종별 규모기준(업종별로 400억원~1,500억원)을 미충족하는 기업

중소기업 확인 요령

중소기업현황정보시스템에서 온라인으로 신청하고 온라인으로확인서 발급

– 중소기업현황정보시스템 로그인 → 확인서 발급을 위한 신청서류 제출 → 확인서 발급 신청 (신청자 정보 입력) → 확인서 발급

이용방법

중소기업현황정보시스템 홈페이지(http://sminfo.smba.go.kr) → 중소기업(소상공인) 확인

| 참고 2 | 벤처기업 기준 및 확인요령 |

벤처기업 기준

벤처기업이란 중소기업 가운데 다음 3가지 중 1가지 요건을 만족하는 기업

(「벤처기업육성에 관한 특별조치법」 제2조의2)

– 벤처투자기업: 벤처투자기관으로부터 투자받은 금액이 자본금의 10% 이상[8]이고, 투자금액이 5천만원 이상일 것

* 벤처투자기관:

창업투자회사(조합), 신기술사업금융업자, 신기술사업투자조합, 한국벤처투자조합, 한국산업은행, 기업은행, 일반은행, 개인투자조합, 사모투자전문회사 등

---

8) 「문화산업진흥기본법」 제2조제12호에 따른 제작자 중 법인인 경우 자본금의 7% 이상

- 기술평가 보증·대출기업: 기술보증기금 및 중소기업진흥공단으로부터 받은 기술성 평가가 우수하고, 보증·대출금액이 8천만원 이상이면서 보증·대출금액이 총자산의 5% 이상일 것
- 연구개발기업: 기업부설연구소를 보유하고 있고, 연구개발비가 총매출액의 5~10% 이상이면서 5천만원 이상일 것

벤처기업 확인 요령
벤처인 홈페이지에서 온라인으로 신청하고 벤처기업 유형에 따라 각 확인기관(기술보증기금, 중소기업진흥공단, 벤처캐피탈협회)에서 확인 후 벤처인 홈페이지에서 온라인으로 확인증 발급

이용방법
벤처인 홈페이지(http://www.venturein.or.kr) → 벤처확인

참고 3	소상공인 기준 및 확인요령

소상공인 기준
소상공인이란 「중소기업기본법」상 소기업 중 상시근로자 수가 5인[9]미만인 업체(「소상공인 보호 및 지원에 관한 법률」 제2조)

* 소기업:
주된 업종별 평균매출액 등이 일정 규모 이하(10~120억원)인 기업

소상공인 확인 요령
중소기업현황정보시스템에서 온라인으로 신청하고 온라인으로 확인서 발급
- 중소기업현황정보시스템 로그인 → 확인서 발급을 위한 신청서류 제출 → 확인서 발급신청(신청자 정보 입력) → 확인서 발급

이용방법
중소기업현황정보시스템 홈페이지(http://sminfo.smba.go.kr) → 중소기업(소상공인) 확인

---

9) 제조업, 광업, 운송업, 건설업의 경우 10인

11

금융정보화 및 금융IT

1. 개요

2016년 말 현재 국내 153개 금융기관의 IT인력은 총 9,182명으로 전년말 대비 0.1% 감소한 것으로 나타났다. 이 가운데 정보보호관리 인력은 3.0% 증가하였지만 전년(4.9%)보다는 증가폭이 줄었다. 금융기관의 정보보안 강화를 위해 도입된 정보보호최고책임자(CISO)의 지정 현황을 살펴보면 총 104개 응답기관 중 86개 기관이 CISO를 임원으로 지정하여 운영하고 있는 것으로 조사되었다. 그러나 CISO가 다른 직무와 겸임하는 경우가 많아 전임비중은 27.9%로 나타났다.

2016년 중 금융기관의 IT예산은 총 5조 6,919억원으로 전년보다 3.6% 증가하였다. 그 중 정보보호 예산은 6,246억원으로 IT예산의 11.0%를 차지하였다. 이는 금융당국이 제시한 정보보호 예산비중(IT예산중 정보보호 예산을 7% 이상으로 편성)을 크게 상회하는 수준이다.

금융기관의 전자금융서비스 규모는 지속적인 성장세를 보였다. 은행이 제공하는 인터넷뱅킹(모바일뱅킹 포함) 서비스의 가입자 수(은행 간 중복포함)는 2016년말 1억 2,254만명에 이르렀으며, 서비스 규모는 2016년 중 일평균 8,750만건, 42조 4,247억원을 나타냈다. 특히 2016년말 기준으로 스마트폰 기반 모바일뱅킹(이하 스마트폰뱅킹)의 등록고객수는 7,468만명으로 전년 대비 15.3% 늘었다.

금융투자업에서도 모바일 트레이딩 서비스가 늘어나는 모습을 보이며 기존의 폰트레이딩, 웹 트레이딩 방식을 대체해 가고 있다. 2016년 중 모바일 트레이딩의 실이용 고객수는 326만명이며 이 중 대부분인 320만명이 스마트폰을 이용하였다. 동 기간 중 모바일 트레이딩 서비스의 이용건수는 전년 대비 27.6% 증가한 일평균 3,779만건을 기록하였으며, 이 중 조회서비스는 3,459만건으로 전체의 91.5%를 차지하였다. 모바일트레이딩 서비스의 이용금액은 일평균 4조 9,585억원으로 이 중 매매거래가 93.6%(4조 6,409억원)를 차지하였다.

2016년 중 전자금융업자 및 금융회사가 제공하는 전자지급서비스의 이용 실적은 일평균 2,025만건, 3,435억원으로 전년 대비 각각 4.4%, 36.1% 증가하였다. 온라인쇼핑 거래, 간편송금서비스 이용 확산 등에 힘입어 전자지급결제대행, 결제대금예치 및 선불전자지급수단을 중심으로 늘어났다. 신종 전자지급서비스[1]의 이용실적은 일평균 100만건, 328억원으로 연중 확대되는 모습이다.

금융기관 및 유관기관이 운영하는 은행공동망의 이용실적을 살펴보면 2016년 중 전

---

1) 지급카드기반 대금결제서비스(간편결제)와 선불전자지급수단 기반 송금서비스(간편송금)를 포함

자금융공동망 이용건수가 일평균 943만건으로 전년대비 8.6% 늘어났으며, 이용금액은 일
평균 45조 9,214억원으로 전년 대비 2.9% 증가하였다. 반면, CD공동망 이용 실적은 일평
균 216만건, 9,400억원으로 전년 대비 각각 3.3%, 1.9% 감소하였다.

한편, 2016년말 현재 금융기관 및 점외CD기 관리업자 등이 설치한 전체 CD/ATM 대
수는 12만 306개로 전년말 대비 0.9% 감소하여 3년 연속 줄어들었다.

2. 금융기관 IT 운영 현황

국내 153개 금융기관[2] 2016년말 총 임직원수 및 IT인력 수는 각각 23만 2,621명,
9,182명으로 전년말 대비 1.2%, 0.1% 감소하였다. 반면 IT인력 정보보호관리 인력은 831
명으로 전년보다 3.0% 증가하였다.

IT인력이 총 임직원수에서 차지하는 비중은 3.9%로 전년과 같은 수준이었으며, 정보
보호 인력이 IT인력에서 차지하는 비중은 9.1%(총 임직원수 기준 0.4%)로 지속적으로 증가
(2011년 166명 → 2016년 831명)하였다.

임직원 및 IT인력 현황
(명, %)

연말	총 임직원수	IT인력	정보보호 인력
2014r	239,496 (△1.3)	9,152 <3.8> (9.5)	769 [8.4] (34.0)
2015r	235,471 (△1.7)	9,191 <3.9> (0.4)	807 [8.8] (4.9)
2016	232,621 (△1.2)	9,182 <3.9> (△0.1)	831 [9.1] (3.0)

주: ( )내는 전년대비 증감률, 〈 〉내는 총 임직원수에서 차지하는 비중
    [ ] 내는 IT인력에서 차지하는 비중

한편 금융권 보안 강화를 위해 도입된 정보보호최고책임자(CISO: Chief Information
Security Officer) 지정 현황을 살펴보면 총 104개 기관 중 82.7%(86개 기관)가 임원급 CISO
를 지정하여 운영[3]하고 있는 것으로 조사되었다. 이 중 CISO의 전임 비중은 27.9%로 낮
게 나타났다.[4]

---

2) 은행 17개, 금융투자업자 85개, 보험사 43개 및 카드사 8개 포함

3) 총 자산이 2조원 이상이고, 상시 종업원수가 300명 이상인 금융회사 또는 전자금융업자는 정보보호최고책임
   자를 임원으로 지정하여야 함(「전자금융거래법」 제21조의2 제2항)

4) 총 자산이 10조원 이상이고, 상시 종업원수가 1,000명 이상인 금융회사 또는 전자금융업자의 정보보호 최고

업종별로는 국내 은행 전체가 임원급 CISO를 지정하고 있으며 전임 비중은 17.6%로 작년(35.3%)보다 크게 감소하였다. 증권사의 경우 임원급 CISO를 지정하는 비중은 72.2%이며 전임 비중은 30.8%로 나타났으며, 보험사의 임원급 CISO 지정 비중은 81.4%, 전임 비중은 31.4%로 나타났다. 한편 카드사는 전체가 임원급 CISO를 지정하고 있으나 전임 비중은 25.0%였다.

(1) 은행

2016년말 국내 은행(시중은행, 지방은행, 특수은행)의 전체 임직원수는 전년말 대비 0.8% 감소한 121,639명을 기록한 반면 IT인력은 전년말 대비 2.6% 증가한 4,098명으로 나타났다.

은행권의 IT인력 분포를 살펴보면 시스템개발 인력이 47.4%로 가장 높은 비중을 차지하였고 그 외 관리자, 시스템운영, 행정지원 부문은 10% 내외인 것으로 나타났다. 한편 보안 전담인력인 정보보호관리 인력의 비중은 전체 IT인력의 8.1%로 지속적으로 증가하고 있다(2012년 4.1% → 2016년 8.1%). 2016년 중 은행권의 IT업무별 인력은 시스템 기획·설계, 행정지원 부문을 제외한 전 부문이 전년보다 증가하였다.

한편 은행권의 IT인력아웃소싱 비중은 48.8%로 전년 수준(50.0%)보다 소폭 감소하였다. 이 중 IT업무의 일부만을 위탁하는 부분 아웃소싱이 34.1%, IT업무 전반을 위탁하는 전체 아웃소싱은 14.7%로 나타났다.

(2) 금융투자업자

2016년말 국내 금융투자업자(증권, 자산운용 포함)의 총 임직원수는 전년말 대비 0.3% 감소한 37,521명으로 나타난 반면, IT인력은 1,873명으로 전년말 대비 5.5% 증가하였다.

금융투자업자의 IT인력의 업무별 분포를 살펴보면 시스템개발 인력 비중이 51.7%로 가장 높게 나타났으며 관리자 비중이 12.4%, 시스템 운영이 12.3%, 정보보호관리 8.1%, 시스템 기획 및 설계 8.0% 순으로 조사되었다.

2016년 중 금융투자업자의 IT업무별 인력은 관리자, 시스템 기획·설계, 행정지원 등이 감소한 반면 시스템 개발, 시스템 운영이 전년대비 각각 14.3%, 31.6% 증가하였다. 정보보호관리 인력은 전년보다 11.0% 늘어난 것으로 나타났다.

2016년말 금융투자업자의 아웃소싱 비중은 52.7%인 것으로 나타났다. 한편 전체 아웃소싱 비중(28.4%)이 부분 아웃소싱(24.3%)을 소폭 상회하였다.

책임자는 다른 정보기술부문 업무를 겸직할 수 없음(「전자금융거래법」 제21조의2 제3항 및 제4항)

(3) 보험사

2016년말 보험사의 총 임직원수는 60,496명으로 전년말 대비 1.1% 감소하였으며 IT부문 직원 수는 전년 수준과 비슷한 2,461명으로 조사되었다.

보험사 IT인력의 업무별 분포를 살펴보면 시스템개발 인력이 42.2%로 가장 높은 비중을 차지한 가운데 정보보호관리 인력이 매년 증가하는 것으로 나타났다(2012년 6.8%→2016년 9.2%).

보험사 IT업무별 인력 분포

2016년 중 보험사 IT업무별 인력변동 현황을 살펴보면 시스템 기획·설계, 시스템 개발, 시스템 운영 인력부문은 감소한 반면 관리자, 정보보호관리, 행정지원 인력 등은 증가한 것으로 나타났다.

한편 보험사의 경우 자체 보유 인력으로 전산업무를 수행하는 비중이 34.2%인 반면, 일부 전산업무를 위탁하는 아웃소싱이 50.6%, 전체 전산업무를 위탁하는 아웃소싱은 15.2%인 것으로 조사되었다.

(4) 카드사

2016년말 국내 카드사의 총 직원수는 전년말 대비 8.3% 감소한 12,965명이었으며 전체 IT인력도 750명으로 전년보다 크게 감소(△21.8%)하였다.

2016년말 카드업계 IT인력의 업무별 비중에서는 시스템개발 인력이 39.6%로 가장 높게 나타났으며, 시스템기획 및 설계는 13.6%, 시스템 운영은 10.4%를 차지하였다. 특히 정보보호 인력 비중(16.0%)은 금융권에서 가장 높았다. 카드사의 IT업무별 인력은 관리자, 시스템 기획·설계부문 인력을 제외한 전 부문이 감소하였다.

한편 카드사의 IT인력 아웃소싱 비중은 금융권에서 가장 높았다. 자체 인력으로 IT업무를 수행하는 경우는 31.3%에 머물렀으며 부분 아웃소싱은 46.9%, 전체 아웃소싱은 21.8%의 비중을 나타냈다.

3. 총 예산 및 IT예산 현황

2016년 금융기관의 총 예산은 68조 30억원, IT예산은 5조 6,919억원으로 전년대비 각각 2.0%, 3.6% 증가하였다. 한편 금융기관의 정보보호 예산은 전체 IT예산의 11.0%로 「전자금융감독규정」 제8조 제2항에서 권고한 정보보호 예산비중(7% 이상)을 크게 상회한 것으로 나타났다.

(1) 은행

국내 은행권의 경우 2016년 총예산은 전년 대비 2.6% 감소한 22조 3,023억원으로 나타난 반면 IT예산은 전년 대비 4.7% 증가한 2조 2,577억원으로 나타났다. 총 예산 대비 IT 예산 비중은 10.1%로 전년보다 증가하였다. 한편 정보보호 관련 예산은 IT예산의 9.2%에 해당하는 2,073억원이었다.

2016년 은행의 IT예산 구성내용을 살펴보면 전체 IT예산 중 전산운용에 소요되는 비용이 62.1%, 전산자본예산이 37.9%를 차지하였다. 전산운용비 중에는 인건비가 가장 높은 비중을 기록하였으며 다음으로 전산유지보수비, 통신회선비, 금융결제원 공동이용분담금, 기기사용료 순으로 나타났다.

(2) 금융투자업자

금융투자업자의 2016년 총 예산은 7조 5,484억원으로 전년대비 3.8% 감소한 반면 IT 예산은 9,510억원으로 전년대비 5.5% 증가하였다. 총 예산 대비 IT예산 비중은 12.6%로 타 업종에 비해 높은 수준을 지속하였다. 한편 정보보호를 위해 배정된 예산은 1,158억원으로 IT예산의 12.2%를 차지하였다.

2016년 금융투자업자의 IT예산 구성을 살펴보면 전산운용에 소요되는 비용이 69.7%, 전산자본예산이 30.3%를 차지하였다. 전산운용비에서는 인건비가 가장 높은 비중을 차지하였으며 다음으로 전산유지보수비, 통신회선비, 기기사용료의 순이었다.

(3) 보험사

국내 보험사의 2016년 총 예산은 전년 대비 5.8% 증가한 28조 613억원으로 조사되었으며 이 중 IT예산은 전년 대비 10.0% 증가한 1조 8,612억원으로 나타났다. 한편 IT예산은 총 예산의 6.6% 수준으로 이중 12.4%에 해당하는 2,304억원이 정보보호 업무에 배정되었다.

2016년 보험사의 IT예산 구성을 살펴보면 전산운용비가 전체 IT예산의 66.6%, 전산자본예산이 33.4%를 차지하였다. 전산운용비중 인건비가 가장 높은 비중을 차지하였으며 전산유지보수비, 통신회선 이용료 및 기기사용료 순으로 나타났다.

(4) 카드사

국내 카드사의 2016년 총예산은 전년대비 7.0% 증가한 10조 907억원으로 조사되었으나 IT예산은 전년대비 16.2% 감소한 6,219억원으로 나타났다. IT예산은 전체의 6.2%로

2년 연속 줄어들었으며 이중 정보보호 예산은 711억원으로 11.4%를 차지하였다.

　국내 카드사들의 IT예산 구성을 보면 전산운용에 소요되는 비용이 70.6%, 전산자본 예산이 29.4%를 나타내었다. 전산운용비에서는 인건비가 가장 높은 비중을 차지하였고 다음으로 전산유지보수비, 전산기기사용료, 통신회선이용료 순이었다.

4. 전산시스템 운영 현황

　2016년말 금융기관들이 보유하고 있는 서버급 전산기기의 운영체제별 보유 현황을 살펴보면 UNIX 운영체제가 많았으며(29.7%), 다음으로 WINDOWS, LINUX, NT 등의 순서로 나타났다. 한편 서버급 전산기기의 규모별[5]로는 구매가격 5천만원 미만의 초소형이 가장 높은 비중(68.8%)을 차지하였다.

(1) 은행

　2016년말 국내 은행이 보유하고 있는 서버급 전산기기는 총 9,330대로 이 중 UNIX 기종이 45.2%로 가장 높은 비중을 차지하였으며 WINDOWS 기종 25.7%, LINUX 기종 14.8%, NT 기종 11.9% 순이었다. 또한 규모별로는 5천만원 미만 초소형급이 총 4,391(47.1%)대로 조사되었으며 이중 WINDOWS 기종이 가장 높은 비중(52.9%)을 차지하였다.

(2) 금융투자업자

　금융투자업자가 보유하고 있는 서버급 전산기기는 2016년말 총 9,426대로 그 가운데 UNIX 기종이 33.4%로 가장 높은 비중을 차지하였으며 LINUX 기종 29.0%, WINDOWS 기종 25.2%, NT 기종 6.6% 순으로 나타났다. 또한 규모별로는 5천만원 미만 초소형급이 7,162대(76.0%)로 가장 많았으며 이중 LINUX 기종이 가장 높은 비중(37.5%)을 차지하였다.

(3) 보험사

　국내 보험사의 서버급 전산기기 보유 수량은 2016년말 현재 총 12,247대로 전체 금융권에서 가장 많은 수량을 운영하는 것으로 조사되었다. 이 중 WINDOWS 기종이 32.8%로 가장 높은 비중을 차지하였으며 LINUX 21.3%, NT 기종 17.3% 순으로 나타났다. 규모별

---

5) 구매가격에 따라 서버급 전산기기의 규모를 다음과 같이 구분
　초대형: 10억원 이상, 대형: 5~10억원 미만, 중형: 1~5억원 미만,
　소형: 5천만원~1억원 미만, 초소형: 5천만원 미만

로는 초소형급이 9,924대(81.0%)로 가장 많았으며 이 중 38.1%가 WINDOWS 운영체제를 사용하고 있는 것으로 나타났다.

(4) 카드사

국내 카드사가 보유하고 있는 서버급 전산기기는 2016년말 총 5,293대로 조사되었으며 이 중 UNIX 기종이 27.0%로 가장 높은 비중을 차지하였다. 이어 WINDOWS 기종 26.6%, LINUX 기종 25.7% 순으로 나타났다. 한편 초소형급은 총 3,479대(65.7%)로 이중 LINUX 기종이 34.8%로 가장 높은 비중을 차지하였다.

5. 업종별 대고객서비스 운영 현황

(1) 은행업 대고객 서비스 현황

인터넷뱅킹 서비스 이용 현황

2016년말 현재 16개 국내은행(수출입은행 제외) 및 우체국에서 제공하는 인터넷뱅킹 서비스의 등록고객수(모바일뱅킹 등록고객 포함, 동일인이 여러 은행에 가입한 경우 중복 합산)는 1억 2,254만명으로 연중 4.9% 증가하였다. 이 중 개인은 1억 1,476만명, 법인은 778만개로 전체 등록고객수에서 개인이 차지하는 비중은 93.6%에 이른다.

한편 최근 1년간 인터넷뱅킹을 통한 조회 또는 자금이체 이용 실적이 있는 실이용 고객수는 5,723만명으로 전체 등록고객수의 46.7% 수준이다.

인터넷뱅킹 등록고객의 연령별 현황을 살펴보면 30대 26.9%, 40대 24.7%, 20대 20.3%, 50대 16.1%로 인터넷뱅킹의 주 사용연령대는 30~40대인 것으로 나타났다. 한편

인터넷뱅킹 등록고객수　　　　　　　　　(천명, 천개, %)

연말	등록고객수[1]	개인	법인	실이용고객수[2]	개인	법인
2014	103,188 (8.1)	96,825 (7.8)	6,363 (11.6)	49,209 <47.7>	46,316 <47.8>	2,893 <45.5>
2015	116,853 (13.2)	109,760 (13.4)	7,093 (11.5)	56,302 <48.2>	53,164 <48.4>	3,138 <44.2>
2016	122,538 (4.9)	114,755 (4.6)	7,783 (9.7)	57,225 <46.7>	53,741 <46.8>	3,484 <44.8>

주: 1) 연말 현재 등록고객 기준
　　2) 최근 1년간 조회 또는 자금이체 이용 실적이 있는 고객수
　　3) ( )내는 전년대비 증감률, 〈 〉내는 전체 등록고객수에서 차지하는 비중

성별로는 남성 52.9%, 여성 47.1%로 남성의 비중이 다소 높았으며 특히 20대에서 남성 비중이 높았다.

인터넷뱅킹 등록고객 구성 현황(연말 기준)

연령별 구성

(%)

	남	여	계
10대	2.4	2.5	2.5
20대	20.6	20.0	20.3
30대	26.2	27.6	26.9
40대	25.0	24.4	24.7
50대	16.3	16.0	16.1
60대 이상	9.5	9.5	9.5
전체	100.0	100.0	100.0

성별 구성

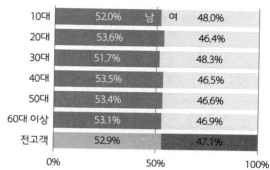

2016년 중 인터넷뱅킹 이용건수 및 금액(모바일뱅킹 이용 실적 포함)은 일평균 8,750만 건, 42조 4,247억원으로 전년대비 각각 12.2%, 5.3% 증가하였다. 인터넷뱅킹 서비스 유형별로 차지하는 비중(건수기준)을 살펴보면 조회가 90.6%로 가장 높게 나타났다.

인터넷뱅킹 서비스 이용 현황(일평균)

(천건, 십억원, %)

연 중	이용건수	조회	자금이체	대출신청	이용금액	자금이체	대출신청
2014	66,437 (22.4)	60,102 <90.5>	6,333 <9.5>	1.6 <0.0>	36,853.7 (9.5)	36,839.3	14.5
2015	78,022 (17.4)	70,967 <91.0>	7,053 <9.0>	1.9 <0.0>	40,286.9 (9.3)	40,249.6	37.3
2016	87,503 (12.2)	79,256 <90.6>	8,245 <9.4>	2.5 <0.0>	42,424.7 (5.3)	42,384.6	40.0

주: ( ) 내는 전년대비 증감률, 〈 〉 내는 전체 이용 실적에 대한 비중

1) 모바일뱅킹 서비스 이용 현황

2016년 말 현재 16개 국내은행 및 우체국에서 제공하는 모바일뱅킹 서비스의 등록고객수(동일인이 여러 은행에 가입한 경우 중복 합산)는 스마트폰 기반 모바일뱅킹(이하 스마트폰뱅킹) 등록고객의 증가에 힘입어 전년 대비 2.4% 증가한 7,836만명이었다.

스마트폰뱅킹 등록고객 수는 7,468만명으로 전년말 대비 15.3%(988만명) 증가하였다. 한편 모바일뱅킹 서비스 도입 초기부터 제공되어온 VM 방식은 2015년말, IC칩 방식

은 2016년 9월말 각각 서비스가 종료되었다.

모바일뱅킹 서비스 등록고객수
(천명, %)

연말	등록고객수[1] (연말)	IC칩 방식	VM 방식	스마트폰 기반
2014	60,107 (20.4)	3,645 (△15.8)	8,260 (△1.9)	48,203 (29.6)
2015	76,561 (27.4)	3,622 (△0.6)	8,149 (△1.4)	64,791 (34.4)
2016	78,362 (2.4)	314 (△91.3)	3,373 (△58.6)	74,675 (15.3)

주: 1) 연말 현재 등록고객 기준(이동통신사별 중복가입자 포함)
2) ( ) 내는 전년대비 증감률

스마트폰뱅킹 등록고객의 연령별 구성 현황을 살펴보면 2015년말에 비해 10~30대의 비중(59.8% → 57.2%)은 하락하고, 40대 이상의 비중(40.2% → 42.8%)이 상승하였다.

스마트폰뱅킹 등록고객 구성 현황(연말 기준)

연령별 · 성별 구성비

(%)

	남	여	계
10대	3.2	3.2	3.2
20대	26.8	26.9	26.8
30대	27.9	26.5	27.2
40대	22.0	21.6	21.8
50대	13.5	14.9	14.2
60대이상	6.7	6.9	6.8
전체	100	100	100

연령별 구성 추이

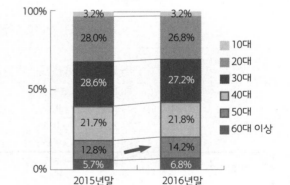

2016년 중 모바일뱅킹 이용건수 및 금액은 일평균 5,309만건, 3조 1,494억원으로 전년대비 각각 25.2%, 26.2% 증가하였다. 이 중 조회서비스는 4,882만건, 자금이체서비스는 428만건으로 전체 모바일뱅킹 이용건수 중 조회서비스 비중이 91.9%에 달하였다.

한편 스마트폰뱅킹 이용건수 및 금액은 5,290만건, 3조 1,206억원으로 전년대비 각각 25.3%, 27.6% 증가하였다.

모바일뱅킹 서비스 이용 현황(일평균)

(천건, 십억원, %)

연중	모바일뱅킹				(스마트폰뱅킹)	
	이용건수	조회	자금이체	이용금액	이용건수	이용금액
2014	31,158 (44.4)	28,447 <91.3>	2,711 <8.7>	1,832.6 (29.7)	30,985 (45.5)	1,797.6 (31.3)
2015	42,393 (36.1)	38,950 <91.9>	3,443 <8.1>	2,496.2 (36.2)	42,220 (36.3)	2,445.8 (36.1)
2016	53,093 (25.2)	48,817 <91.9>	4,276 <8.1>	3,149.4 (26.2)	52,897 (25.3)	3,120.6 (27.6)

주: ( ) 내는 전년대비 증감률, 〈 〉내는 전체 이용건수에 대한 비중

전체 인터넷뱅킹 이용 실적 중 스마트폰뱅킹이 차지하는 비중은 지속적으로 상승하여 이용건수 기준으로는 60.5%를 차지하였다. 다만 이용금액은 소액자금의 이체에 주로 사용된 데 따라 7.4%에 그쳤다.

인터넷뱅킹 이용 실적중 스마트폰뱅킹의 비중(일평균 기준)

(%)

연중	2012	2013	2014	2015	2016
이용건수	27.0	39.2	46.6	54.1	60.5
이용금액	2.6	4.1	4.9	6.1	7.4

2) 텔레뱅킹 서비스 이용 현황

2016년 말 현재 16개 국내은행(수출입은행 제외) 및 우체국에서 제공하는 텔레뱅킹 서비스의 등록고객수는 4,073만명으로 전년 대비 0.5% 감소하였다. 최근 1년간 이용 실적이 있는 실이용고객수는 692만명으로 전년 대비 9.7% 감소하였다. 이에 따라 전체 등록고객수에서 실이용고객수가 차지하는 비중은 2015년말 18.7%에서 2016년말 17.0%로 하락하였다.

텔레뱅킹 서비스 등록고객수

(천명, %)

연말	등록고객수[1]	실이용고객수[2]
2014	40,773 (0.5)	7,207 (△24.4) <17.7>
2015	40,940 (0.4)	7,660 (6.3) <18.7>
2016	40,729(△0.5)	6,920 (△9.7) <17.0>

주: 1) 연말 현재 등록고객 기준
   2) 최근 1년간 조회 또는 자금이체 이용 실적이 있는 고객수
   3) ( ) 내는 전년대비 증감률, 〈 〉 내는 전체 등록고객수에서 차지하는 비중

2016년 중 텔레뱅킹 이용건수는 일평균 673만건으로 전년에 비해 2.7% 감소하였다. 서비스 유형별 이용건수를 보면 각종 조회가 576만건으로 전체 이용건수의 85.5%를 차지하였다. 한편 텔레뱅킹 이용금액은 2016년중 일평균 8,185억원으로 전년 대비 5.4% 감소하였다.

텔레뱅킹 서비스 이용 현황(일평균) (천건, 십억원, %)

연중	이용건수	조회	자금이체	기타	이용금액	자금이체	기타
2014	5,858 (△7.7)	4,659 <79.5>	978 <16.7>	221 <3.8>	1,075.3 (8.0)	1,068.0 <99.3>	7.3 <0.7>
2015	6,916 (18.1)	5,830 <84.3>	844 <12.2>	242 <3.5>	865.6 (△19.5)	857.0 <99.0>	8.6 <1.0>
2016	6,731 (△2.7)	5,758 <85.5>	819 <12.2>	154 <2.3>	818.5 (△5.4)	817.0 <99.8>	1.5 <0.2>

주: ( )내는 전년대비 증감률, 〈 〉내는 전체 이용 실적에 대한 비중

3) B2B 서비스 이용 현황

은행권 B2B(Business to Business) 서비스의 지급수단은 전자채권, 전자방식 외상매출채권, 기업구매 자금어음, 전자어음으로 구성된다.

2016년 중 B2B 서비스 이용건수는 일평균 3만건으로 전년 대비 0.5% 증가하였고 금액은 일평균 3조 7,272억원으로 7.0% 증가하였다.

B2B 서비스 이용(발행) 현황(일평균) (천건, 십억원, %)

구분		2014	2015	2016
건수	전자채권	0.2 (△0.8)	0.2 (△7.8)	0.2 (△6.4)
	전자방식외상매출채권	18.7 (2.5)	19.6 (5.2)	20.1 (2.6)
	기업구매 자금어음	1.1 (△6.5)	1.0 (△11.6)	0.9 (△8.9)
	전자어음	7.6 (27.7)	7.9 (3.8)	7.7 (△3.2)
	합계	27.6 (7.9)	28.7 (4.0)	28.9 (0.5)

금액	전자채권	12.4 (△7.5)	11.3 (△9.0)	10.9 (△3.8)
	전자방식외상매출채권	1,393.3 (△0.9)	1,484.0 (6.5)	1,529.4 (3.1)
	기업구매 자금어음	98.5 (△8.8)	87.7 (△10.9)	82.8 (△5.6)
	전자어음	1,068.6 (29.8)	1,900.4 (77.8)	2,104.1 (10.7)
	합계	2,572.9 (9.4)	3,483.5 (35.4)	3,727.2 (7.0)

주: ( ) 내는 전년 대비 증감률

건수 기준으로는 전자방식 외상매출채권의 발행규모가 2만건으로 비중이 가장 높았으며, 금액 기준으로는 전자어음 및 전자방식외상매출채권이 각각 2조 1,041억원, 1조 5,294억원으로 B2B 서비스의 대부분을 차지하였다.

(2) 금융투자업 대고객 서비스 현황

1) 폰트레이딩 서비스 이용 현황

전화기를 통해 각종 증권 업무를 처리하는 폰트레이딩 서비스의 등록고객수는 2016년말 현재 1,423만명으로 전년 대비 2.4% 감소하였다.

이 중 최근 1년간 이용실적이 있는 고객 수는 147만명으로 14.9% 줄어들어 전체 등록고객수에서 차지하는 비중(10.3%)이 전년보다 하락하였다.

폰트레이딩 서비스 등록고객수 (천명, %)

연말	등록고객수[1]	실이용고객수[2]
2014	14,660 (△3.2)	2,268 (△27.4) <15.5>
2015	14,571 (△0.6)	1,723 (△24.0) <11.8>
2016	14,227 (△2.4)	1,466 (△14.9) <10.3>

주: 1) 연말 현재 등록고객 기준
2) 최근 1년간 조회 또는 자금이체 이용 실적이 있는 고객수
3) ( ) 내는 전년대비 증감률, 〈 〉 내는 전체 등록고객수에서 차지하는 비중

2016년 중 폰트레이딩 서비스의 일평균 이용건수는 18만건으로 이 중 주식매매가 2만건, 조회가 15만건을 차지하였다. 폰트레이딩 서비스의 일평균 이용금액은 1,527억원

으로 매매거래가 822억원, 자금이체가 705억원을 기록하였다.

폰트레이딩 서비스 이용 현황(일평균)   (천건, 십억원, %)

연중	이용건수	조회	자금이체	주식 매매	기타	이용금액	자금이체	매매 거래
2014	211 (△6.9)	176 <83.3>	6 <3.0>	25 <11.8>	4 <1.9>	206.1 (△20.9)	91.3 <44.3>	114.8 <55.7>
2015r	206 (△2.3)	166 <80.6>	5 <2.4>	31 <15.2>	4 <1.8>	178.3 (△13.5)	74.6 <41.8>	103.8 <58.2>
2016	175 (△15.0)	145 <82.9>	4 <2.3>	24 <13.7>	2 <1.1>	152.7 (△14.4)	70.5 <46.2>	82.2 <53.8>

주: ( )내는 전년대비 증감률, 〈 〉내는 전체 이용 실적에 대한 비중

2) 홈트레이딩 서비스 이용 현황

전용 프로그램을 이용해 인터넷에 접속한 후 증권회사와 거래를 하는 홈트레이딩 서비스(HTS: Home Trading Service)의 등록고객수는 2016년말 현재 1,847만명으로 전년말 대비 9.5% 감소하였다. 이중 개인은 1,837만명으로 전체 등록고객수의 대부분을 차지하고 있다. 한편 전체 등록고객중 최근 1년간 이용실적이 있는 실이용고객수는 전체의 12.9%인 238만명이었다.

홈트레이딩 서비스 등록고객수   (천명, 천개, %)

연말	등록 고객수[1]	개인	법인	실이용 고객수[2]	개인	법인
2014	18,934 (3.9)	18,870 (3.9)	64 (4.0)	2,956 <15.6>	2,946 <15.6>	10 <16.0>
2015	20,401 (7.8)	20,319 (7.7)	82 (28.2)	3,346 <16.4>	3,333 <16.4>	13 <16.1>
2016	18,465 (△9.5)	18,371 (△9.6)	94 (14.6)	2,377 <12.9>	2,365 <12.9>	13 <13.8>

주: 1) 연말 현재 등록고객 기준
   2) 최근 1년간 이용 실적이 있는 고객수
   3) ( ) 내는 전년대비 증감률, 〈 〉 내는 전체 등록고객수에서 차지하는 비중

홈트레이딩 서비스의 이용건수는 2016년 중 일평균 7,061만건으로 이 중 각종 조회건수가 6,389만건(90.5%), 주식매매주문 건수가 468만건(6.6%)이었다. 2016년 중 홈트레이딩 서비스의 이용금액은 일평균 21조 6,940억원으로 이 중 각종 매매거래가 차지하는 비중이 92.9%(20조 1,438억원)를 차지하였다.

홈트레이딩 서비스 이용 현황(일평균)　　　　　　　(천건, 십억원, %)

연중	이용건수	조회	자금이체	주식 매매	기타	이용금액	자금이체	매매거래
2014	70,976 (7.8)	65,944 <92.9>	75 <0.1>	3,716 <5.2>	1,240 <1.7>	17,514.5 (12.7)	1,272.0 <7.3>	16,242.5 <92.7>
2015r	71,658 (1.0)	64,812 <90.4>	113 <0.2>	5,351 <7.5>	1,382 <1.9>	22,494.2 (28.4)	1,659.9 <7.4>	20,654.4 <92.6>
2016	70,610 (△1.5)	63,891 <90.5>	84 <0.1>	4,676 <6.6>	1,959 <2.8>	21,694.0 (△3.6)	1,550.2 <7.1>	20,143.8 <92.9>

주: ( ) 내는 전년대비 증감률, 〈 〉 내는 전체 이용 실적에 대한 비중

3) 웹트레이딩 서비스 이용 현황

인터넷 웹브라우저(MS 익스플로러 등)를 이용해 증권회사와 거래를 하는 웹트레이딩 서비스(WTS: Web Trading Service)의 등록고객수는 2016년말 현재 1,867만명으로 전년대비 7.2% 감소하였다. 이중 연중 이용실적이 있는 고객수는 234만명으로 전체의 12.6%를 차지하였다.

웹트레이딩 서비스 등록고객수　　　　　　　(천명, 천개, %)

연말	등록 고객수[1]	개인	법인	실이용 고객수[2]	개인	법인
2014	17,849 (△1.4)	17,790 (△1.3)	58 (△8.0)	2,017 <11.3>	2,009 <11.3>	8 <13.8>
2015	20,126 (12.8)	20,045 (12.7)	81 (38.2)	2,630 <13.1>	2,617 <13.1>	13 <16.5>
2016	18,669 (△7.2)	18,576 (△7.3)	93 (15.1)	2,344 <12.6>	2,328 <12.5>	16 <17.2>

주: 1) 연말 현재 등록고객 기준
　　2) 최근 1년간 이용 실적이 있는 고객수
　　3) ( ) 내는 전년대비 증감률, 〈 〉 내는 전체 등록고객수에서 차지하는 비중

2016년 중 웹트레이딩 서비스 이용건수는 일평균 329만건으로 이 중 조회(308만건)가 93.8%를 차지하였다. 2016년 중 웹트레이딩 서비스의 이용금액은 일평균 4,607억원으로 이 중 매매거래가 차지하는 비중이 53.3%(2,455억원)를 나타내었다.

웹트레이딩 서비스 이용 현황(일평균)   (천건, 십억원, %)

연 중	이용건수	조회	자금이체	주식 매매	기타	이용금액	자금이체	매매거래
2014	3,788	3,592	63	126	7	517.2	333.8	183.4
	(4.9)	<94.8>	<1.7>	<3.3>	<0.2>	(3.5)	<64.5>	<35.5>
2015r	3,545	3,293	54	195	4	634.3	352.1	282.1
	(△6.4)	<92.9>	<1.5>	<5.5>	<0.1>	(22.7)	<55.5>	<44.5>
2016	3,285	3,082	44	153	6	460.7	215.3	245.5
	(△7.3)	<93.8>	<1.3>	<4.7>	<0.2>	(△27.4)	<46.7>	<53.3>

주: ( ) 내는 전년대비 증감률, 〈   〉 내는 전체 이용 실적에 대한 비중

4) 모바일 트레이딩

휴대용 전용단말기, 스마트폰 등의 이동통신기기를 매체로 이용하는 모바일 트레이딩(Mobile Trading) 서비스 등록 고객중 2016년중 이용 실적이 있는 고객수는 326만명으로 대부분이 스마트폰을 이용하고 있다.

모바일트레이딩 서비스 실이용고객수   (천명, %)

연 말	실이용 고객수[1]	전용단말기	스마트폰	PDA
2014	1,986	3	1,947	36
	(45.0)	<0.2>	<98.0>	<1.8>
2015	2,789	1	2,741	47
	(40.4)	<0.0>	<98.0>	<1.8>
2016	3,256	2	3,196	58
	(16.7)	<0.1>	<98.1>	<1.8>

주: 1) 이동통신기기별 등록고객수가 별도로 파악되지 않음에 따라 1년간 이용 실적이 있는 실이용고객수만
     을 집계
   2) ( ) 내는 전년대비 증감률, 〈   〉 내는 전체 등록고객수에서 차지하는 비중

2016년중 모바일트레이딩 서비스 이용건수는 전년 대비 27.6% 증가한 일평균 3,779만건이었으며, 이 중 조회서비스가 3,459만건으로 91.5%를 차지하였다. 모바일트레이딩 서비스의 이용금액은 일평균 4조 9,585억원으로 이 중 매매거래가 93.6%(4조 6,409억원)를 차지하였다.

모바일트레이딩 서비스 이용 현황(일평균)

(천건, 십억원, %)

연 중	이용건수	조회	자금이체	주식 매매	기타	이용금액	자금이체	매매거래
2014	23,598 (44.6)	22,336 <94.7>	58 <0.3>	1,161 <4.9>	43 <0.2>	2,373.7 (16.2)	185.4 <7.5>	2,188.3 <92.5>
2015r	29,624 (25.5)	27,084 <91.4>	83 <0.3>	2,170 <7.3>	287 <1.0>	4,184.8 (76.3)	264.1 <6.3>	3,920.7 <93.7>
2016	37,785 (27.6)	34,590 <91.5>	96 <0.3>	2,437 <6.4>	662 <1.8>	4,958.5 (18.5)	317.6 <6.4>	4,640.9 <93.6>

주: ( ) 내는 전년대비 증감률, 〈 〉 내는 전체 이용 실적에 대한 비중

(3) 보험업 대고객 서비스 현황

1) 보험 텔레마케팅 현황

보험회사가 전화를 이용하여 소비자에게 보험상품을 판매하거나 보험관련 업무를 처리하는 텔레마케팅의 일평균 이용 실적은 2016년중 38만건으로 전년에 비해 20.8% 감소하였다. 이 중 조회건수는 21만건으로 전년 대비 26.2% 감소하였으며 보험계약 및 대출체결 건수도 5만건으로 전년보다 54.0% 줄어들었다.

보험 텔레마케팅 이용 현황(일평균)

(천건, %)

연 중	합 계	조 회			체 결			상품안내	기 타[1]
		소 계	보험계약	대 출	소 계	보험계약	대 출		
2014	604 (20.1)	338 (53.9)	316	22	78 (21.9)	64	15	90 (△35.3)	98 (21.8)
2015	483 (△20.0)	277 (△18.1)	248	29	106 (35.1)	59	46	40 (△54.9)	60 (△38.6)
2016	383 (△20.8)	205 (△26.2)	175	29	49 (△54.0)	31	18	50 (23.8)	80 (32.6)

주: 1) 일반 안내서비스, 마감후 거래 등
　　2) ( ) 내는 전년대비 증감률

2) 보험 인터넷마케팅 현황

인터넷을 이용하여 보험상품에 대한 정보제공, 보험계약 체결 및 계약관련 서류의 전송, 소비자 보호 업무 등을 일괄적으로 수행하는 보험 인터넷마케팅의 2016년말 현재 등록고객수는 전년 대비 22.9% 증가한 2,828만명을 기록하였다. 이 중 최근 1년간 이용 실적이 있는 실이용고객수는 전체등록고객수의 50.2%인 1,419만명인 것으로 나타났다.

　　한편 2016년 중 보험 인터넷마케팅 일평균 이용건수는 329만건으로 전년대비 25.3% 증가하였다. 이 중 조회서비스가 96.6%(317만건)를 차지하였다.

보험 인터넷마케팅 이용 현황(일평균)　　　　　(천명, 천건, %)

연말	등록 고객수 (연말)	실이용 고객수[1]	이용건수 (연중)	조회	자금 이체	보험 체결	대출 체결	기 타
2014r	25,518 (△35.2)	9,718 <38.1>	2,397 (△1.2)	2,349 <98.0>	12	15	16	5
2015r	23,012 (△9.8)	8,793 <38.2>	2,622 (9.4)	2,562 <97.7>	14	20	13	13
2016	28,275 (22.9)	14,190 <50.2>	3,286 (25.3)	3,175 <96.6>	25	40	28	18

주: 1) 최근 1년간 이용 실적이 있는 고객수
　　2) ( ) 내는 전년 대비 증감률, 〈　〉 내는 전체에서 차지하는 비중

6. 전자지급서비스 이용 현황

(1) 전자지급서비스 제공 실적

개황

전자금융업자 및 금융회사의 전자지급서비스 제공 실적(일평균)   (천건, 백만원, %)

구분		2014	2015	2016
건수	전자지급결제대행	3,074.9 (15.6)	3,620.3 (17.7)	4,747.1 (31.1)
	결제대금예치	1,058.2 (13.8)	1,136.1 (7.4)	1,146.7 (0.9)
	선불전자지급수단	14,686.8 (1.0)	14,595.5 (△0.6)	14,284.8 (△2.1)
	전자고지결제	46.9 (△24.2)	34.9 (△25.6)	65.4 (87.4)
	직불전자지급수단	1.3 (46.6)	1.4 (11.1)	0.1 (△94.1)
	전자화폐	22.8 (△37.5)	14.6 (△35.8)	8.6 (△41.2)
	(합계)	18,890.8 (3.6)	19,402.9 (2.7)	20,252.8 (4.4)
금액	전자지급결제대행	151,300.4 (16.0)	179,169.0 (18.4)	244,97600 (36.7)
	결제대금예치	41,531.5 (11.0)	45,625.6 (9.9)	56,342.3 (23.5)
	선불전자지급수단	19,795.3 (7.8)	20,603.5 (4.1)	30,574.6 (48.4)
	전자고지결제	9,088.0 (△24.0)	6,902.1 (△24.1)	11,593.0 (68.0)
	직불전자지급수단	45.6 (50.3)	47.1 (3.3)	3.5 (△92.5)
	전자화폐	33.2 (△34.1)	24.4 (△26.5)	16.2 (△33.6)
	(합계)	221.794.0 (11.8)	252,371.6 (13.8)	343,505.6 (36.1)

주: ( ) 내는 전년대비 증감률

　　2016년 중 전자금융업자 및 금융회사가 제공하는 전자지급서비스의 이용 실적은 일평균 2,025만건, 3,435억원으로 전년 대비 각각 4.4%, 36.1% 증가하였다. 이는 온라인쇼핑 거래, 간편송금서비스 이용 확산 등에 힘입어 전자지급결제대행, 결제대금예치 및 선불전자지급수단을 중심으로 증가하였기 때문이다.

업종별 이용 실적

2016년 중 전자지급결제대행 이용 실적(일평균)은 475만건, 2,450억원으로 전년 대비 각각 31.1%, 36.7% 증가하였으며, 온라인쇼핑 일반화 추세에 힘입어 카드 PG가 전체 증가를 주도하였다.

전자지급결제대행(PG) 서비스 이용 현황(일평균)   (천건, 백만원, %)

구분		2014	2015	2016
건수	카드	2,066.0 (16.1)	2,527.4 (22.3)	3,588.2 (42.0)
	가상계좌	442.9 (32.4)	464.1 (4.8)	465.8 (0.4)
	계좌이체	278.6 (0.6)	282.0 (1.2)	268.5 (△4.8)
	기타	287.4 (6.6)	346.8 (20.7)	424.6 (22.4)
	(합계)	3,074.9 (15.6)	3,620.3 (17.7)	4,747.1 (31.1)
금액	카드	103,416.2 (20.2)	127,775.8 (23.6)	184,570.1 (44.4)
	가상계좌	29,932.7 (15.0)	33,075.8 (10.5)	39,351.9 (19.0)
	계좌이체	14,347.1 (△6.9)	14,339.9 (△0.1)	14,934.6 (4.1)
	기타	3,604.5 (19.5)	3,977.5 (10.3)	6,119.4 (53.8)
	(합계)	151,300.4 (16.0)	179,169.0 (18.4)	244,976.0 (36.7)

주: ( ) 내는 전년대비 증감률

2016년 중 결제대금예치서비스 이용 실적은 일평균 115만건, 563억원으로 전년 대비 각각 0.9%, 23.5% 증가하였다. 특히 주요 업체들이 판매품목을 확대하고 할인쿠폰 제공 등 적극적인 마케팅에 나선 데 힘입어 오픈마켓의 이용금액이 전년대비 24.0% 늘어났다.

결제대금예치서비스 이용 현황(일평균)

(천건, 백만원, %)

구분		2014	2015	2016
건수	전자금융업자	1,058.0 (13.8)	1,135.9 (7.4)	1,146.6 (0.9)
	오픈마켓	1,050.8 (13.6)	1,128.5 (7.4)	1,139.1 (0.9)
	금융회사	0.2 (△11.3)	0.2 (△16.2)	0.1 (△6.7)
	(합계)	1,058.2 (13.8)	1,136.1 (7.4)	1,146.7 (0.9)
금액	전자금융업자	41,092.6 (11.2)	45,317.3 (10.3)	55,992.6 (23.6)
	오픈마켓	40,417.4 (10.9)	44,609.6 (10.4)	55,304.2 (24.0)
	금융회사	438.9 (△5.3)	308.2 (△29.8)	349.7 (13.5)
	(합계)	41,531.5 (11.0)	45,625.6 (9.9)	56,342.3 (23.5)

주: ( )내는 전년 대비 증감률

선불전자지급수단 이용 현황[1](일평균)

(천건, 백만원, %)

구분		2014	2015	2016
건수	전자금융업자	14,603.1 (1.0)	14,511.9 (△0.6)	14,178.5 (△2.3)
	교통카드기능	12,127.8 (△9.2)	12,278.1 (1.2)	11,914.2 (△3.0)
	금융회사	83.7 (△0.6)	83.6 (△0.1)	106.3 (27.2)
	(합계)	14,686.8 (1.0)	14,595.5 (△0.6)	14,284.8 (△2.1)
금액	전자금융업자	17,088.5 (10.4)	18,222.7 (6.6)	27,983.8 (53.6)
	교통카드기능	12,163.2 (4.3)	12,218.7 (0.5)	12,237.9 (0.2)
	금융회사	2,706.8 (△6.1)	2,380.8 (△12.0)	2,590.8 (8.8)
	(합계)	19,795.3 (7.8)	20,603.5 (4.4)	30,574.6 (48.4)

주: 1) 은행 및 카드사가 발행하는 각종 기프트카드 및 전자지갑의 선불계정

 2) ( ) 내는 전년 대비 증감률

2016년 중 선불전자지급수단 이용건수는 일평균 1,428만건으로 전년 대비 2.1% 감소하였으나 이용금액(일평균)은 306억원으로 전년대비 48.4% 증가하였다.

2016년 중 전자고지결제서비스 이용 실적은 일평균 7만건, 116억원으로 전년대비 각각 87.4%, 68.0% 증가하였다. 이는 신용카드사가 아파트관리비 납부서비스에 대한 영업을 확대하면서 큰 폭으로 늘어난 데 기인한다.

전자고지결제서비스 이용 현황(일평균) (천건, 백만원, %)

구분	2014	2015	2016
건수	46.9 (△24.2)	34.9 (△25.6)	65.4 (87.4)
금액	9,088.0 (△24.0)	6,902.1 (△24.1)	11,593.0 (68.0)

주: ( )내는 전년 대비 증감률

2016년 중 직불전자지급수단 이용 실적은 일평균 82건, 352만원으로 전년대비 각각 94.1%, 92.5% 감소하였는데 이는 간편결제 등 보다 편리한 전자지급수단으로 이용이 전환된 데 기인한다.

직불전자지급수단 이용 현황(일평균) (건, 만원, %)

구분	2014	2015	2016
건수	1,254 (46.6)	1,393 (11.1)	82 (△94.1)
금액	4,561 (50.3)	4,712 (3.3)	352 (△92.5)

주: ( )내는 전년 대비 증감률

2016년중 전자화폐 이용 실적은 일평균 8,606건, 1,617만원으로 전년대비 41.2%, 33.6% 감소하였는데 주로 교통요금 지급에 사용되고 있는 전자화폐 수요가 선불 및 후불 교통카드로 대체된 데 기인하고 있다.

전자화폐 이용 현황(일평균) (천건, 백만원, %)

구분	2014	2015	2016
건수	22.8 (△37.5)	14.6 (△35.8)	8.6 (△41.2)
금액	33.2 (△34.1)	24.4 (△26.5)	16.2 (△33.6)

주: ( ) 내는 전년 대비 증감률

(2) 신종전자지급서비스 제공 실적

1) 개황

신종 전자지급서비스는 지급카드 기반 대금결제서비스(간편결제)와 선불전자지급수단 기반 송금서비스(간편송금)로 구분되며, 2016년 중 처음으로 통계를 작성하기 시작하였다.

간편결제는 지급카드 정보 등을 모바일기기에 미리 저장해두고 거래시에는 비밀번호 입력, 단말기 접촉 등으로 결제하는 서비스로 전자지급결제대행에 포함된다. 간편송금은 모바일기기를 통해 계좌이체 등의 방법으로 충전한 선불금을 전화번호, SNS 등을 활용하여 수취인에게 송금하는 서비스로 선불전자지급수단 발행 및 관리에 포함된다.

2) 이용 실적

2016년 중 전자금융업자 및 금융회사가 제공하는 신종 전자지급서비스의 이용 실적은 일평균 100만건, 328억원으로 연중 확대되는 모습이다.

전자금융업자 및 금융회사의 신종 전자지급서비스 제공 실적(일평균)

(천건, 백만원, %)

구분		2016			
		1/4	2/4	3/4	4/4
건수	1,002.2 (-)	503.1 (-)	832.2 (654.)	1,160.2 (39.4)	1,506.3 (29.8)
금액	32,793.6 (-)	15,807.4 (-)	25,380.5 (60.6)	37,395.6 (47.3)	52,325.6 (39.9)

주: ( )내는 전기 대비 증감률

이 중 간편결제서비스의 이용 실적은 일평균 86만건, 260억원으로 오프라인에서의 지급거래가 상대적으로 많은 유통·제조업 기반 업체의 실적이 온라인 중심의 ICT 기반 업체에 비해 빠르게 성장하였다.

간편결제서비스 이용 현황[1](일평균)

(천건, 백만원, %)

구분			2016			
			1/4	2/4	3/4	4/4
건수		858.8	440.2	713.8	1,011.4	1,263.5
		(-)	(-)	(62.2)	(41.7)	(24.9)
	ICT	315.7	219.5	298.7	341.4	404.7
		(-)	(-)	(36.1)	(15.5)	(18.5)
	유통·제조	543.1	220.7	418.1	670.0	858.8
		(-)	(-)	(89.4)	(60.3)	(28.2)
금액		26,004.3	13,518.5	20,723.0	29,476.7	40,105.8
		(-)	(-)	(53.3)	(42.2)	(36.1)
	ICT	10,443.5	7,204.5	9,695.9	11,166.4	13,664.0
		(-)	(-)	(34.6)	(15.2)	(22.4)
	유통·제조	15,560.8	6,314.1	11,027.0	18,310.3	26,441.8
		(-)	(-)	(74.6)	(66.0)	(44.4)

주: 1) 카드이용 간편결제에 한함(계좌이체, 휴대폰결제 등은 불포함)
　　2) ( ) 내는 전기 대비 증감률

한편 선불전자지급수단 기반 송금서비스의 이용 실적은 일평균 14만건, 68억원으로 전자금융업자가 시장 성장세를 견인하였다.

간편송금서비스 이용 현황(일평균)

(천건, 백만원, %)

구분			2016년			
			1/4	2/4	3/4	4/4
건수		143.5	62.8	118.4	148.6	242.8
		(-)	(-)	(88.5)	(25.7)	(63.4)
	전자금융업자	133.0	57.1	111.8	141.0	221.0
		(-)	(-)	(95.8)	(26.3)	(56.7)
	금융회사	10.5	5.7	6.6	7.6	21.8
		(-)	(-)	(15.8)	(15.0)	(189.2)
금액		6,789.3	2,288.8	4,657.5	7,918.9	12,219.9
		(-)	(-)	(103.5)	(70.0)	(54.3)
	전자금융업자	6,598.3	2,193.1	4,543.9	7,729.9	11,856.2
		(-)	(-)	(107.2)	(70.1)	(53.4)
	금융회사	191.0	95.7	113.7	189.0	363.7
		(-)	(-)	(18.8)	(66.3)	(92.4)

주: 1) 카드이용 간편결제에 한함(계좌이체, 휴대폰결제 등은 불포함)
　　2) ( ) 내는 전기 대비 증감률

7. 금융정보망 운영 현황

(1) 금융공동망

금융공동망은 개별 금융기관의 전산망을 상호 연결하여 금융기관 간 각종 거래 및 정보를 교환하는 네트워크 시스템으로 현금자동인출기(CD)공동망, 타행환공동망, 직불카드공동망, 지방은행공동망, CMS공동망, 전자금융공동망 등이 이에 해당된다. 금융공동망을 통한 금융기관 간 거래의 최종적인 결제는 한국은행이 운영하는 한은금융망(BOK-Wire+)을 통해 이루어진다.

1) 현금자동인출기공동망

현금자동인출기공동망(약칭 "CD공동망")은 중계센터인 금융결제원과 공동망 참가 금융기관들을 상호 연결하여 특정 금융기관 고객이 타 금융기관의 현금자동인출기(CD: Cash Dispenser)나 현금자동입출금기(ATM: Automated Teller Machine)를 이용하여 서비스를 제공받는 시스템으로 1988년 7월부터 가동되었다.

① 참가기관

2016년말 현재 CD공동망에는 수출입은행을 제외한 16개 국내은행, 우체국, 농협중앙회, 새마을금고중앙회, 신용협동조합중앙회, 상호저축은행중앙회, 산림조합중앙회 및 15개 금융투자업자가 참가하고 있다.

② 대상업무

CD공동망을 통해 처리할 수 있는 업무에는 현금 입ㆍ출금, 예금잔액조회, 신용카드 현금서비스, 계좌이체, 결제서비스, 지로납부 등이 있다.

현금인출업무는 이용고객이 CD/ATM을 이용하여 예금잔액 범위내에서 현금(또는 수표)을 인출할 수 있는 서비스이다. 현재 1회 인출한도(100만원 이내), 1일 인출한도(600만원 이내) 등은 금융위원회의 「전자금융감독규정」에서 정한 한도금액 내에서 예금계좌 개설 금융기관이 정하여 운영한다. 한편 외국인 여행자가 국내금융서비스를 편리하게 이용할 수 있도록 대부분의 금융기관은 해외에서 발행된 직불카드에 대해 현금인출서비스를 제공하고 있다.

현금서비스업무는 이용고객이 CD/ATM을 이용하여 신용카드 현금서비스를 받을 수 있는 것으로 1993년 9월부터 새로운 업무로 추가되었다. 종전에는 현금서비스 업무가 고객 거래은행의 CD/ATM에서만 가능하였으나, CD공동망에 동 업무가 추가된 이후부터 고객은 거래은행 이외의 CD/ATM을 이용해서도 현금서비스를 받을 수 있게 되었다.

계좌이체업무는 고객이 거래 금융기관의 CD/ATM을 이용하여 타 금융기관에 개설된 계좌로 자금이체를 하거나, 타 금융기관 CD/ATM을 이용하여 거래 금융기관내 계좌간 또는 CD/ATM 제공 금융기관 계좌로 자금을 이체할 수 있는 서비스로서 1994년 2월부터 실시되었다. 1998년 12월부터는 평일 및 토요일에만 이용할 수 있었던 계좌이체업무를 자동화코너를 통하여 일요일에도 이용할 수 있도록 하였다. 또한 1999년 6월부터는 입출금계좌와 관련이 없는 제3의 금융기관 CD/ATM을 통해서도 계좌이체를 할 수 있는 CD공동망 3자간 계좌이체서비스가 도입되어 고객의 편의성이 크게 높아졌다. 현재 1회 이체가능금액(600만원 이내) 및 1일 이체가능금액(3,000만원 이내)은 각 금융기관이 정하고 있다.

한편 현금카드를 직불형 지급카드처럼 사용할 수 있는 현금IC카드의 경우에도 상품이나 서비스 구매에 따른 업무처리를 2012년 11월부터 CD공동망을 통해 처리하고 있다.

③ 운영시간 및 수수료

2016년말 현재 CD공동망업무는 연중무휴로 0시 05분부터 23시 55분까지 운용하되, 23시 30분부터 익일 07시까지의 운용여부는 참가기관 자율로 결정한다.

고객의 CD공동망 이용수수료는 종전에는 금융결제원의 금융공동망위원회에서 참가기관들이 협의하여 결정한 단일 체계가 적용되었으나 1994년 5월부터는 참가기관별로 자율적으로 정하고 있다.

④ 이용 방법 및 자금결제

현금인출의 경우 고객이 CD/ATM의 화면지시에 따라 해당정보를 입력하면 이에 따른 거래전문이 금융결제원을 경유하여 계좌개설은행 앞으로 송신된다. 계좌개설은행은 금융결제원으로부터 수신한 취급은행 지급요청내용의 정당성 여부를 검증한 후 금융결제원을 통하여 취급은행 앞으로 지급승낙 메시지를 통보하고 메시지를 수신한 취급은행이 CD/ATM을 통해 현금을 지급함으로써 거래가 완료된다.

결제서비스업무는 이용 고객이 가맹점에서 거래대금을 현금IC카드로 결제하면 현금IC카드 VAN사는 거래내역을 금융결제원을 통해 고객의 계좌 개설은행으로 전송한다. 거래가 승인되면 개설은행은 고객계좌에서 거래대금을 출금하며, 익일 가맹점 거래은행이 대금을 가맹점의 계좌에 입금하면 결제가 완료된다.

CD공동망을 이용한 거래에 대한 은행간 자금결제는 거래 다음 영업일 오전 11시에 한은금융망(BOK-Wire+)을 통해 한국은행에 설치된 각 은행의 당좌예금계좌에서 지급금액에서 수취금액을 뺀 금액만큼 차액결제된다. 동 차액결제에 필요한 자료는 금융결제원이 일괄 작성하여 한국은행과 각 참가은행 앞으로 온라인 전송하고 있다. 한편 은행 간 송금에 따른 지급은행의 자금부담에 대한 손실보전을 위하여 결제차액만큼 자금이득을 얻은 은행이 콜금리 기준에 의해 이자를 지급하는 방식으로 정산하고 있다.

⑤ 공과금 무인 수납기 공동이용

고객들의 편의성 증대와 공과금 무인수납기의 활용도를 높이기 위하여 기존의 무인 수납기 운영 은행에 계좌를 보유한 고객들만 이용할 수 있었던 공과금 무인 수납기를 타행 고객이 이용할 수 있도록 하는 공동이용서비스를 2007년 12월 20일부터 제공하고 있다.

2016년말 기준으로 KEB하나, 국민, 신한, 우리, 기업, 대구, 광주, 제주, 전북, 경남, 부산, 수협, 농협, 우체국, 새마을, 신협 등 16개 금융기관이 공동이용 서비스에 참가하고 있다.

⑥ 이용 실적

i) CD/ATM 설치 현황[6]

2016년말 현재 CD/ATM수는 120,306대로 전년 대비 0.9% 감소하였다. 전체 CD/ATM 기기 중 CD가 28.8%, ATM이 71.2%를 차지하고 있다.[7] CD/ATM 기기의 설치 장소별 비중은 영업점 내와 영업점 외가 각각 49.8% (59,937대), 50.2%(60,369대)이다.

한편 은행들이 창구업무 부담을 줄이기 위해 도입한 공과금 무인수납기 설치대수는 2016년말 현재 14,109대로 전년 대비 1.5% 감소했다.

CD/ATM 및 공과금 무인수납기 설치 현황

(대, %)

연말	CD	ATM	합 계	공과금 무인수납기
2012	42,022(△11.6) <34.2>	80,886 (14.0) <65.8>	122,908 (3.7) <100.0>	14,082 (0.8)
2013	39,451 (△6.1) <31.8>	84,785 (4.8) <68.2>	124,236 (1.1) <100.0>	14,281 (1.4)
2014	35,015(△11.2) <28.6>	87,274 (2.9) <71.4>	122,289 (△1.6) <100.0>	14,329 (0.3)
2015	34,542 (△1.4) <28.5>	86,802(△0.5) <71.5>	121,344(△0.8> <100.0>	14,330 (0.0)
2016	34,683 (0.4) <28.8>	85,623(△1.4) <71.2>	120,306(△0.9) <100.0>	14,109(△1.5)

주: ( ) 내는 전년 대비 증감률, 〈 〉 내는 비중

---

6) 국내은행, 외은지점, 우체국금융, 저축기관 및 자동화기기업체 설치 기준

7) CD(Cash Dispenser)는 현금출금을 위한 자동화기기이며, ATM(Automated Teller Machine)은 현금의 입 · 출금이 모두 가능한 자동화기기

ii) CD공동망 이용 실적

2016년 중 CD공동망 총 이용건수는 일평균 216만건, 총 이용금액은 일평균 9,400억원으로 전년 대비 각각 3.3%, 1.9% 감소하였다. 현금인출, 계좌이체, 잔액조회 등 모든 서비스 이용 실적이 전년보다 줄어들었다.

CD공동망 이용 실적(일평균)   (천건, 십억원, %)

연중	총 이용실적		현금인출[1]		계좌이체		잔액조회
	건수	금액	건수	금액	건수	금액	건수
2012	2,060 (10.0)	896.7 (8.0)	717 (7.0)	156.0 (6.2)	959 (18.9)	740.7 (8.4)	384 (△3.1)
2013	2,216 (7.6)	957.9 (6.8)	745 (3.9)	163.5 (4.8)	1,110 (15.8)	794.4 (7.3)	361 (△6.1)
2014	2,192 (△1.1)	906.4 (△5.4)	746 (0.2)	166.7 (2.0)	1,107 (△0.3)	739.6 (△6.9)	339 (△6.1)
2015	2,238 (2.1)	958.2 (5.7)	743 (△0.5)	171.2 (2.7)	1,179 (6.5)	787.0 (6.4)	317 (△6.4)
2016	2,164 (△3.3)	940.0 (△1.9)	713 (△3.9)	168.1 (△1.9)	1,169 (△0.8)	772.0 (△1.9)	282 (△11.1)

주: 1) 예금인출 및 현금서비스 인출
　　 2) ( ) 내는 전년 대비 증감률

2) 타행환공동망

타행환공동망은 개별은행의 전산망과 금융결제원의 중계시스템을 상호연결하여 국내의 은행 간 송금업무를 처리하는 전자자금이체시스템으로서 1989년 12월에 가동되었다. 동 시스템 가동으로 지로, 송금환을 이용할 경우 2~3일이 소요되던 타행자금이체가 당일중으로 이루어짐으로써 대고객서비스가 크게 향상되었다.

① 참가기관

2016년말 현재 수출입은행을 제외한 16개 국내은행, 우체국, 농협중앙회, 새마을금고중앙회, 신용협동조합중앙회, 상호저축은행중앙회, 산림조합중앙회와 HSBC은행, 도이치은행, 알비에스피엘시은행, 미쓰비시도쿄UFJ은행, 뱅크오브아메리카, 미즈호코퍼레이트은행, 중국공상은행 등 외국은행 국내지점 및 21개 금융투자업자가 참가하고 있다.

② 대상업무

타행환공동망을 통해 이루어지는 업무에는 현금송금(자기앞수표 포함), 자기앞수표조회 등이 있다.

현금송금은 고객의 송금의뢰를 받은 은행이 송금대금을 타행환공동망을 이용하여 지급은행(수취인 거래은행)의 수취인 예금계좌 앞으로 즉시 입금해주는 업무이다. 현금 또는 자기앞수표로 송금이 가능하며 1회 송금한도는 5억원이다.

자기앞수표 조회는 고객으로부터 자기앞수표 조회를 의뢰받은 은행이 타행환공동망을 이용하여 동 수표 발행은행의 수표발행내역과 사고내역을 조회해 주는 업무이다.

③ 운영 시간 및 수수료

고객의 타행환공동망 이용가능시간은 은행영업시간과 동일한 09시부터 16시까지이다. 한편 은행 내부의 자체업무처리 등을 위해 타행환공동망의 운용종료시각은 고객의 이용시간이 끝난 후 2시간 뒤로 하고 있다.

타행환공동망을 이용하는 고객으로부터 받는 수수료는 당초에는 금융결제원의 금융공동망위원회에서 참가기관들이 공동으로 결정한 단일체계가 적용되었으나 1994년 5월부터 은행별로 자율화되었다.

④ 이용 방법 및 자금결제

고객이 현금이나 예금을 기초로 의뢰은행에 서면으로 타은행 수취인 계좌로 입금의뢰를 하면 의뢰은행은 동 의뢰내역을 중계센터인 금융결제원 앞으로 전송하고, 금융결제원은 이를 즉시 수취인 거래은행 앞으로 재전송한다. 금융결제원으로부터 동 전문을 수신한 수취인 거래은행은 수취인 예금계좌에 송금액을 즉시 입금처리하며 수취인은 동 송금대금을 바로 인출할 수 있다.

타행환 송금에 따른 은행 간 자금결제는 송금거래 다음 영업일 오전 11시 한은금융망(BOK-Wire+)을 통해 한국은행에 설치된 각 은행의 당좌예금계정에서 차액(지급금액-수취금액) 결제된다. 동 차액결제에 필요한 자료는 금융결제원이 일괄 작성하여 한국은행과 각 참가은행 앞으로 온라인 전송되고 있다.

⑤ 이용 실적

2016년중 타행환공동망의 일평균 이용 실적은 36만건, 4조 7,935억원으로 전년대비 건수기준으로 5.6% 감소하였으나, 금액기준으로는 2.4% 증가하였다.

3) 직불카드공동망(EFT/POS)

직불카드공동망(EFT/POS: Electronic Funds Transfer at the Point of Sale)은 직불카드 소지자가 판매점에서 동 카드를 사용하여 상품 및 용역을 구매하면 판매대금이 카드소지자 예금계좌에서 판매자 예금계좌로 자동이체되는 시스템으로 1996년 2월부터 가동되었다.

직불카드공동망의 구축으로 소비자는 새로운 지급결제수단을 사용할 수 있게 되었으며 판매점은 판매대금의 조기입금과 매출증대가 가능해지고 발급기관은 수수료 수입 증대 등의 효과를 거둘 수 있다.

① 참가기관

2016년말 현재 직불카드공동망에는 산업은행 및 수출입은행을 제외한 15개 국내은행과 금융결제원, 한국정보통신, 나이스정보통신, KIS정보통신, 코밴, KSNET 등 6개 VAN사업자가 참가하고 있다.

② 대상 업무

직불카드를 이용하면 국내의 모든 직불카드 가맹점에서 물품이나 용역을 구매할 수 있으며 CD/ATM을 통하여 예금의 입출금 및 잔액조회, 계좌이체 등을 처리할 수도 있다. 또한 국내외 겸용 직불카드를 이용하여 해외에서도 물품이나 용역을 구입하거나 CD/ATM에서 현금을 인출할 수도 있다.

직불카드는 은행에 보통예금, 저축예금, 자유저축예금, 가계당좌예금, 기업자유예금 등 결제성 예금계좌를 보유한 고객을 대상으로 현금카드와 겸용으로 발급된다. 직불카드는 예금잔액 내에서 이용이 가능하다.

③ 운영 시간 및 수수료

직불카드공동망 운영 시간은 연중무휴로 08시부터 23시 30분까지이다. 직불카드 사용에 따른 별도의 고객 수수료는 부과되지 않는다.

④ 이용 방법 및 자금결제

물품판매점에서 직불카드 소지자가 거래대금을 직불카드로 지급하면 거래내역이 VAN사업자의 네트워크를 경유하여 직불카드 발급은행으로 전송되고 발급은행은 고객계좌에서 즉시 거래대금을 출금하여 직불카드계정으로 이체한다. 그리고 거래 다음날이 되면 금융결제원은 각 VAN사업자로부터 직불카드 사용내용을 집계하여 은행별로 지급·수취해야 할 차액을 계산한다. 동 차액결제대금은 오전 11시 한은금융망을 통해 결제된다.

⑤ 이용 실적

2016년 말 현재 직불카드 발급 매수는 4,395만매로 전년보다 0.2% 증가하였다. 2016년 중 이용 실적은 일평균 367건, 14백만원으로 전년에 비해 각각 31.1%, 31.6% 감소하였다. 이는 같은 직불형카드인 체크카드(전년 대비 건수+18.4%, 금액+15.5%)에 비해 가맹점수가 적고 이용 시간도 08시부터 23시 30분으로 제한되어 있는 등 이용이 불편한 데 주로 기인하고 있다.

4) 자금관리서비스(CMS)공동망

CMS(Cash Management Service)공동망은 대량의 출금이체 및 입금이체 서비스를 제공하는 시스템으로 1996년 8월 가동되었다.

① 참가기관

2016년말 현재 수출입은행을 제외한 16개 국내은행 및 우체국, 농·수협 회원조합, 새마을금고중앙회, 신용협동조합중앙회, 상호저축은행중앙회, 산림조합중앙회와 HSBC은행, 도이치은행, JP모건체이스은행, 뱅크오브아메리카 등 외국은행 국내지점 및 22개 금융투자업자가 참가하고 있다.

② 대상 업무

대량 자금의 출금이체는 각종 상품 판매대금, 보험료, 신용카드 이용대금, 회비 등 납부인이 지정된 각종 수납대금을 다수의 고객 예금계좌에서 출금하여 이용기관의 수납계좌에 입금시키는 업무이다. 입금이체는 각종 상품 구입대금, 배당금, 연금, 급여 등을 지급하는 기업, 공공기관 등의 거래은행 계좌에서 자금을 인출하여 다른 은행에 계좌를 가진 다수의 수취인에게 자금을 지급하는 업무이다.

③ 운영 시간 및 수수료

CMS공동망은 공휴일을 제외한 24시간 연중무휴로 가동되지만 이용기관은 업무별로 정해진 시간 내에 해당 업무를 처리해야 한다.

이용기관으로부터 징수하는 고객수수료는 거래은행(계좌보유은행)과 이용기관이 별도의 약정에 의해 자율적으로 결정하고 있다. 계좌보유은행이 상대은행에 지급하는 입금(출금)대행비용은 금융결제원 이사회에서 정한다.

이용기관이 금융결제원에 납부하는 중계수수료는 CMS공동이용업무 및 시스템의 사용실적에 따라 정해지며 동 요금의 체계 및 수준은 금융결제원이 정한다.

④ 이용 방법 및 자금결제

출금이체 서비스의 경우 이용기관이 출금이체 전일 17시까지 금융결제원에 의뢰내역을 전송해야 하며, 출금이체 다음날 3시부터 결과를 열람할 수 있다. 입금이체 서비스의 경우에는 이용기관이 입금이체 전일 14시까지 입금의뢰내역을 금융결제원에 전송해야 하며 입금이체 당일 16시부터 결과내역을 확인할 수 있다.

자금결제일은 출금이체의 경우 출금이체일 다음날(신규는 D+3일)이며, 입금이체의 경우에는 입금이체일 당일이다. 자금결제를 위해 금융결제원은 자금결제일 10시까지 참가기관별 차액결제금액 및 결제지시서를 작성하여 참가기관 및 한국은행으로 전송한다. 이후 한국은행은 참가기관간 차액결제금액을 11시에 해당 참가기관의 당좌예금계좌에서

결제하고 이를 해당 참가기관에 통보한다.

⑤ 이용 실적

2016년 중 CMS공동망 이용 실적은 일평균 356만건, 4,229억원으로 전년대비 각각 12.6%, 8.6% 증가하였다. 건당 이체 금액은 입금이체가 약 167만원이고, 출금이체는 약 11만원 정도인 것으로 나타났다.

5) 지방은행공동정보망(BANKLINE)

지방은행공동정보망은 지방은행 공동상품인 뱅크라인 업무를 수행하기 위해 참가 지방은행과 금융결제원의 중계시스템간을 상호연결하는 공동정보망으로 1997년 6월부터 가동되었다.

동 시스템의 가동으로 고객이 지방은행의 모든 영업점에서 예금 입·출금 및 송금거래를 자유롭게 할 수 있게 됨으로써 전국적인 영업망을 갖추지 못한 지방은행들도 전국의 고객을 대상으로 서비스를 제공할 수 있게 되었다.

① 참가기관 및 대상 업무

2016년말 현재 6개 지방은행이 모두 참여하고 있다. 지방은행공동정보망을 통해 이루어지는 업무는 입금거래 및 출금거래, 통장 정리 및 재발행, 각종 조회, 사고신고, 예금잔액증명 발급 등이 있다.

② 운영 시간 및 수수료

고객이 지방은행공동정보망을 이용할 수 있는 업무시간은 09시부터 16시까지로 은행 영업시간과 동일하다.

지방은행공동정보망을 이용하는 고객이 부담하는 수수료는 뱅크라인 통장을 지참하여 입출금하는 경우와 400만원 이내의 학자금 송금인 경우에는 면제되며 다른 서비스에 대해서는 참가 지방은행이 자율적으로 정하고 있다.

③ 이용 방법 및 자금결제

고객은 지방은행 공동상품인 뱅크라인통장용 계좌를 개설함으로써 지방은행 공동정보망을 이용할 수 있다. 뱅크라인상품을 이용할 수 있는 기본계좌로는 보통예금, 저축예금, 자유저축예금, 기업자유예금 등 4종이 있으며, 동 계좌를 통하여 정기예금, 정기적금 및 상호부금 등 3종의 저축성 예금계좌와의 연결처리도 가능하다.

고객이 현금을 이용하거나 예금을 인출하여 의뢰은행에 서면 또는 대고객전산망을 통해 입금지시를 하면 의뢰은행은 동 지시내역을 중계센터인 금융결제원 앞으로 전송하며 금융결제원은 이를 즉시 수취인 거래은행 앞으로 재전송한다. 금융결제원으로부터 동

전문을 수신한 수취인 거래은행 본점은 수취인 예금계좌에 송금액을 즉시 입금처리하며 수취인은 동 송금대금을 바로 인출할 수 있다.

　지방은행공동정보망을 통해 이루어진 고객간의 거래와 관련한 은행간 자금결제는 송금거래 다음날 오전 11시에 한은금융망을 통해 한국은행에 설치된 각 은행의 당좌예금계정에서 차액 결제된다.

④ 이용 실적

　2016년 중 지방은행공동정보망 이용건수는 일평균 7백건으로 전년에 비해 28.1% 늘어났으며, 이용금액도 82억원으로 전년보다 크게 증가(100.7%)하였다.

6) 전자금융공동망

　전자금융공동망은 기존의 자동응답서비스(ARS: Automatic Response Service)공동망을 확대·개편한 것으로 텔레뱅킹 및 인터넷뱅킹, 모바일뱅킹 등 전자금융서비스에 대한 중계업무를 처리하는 시스템으로 2001년 4월부터 가동되었다.

① 참가기관

　2016년말 현재 수출입은행을 제외한 16개 국내은행 및 우체국, 농협중앙회, 수협중앙회, 새마을금고중앙회, 신용협동조합중앙회, 상호저축은행중앙회, 산림조합중앙회와 HSBC은행, 도이치은행, 뱅크오브아메리카, 비앤피파리바은행, 중국공상은행, JP모건체이스은행, 교통은행 등 외국은행 국내지점 및 26개 금융투자회사 등이 참가하고 있다.

② 대상 업무

　전자금융공동망을 통해 이루어지는 업무는 홈·펌뱅킹중계업무와 대고객서비스업무로 구분된다. 홈·펌뱅킹중계업무에는 타행이체, 거액 타행이체, 거래확인조회, 금융사기 의심거래정보 공유, 어음·수표조회 등이 있으며, 대고객서비스업무에는 계좌·신용카드조회, 수표조회 및 사고신고 접수, 환율안내, 비대면 실명확인조회 등이 있다.

　타행이체업무는 고객이 텔레뱅킹, 인터넷뱅킹 및 모바일뱅킹 등을 이용하여 전자금융공동망에 가입한 은행의 계좌로 자금을 이체할 수 있는 서비스로 이체한도는 건당 10억원 이내에서 참가은행이 정하고 있다. 거액 타행이체업무는 10억원을 초과하는 경우 이용된다. 2016년 2월부터 참가기관의 결제리스크 축소, 거액자금 이체 고객의 편의 증진 등을 위해 한은금융망과 전자금융공동망을 직접 연계하여 거래당일 결제되는 거액 타행이체제도가 도입되었다.

　한편 물품대금무선결제서비스는 소매업자가 도매업자로부터 물품 구매시 은행 현금카드 및 휴대용 무선단말기(PDA)를 이용하여 계좌이체 방식으로 물품구매대금을 결제하는 서비스로 2001년 주류구매대금 결제서비스를 대상으로 서비스가 시작되었다.

③ 운영 시간 및 수수료

전자금융공동망은 연중무휴로 00시 05분부터 23시 55분까지로 하되, 공동운영시간 대인 07시부터 23시 30분 이외 시간대의 운영여부는 참가기관이 자율적으로 정하고 있다. 중계시스템(금융결제원)은 연중무휴 24시간 운영하고 있다.

현재 전자금융공동망에서 제공되고 있는 서비스 중 계좌이체서비스에 대해서만 대고 객수수료가 부과되고 있으며 수수료는 각 은행이 정하고 있다.

④ 이용 방법 및 자금결제

홈 · 펌뱅킹 중계업무의 경우, 고객이 전화, PC 등을 이용하여 참가기관 전산시스템 에 접속하여 참가기관의 고객계좌에서 타 참가기관의 수취계좌로 자금이체를 요청한다. 대고객 업무의 경우, 고객이 전화, PC 등을 이용하여 결제원의 중계시스템에 접속하여 고 객의 계좌 등 관련된 각종 정보를 조회요청한다.

계좌이체에 따른 은행 간 자금결제는 이체거래 익영업일에 한국은행에 개설된 각 은 행의 당좌예금계정에서 차액결제된다.

⑤ 이용 실적

2016년 중 전자금융공동망 총 이용건수는 낮은 수수료, 제약이 없는 이용시간 등을 바탕으로 창구 및 타 서비스 이용고객을 흡수하면서 전년에 비해 8.6% 증가한 일평균 943 만건을 나타내었다. 이체 금액은 일평균 45조 9,074억원으로 전년대비 4.1% 증가하였다.

(2) 증권공동망

금융투자업자들은 1970년대 중반 업무전산화를 시작하면서 코스콤을 중심으로 공동 망 구축사업을 추진하였다. 현재 코스콤이 운영중인 대표적 공동망으로는 종합원장관리 시스템인 PowerBase시스템과 통합매매거래시스템인 EXTURE＋시스템이 있다.

EXTURE＋는 금융투자상품별로 각각 다른 매매시스템으로 운영되던 IT시스템(유가증 권시장, 코스닥시장, 파생상품거래 시스템 등)을 하나로 통합한 것이다. 2009년 3월 EXTURE 개발에 이어 2014년 3월부터는 초고속매매서비스를 제공하는 EXTURE＋를 운영중이다.

2016년 중 주요 증권공동망 이용 실적을 보면 매매거래의 경우 유가증권거래가 일 평균 1,145만건으로 전년 대비 12.2% 늘어났으며, 코스닥거래는 765만건으로 전년대비 16.8% 증가하였다.

주요 증권공동망 이용 실적[1](일평균) (천건, %)

	연 중 Power Base	유가증권시장 주식매매시스템	코스닥 주식매매시스템	주가지수 선물매매 시스템	주가지수 옵션매매 시스템
2012	9,651 (△11.9)	9,087 (21.1)	4,683 (31.7)	562 (△13.0)	6,515 (△21.7)
2013r	7,490 (△22.4)	7,807 (△14.1)	3,990 (△14.8)	516 (△8.2)	5,094 (△21.8)
2014r	6,132 (△18.1)	7,046 (△9.7)	4,185 (4.9)	439 (△15.0)	3,254 (△36.1)
2015r	10,231 (66.9)	10,201 (44.8)	6,551 (56.5)	676 (54.1)	4,336 (33.3)
2016	9,969 (△2.6)	11,448 (12.2)	7,649 (16.8)	810 (19.8)	4,399 (1.5)

주: 1) 체결(약정)건수 기준
2) ( ) 내는 전년대비 증감률

1) PowerBase

PowerBase는 금융투자업자의 기본적인 업무는 물론 파생상품, 자산관리, 채권딜링, 투자정보 및 글로벌 트레이딩까지의 모든 업무를 지원하는 종합업무지원시스템이다.

기존 업무지원시스템인 BASE21(2002년 2월 가동)의 후속모델로 1년 8개월간의 개발기간을 거쳐 2007년 2월 시스템이 가동되었으며 2016년말 현재 금융투자업자, 은행, 보험사 등 총 65개 기관이 동 시스템을 이용하고 있다.

2) 유가증권시장 주식매매시스템

유가증권시장 주식매매시스템은 금융투자업자로부터 접수된 투자자의 매수·매도주문을 자동체결하는 시스템으로서 주문호가의 접수 및 집계, 시장 운영, 매매체결, 심리, 조회 등의 업무를 처리한다.

동 시스템은 1988년 3월 최초 가동당시 거래소 전체 거래량의 10% 정도를 처리하는데 그쳤으나 1996년 11월에는 전체 거래량의 98%를 처리하는 신시스템으로 확대되었으며 현재는 전체 상장종목을 자동처리할 수 있게 되었다.

1998년 중에는 시스템에 대한 무단접근을 차단함으로써 시스템의 안정적 운용을 도모하고 토요일 휴장, 매매거래중단제도(Circuit Breaker), 프로그램 호가지연처리(Side Car) 제도 등의 신규업무도 수용하였다. 또 2000년 6월에는 코스닥 주식매매시스템을 분리하고 처리용량을 확대하였으며, 2002년 3월에는 각종 재난과 전산장애 발생에 대비한 원격지 백업체제를 갖추었다.

2009년 여러 시스템으로 나뉘어져 있던 매매거래시스템들이 EXTURE시스템으로 통합되었으며, 2014년에는 EXTURE+시스템으로 업그레이드 되면서 거래 체결 속도 및 처리 용량, 안정성 등이 향상되었다.

3) 코스닥 주식매매시스템

코스닥 주식매매시스템은 코스닥시장의 주식매매를 자동 매매 체결하는 시스템으로 1996년 7월에 가동되었다.

2000년 중에는 유가증권시장 주식매매시스템으로부터 코스닥 주식매매시스템을 분리하였으며 비상장·비등록·장외주식 거래의 제도화를 위해 장외주식 호가중개시스템을 구축·가동하고 시스템 처리용량을 호가건수 기준으로 일 최대 20만건으로 확대하였다. 동년 10월에는 각종 재난과 전산장애 발생에 대비한 원격지 백업체제를 구축하였다.

2009년 EXTURE 시스템으로 통합된 후, 2013년 7월에는 코스닥 주식매매시스템 내 중소기업 중심 전문투자자 시장인 코넥스 시장이 개설되었다. 이후 2014년 3월 신기술을 적용한 EXTURE+시스템으로 코스닥·코넥스 시장이 모두 통합되었다.

4) 주가지수 선물매매시스템

주가지수 선물매매시스템은 주가지수 선물시장에서의 주문접수, 매매 체결 및 결제 등을 자동처리하고 투자자에게 다양한 정보를 제공하는 시스템으로서 1996년 5월에 가동하였다.

1998년 중에는 선물시스템 기기를 추가로 도입하여 동 시스템의 처리능력을 향상시켰다. 또 2002년 9월에는 시스템 처리능력을 일 최대 15만건에서 50만건으로 확대하였다.

5) 주가지수 옵션매매시스템

주가지수 옵션매매시스템은 주가지수 옵션시장의 매매체결 및 결제업무를 자동으로 처리하고 관련 시장정보를 투자자에게 제공해주는 시스템으로 1997년 7월에 가동되었다.

1998년에는 동 시스템의 성능 및 효율을 개선함으로써 시스템의 안정적 운용을 도모하는 한편, 옵션결제월 종목수 축소나 가격제한폭 변경 등 각종 제도 변경사항을 시스템에 신속하게 반영하여 투자자의 이용편의를 제고하였다. 또 2002년 12월에는 시스템 처리 능력을 일 최대 50만건에서 150만건으로 확대하여 지연처리 현상을 해소하였다.

주가지수 선물매매시스템 및 옵션매매시스템 모두, 2009년 EXTURE 시스템으로 통합되었으며, 2014년 3월 신기술을 적용한 EXTURE+파생매매체결 시스템이 구현됨으로써 초당 20,000건 이상, 일 최대 1억 6,000만건을 처리할 수 있게 되었다.

6) 채권매매시스템

거래소 채권매매시스템은 상장채권의 주문전달, 매매체결, 결제, 정보 제공 등의 업무를 전산화한 시스템으로 1996년 11월에 가동하였다. 또한 2000년 4월에는 국고채권 매매의 활성화 및 채권유통시장 조성을 위한 국채전문딜러제도가 도입됨에 따라 국채 및 일반채권 매매자동화시스템을 구축하였으며 2002년 2월에는 Repo(환매조건부채권매매)시스템을 구축·가동하였다.

2006년 3월에는 국고채 전문딜러가 지표종목에 대하여 유동성 공급자로서 채권시장을 선도할수 있도록 다자간 경쟁매매시스템을 구현하고 호가 및 체결정보의 실시간 조회 등이 가능하도록 채권시스템을 구축하여 채권시장을 활성화시켰다. 2009년에는 EXTURE 시스템에 통합된 데 이어, 2014년 EXTURE＋시스템으로 업그레이드되었다.

7) 기타

증권정보시스템은 증권시장의 매매체결 결과로 발생한 시세정보와 투자에 필요한 각종 분석정보를 전산으로 처리하여 증권회사 및 투자자에게 제공하는 시스템으로 1990년 12월에 가동하였다. 1998년중에는 시스템 증설 및 회선 이중화 작업을 통하여 정보조회속도 및 안정성을 개선하였다.

2011년, 한국거래소는 매매체결 결과 및 시장 지수 등의 정보를 제공하는 정보분배시스템을 구축하였다. 동 시스템은 무장애, 무중단 및 실시간 아키텍쳐를 적용해 안정성을 확보하고 있으며 전문 압축기술 및 맞춤형 상품구성 기능 도입으로 전송효율을 극대화함으로써 고객 친화적 환경을 구현했다는 평가를 받고 있다.

(3) 보험공동망

보험회사의 공동망은 중계센터인 보험개발원과 생명보험회사, 손해보험회사 및 보험유관기관 등의 컴퓨터를 상호 접속하여 보험관련 정보를 공동이용하는 시스템이다. 1992년 5월 보험개발원이 보험정보망 전담사업자로 지정되어 1992년 11월 손해보험회사를 중심으로 하는 최초의 공동망인 자동차 책임보험 가입회사 조회시스템을 구축하였다.

공동시스템의 대상업무는 다음과 같다. 먼저, 자동차보험 분야에는 자동차보험 개별할인·할증 조회, 자동차보험 사고운전자 조회, 자동차보험 인수거부물건 배정, 자동차의무보험 가입관리, 자동차보험 보유자코드 조회, 자동차보험 가입경력 산출 및 조회, 수리비보험금 청구, 승용차요일제 자동차보험 공동관리 등이 있다.

일반손해보험의 경우에는 적하보험 중계, 적하 및 선박보험 공동인수 자료교환, 근재보험 할인할증률 조회 등이 있다. 끝으로 기타분야로서 인보험통합조회, 보험사고정보 제공, 자동차 이력정보제공, 기초통계 자료 접수 및 오류검증 등이 있다.

　　2016년 중 공동망의 주요 이용 실적을 보면 자동차종합보험 할인·할증 조회가 일평균 184만건으로 전년 대비 16.1% 늘어났으며, 자동차의무보험 계약 조회는 40만건으로 전년대비 82.8% 증가하였다.

1) 자동차보험

① 자동차보험 개별 및 단체 할인·할증 조회시스템

　　자동차보험 개별 할인·할증 서비스는 종합보험의 계약, 사고, 배서, 적용률, 갱신률 등을 조회하여 온라인으로 타사의 내용과 비교할 수 있는 시스템으로 1993년 6월에 구축되었으며 동 시스템을 통해 타사 정보의 공유가 가능하게 되었다.

　　한편 자동차보험 단체 할인·할증 조회시스템은 자동차보험의 단체업체별 실적자료를 보험회사에서 온라인으로 조회할 수 있게 한 시스템으로 1999년 4월부터 가동되었다.

② 자동차보험 사고운전자 조회시스템

　　손해보험회사가 자동차보험 계약을 인수할 때 해당운전자의 중복여부와 과거 사고기록 등을 온라인으로 조회하여 적정한 주운전자를 선정하는 등 보험계약업무에 활용하기 위한 시스템으로 1995년 5월에 구축되었으며, 이후 피보험자 중심으로 보험요율 체계가 변경됨에 따라 2006년 현재의 사고운전자 조회시스템으로 개편되었다.

③ 자동차보험 인수거부물건 배정시스템

　　불량보험계약자의 무보험사고 등을 방지하기 위하여 개별 보험회사가 거절한 불량물건(예: 사고건수가 많은 차량)을 보험회사간 합의된 배분비율 및 순번 등 일정기준에 따라 각 보험회사에 배정하고, 동 보험회사는 계약을 인수하는 시스템으로 1995년 5월에 구축되었다.

④ 자동차 의무보험 가입관리 전산망

　　자동차 의무보험 가입관리 전산망은 자동차의무보험 미가입자에 대한 정보를 제공하거나 조회하는 시스템이다. 1995년 12월에 도입된 자동차 책임보험 미가입 통보업무시스템을 기반으로 국토해양부 소관 자동차관련 민원행정정보종합망과의 연계를 통해 2002년 1월 현재의 시스템을 구축하였다. 동 전산망 구축으로 사업용 자동차의 대인배상II 미가입자에 대한 일괄적인 업무처리가 가능하게 되었으며, 2005년 2월 대물보험 가입이 의무화됨에 따라 대물보험 가입관리시스템을 추가 구축하였다. 2016년말 현재 14개 손해보험회사, 6개 공제조합, 경찰청, 전국 시·군·구청 등 총 246개 기관이 공동 참여하고 있다.

⑤ 자동차보험 보유자코드 조회시스템

보험사의 계약 및 보상업무의 편익 도모와 단체 할인·할증실적 평가를 목적으로 업무용 및 영업용자동차보험 가입자 중 향후 단체할인할증 적용 가능성이 있는 가입자에 대해 고유한 코드를 부여하고 관리하는 시스템으로 1997년 2월 가동되었다.

⑥ 자동차보험 가입경력 산출·조회시스템

손해보험회사가 자동차보험 계약을 인수할 때 보험정보망을 통해 피보험자별 보험가입경력을 조회해주는 시스템으로 1997년 5월에 구축되었다.

⑦ 수리비보험금청구시스템

보험사고차량 관련 수리업체(정비공장, 부품대리점, 유리 및 렌트업체 등)를 인터넷으로 연계하여 보험회사에서 사고접수 및 완결사항 조회, 수리비 청구 및 지급내역 확인 등의 업무를 실시간 처리할 수 있도록 구축한 시스템으로 2003년 8월부터 가동되었다.

⑧ 승용차요일제 자동차보험 공동관리시스템

개별 보험사가 승용차요일제 자동차보험 특약의 약정요일 준수여부를 조회·확인할 수 있도록 구축되었으며 2010년 5월부터 가동되었다.

⑨ 과납보험료 환급조회시스템

개별 계약자가 자동차보험 과납보험료 환급여부 및 환급액을 조회·확인할 수 있도록 구축한 시스템으로서 2012년 1월부터 가동되었다.

⑩ 휴면보험금 조회시스템

개별 계약자가 보험금 청구후 인출하지 않은 자신의 휴면보험금 존재 여부 및 휴면보험금액을 조회·확인할 수 있도록 구축한 시스템으로 2013년 4월부터 가동되었다.

⑪ e-보험정보고객센터

자동차보험 소비자가 자신의 자동차보험 관련 계약정보 및 보험정보 제공내역 등을 직접 조회 할 수 있고, 보험사에 보험정보 제공 중지(DNP) 신청 및 보험정보 오남용 신고를 할 수 있도록 구축한 개인정보보호 시스템으로 2013년 10월부터 가동 되었다.

2) 일반손해보험

① 전자 적하보험 중계시스템(청약 및 증권발급, 배서)

보험개발원의 EDI(Electronic Data Interchange)중계시스템을 이용하여 EDI형식으로 보험사와 무역업체간 적하보험 청약서, 증권발급통지서를 수수, 배서 처리하는 시스템이다.

1995년 5월 적하보험 EDI중계시스템으로 서비스를 개시하여 수출입업무의 처리기간

단축 및 인력 · 비용 절감을 통한 국제경쟁력 강화에 목적을 두고 있다. 이후, 「전자무역촉진에관한법률」 개정에 따라 2006년 12월 전자무역기반시설과 연계 등 통합 전산 업무처리를 위한 전자 적하보험 중계시스템으로 전면 재구축되었다.

② 적하 · 선박보험 공동인수 자료교환시스템

각 손보사가 인수한 적하 · 선박보험 공동인수 자료를 매월 보험개발원에 전송하고 보험개발원은 이를 취합하여 참여사별로 공동인수 보험을 분류하여 해당 손해보험회사에 전송함으로써 손해보험회사의 마감처리시간을 단축하기 위한 시스템으로 1997년 1월에 가동되었다.

③ 근재보험 할인할증률 조회시스템

보험개발원이 산출한 근재보험[8] 계약자별 할인할증률 자료를 정보망을 통해 제공하고 관련 실적을 즉시 조회할 수 있는 시스템으로 1997년 8월에 가동되었다.

3) 기타

① 인보험통합 조회시스템

기존의 계약자조회시스템을 확장하여 장기보험의 계약 · 사고자료, 상해 보험의 계약 · 사고자료, 자동차보험의 계약 · 피해자자료 등 인보험 관련사항을 통합하여 서비스를 제공하는 시스템으로서 1999년 4월부터 가동되었다.

② 보험사고 정보시스템

손 · 생보사의 보험종목별 사고관련 정보(Claim 정보)를 보험개발원의 온라인 교환 시스템에 매일 등재함으로써 보험회사에 해당정보를 제공할 수 있도록 한 OLTP(OnLine Transaction Processing) 시스템으로 2001년 6월부터 정식 가동되었다. 동 시스템은 보험사기 사전예방 및 공동대처, 보험사고발생시 신속 · 정확한 보험금 지급 등을 목적으로 도입되었다.

한편 보험회사별 보험사기조사 전담팀(SIU: Special Investigation Unit)의 업무 효율성을 제고하기 위하여 2004년 자료출력 및 차량검색 기능, 그리고 이듬해인 2005년 3월 의료기관 검색이 가능한 SIU용 보험사고정보시스템(ICPSplus)을 확충하였다.

③ 자동차 이력정보시스템

자동차 이력정보시스템은 중고자동차 품질확인을 위한 정보를 중고차거래 당사자에게 제공하기 위한 목적으로 운영되는 시스템으로 2003년 4월부터 가동되었다.

---

8) 근로자가 산재보험의 보상 한도를 초과하는 업무상 재해를 입을 경우 그 초과분을 보상해주는 근로자 재해 보험상품

중고차 거래 시 이전 소유자의 법률적, 행정적 문제점은 등록원부 공시 등으로 알 수 있었지만 기계적, 물리적 손상여부는 확인하기 어려웠다.

동 시스템 가동으로 이와 같은 문제가 크게 해소되었다. 또한 자동차보험사고자료 이외에 자동차등록정보와 차량기준가액관련 자료 등을 부가적으로 제공하고 있다.

④ 기초통계자료 접수 및 오류검증시스템

손·생보사와 보험개발원간 비정형화된 보험관련 기초통계자료를 암호화된 네트워크를 통해 집적기간 단축 등 업무효율성을 제고하고 정보보안을 강화하기 위해 만들어졌다.

2004년 1월 손보사용 자료교환시스템을 시작으로 동년 9월에는 생보사용 자료교환시스템이 구축되었고 이후 오류검증 및 자료집적 자동화 기능 등이 추가되어 2009년 3월 재가동되었다.

⑤ 기초서류 접수·통보 자동화시스템

손·생보사와 보험개발원 간 상품 확인 절차 효율화를 위해 기초서류 접수·통보 창구를 일원화하고 확인절차를 온라인으로 진행할 수 있도록 구축한 시스템으로서 2014년 1월부터 가동되었다.

12

금융정보화

1. 개요

금융정보화추진협의회는 금융기관 별로 대고객 업무 전산화, 영업점과 본점 간의 네트워크 연결 등 업무자동화(OA)를 위한 전산시스템을 갖추게 된 1980년대 중반 금융공동망 구축을 위해 구성되었다. 동 협의회는 그동안 관련 법률의 개정에 맞추어 수차례 명칭 등을 변경해오다 2009년 「국가정보화기본법」 시행에 따라 현행과 같은 조직체계를 갖추게 되었다.

금융정보화추진협의회는 2000년대 중반까지 CD공동망, 타행환공동망, 전자금융공동망 등 주요 금융인프라를 마련하는 데 주력해왔다. 공동망 구축사업이 마무리된 이후에는 대내외 금융환경 변화에 부응하여 기존 금융공동망의 안전성과 효율성을 제고하기 위한 사업에 역점을 두고 기능해 오고 있다.

스마트폰의 급속한 보급으로 모바일뱅킹 이용자가 늘어날 것에 대비하여 금융권 공동의 모바일뱅킹서비스 도입을 주도하였고 소액지급서비스 시장의 효율성을 높이기 위해 국가 간 ATM 연계망, 현금IC카드 결제시스템 등의 구축을 추진하였다. 지난해에는 확산되고 있는 핀테크 혁신에 대응하여 추진 체계를 정비하는 한편 디지털혁신 시대에 필요한 사업을 발굴하여 시행하였다. 먼저 금융기관 중심으로 구성된 금융정보화추진협의회 참여기관을 핀테크 기업 등 비금융기관으로 확대하였으며 '핀테크 금융정보화 워킹그룹'과 '동전 없는 사회 워킹그룹'을 신설하였다. 특히 '바이오정보 분산관리 표준'을 제정하여 디지털혁신의 주요 현상중 하나인 바이오인증이 금융권에서 안전하게 사용될 수 있는 기반을 제공하였다. 이 외에도 '금융IC카드 부채널분석 시험지침 및 기준'을 제정함으로써 IC카드의 안전성 제고에 기여하는 한편 범금융 메시지 국제표준인 ISO20022와 관련한 연구용역사업을 추진하여 동 표준에 대한 관련 업무종사자의 이해를 높이는 데 도움을 주었다.

2. 금융정보화사업 추진 체계

우리나라의 금융정보화는 1960년대 후반 각 은행이 급여계산업무를 일괄처리(batch) 방식으로 전산화하면서 출발하였으며 1970년대 후반 은행들이 사무자동화 및 본지점 간 온라인망을 구축하면서 본격화되었다. 1980년대 들어 금융전산망의 중요성에 관한 인식이 높아지면서 금융전산망을 행정, 교육·연구, 국방, 공안 전산망과 함께 5대 국가기간 전산망 사업의 하나로서 추진되었다.

금융전산망 사업을 추진하기 위한 기구로 정부의 「전산망조정위원회」 산하에 한국은행 총재를 위원장으로 하는 「금융전산위원회」가 1984년 9월 발족되었다.

　　1987년 1월에는 「전산망보급확장과이용촉진에관한법률」이 시행됨에 따라 금융전산위원회가 1987년 6월 「금융전산망추진위원회」로 개칭되었고 대상 금융기관도 은행뿐만 아니라 증권회사, 보험회사, 종합금융회사 등 비은행 금융기관까지 확대되었다. 또한 1996년 1월 「정보화촉진기본법」이 시행되면서 국가 정보화추진기구가 전산망조정위원회에서 「정보화추진위원회」로 변경되었고 1996년 6월 금융전산망추진위원회도 「금융정보화추진분과위원회」로 명칭이 바뀌었으며 그해 11월에는 동 위원회 위원장이 한국은행 총재에서 한국은행 부총재로 변경되었다.

　　이후 2009년 8월에는 「정보화촉진기본법」의 전부개정으로 「국가정보화 기본법」이 시행되면서 2009년 11월 금융정보화추진분과위원회가 한국은행과 민간기관과의 협의체인 「금융정보화추진협의회」로 개편되었다.

　　현재 금융정보화추진협의회(사무국: 한국은행 금융결제국)는 금융정보화 공동추진사업의 선정, 금융정보망과 외부전산망 등과의 접속에 관한 사항 및 금융정보화 업무와 관련한 표준화 등의 사업을 추진하고 있다.

　　지난해 4월에는 금융정보화협의회는 변화된 전자금융 환경을 반영하여 협의회를 확대 개편하였다. 은행, 증권사, 카드사, 보험사 등 주로 금융기관 중심으로 구성되어 있는

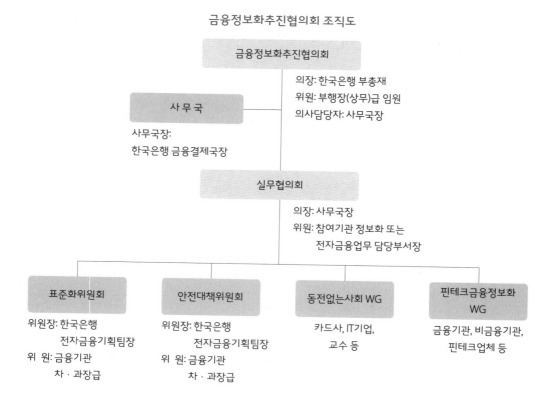

금융정보화추진협의회 조직도

참가기관 범위를 핀테크 업체 등 비금융회사로 확대함으로써 심화되고 있는 금융의 디지털화에 대응할 수 있는 체재로 갖추었다. 또한 동 협의회 산하에 '동전 없는 사회 워킹그룹'과 '핀테크 금융정보화 워킹그룹'을 신설하여 관련 사업 추진과정에서 제기되는 기술 및 제도적 문제에 대해 효과적으로 대응하는 한편 새로운 금융정보화 공동추진사업 발굴을 위해 노력하였다.

금융정보화추진협의회 참여기관

구 분	참가기관명
금융정보화추진협의회(30)	- 운영기관(27): KB국민, 우리, 신한, KEB하나, 농협, 수협, IBK기업, 한국산업, SC제일, 한국씨티, 부산, 대구, 경남, 광주, 전북, 제주, 삼성증권, 미래에셋대우, KB손해보험, BC카드, 하나카드, 신용보증기금, 기술보증기금, 금융결제원, 코스콤, 보험개발원, 금융보안원 - 참여기관(3): 비바리퍼블리카, 롯데카드, 데일리인텔리전스
표준화위원회(13)	- 운영기관(12): KB국민, 우리, 신한, KEB하나, 수협, IBK기업, SC제일, 삼성증권, BC카드, 금융결제원, 코스콤, 금융보안원 - 참여기관(1): 비바리퍼블리카
안전대책위원회(14)	- 운영기관(12): KB국민, 우리, 신한, KEB하나, IBK기업, SC제일, 삼성증권, 미래에셋대우, 금융결제원, 코스콤, 보험개발원, 금융보안원 - 참여기관(2): 롯데카드, 데일리인텔리전스
동전없는 사회 WG(7)	- 금융결제원, 금융보안원, 이비카드, 한국스마트카드, KT, 한양대학교, 명지대학교
핀테크금융정보화 WG(14)	- 신한, 우리, 삼성증권, BC카드, 롯데카드, 데일리금융그룹, 레이니스트, 아마존웹서비스, 틸론, 한국정보통신, 나이스평가정보, LG유플러스, KT, 엔시큐어

주: ( ) 내는 참가기관 수

한편 금융정보화추진협의회를 통한 금융정보화사업 이외에 개별 금융기관은 자체 전산시스템의 고도화 사업을 진행중이며, 한국거래소, 보험개발원 등을 중심으로 한 증권, 보험의 부문별 정보화사업도 추진되고 있다. 국내에서는 '포스트 차세대'(Post Next Generation)[1]로 정의하고 있는 대규모 메인 운영시스템 개발이 2014년 11월부터 진행되고 있다. 일부 국내 은행은 이미 개발을 완료하였으며 증권사, 보험사 등 그 외 금융기관은 현재 관련 시스템 개발을 진행하고 있다.

3. 금융정보화추진협의회 주요 추진 사업

2009년 11월 현 체재의 금융정보화추진협의회로 개편되기 이전의 금융정보화추진분과위원회 등은 금융전산망 전담기관(현 금융결제원)을 설립하여 CD공동망·전자금융공동

---

1) 2005년을 전후로 개발된 금융권 전산시스템을 '1차 차세대시스템'이라고 부르며, 2020년대를 겨냥한 전산시스템 체계를 '2기 차세대시스템' 또는 '포스트 차세대시스템'으로 부른다.

망·한은금융망 등 금융공동망 구축, 안전대책 강화, 표준화 추진 등 금융부문의 정보화 사업을 수행하였다.

2009년 11월 이후 현행 민간협의체로 변경된 금융정보화추진협의회는 스마트폰 기반 모바일뱅킹시스템, 국가간 ATM 연계망, 현금IC카드 결제시스템 등 공동망 구축사업과 함께 장애인을 위한 CD/ATM 표준, 금융거래카드 점자표기 표준, 바이오정보 분산관리 표준 등의 표준화 사업을 추진하였다.

(1) 금융공동망 구축 사업

금융전산망 구축은 금융기관이 자율적으로 참여하고 소요경비를 정부 예산이 아닌 참여기관의 분담금으로 충당함에 따라 다른 국가기간전산망 추진 주체와 달리 당초부터 민간협의체 형태로 운영되어 왔으며 증권, 보험, 종합금융회사 등 비은행 금융기관까지 참여하였다.

2000년대 중반까지는 은행, 증권, 보험 등 분야별로 금융공동망 구축사업이 추진되었다. 은행부문에서는 CD공동망, 타행환공동망, 전자금융공동망 등이 구축되었고 증권부문에서는 주가지수선물시스템, 채권업무시스템, 사이버증권거래시스템 등이 가동되었으며 보험분야에서는 자동차보험 통합조회시스템, 인보험통합조회시스템 구축사업 등이 시행되었다.

이후 스마트폰이 급속히 보급됨에 따라 스마트폰을 통하여 예금조회 및 이체, 신용카드, 지로납부 및 부가서비스 등의 전자금융서비스를 제공하기 위하여 2010년 9월 스마트폰 기반 모바일뱅킹시스템 구축사업이 금융권 공동으로 시행되었다.

동 시스템 가동으로 전체 은행권의 비용 절감 및 중복투자에 따른 비효율을 방지하고 투자유인이 낮은 소규모 은행의 고객도 동 서비스를 이용할 수 있어 국민 편익이 증진되었다.

2012년 11월 시행된 현금IC카드 결제시스템 구축사업은 기존 신용카드의 보안문제를 해결하고 한 장의 카드로 현금입출금과 대금결제가 모두 가능해지도록 편리성을 제고하는 데 기여하였다.

(2) 표준화 사업

1) 개요

사전적 의미로 표준이란 사물의 정도를 정하는 기준이나 목표 또는 다른 것의 규범이 되는 준칙이나 규격으로 정의된다.

국제표준기구 중의 하나인 ISO는 '표준을 기술적인 규격 혹은 정확한 기준(Criteria)을 포함하는 문서화된 합의사항(Agreements)으로 규칙(Rules), 지침(Guidelines) 혹은 특성의 정의(Definitions Of Characteristics)이다'라고 기술하고 있다.

표준은 표준화 주체에 따라 공식 표준화 기구에서 제정한 공식표준(De Jure: ISO 표준, KS 표준 등)과 특정 제품이 압도적으로 시장점유율을 획득할 때에 자연발생적으로 생성되거나 관련 민간업자 등이 합의를 통해 제정하는 시장표준(De Facto: IETF, W3C 웹표준 등)으로 구별한다. 또한 표준은 법적구속력 여부에 따라 임의표준(Voluntary Consensus Standard)과 규제표준(Regulatory Standard)으로 구분된다. 대부분의 표준은 임의표준에 해당하여 표준의 구현 및 적용에 구속력이 없고 민간의 협의체에 의해 자생적으로 제정되는데 금융정보화추진협의회에서 제정되는 표준은 여기에 해당된다. 규제표준은 주로 안전또는 환경문제 등 공공에 영향을 미치는 분야에서 정부 및 유관기관이 임의표준을 법령에 포함시킴으로써 설정된다.

우리나라의 금융표준화는 1980년대 후반부터 추진되기 시작하였으며 1994년 5월 금융전산망추진위원회(현 금융정보화추진협의회 전신)의 발족 이후 본격화되었다. 그동안 각종 금융거래 메시지 양식, 메시지의 코드화, IC카드 등 지급결제수단 사양 및 보안관련 시스템 등 많은 요소들이 표준화되었다.

국내 금융표준화와 관련된 중요사항은 금융정보화추진협의회에서 심의하며 사전 검토를 위하여 협의회 산하에 금융기관의 전문가로 구성된 표준화위원회가 설치되어 있다. 표준은 최초 제정(개정) 신청서가 사무국에 접수되면 표준화위원회에서 표준제정 필요성 검토 후 표준(안) 개발이 진행되고 개발된 표준(안)이 표준화위원회 및 협의회 심의를 통과하면 표준 제정작업이 완료된다. 제정된 표준은 금융정보화추진협의회 홈페이지(금융시스템-지급결제제도-금융정보화-금융표준화)에 게시된다. 한편 금융서비스 분야 국제표준화 기구인 ISO TC68에 대응하여 정부(국가기술 표준원) 주도의 금융전문위원회가 설치되어 운영 중인데, 한국은행이 금융전문위원회의 간사기관(의장: 금융결제국장)으로 활동중이며 금융결제원이 표준개발 협력기관으로 지정되어 있다.

2) 주요 실적

'금융IC카드 표준'은 금융정보화추진협의회에서 제정(1997.2월)한 가장 오래된 표준이다. 동 협의회는 MS현금카드의 보안취약성 문제를 해결하기 위해 MS현금카드를 IC카드로 전환하는 은행권 공동사업을 지속적으로 추진하였다. 이러한 노력의 결과, 2013년부터는 CD/ATM거래에 마그네틱 현금카드 대신 IC현금카드가 전면적으로 사용되고 있다.

2010년 6월에는 시각장애인 및 고령자들의 금융자동화기기 이용 편의 제고를 도모하기 위하여 '장애인을 위한 CD/ATM 표준'을 제정하였으며, 2011년 10월에는 휠체어를 사용하는 지체장애인 및 고령자들의 자동화기기 접근성 개선을 위하여 동 표준을 개정하였다. 2016년도 들어 금융정보화추진협의회 표준화위원회는 바이오정보 분산관리 표준과 금융 IC카드 표준 중 부채널분석에 대한 시험지침 등을 제정하였다.

'바이오정보 분산관리 표준'은 2015년 11월 처음 개발된 이후 표준화위원회 논의를 거쳐 2016년 11월 금융정보화추진협의회 심의를 통과하면서 표준제정이 완료되었다. 동 표준은 바이오정보의 안전한 관리를 위해 생체정보를 분리하여 관리하는 표준으로 '바이오정보 분산관리 센터' 운영 내용을 포함하고 있다.

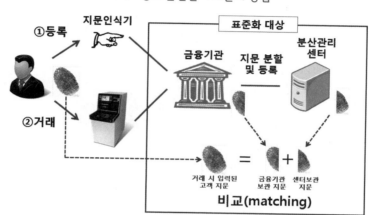

바이오정보 분산관리 표준화 방법

'금융IC카드 부채널분석 시험지침 및 기준'은 금융IC카드에 구현된 암호 알고리즘에 대한 부채널 분석을 통해 카드에 저장된 키 관련 비밀정보 누출 여부를 시험하는 방법과 적격성 여부를 판정하는 기준으로서 2016년 7월 표준화위원회 승인을 통해 제정되었다.

(3) 안전대책 사업

1) 개요

전자금융이 안전하고 효율적인 방향으로 발전하기 위해서는 금융기관 등 업계와 관련 당국의 많은 노력이 요구된다. IT 발전을 최대한 활용하고 고객의 이용편의성, 금융기관 업무효율성 등 전자금융의 이점을 충분히 살릴 수 있는 방향으로 나아가되 지급결제시스템의 신뢰성을 저해하지 않도록 유의할 필요가 있다. 이를 위해 금융서비스 제공자인 금융기관, 보안전문기관, IT관련 업계, 중앙은행, 감독당국 등은 유기적인 협조관계를 형성하여 전자금융의 안전하고 효율적인 발전을 위해 협력해 나가야 한다. 특히 특정 금융기관의 전산시스템 장애 및 전산사고가 전체 지급결제시스템의 위험으로 이어지는 것을 방지하기 위해서는 중앙은행과 감독당국의 감시 및 감독 강화가 중요하며 상시 모니터링 체제를 유지할 필요가 있다. 최근 각종 전산사고나 해킹·위변조 등에 의한 고객정보 유출 및 불법금융거래 발생 위험성이 커지고 있고 각 금융기관별로 전산시스템 개발 및 관리의 일정부분을 외주 용역직원이 담당함에 따라 이들에 의해 운영리스크도 높아지고 있는 상황이다.

금융정보화추진협의회의 2016년도 조사에 따르면 전산사고 발생중 침해사고(위변조, 삭제·도용 등) 비중이 31.5%로 전년(4.0%)에 비해 크게 증가하였으며, 전산시스템 장애발생중 인적 장애(운영상 실수) 비중도 16.6%로 전년(8.1%)에 비해 크게 늘어난 것으로 조사되었다.

금융기관들은 전산보안 인프라 확충, 업무지속계획(BCP: Business Continuity Plan) 강좌, 내부 보안 및 외주 용역직원에 대한 관리 강화 등 각종 대책을 마련하여 전자금융의 안전성을 더욱 강화해 나가야 할 것이다.

2) 주요 실적

2016년도에 개최된 금융정보화추진협의회 안전대책위원회 회의에서는 국내 금융기관의 재해복구시스템의 '글로벌 기준 준수여부'(재해복구 목표시간 RTO 3시간 → 2시간)와 '개인정보 비식별조치 방안'에 대해 논의되었다.

'재해복구시스템의 글로벌 기준'은 BIS의 CPMI(지급결제 및 시장인프라 위원회)와 IOSCO(증권감독위원회)가 공동으로 제정한 PFMI (금융시장인프라에 관한 원칙)에서 재해복구 목표시간을 2시간으로 운영하도록 권고한 데 근거하고 있다.

국내 「전자금융감독규정」은 복구목표 시간을 3시간으로 운영하고 있는데, 이를 단축할 경우 발생할 수 있는 문제점에 대해 논의하였다. 동 회의에서는 먼저 국내에서 모호하게 정의된 복구목표시간 시작시점을 명확히 할 필요가 있다는 의견이 제시되었다.

PFMI가 이를 재해발생시점으로 정의하고 있는 데 비해 국내에서는 재해선언 시점으로 인식하는 경우도 있다. 또한 시간단축을 위해서는 고가의 장비 도입 및 이에 맞는 복구절차 재검토 등이 필요한데 이는 시장상황을 고려해 신중하게 논의할 필요가 있다는 의견이 제시되었다.

이와 별도로 전쟁, 지진, 사이버 공격 등 광역재해로부터 금융권의 데이터를 안전하게 관리하기 위한 방안의 일환으로 2013년부터 '금융권 공동백업센터 구축'사업을 추진하여 왔다.

안전대책위원회 위원들은 금융권 공동백업센터 구축 T/F와 자문위원단에 후보지 선정 등 다양한 의견을 제시하는 등 해당사업이 효율적으로 추진될 수 있도록 기여하였다.

한편, 안전대책위원회는 2016년 7월 발표된 '개인정보 비식별조치 가이드라인'에 관한 정보를 공유하고 금융기관이 보유한 고객정보를 규제의 범위안에서 활용하여 새로운 서비스를 창출하는 데 협력할 필요성이 크다는 점에 공감하고 추후 구체적인 협력방안을 논의해 나가기로 하였다.

(4) 기타

금융정보화추진협의회는 2016년 4월 동 협의회 산하에 '동전없는 사회 워킹그룹' 및 '핀테크 금융정보화 워킹그룹'을 신설하였다. '동전없는 사회 워킹그룹'에서는 국민의 소액거래 편의성 제고 및 사회적 비용 절감 등을 위해 동전없는 사회 구현 가능성을 모색하고 기술적 제도적 문제점 및 해결방안 등을 논의하였다.

'동전없는 사회' 추진은 한국은행 주관으로 진행되며 2017년 4월 시범사업을 시작하였다. 또한 '핀테크 금융정보화 워킹그룹'에서는 클라우드 뱅킹, 빅데이터 분석 등 최신 IT 기술을 활용한 금융정보화 사업을 논의하고 공동 추진사업을 발굴하기 위해 2016년 중 네 차례의 회의를 진행하였다. 또한 협의회에서는 금융권 공동추진사업을 발굴하고 최근 금융정보화 이슈 분석을 위한 연구과제를 수행하고 있다.

2016년에는 최근 범금융 산업메시지 국제표준인 ISO20022가 해외 주요국에서 도입되는 사례가 늘어나는 데 대응하여 외부 전문기관 연구용역 사업으로 동 표준의 세부 메시지 내용을 분석한 바 있다.

금융서비스 분야 표준화 위원회(TC68)는 동 연구용역 결과를 바탕으로 국내 금융서비스의 국제적 정합성과 경쟁력 제고를 위한 국내 금융권 도입 필요성 등을 논의하고 있다.

한편, 금융정보화추진협의회는 금융기관 및 유관기관에 대해 '금융IT의 주요 이슈 및 트렌드 전망'에 관한 설문을 실시하였다. 2016년도 금융IT부문 이슈사항으로는 '핀테크 활성화'를 가장 중요한 이슈로 선정하였으며, 2017년도 금융IT 트렌드로는 '빅데이터 본격화'를 전망하였다.

4. 은행 · 증권 · 보험 분야별 주요 추진 사업

(1) 은행

우리나라 은행들은 1970년대 후반 예금은행을 중심으로 본지점간 전산망을 구축하여 계정과목별로 영업점간 온라인시스템을 운영하기 시작하였다. 1980년대 후반에는 대부분의 은행들이 모든 계정과목에 대한 온라인화를 완료하였다. 입금전표의 폐지 등 영업점 수작업 업무를 전산화하고 전자문서시스템 서버용량 확대 등으로 문서관리를 자동화하였다. 또한 국내 영업점 단말기 운영체제를 구축하고 이를 국외 영업점과 온라인으로 연결하는 Global Network를 구축하였으며 원화 · 신탁 · 외화ALM, 일일자금관리 등을 포괄하는 종합수익관리시스템, 국제금융 딜링 시스템, 전산감사를 중심으로 하는 상시감사 시스템 등을 구축하였다.

정보처리 인프라 확충을 위해서는 경영정보시스템(MIS)과 통합정보 데이터베이스를 만드는 한편 전자문서교환(EDI)시스템을 확충해 나가고 있다. 아울러 각 은행 본점과 전 영업점간에 근거리통신망(LAN) 및 광역통신망(WAN)을 구축하였으며 대부분의 금융기관들이 최종사용자컴퓨팅 체제를 운영하고 있다. 1990년대에 들어서는 홈뱅킹 · 펌뱅킹 등 대고객 정보망을 구축하기 시작하여 현재 대부분의 은행들이 동 서비스를 제공하고 있다. 최근에는 고객별 종합거래현황 분석 및 고객기여도 평가 등이 가능하도록 고객정보 통합관리시스템을 구축하는 가운데 콜센터를 만들어 적극적으로 금융서비스를 마케팅하고 있다.

아울러 은행들은 2018년부터 새롭게 적용될 국제회계기준(IFRS)에 대응할 수 있는 전

은행부문의 금융정보화 주요 추진 사업

시 기	단 계	주 요 추 진 사 업
'60년대 후반 ~ '75년	사무자동화	– 급여계산업무 등의 일괄처리
'76년 ~ '85년	계정과목별 온라인화	– 계정과목별로 영업점 간 온라인 실시
'86년 ~ '90년	종합온라인화 및 은행(금융) 공동망 구축	– 고객별 여수신 합산 등 종합온라인 시스템 구축 – CD/ATM공동망, 타행환공동망 등 은행공동망 구축
'91년~ 2016년	대고객정보망 등의 구축 및 외부정보망 과의 접속, 국가간 결제시스템 연동	– 종합온라인시스템 및 금융공동망(CMS, 신용정보공동망, 전자금융공동망, Payment Gateway, 전자화폐공동이용시스템 등) 확충 – 펌뱅킹, 홈뱅킹, EFT/POS 등의 금융서비스 제공 – 경찰전산망, 종합무역자동화망 등 외부전산망과 접속 – 기업간 전자상거래 지급결제시스템 구축 – 인터넷뱅킹, 모바일뱅킹 서비스 제공 – 콜센터 구축 – CLS외환동시결제시스템 구축 – 전자문서교환방식 내국신용장 결제시스템 구축 – 전자어음 관리시스템 구축 – 은행공동 e-L/C관리시스템 – 금융기관 공동코드 체계 개편 – 어음 · 수표의 정보교환처리시스템 구축 – MS현금카드의 IC카드 전환 – 스마트폰 모바일뱅킹시스템 구축 – 국가간 ATM 공동이용시스템 구축 – 퇴직연금 정보중계시스템 구축 – 현금IC카드 결제시스템 구축 – 금융microSD 상용화를 위한 시스템 구축

산시스템 구축 프로젝트를 완료하였으며, 스마트폰 및 태블릿PC 보급 확대에 대응하여 대고객채널로서의 모바일뱅킹 인프라 확충을 활발하게 진행하고 있다.

최근에는 국내 금융환경이 급변함에 따라 기존의 시스템을 고도화하는 데 많은 투자를 하고 있으며 국내 금융권이 '포스트 차세대'(Post Next Generation)로 정의하고 있는 대규모의 메인 운영시스템이 2014년 11월 일부 국내 은행을 선두로 개발을 완료하고 증권사, 보험사 등도 시스템 개발을 진행하고 있다.

한편 은행들은 1980년대 중반부터 고객들에게 거래은행뿐만 아니라 다른 은행들의 금융서비스도 이용할 수 있도록 하기 위해 모든 은행들을 연결하는 공동망을 구축하기 시작한 후 그 영역을 지속적으로 확대하였다.

현재 현금자동인출기(CD/ATM)공동망(구축시기:1988.7월, 이하 같음), 타행환공동망(1989.12월), 직불카드공동망(EFT/POS)(1996.2월), 자금관리서비스(CMS)공동망(1996.8월), 신용정보공동이용망(1997.1월), 지방은행공동정보망(1997.6월), 전자화폐공동망(2001.1월), 전자금융공동망(2001.4월), 기업간(B2B) 전자상거래 지급결제시스템(2002.3월), 전자문서교환방식 내국신용장 결제시스템(2004.10월), CLS외환동시결제시스템(2004.12월), 은행공동 e-L/C 관리시스템(2005.9월), 전자어음 관리시스템(2005.9월), 퇴직연금 정보중계시스템(2011.12월) 등의 공동망을 운영하고 있다.

금융공동망은 금융결제원에서 개발·운영하고 있는데 참가기관 수는 최초 은행공동망 가동시에 10여 개 은행에 불과하였으나 점차 전 은행으로 확대되었다. 특히 1995년에는 우체국과 농·수·축협 단위조합이, 2002년에는 신용협동조합중앙회, 새마을금고중앙회, 상호저축은행중앙회가 참여하였으며 2009년에는 산림조합중앙회가 참여함으로써 농·어촌, 산간벽지 등 은행점포가 없는 지역에서도 금융공동망을 이용할 수 있게 되었다. 아울러 고객들의 편의를 증진시키기 위하여 취급업무를 다양화하고 이용시간도 확대하였다. 또한 금융공동망을 경찰전산망(1993.2월), 점외 CD/ATM망(1993.10월), 종합무역자동화망(1994.1월) 등 외부정보망과도 연결하여 네트워크를 확대하고 있다.

(2) 증권

증권부문의 정보화는 1970년대 중반 증권거래소와 일부 증권회사가 자체적으로 업무에 컴퓨터를 활용하면서부터 시작되었는데 본격적인 정보화는 1977년 9월에 설립된 한국증권전산(주)(2005년 5월 코스콤으로 변경)이 증권거래소와 증권회사들의 업무전산화를 추진하면서부터 이루어졌다. 그 결과 증권매매시스템(1979.7월), 증권정보문의시스템(1980.8월), 증권공동온라인시스템(1983.2월) 및 증권자동매매체결시스템(1988.3월)이 차례로 가동되는 등 증권부문 전산화의 틀이 확립되었다.

1990년대에는 외국인 주식투자(1992.1월), 주가지수선물거래시스템(1996. 5월) 등이 가동되었다. 특히 1996년 11월에는 공동온라인시스템과 매매체결시스템 등이 「시스템 2000」으로 통합되어 전면 재구축되었다.

2000년 들어서는 사이버증권 거래의 대중화, 선진 매매제도의 도입 등 증권산업의 환경변화에 대응하여 투자자 보호 및 증권거래의 안전성을 강화하는 방향으로 정보화가 추진되었다. 2000년 4월 유가증권 시장 및 코스닥 시장에서는 각 시장별로 전자공시시스템이 구축 가동되었으며, 2005년 거래소 통합 이후 2008년 8월 통합된 상장공시시스템을 가동하였다. 2014년 1월에는 이를 전면 개편하였다. 2001년에는 야간주식시장(ECN) 매매체결시스템이 구축되었으며 2002년에는 증권 현물 · 선물계좌통합시스템(BASE21), 상장지수펀드(ETF) 시스템 등이 구축되었다. 또한 거래약정에서 대금결제에 이르기까지 증권업무의 전 과정이 표준화된 메시지에 의해 자동으로 연동되는 증권업무의 일관처리화(STP: Straight Through Processing) 사업이 추진되고 2003년 4월부터 STP-HUB와 단일접속만으로 다수의 금융투자업자 간 상호연계가 가능토록 되었다.

2003년부터는 자산운용회사 등 기관투자자의 자산운용과 관련된 유관기관간 Back-office 통합인프라의 구축을 주 내용으로 하는 간접투자자산 예탁 · 결제시스템이 설계되어 2004년 4월 가동되었다. 2005년에는 동년 12월부터 시행된 퇴직연금제도에 대비하여 퇴직연금시스템이 구축되었고, 2007년 2월에는 BASE21을 대신할 차세대 종합증권시스템 「PowerBase」 개발이 완료되었다.

한편, 2009년 3월에는 한국거래소(KRX)가 유가증권시장, 선물시장, 코스닥시장 시스템을 통합하는 차세대시스템 EXTURE이 가동되었다. 2009년 7월에는 종이문서 전자화를 통해 업무 효율성 및 안전성을 제고하고 문서 보관비용을 절감할 수 있는 공인전자문서보관소가 구축되어 지식경제부의 승인을 받았다. 한국거래소는 2009년 11월 시카고상업거래소(CME)와 연계된 KOSPI200 선물시장을 개설한 데 이어 2010년 8월에는 유렉스(EUREX)와 연계된 KOSPI200 옵션시장을 개설함으로써 KOSPI200 지수 파생상품의 글로벌화 및 24시간 거래체제를 구축하였다.

2014년 3월 한국거래소는 유가증권시장, 파생시장, 코스닥시장, 코넥스시장, 채권시장 시스템을 통합한 EXTURE+를 가동하였다. 정부 시책에 발맞추어, 한국거래소는 석유전자상거래 시장개설(2012.2월), 금 현물 시장개설(2014.3월), 온실가스 배출권 시장개설(2015.1월) 등 다양한 일반상품 거래를 위한 시스템을 구축함으로써 국내 자본시장 발전에 이바지하였다.

한편 2009년 2월 「자본시장과금융투자업에관한법률」이 시행되면서 금융투자업자의 지급결제서비스가 허용됨에 따라 대형 증권사를 중심으로 금융결제원 소액결제망과 연계한 지급결제서비스 제공을 위한 시스템이 구축되었다. 2009년 7월 동양종합금융증권이 금융투자업자 중 최초로 지급결제서비스를 개시하였다. 이후 24개 금융투자업자가 추가로 금융결제원 소액결제망에 특별참가하여 2016년 12월말 현재 총 26개 금융투자업자가 금융결제원과 연계한 지급결제서비스를 제공하고 있다.

증권부문의 금융정보화 주요 추진 사업

시 기	주 요 추 진 사 업
'70년대 중반	– 일부 증권회사의 자체 사무자동화
'77년 ~ '83년	– 한국증권전산(주)을 중심으로 한 공동온라인시스템 구축
'84년 ~	– 개별기관의 자체 전산시스템 구축 추진
'86년 ~ '94년	– 매매체결시스템, ARS 공동이용시스템, SUCCESS시스템 가동
'95년 ~ 2016년	– 장외시장시스템 가동 – 신공동온라인시스템, 신매매체결시스템 가동 – 주가지수선물시스템, 채권업무시스템, 주가지수옵션시스템 가동 – 사이버증권거래시스템 구축 – 장외주식 호가중개시스템 구축 – 전자공시시스템 구축 – 선물 · 옵션 감리시스템, 코스닥 종합감리시스템 구축 – 야간주식시장(ECN) 매매체결시스템 구축 – 증권 현물 · 선물계좌 통합시스템(BASE21) 구축 – 거래소 환매조건부채권(Repo)시장 시스템 구축 – 상장지수펀드(ETF) 시스템 구축 – 간접투자재산 예탁 · 결제시스템 가동 – 퇴직연금 시스템 구축 – 차세대 종합증권시스템(PowerBase) 개발 – 공인전자문서보관소 구축 – KRX 차세대시스템(EXTURE) 구축 – 금융결제원 소액결제망 연계 지급결제시스템 구축 – CME와 연계된 KOSPI200 선물시장 개설 – EUREX와 연계된 KOSPI200 옵션시장 개설 – KRX 신정보분배시스템 가동 – KRX 차세대시스템(EXTURE +) 가동 – 석유전자상거래 시스템 가동 – 금 현물시장 시스템 가동 – 장외파생상품 중앙청산소(CCP) 가동 – 온실가스 배출권시장 시스템 가동 – KSM 시장 시스템 가동

(3) 보험

보험회사의 금융정보화는 1970년대 초반 생명보험회사가 개별적으로 신규계약, 요금, 보전, 업적관리 등 기본 업무에 대한 사무자동화를 추진하면서 시작되었다.

　　1970년대 후반에는 일부 대형 생명보험회사를 중심으로 급여, 경리 등 일반 관리시스템과 자산운용관련 시스템도 차례로 개발되었다. 각 시스템들은 초기에는 일괄처리방식(Batch)으로 개발·운영되었으나 시스템이 대형화된 1980년대부터는 주전산기(Main Frame) 중심의 본지점 온라인방식으로 전환되었다.

　　1998년 9월에는 기존 주전산기기의 용량부족 등 문제점을 해소하고 증가하는 대내외 정보수요에 대응하기 위하여 대용량 데이터를 효율적으로 처리할 수 있는 Client/Server 시스템으로 정보인프라를 개편하였다. 아울러 보험계약의 장기성, 보장내용 및 보험료 체계의 복잡성 등으로 인해 인터넷기반 영업이 활성화되지 못하였으나 최근에는 상품설계의 표준화가 비교적 용이한 자동차보험을 중심으로 온라인보험이 점차 확대되고 있다. 또한 고객들이 스마트폰을 통해 보험계약조회, 보험가입 및 보험계약대출 서비스 등을 이용할 수 있도록 개별 보험회사들의 관련 애플리케이션 개발이 활발히 진행되고 있다.

　　한편 생명보험회사, 손해보험회사 및 보험관련기관을 네트워크로 연결하는 보험업무 공동이용시스템 구축사업이 금융전산망추진위원회가 보험정보화 추진 전담사업자로 지정한 보험개발원을 중심으로 추진되었다.

　　1992년 11월에 손해보험회사 간 네트워크를 연결한 최초의 공동이용시스템인 자동차 책임보험 가입회사 조회시스템이 구축되었고 1995년 5월에는 생명보험 거절체 정보교환시스템(개인의 생명보험가입 불량사유를 보험사간 공유하는 시스템) 등이 구축되었다. 이후에도 각종 보험관련 정보를 체계적으로 수집하고 이를 대내외적으로 공유할 수 있는 정보시스템 구축 노력이 지속되어 적하·선박보험 공동인수 자료교환시스템(1997.1월), 자동차보험 보유자코드 전산망조회시스템(1997.2월), 인보험 통합조회시스템(1999.4월), 주민등록전산망과의 연계시스템(1999.12월), 교통법규위반 정보교환시스템(2000.8월), 보험사고 정보시스템(2001.6월), 자동차종합민원정보망과의 연계시스템(2002.1월), 웹 기반의 자동차이력 정보시스템(2003.4월), 생명보험 경험통계 관리시스템(2004.6월) 및 웹기반의 보험통계제공시스템(2004.12월), 손해보험요율검증통계시스템(2005.12월), 퇴직연금 기록관리시스템(2005.12월), 전자 적하보험 중계시스템(2006.12월), 승용차요일제 자동차보험 공동관리시스템(2010.5월) 등이 차례로 구축되었다.

　　2011년 1월에는 전산장애 및 재해가 발생하더라도 신속한 서비스가 가능하도록 자동차의무보험 재해복구시스템이 구축되었으며 개별 계약자가 자동차보험 과납보험료 환급여부 및 환급액을 확인할 수 있도록 자동차보험 과납보험료 환급조회시스템이 2012년 1월부터 가동되었다.

　　2013년 4월에는 자동차보험 휴면보험금 조회시스템이 가동되었고, 개인정보보호 강화 추세에 따라 자동차보험 관련 본인정보의 이용내역 확인 및 텔레마케팅 거부권을 행사할 수 있는 e-보험정보고객센터가 2013년 10월부터 운영되었으며, 자동차보험 기초서류 접수·통보 창구 일원화 및 자동화를 위한 기초서류 접수·통보 자동화시스템이 2014년 1월부터 가동되고 있다.

한편, 최근 연이은 금융권 IT보안사고에 대응하여 보험업계는 보험소비자 권익보호를 중심으로 보험정보 이용체계의 개편 필요성을 논의하고 있으며 각종 보안사고를 미연에 방지할 수 있도록 제도적·기술적 보호조치 이행을 위한 보안인프라 확충에 노력하고 있다.

보험부문의 금융정보화 주요 추진 사업

시 기	주 요 추 진 사 업
'70년대 초반 ~ '80년	– 개별 보험사의 자체 사무자동화
'81년 ~ '91년	– 본지점 온라인망 구축
'92년~2016년	(자동차보험) – 자동차 책임보험 가입회사 조회시스템 가동 – 자동차보험 할인·할증 조회시스템 가동 – 자동차보험 사고운전자 조회시스템 가동 – 자동차보험 인수거부물건 배정시스템 가동 – 자동차보험 의무보험 가입관리 전산망 구축 – 자동차보험 보유자코드 조회시스템 가동 – 자동차보험 가입경력 산출·조회시스템 가동 – 수리비보험금청구시스템 가동 – 승용차요일제 자동차보험 공동관리시스템 가동 – 과납보험료 환급조회시스템 가동 – 휴면보험금 조회시스템 가동 – e-보험정보고객센터 가동 (일반손해보험) – 적자 적하보험 중계시스템 가동 – 적하·선박보험 공동인수 자료교환시스템 가동 – 근재보험 할인할증률 조회시스템 가동 (기타) – 인보험통합 조회시스템 가동 – 보험사고 정보시스템 가동 – 자동차 이력정보시스템 가동 – 기초통계자료 접수 및 오류검증시스템 가동 – 기초서류 접수·통보 자동화시스템 가동

사례연구

국내 금융정보화사업 추진 연혁

1983. 5. 대통령 직속기구인 정보산업육성위원회(위원장: 대통령 비서실장) 발족

1983. 8. 국무총리실은 국가기관 등의 연간 전산화추진계획에 대해 정보산업육성위원회
          에서 심의 확정토록 지시

1983. 10. 정보산업육성위원회는 국가기간전산망 구성운영 제안 발표
          • 국가기간전산망을 5개망(행정, 금융, 교육·연구, 국방, 공안)으로 구성
          • 개별 금융기관의 전산자원 통합 운영 등

1984. 4. 재무부 기획관리실에서 금융전산망 문제를 대통령비서실로부터 인수
          • 재무부장관은 금융전산망 업무추진을 한국은행이 담당하도록 요청

1984. 6. 금융전산망 실무작업반 구성 운영

1984. 9. 금융전산위원회 발족
          • 의장: 한국은행 총재, 위원: 은행감독원장 및 전국 규모 은행장급

1984. 11. 금융전산위원회 사무국 발족

1986. 6. 사단법인 금융결제관리원 설립

1987. 6. 금융전산망추진위원회 발족

1988. 2. 금융전산망 기본계획 의결

1988. 3. 매매체결 시스템 가동(증권)

1988. 7. CD공동망 가동

1989. 4. ARS공동망 가동

1989. 12. 타행환공동망, ARS 공동이용시스템 가동(증권)

1990. 6. SUCCESS시스템 가동(증권)

1992. 1. 금융전산망 제2단계 사업계획 의결, 콜거래정보시스템 가동(투금)

1992. 3. 금융공동망센터와 SWIFT(1992. 3), 경찰전산망(1993. 2), 무역자동화망(1994. 1)
          과 연결

1992. 11. 자동차 책임보험 가입회사 조회시스템 가동(보험)

1993. 6. 자동차보험 개별 할인·할증 조회시스템 가동(보험)

1993. 10. 자동차보험 사고피해자 조회시스템 가동(보험)

1994. 12. 한은금융망(BOK-WIRE) 가동

1995. 5.   무역자동화망사업(적하보험 EDI), 자동차보험 인수거부물건 배정시스템, 자동차
           보험 주운전자 및 사고운전자 조회시스템, 생명보험 거절체 자료교환시스템 가
           동(보험)

1995.12.   장외시장 시스템 가동(증권), 자배책 미가입자 통보업무시스템 가동(보험)

1996. 1.   선물 트레이딩 시스템 가동(증권)

1996. 2.   직불카드공동망 가동

1996. 5.   주가지수 선물시스템 가동(증권)

1996. 6.   금융정보화추진분과위원회 발족

1996. 8.   CMS공동망 가동

1996.11.   금융정보화추진분과위원회 위원장 교체(한은 총재 → 부총재),
           채권업무 시스템 가동(증권)

1996.12.   금융정보화추진분과위원회 위원구성 변경 및 운영세칙 제정

1997. 1.   신용정보 공동이용망 가동(은행), 적하보험 EDI 시스템 운영(보험)

1997. 2.   은행공동의 전자화폐 표준 제정, 자동차보험 보유자코드 전산망 가동(보험)

1997. 6.   지방은행 공동정보망 가동

1997. 7.   주가지수 옵션시스템 가동(증권)

1997. 8.   근재보험 계약자별 할인할증 자료조회시스템 가동(보험)

1997.10.   '2000년 문제'에 대한 대응 방안 마련

1997.12.   금융기관 수납장표의 정보화 추진 방안 및 세부시행방안 확정

1998. 7.   자동차보험통합조회시스템 가동(보험)

1998.11.   금융기관 수납장표의 정보화 추진 방안 및 세부시행 방안 변경 확정

1999. 1.   '전자화폐공동사업 추진계획' 확정

1999. 4.   인보험통합조회시스템 및 사고보험금지급조회시스템(보험) 가동

1999. 5.   고액계약위험관리시스템 가동(보험)

1999. 6.   자동차보험 단체할인 · 할증조회시스템 가동(보험)

1999.10.   전자화폐 명칭 확정(K-Cash)

1999.12.   금융기관공동 2000문제 비상대책반 가동,
           보험가입자주소검색시스템 가동(보험)

2000. 1.   선물 · 옵션 감리시스템 가동(증권)

2000. 3.   주택청약공동업무 시스템 가동

2000. 8.   교통법규위반 정보교환시스템 가동(보험)

2000.11.   코스닥 전자공시시스템 가동(증권)

2000.11.　자기앞수표 및 4대 징수기관 수납장표 정보화 완료

2000.12.　전자상거래 지급결제 중계시스템(Payment Gateway) 가동

2000.12.　전자화폐(K-Cash) 시범사업 실시

2000.12.　코스닥 종합감리시스템 가동(증권)

2001. 2.　기업간 전자상거래 지급결제시스템 구축 기본계획 심의·의결

2001. 4.　홈/펌뱅킹 시스템의 24시간 운영을 지원하는 전자금융공동망 가동

2001. 9.　자기앞수표 정보교환 전국확대 실시계획 확정

　　　　　물품대금 무선결제시스템 가동

2001.11.　금융공동망 백업센터 전산시스템에 대한 구축 기본계획 수립

2001.12.　「전자고지 및 납부시스템」 구축

2001.12.　표준OCR장표 인터넷조회시스템 가동, 금융정보망 안전대책 기준」 개정

2001.12.　전자화폐(K-Cash) 네트워크를 위한 추가개발

　　　　　지방자치단체 정보화 사업 참여(춘천, 수원, 대구)

2002. 2.　은행공동망과 서민금융기관(새마을금고연합회, 신용협동조합중앙회, 상호신용금고
　　　　　연합회) 전산망간 접속 현물·선물계좌 통합시스템(BASE 21) 및 환매조건부채권
　　　　　시장 시스템 구축(증권)

2002. 7.　전자화폐(K-Cash) 이용보급 확대 및 네트워크화 추진

　　　　　• 인터넷 쇼핑몰 대금결제 시범서비스 실시

　　　　　• 교통카드 상용서비스 실시(김해, 춘천)

2002. 9.　「전자외상매출채권」 결제시스템 가동

　　　　　자기앞수표 정보교환제도의 전국 확대 실시

2002.10.　상장지수펀드(ETF) 시스템 구축(증권)

2002.11.　보험사기 인지자동화시스템 구축(보험)

2002.12.　금융공동망(타행환, CD, 전자금융) 및 공인인증업무 백업시스템 가동

　　　　　CD/ATM을 이용한 지로·공과금 자동수납시스템 구축

2003. 4.　증권거래의 STP 구축 기반 조성을 위한 STP-HUB FIX 서비스 구축 및 가동

　　　　　CD/ATM을 통한 지로 및 공과금 납부 실시

2003. 6.　서민금융기관(새마을금고연합회, 신용협동조합중앙회, 상호신용금고)의 인터넷지로
　　　　　참가

2003. 9.　내국신용장 어음의 결제방식 개선 및 온라인조회시스템 구축

2003.10.　대량매매네트워크 개발 및 가동(증권)

2003.12.　장개시전 시간외 시장 개설(증권)

2004. 4. 간접투자재산 예탁 · 결제시스템 구축(증권)

2004. 8. 자기앞수표 실시간 정보교환에 의한 현금지급서비스 실시

2004.10. 전자문서교환방식 내국신용장 결제시스템 구축

2004.12. 외환동시결제시스템 구축

2004.12. 웹기반 보험통계제공시스템 구축(보험)

2005. 2. 금융정보망 안전대책기준 개정

2005. 9. 전자어음 관리시스템 구축

2005. 9 은행공동 e-L/C관리시스템 구축

2005.12. 손해보험 요율검증 통계시스템 개편(보험)

2005.12 퇴직연금 기록관리시스템 구축(보험)

2006. 9. RF방식 모바일뱅킹서비스CD/ATM 공동 이용 방안 수립

2006.12. 전자 적하보험 중계시스템 구축(보험)

2007. 2. 차세대 종합증권시스템(PowerBase) 개발(증권)

2007. 8. KRX 통합선물시스템 개발(증권)

2007.10. CD공동망과 전자금융공동망 운영 시간 확대

2007.11. 「금융IC카드 보안토큰(공인인증서기반 거래용)규격」 표준 제정

2007.12. 타행 CD/ATM기의 현금인출 수수료 사전안내 서비스 실시

2007.12. 공과금 무인수납기 공동이용 실시

2008. 8. 금융정보화추진분과위원회 제정 표준의 적합성 시험에 관한 운영세칙 제정

2008. 9. USIM 등 모바일칩 기반의 RF방식 CD/ATM 이용표준 제정

2008.10. 금융정보화추진분과위원회 제정 표준의 적합성 시험에 관한 운영절차 제정

2009.10. 서울어음교환소 참가지역 대상 약속어음 및 당좌 · 가계수표 전자정보교환 실시

2009.11. 금융정보화추진협의회 위원 구성 및 운영세칙 제정

2010. 6. 장애인을 위한 CD/ATM 표준 제정

2010. 9. 스마트폰 모바일뱅킹시스템 은행권 공동 구축

2010.11. 어음 · 수표의 전자정보교환 전국 확대 실시

2010.12. 국가간 ATM망 연계 서비스 시범 실시(말레이시아 대상)

2011.10. 휠체어 사용자를 위한 CD/ATM 설치 표준 제정

2011.12. 퇴직연금 정보중계시스템 구축

2011.12. 국가간 ATM망 연계 서비스 확대 실시(미국, 필리핀, 베트남, 태국)

2012. 2. CD/ATM 인터페이스 확장표준 제정

2012. 7. 금융IC카드 표준 개정

2012. 7. 장애인을 위한 CD/ATM 표준 개정
2012.10. 금융microSD 표준 제정
2012.11. 현금IC카드 결제시스템 구축
2013. 8. 금융거래카드 점자표기 표준 제정
2013. 8. 금융microSD 표준 개정
2013. 9. 금융microSD 상용화를 위한 시스템 구축
2014. 6. 금융IC카드 표준 개정
2015.11 바이오정보 분산관리 표준안 개발
2015.12 금융공동백업센터 부지선정 및 구축사업 위탁
2016. 3. 한은금융망과 전자금융공동망간 연계결제시스템 구축
2016.11 바이오정보 분산관리 표준 제정

사례연구

금융IT 주요 이슈 및 핀테크 활성화 방안

　　금융정보화추진협의회는 금융기관 및 유관기관 등 총 203개 기관의 IT담당자를 대상으로 「2016년도 금융IT부문 이슈사항」 및 「2017년도 주목받을 금융IT 트렌드」에 대해 설문조사를 실시하였다. 설문조사는 금융정보화추진협의회가 선정한 각각 15개 목록에서 응답자가 순위를 기재하여 답변하는 형식으로 진행하였다.

금융IT 주요 이슈 및 전망

　　「2016년도 금융IT 이슈사항」 설문조사 결과에서 전체 응답자의 69.5%(복수응답 가능)가 '핀테크 활성화'를 가장 중요한 이슈로 선정하였으며 '바이오정보를 통한 비대면 금융거래 도입'(59.1%), '모바일 기반 간편결제 서비스', '빅데이터 분석기법을 이용한 고객관리 고도화'(각각 55.2%) 등을 꼽았다.

2016년도 금융IT 주요 이슈

1. 핀테크 활성화 — 141 (69.5%)
2. 바이오정보를 통한 비대면 금융거래 도입 — 120 (59.1%)
3. 모바일 기반 간편결제 서비스 — 112 (55.2%)
4. 빅데이터 분석기법을 이용한 고객관리 고도화 — 112 (55.2%)
5. 블록체인 기술 도입 및 확산 — 97 (48.3%)

「2017년 금융IT 트렌드 전망」에 대해서는 응답자의 69.5%가 '금융권 빅데이터 본격화'를 주요 트렌드로 예상하였으며 다음으로 '모바일 기반 금융서비스 개발 경쟁 심화'(51.7%), '블록체인 기반 금융혁신'(49.3%) 등을 주요 금융IT 트렌드로 꼽았다. 이외에도 '인공지능 결합을 통한 금융자동화', '인터넷전문은행 영업 개시' 등을 전망하고 있는 것으로 조사되었다.

2017년도 금융IT 전망

1. 금융권 빅데이터 본격화 — 141 (69.5%)
2. 모바일 기반 금융서비스 개발 경쟁 심화 — 105 (51.7%)
3. 블록체인 기반 금융혁신 — 100 (49.3%)
4. 인공지능 결합을 통한 금융자동화 — 93 (45.8%)
5. 인터넷전문은행 영업 개시 — 72 (35.5%)

향후 가장 빠르게 성장할 것이라고 생각하는 핀테크 분야

한편, 「향후 가장 빠르게 성장할 것이라고 생각하는 핀테크 분야」에 대한 의견으로는 응답자 대부분이 '빅데이터, 인공지능(AI), 로보어드바이저를 이용한 금융서비스 및 상품 개발'이라고 답하였으며, 이외에도 '사물인터넷 기술 기반 금융거래 확대, 블록체인 기술을 활용한 인증 기술' 등을 꼽았다.

금융혁신 및 핀테크 활성화를 위한 개선 방안

「금융혁신 및 핀테크 활성화를 위한 개선 방안」으로는 '네거티브 규제방식으로의 전환'이 가장 필요하다고 답하였으며, 이외에도 '금융권과 스타트업의 동반 성장을 위한 협업', '금융거래의 안전성 확보를 위한 제도적 장치 마련'이라고 응답하였다.

13

사례연구

사례연구

금융, IT와의 궁합은?

최근 과학 및 IT기술의 발달은 실로 놀랍다. 과거 전화로 컴퓨터를 할 수 있을 거라는 공상이 이젠 현실이 되었다. 스마트폰만 있으면 현금이나 카드도 필요없는 시대이다. 세상은 우리가 상상하는 것보다 더 빠르게 변하고 있다. 금융은 예외일까? IT기술의 발전은 금융의 영역에서도 예외일 수 없으며 이러한 현상을 사람들은 핀테크(FinTech)라 부르기 시작했다.

핀테크는 금융(Financial)과 기술(Technology)의 합성어로 송금, 결제, 대출, 보험 등 금융분야를 진보시키는 기술 또는 서비스를 통틀어 말한다. 특히 최근 사물인터넷(IoT), 빅데이터, 생체인식기술 등이 금융과 결합하면서 금융혁신이 더욱 가속화되고 있다. 금융업은 국가경제에 미치는 영향력이 크기 때문에 규제산업으로 불리며 변화보다는 안정성이 중요시되기 때문에 보수적이라는 평가를 받는다. 이러한 금융에서의 IT혁신은 왠지 잘 어울릴 것 같지 않다. 과연 그럴까?

역사적으로 금속이나 화폐가 사용되기 전부터 거래장부가 먼저 존재하였다. 기원전 2000년경 메소포타미아인들은 진흙 판에 농작물과 금속의 거래 기록을 기입했다고 한다. 17세기 영국에서 금 세공업자들이 금을 맡긴 사람들에게 보관증을 발행하고 그 장부를 관리하는 것이 은행업의 시초라고 알려져 있다. 이는 금속이나 지폐에 앞서 장부에 담긴 정보가 화폐 및 금융의 본질임을 추측할 수 있는 대목이다. 실제 현대사회에서 대부분의 금융거래는 금융회사의 장부에 기록된 정보에 의해 이루어진다.

다시 말해 금융은 경제주체간의 자금중개와 결제 등을 통해 부가가치를 창출하는 정보처리과정으로 볼 수 있으며 금융이야말로 정보통신기술 혁신으로부터 가장 큰 영향을 받을 수 있는 분야라고 할 수 있다.

금융이 핀테크로 인한 혁신을 이루어내는 데에는 다만 넘어야 할 장벽이 있다. 사람들이 핀테크를 다루는 기술기업, 스타트업 기업을 은행과 같이 '신뢰'할 수 있을까? 이러한 장벽을 넘을 수 있는 기술이 바로 비트코인(bitcoin)으로 주목을 받은 블록체인(block chain) 기술이다. 블록체인 및 분산원장의 등장으로 은행 등 금융회사만이 장부를 관리해야 한다는 고정관념도 무너지고 있다. 즉 은행과 같은 중앙의 관리주체 없이 모든 사람 온라인상에서 장부를 공유하고 이를 검증함으로써 위변조의 우려가 없는 온라인 장부가 통용될 수 있게 된 것이다.

한편, 생체인식기술을 활용한 보안기술은 인감도장이나 보안카드를 사용하는 기존 금융회사의 보안수단보다 보안성 측면에서도 월등하다. 따라서 정보통신기술의 발전으로 금융의 핵심인 '신뢰(Trust)' 및 '보안(Security)'을 얻는 것도 가능하게 되었다.

우리가 핀테크에 주목해야 할 다른 이유는 최근 IT기술의 발전과 함께 확산되고 있는 공유경제(sharing economy)이다. 예전에는 금융상품이나 서비스를 제공하기 위해서는 금융회사만이 상품과 서비스를 독점하고 있었으나 이제는 잉여 자금을 가진 개인이 소셜미디어 등 온라인 플랫폼의 통해 자금 수요자에게 상품이나 서비스를 직접 제공할 수 있게 되었다.

중개업체가 플랫폼을 활용해 불특정 다수로부터 투자금을 모아 돈이 필요한 사람에게 빌려주는 개인 간(Peer to Peer) 대출 서비스인 P2P대출이나 자금을 필요로 하는 수요자가 불특정 다수 대중에게 자금을 모으는 크라우드 펀딩(Crowd Funding)이 이에 해당한다. 이러한 현상은 과거 개인은 소비자로 수동적 객체에서 벗어나 적극적인 유휴자원을 공급하는 공급자로의 역할을 수행한다는 점에서 새로운 경제활동으로 평가할 수 있다.

핀테크로 인한 금융의 생태계 변화에 대해 중앙은행도 주목할 필요가 있다. 핀테크로 인한 금융혁신을 촉진시키는 것은 공유경제 활성화 등의 새로운 경제활동도 유발하여 실물경제에 미치는 영향이 커질 것이기 때문이다. 나아가 실물경제 및 금융에 대한 영향이 통화정책에 대한 영향으로 이어질 수 있기 때문에 이에 대한 심층적인 연구와 분석이 필요한 시점이다.

우리나라에서도 올해 인터넷 전문은행이 출범하고 P2P 대출도 단기간에 크게 증가하는 등 큰 관심을 받고 있으나 한편으로는 규제완화에 따른 업체 난립 부작용 및 소비자 피해를 우려하는 목소리도 높다. 그러나 기술진보에 따른 핀테크의 큰 흐름은 산업혁명의 기계화 흐름을 바꿀 수 없듯이 거스를 수는 없는 것으로 보인다. 금융생태계의 지각 변동기에 우리나라가 핀테크의 갈라파고스섬이 되지 않도록 조속히 핀테크의 건전한 발전을 도모하고 이를 통하여 금융혁신과 경제 활성화를 이룰 필요가 있다.[1]

---

1) 권태율, 금융, IT와의 궁합은? 2017년 경제 에세이, 2017.6.28

사례연구

"인터넷은행 도외시할 수 없어"…투자·변화 박차
우리은행은 '최고디지털책임자' 영입…카드업계도 예의주시

은산분리 규제 완화가 현실화하면 은행업계에는 지각변동이 일어날 것으로 보인다. 국내 은행 역사상 인수·합병으로 구성이 바뀐 일은 많아도 이처럼 새로운 형태와 역할의 은행이 본격적으로 출현하는 것은 처음이기 때문이다. 기존 시중은행은 아직 인터넷은행이 오프라인·대형은행을 대체할 수는 없다고 표정관리를 하면서도, 디지털화에 속도를 내는 등 대책 마련에 나서고 있다.

◇ ICT-은행 제대로 결합 시 폭발력↑

산업자본의 인터넷은행 지분보유 한도가 현행 최대 10%(의결권 미행사 전제)에서 34%나 50%로 상향 조정되면 인터넷은행의 자본 조달 문이 확 트인다. 현재 카카오뱅크의 주요 주주는 금융주력자인 한국투자금융지주(지분율 58%)를 포함해 9곳이다. 케이뱅크는 최대주주 역할을 할 금융주력자가 없어 주주가 20곳이나 된다.

은산분리에 막힌 탓에 주주 20곳이 모두 같은 비율로 증자해야 하기에 케이뱅크는 자본금을 확충하는 데 늘 어려움을 겪었다. 자본금 부족으로 대출 상품 판매와 일시 중단을 반복하는 상태다. 그러나 산업자본의 지분보유 한도가 34%나 50%로 조정되면 이론상으로 약간 명의 주주만 있어도 주주 구성이 가능하다. 주주 단순화로 자본 확충이 용이해지면 대출 확대 등 운신의 폭이 커진다. 기업 투자는 인터넷은행의 전략 다변화로 이어질 수 있다. 최대주주로 나선 기업에 따라 특화한 서비스를 내놓을 수 있기 때문이다.

인터넷은행 측은 ICT(정보통신기술) 기업이 대주주로 나서 빅데이터를 활용한 신용평가나 앱투앱 결제, 해외 간편송금 등 새 기술 도입에 속도를 낸다면 핀테크로서 역할을 분명히 할 수 있다고 주장한다. 만약 인터파크, SK텔레콤 등 막강한 가입자 수를 가진 기업이 인터넷은행에 뛰어든다면 더 큰 폭발력을 예상할 수 있다. 인터넷은행의 경쟁자라고 할 수 있는 기존 시중은행들이 새 인터넷은행의 지분 참여자가 되고자 하는 이유도 여기에 있다.

한 시중은행 행장은 12일 연합뉴스와 통화에서 "카카오뱅크와 케이뱅크가 나올 때는 그들 영향이 크지 않을 거로 생각해 투자를 유보한 것이 사실"이라며 "그러나 장기로 봤을 때 인터넷은행이 앞으로 분명한 역할을 할 것이기에 이제는 도외시할 수 없다"고 말했다.

금융당국 관계자는 "카카오나 KT가 최대주주가 될 수 있었다면 투자나 신기술 개발이 지금 수준에 머무르지는 않았을 것"이라고 말했다.

◇ 기존 시중은행 디지털화 박차…카드업계도 긴장

지난해 인터넷은행 출범 이후 시중은행도 비대면서비스 개선에 나서면서 지금은 5대 시중은행(KB국민 · 신한 · 우리 · KEB하나 · 농협) 모두 24시간 비대면 계좌개설과 신용대출이 가능해진 상태다. 은행들은 은산분리 완화 이후 인터넷은행이 성장할 것을 대비해 디지털화에 더 속도를 내고 있다.

KB국민은행은 로보어드바이저 기반의 자산관리 서비스 제공과 전 사업 분야의 디지털화를 추진하고 있다. 우리은행은 최근 디지털 전략을 총괄하는 '최고디지털책임자(CDO)'로 외부 전문가를 영입했다. 신한은행은 "올해 2월 출시한 신한 '솔(SOL)'을 인터넷은행 수준으로 성장시켜 나가겠다"며 "은행과 다른 고객 · 사업모델을 가진 업종과 적극적인 제휴도 추진할 것"이라고 밝혔다.

카드업계도 긴장하고 있다. 규제 완화로 인터넷은행이 적극적으로 자본을 투자할 수 있게 되면 신용카드 시장으로도 진출할 공산이 크기 때문이다.

카카오뱅크는 투자 대비 수익이나 현재 기술면에서 아직 신용카드 진출이 적절치 않다며 사업을 일단 보류한 상태다.

한 시중은행 관계자는 "자산관리나 기업대출 등 인공지능(AI)만으로 진행할 수 없는 부문에서는 기존 은행이 계속 강점이 있을 것"이라며 "인터넷은행은 시중은행의 동반자이자 경쟁자가 될 것"이라고 말했다.[2]

---

2) 연합뉴스, 2018.8.12.

사례연구

28兆로 불어난 간편송금… 토스·카카오페이가 97% 차지
작년 390% 급성장-이용자도 900만명-수수료 무료에 적자 지속

올 한 해 토스(Toss)와 카카오페이 등 간편 송금 이용금액이 28조원에 달할 전망이다. 간편 송금이 도입된 지 3년 만에 시장이 급성장했다. 하지만 송금 수수료가 무료여서 간편 송금 시장을 양분한 토스와 카카오페이는 여전히 적자에서 벗어나지 못하고 있는 것으로 나타났다.

빠르게 늘고 있는 간편송금
(단위:억원)

27조8682

11조9541

2조4413

2016년   2017   2018
※2018년은 전망치   자료:금융감독원

금융감독원은 14일 '전자금융업자의 간편 송금 거래 현황 및 시사점' 자료를 통해 이같이 밝혔다. 간편 송금은 은행 등 금융회사의 송금 서비스를 대체하는 핀테크(금융기술)의 한 분야다.

보안카드나 일회용비밀번호생성기(OTP) 없이 비밀번호 같은 간편 인증 수단으로 송금 서비스를 제공한다. 정부가 2015년 초 보안프로그램 설치 및 공인인증서 의무사용을 폐지하는 등 보안규제를 완화해주면서 서비스가 시작됐다.

지난 5월 기준으로 간편 송금은 38개 선불업자 중 7개사가 서비스를 제공하고 있다. 토스를 운영하는 비바리퍼블리카가 2015년 2월 가장 먼저 서비스를 출시했다. 이어 네이버, 쿠콘, 카카오페이, NHN페이코, 엘지유플러스, 핀크 순으로 상품을 내놨다.

토스·카카오페이 등 간편송금액 지난해 12조… 1년 새 390%↑

이용금액은 2016년 2조 4,413억원에서 지난해 11조 9,541억원으로 1년 새 389.7% 폭증했다. 올 들어 5월까지 이용금액만 11조 6,118억원에 달한다. 금감원은 이 같은 추세가 이어지면 올해 이용금액이 27조 8,682억원에 이를 것으로 내다봤다. 이용건수도 2016년 5113만 건에서 지난해 2억 3,633만 건으로 362.2% 급증했다.

건당 평균 이용금액도 2016년 4만 8,000원, 지난해 5만 1,000원, 올해(1~5월) 7만 1,000원으로 뚜렷이 증가하고 있다. 올 들어 5월까지 간편 송금 이용 고객은 총 906만 5,490명이었다. 연령별 고객 비중은 20대(58.1%)와 30대(20.0%)가 대부분을 차지했다.

회사별로는 비바리퍼블리카와 카카오페이 두 곳이 간편 송금 시장의 97%를 점유하고 있다. 국내 최초로 세계 100대 핀테크 기업에 진입(35위)하기도 했다.

네이버 카카오페이 핀크는 간편 송금 수수료를 완전 무료로, 비바리퍼블리카 쿠콘 NHN페이코 엘지유플러스는 특정 조건에서 송금 수수료를 무료로 운영하고 있다. 이 때문에 상위사인 비바리퍼블리카와 카카오페이는 지난해 적자를 기록했다.

금감원은 이용건수와 금액이 급증하는 간편 송금업에 대한 모니터링 강도를 높이고 있다. 또 간편 송금업자의 재무건전성이 악화되는 경우에도 고객 자산(미상환 잔액)을 보호할 수 있는 방안을 마련하기 위해 관계부처와 협의 중이다.[3]

4차 산업혁명과 지능정보사회의 미래, 핀테크·VR·AI 빗장 푼다.[4]

제4차 산업혁명과 지능정보사회의 미래로 불리는 3가지 아이템의 성장을 가로막던 족쇄가 풀렸다. 미래창조과학부 장관은 정부서울청사에서 열린 '신산업 규제혁신 관계 장관회의'에서 미래부, 문체부, 금융위 등 관계부처가 공동으로 마련한 '인공지능, 가상현실, 핀테크 규제혁신' 방안을 발표했다.

이번 방안은 제4차 산업혁명으로 촉발되는 지능정보사회에서 국민 삶의 질을 향상시키고 신성장 동력을 창출할 것으로 주목받고 있는 인공지능, 가상현실, 핀테크의 육성과 지원을 위해 추진됐다.

인공지능은 제4차 산업혁명을 촉발하는 핵심 기술로 부각되고 있으며, 세계 주요국가·기업은 인공지능을 통한 혁신 및 성장 모멘텀 발굴에 집중하고 있다. 또한, 가상현실도 콘텐츠 이용행태의 급격한 변화와 함께 관련 HW·SW 시장의 성장이 예상되고 있다.

마지막으로 핀테크는 'Pay전쟁'이라고 불릴 정도로 전 세계 금융을 주도하기 위한 경쟁이 치열하다.

1. 인공지능 분야 규제혁신

2016년 '지능정보사회 중장기 종합대책'에 이어 2017년에는 '(가칭) 지능정보사회 기본법'을 추진하고, 핵심 제도이슈에 대한 정비 방향을 제시한다.

3) 한국경제, 2018. 8. 14

4) 상세한 내용은 다음 참조(http://www.boannews.com/media/view.asp?idx=53517)

(1) '지능정보사회 기본법' 제정 추진(가칭)

제4차 산업혁명에 대응하여 국가사회 전반의 지능정보화를 촉진하기 위해 현행 '국가정보화 기본법'을 '(가칭)지능정보사회 기본법'으로 개정한다.

지능정보기술 · 사회 개념을 정의하고, 국가사회 전반의 지능정보화 방향 제시 · 체계적인 준비를 위한 기본계획 수립 등을 규정하고, 데이터 재산권의 보호 및 가치 분배 등 지능정보기술 기반 확보를 위한 조항을 추가할 계획이다.

(2) 핵심 법제도이슈 관련 정비방향 제시

인공지능의 안전성, 사고 시 법적책임 주체, 기술개발 윤리 등 인공지능 확산에 따라 전 세계적으로 논의가 확대되고 있는 법제도 이슈와 관련하여 각계의 의견수렴을 통해 정비 방향을 제시할 계획이다.

2. 가상현실 분야 규제혁신

가상현실에서는 개발부터 창업까지 성장단계별 규제혁신을 통해 가상현실 신산업 성장을 지원하고, VR기기 안전기준을 마련하여 이용자 안전을 확보할 계획이다.

(1) VR 게임제작자의 탑승기구 제출 부담 완화

신규 VR 콘텐츠 등급 심의 때마다 탑승기구까지 제출해야 하는 문제를 개선해 PC로 콘텐츠를 확인할 수 있는 경우 탑승기구 검사를 면제한다.

(2) VR 게임기기 안전기준 마련

탑승형 VR 게임 유통 활성화를 위해 게임법에 VR 게임에 대한 합리적인 안전기준을 마련하여 VR 게임 이용자 안전을 확보한다.

(3) 불합리한 시설 규제 개선

사행성 콘텐츠와 음란물의 이용방지를 위해 PC방은 칸막이 높이를 1.3미터로 제한하고 있는데, 이용자 보호(몸동작으로 인한 충돌방지)를 위해 높은 칸막이가 필요한 VR 체험시설은 예외로 인정한다.

(4) 단일 비상구 설치허용??=확인

VR방(복합유통게임제공업소) 내에 음식점 등이 동시 입점할 경우 한 개의 영업장으로 보아 단일 비상구 설치를 허용한다.

3. 핀테크 분야 규제혁신

전통금융업 위주의 현행 규제를 혁신해 다양한 핀테크 서비스 도입을 촉진하고, 금융소비자의 편의성·접근성을 높이기 위한 제도 정비를 추진한다.

(1) 가상통화 취급업에 대한 규율체계 마련

전 세계적으로 비트코인 등 가상통화 거래가 증가하고 있는 가운데, 국내에서도 가상통화의 건전·투명한 거래가 가능하도록 가상통화 취급업에 대한 적절한 규율체계를 마련한다.

(2) 핀테크 기업 단독 해외송금 서비스 운영 허용

핀테크 기업이 독자적으로 해외송금 서비스를 할 수 있도록 허용, 소비자의 송금수수료 부담 절감 등에 기여할 계획이다.

(3) P2P 대출계약 시 소비자의 비대면 계약내용 확인방법 확대

대출계약시 소비자의 계약내용 확인 방법을 '직접기재', '공인인증서', '음성녹취' 외에 '영상통화'를 추가로 인정해 소비자의 편의성을 높인다.

(4) P2P 대출업자에 대한 총자산한도 규제 완화

대부업자의 무분별한 외형확장 방지를 위해 도입한 총자산한도 규제(자기자본의 10배 이내 자산운용)가 영업특성이 다른 P2P 영업에 일괄 적용되지 않도록 정비할 계획이다.

(5) 로보어드바이저 상용화 지원

알고리즘 기반의 금융자산 관리서비스인 로보어드바이저는 안정성·유효성 테스트를 거쳐 올 상반기에 본격 출시될 예정이다.

로보어드바이저 테스트베드 운영을 위한 세부방안(모집·심사 기준 등)을 발표하여 1차 테스트베드(2016년 10월~17년 4월)를 운영 중이며, 대고객 서비스도 올해 5월까지 출시할 예정이다.

(6) 핀테크 스타트업 투자기준 명확화

핀테크 스타트업에 대한 벤처캐피탈 투자가능 요건을 명확히 했고 핀테크 업종에 대한 기술보증이 활성화될 수 있도록 지원한다.

(7) 금융권 공동 핀테크 오픈플랫폼 이용 활성화

지난해 오픈한 '금융권 공동 핀테크 오픈 플랫폼'을 통해 다양한 핀테크 서비스가 개발될 수 있도록 조회 가능한 계좌종류를 확대하고 주문 서비스도 가능하도록 API 이용범위를 확대한다.

미래부 장관은 "제4차 산업혁명은 국가 · 사회 전반에 변화를 초래하므로 이를 위해서는 융합을 촉진할 수 있는 선제적인 법제도 정비가 중요하며, 미래부는 관계부처와 힘을 모아 제4차 산업혁명을 체계적으로 대응하고 지능정보사회로의 이행을 준비하겠다."고 밝혔다.

사례연구

지금 미국에서는 증강현실(AR) 플랫폼 경쟁 중[5]

- IT기업들의 증강현실 플랫폼 경쟁 심화
- 전자상거래에서 증강현실을 이용한 판매방식을 도입하는 사례 늘고 있어

□ 개요

○ **글로벌 IT기업에서는 증강현실(Augmented Reality, AR) 플랫폼 경쟁이 한창**
- 애플의 증강현실키트(ARKit)와 구글의 증강현실코어(ARCore)와 더불어 페이스북의 카메라 효과 플랫폼(Camera Effects Platform)이 등장하여 생태계를 조성하는 중
- 가상현실(Virtual Reality, VR)은 전용기기가 필요한 것에 비해 AR은 별도의 기기 없

5) ① Digi-Capital, 9to5Mac, Business Wire, Amazon, Business Insider, IKEA, TechCrunch, The Verge, Vogue, eMarketer, Gartner, 그 외 KOTRA 실리콘밸리 무역관 자료 종합 및 재구성
② http://news.kotra.or.kr/user/globalBbs/kotranews/4/globalBbsDataView.do?setIdx=243&dataIdx=165345/165248/165357/165410/165222/165420/reportsIdx=8940/reportsIdx=8840

이 스마트폰을 이용하면 가능하므로 소비자 입장에서 진입장벽 낮음.

AR 플랫폼 흐름

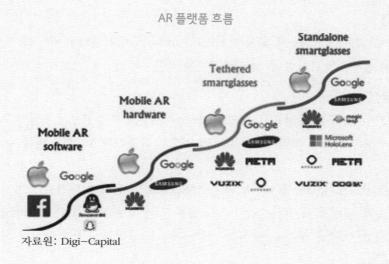

자료원: Digi-Capital

○**AR을 이용한 쇼핑방식의 변화**

– 전자상거래(E-Commerce)에서 애플의 ARKit을 이용한 앱을 제공하여 소비자들의 선택의 폭을 넓히는 사례가 점차 증가

– 이케아(IKEA), 아마존(Amazon), 로레알(L'Oréal), 세포라(Sephora) 등이 AR을 통한 새로운 쇼핑 경험을 제공하는 중

□ **미국의 AR 플랫폼 개발 현황**

○**애플의 ARKit**

– 2017년 6월 애플이 연례개발자회의 'WWDC[6] 2017'에서 선보인 증강현실 플랫폼인 'ARKit'는 모바일 기기용으로 실감나는 AR 경험을 제작하기 위한 새로운 개발자 프레임워크

– 현재 사용 중인 아이패드와 아이폰이 증강현실을 향한 창문이 되어 소비자가 iOS11 기기에 이미 내장된 카메라, 프로세서, 모션센서를 활용해서 AR 솔루션에 접근할 수 있도록 도구를 제공

– 애플이 제안하는 ARKit의 용도는 게임, 몰입형 쇼핑 경험, 산업 디자인 등

---

6) 애플 세계 개발자 회의(Apple Worldwide Developers Conference: WWDC)는 애플사가 매년 6월경 캘리포니아에서 개최하는 회의이다. 회의는 주로 애플이 개발자들을 위한 새로운 소프트웨어와 기술들을 공개하는 데 사용되며, 체험 활동과 피드백 세션도 함께 한다. 참석하는 개발자의 수는 약 2,000명에서 4,200명까지 다양하다.

- 애플의 CEO인 팀 쿡은 "모든 사람들이 증강현실을 사용할 수 있기를 바란다"면서 "애플은 개발된 앱이 모두 증강현실 경험으로 간단하게 전환 가능하게 했다"라고 설명

- 캘리포니아 쿠퍼티노에 위치한 Apple Park의 비지터 센터에서는 AR 기술을 이용하여 신사옥을 감상할 수 있도록 공간을 마련

○ **구글의 ARCore**

- 2017년 8월 구글이 발표한 안드로이드 스마트폰용 증강현실 플랫폼인 'ARCore' 또한 별도의 하드웨어 없이 스마트폰만 있으면 작동하는 AR 앱을 만들 수 있는 개발 도구

- 구글 안드로이드 담당 데이브 씨는 "ARCore를 이용하면 디지털 이미지와 캐릭터를 실제 세계에 배치하는 앱이나 '포켓몬 고'와 같은 게임을 손쉽게 만들 수 있다"고 설명하면서, "ARCore는 모든 사용자에게 증강현실 경험을 제공할 것이다"라고 덧붙임.

- 그동안 지지부진한 행보를 보였던 구글의 또 다른 AR 소프트웨어인 'Tango'는 2018년 3월부터 지원 중단되었고, 이에 따라 구글은 ARCore에 집중할 것이라고 발표

- 전자 · 통신분야 시장조사기관 Digi-Capital의 자료에 따르면, 모바일 기반에서 2018년에는 ARKit이 ARCore의 두 배 수준의 규모지만 2021년에 이르면 Android 기반 스마트폰 사용자 수로 인하여 ARCore가 ARKit의 2.3배 수준에 이르게 될 것이라고 분석

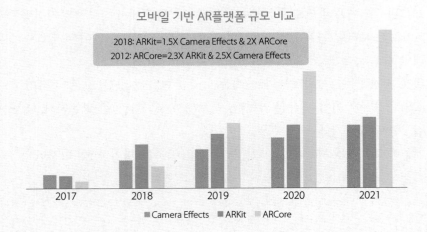

모바일 기반 AR플랫폼 규모 비교

2018: ARKit=1.5X Camera Effects & 2X ARCore
2012: ARCore=2.3X ARKit & 2.5X Camera Effects

2017 2018 2019 2020 2021

■ Camera Effects ■ ARKit ■ ARCore

○ 페이스북의 Camera Effects

- 카메라 효과 플랫폼(Camera Effects Platform)은 2017년 4월 Facebook의 연례개발자 회의인 F8 콘퍼런스에서 발표한 증강현실 플랫폼
- 페이스북 CEO인 마크 저커버그는 "주류가 되는 최초의 증강현실 플랫폼은 안경이 아니며 카메라가 될 것"이라면서 "AR Studio와 Frame Studio 두 가지로 구성된 카메라 효과 플랫폼을 통하여 개발자는 정확한 위치, 물체 인식 및 깊이 감지를 사용하여 효과를 만들 수 있을 것"이라고 밝힘.

□ 전자상거래(E-Commerce)의 AR 도입 현황

○ 아마존의 AR View 등

- 2017년 11월 연례 기술 콘퍼런스인 'AWS re: Invent 2017'에서 아마존이 발표한, 애플의 ARKit을 활용하여 사용자가 스마트폰 카메라로 자신의 생활 공간에 온라인 제품을 시각화할 수 있게 만든 서비스
- 아마존 모바일 앱을 실행하여 가구, 가전제품, 주방용품 등을 온라인에서 사기 전에 집안에 미리 배치 가능
- 이 외에도 아마존 웹서비스(AWS)를 통해 공개한 '아마존 수메리안'(Amazon Sumerian)을 통해 증강현실 콘텐츠를 만들 수 있는 개발 도구를 제시

○ 이케아의 IKEA Place 등

- 2017년 9월 가구업체인 이케아가 애플의 ARKit을 활용하여 이케아 플레이스(IKEA Place)라는 AR 모바일 앱을 공개
- 이케아 플레이스 앱에서는 약 2,000개의 이케아 제품을 선택할 수 있는데, 해당 제품의 크기, 디자인, 기능까지 실제 제품 비율을 적용했으며 가구를 배치하려는 실내 공간 크기에 따라 자동으로 제품 비율을 조절 가능
- 이케아는 2012년부터 이미 AR 기술을 적용한 카탈로그를 출시하는 등 오프라인 소매업의 한계를 기술과의 결합을 통해 넘어서려는 노력을 지속
- 미국 온라인 가구쇼핑몰 웨이페어(Wayfair)에서는 이미 구글 Tango를 이용하여 가구들을 집에 3D로 배치해보고 어울리는지 판단하게 해주는 Wayfair View를 선보인 바 있음.

○ 화장품 업계의 AR 기술 도입

- 2017년 7월 글로벌 뷰티 기업 로레알과 뷰티 앱 개발사 퍼펙트(Perfect Corp.)가 로레알 브랜드의 메이크업 컬렉션을 메이크업 앱 유캠메이크업으로 구현하는 글로벌 파트너십을 발표한 이후 유캠메이크업은 세계적으로 2억 5천만 건 넘게 다운로드 됨.

유캠메이크업의 CES 2018 홍보물

출처: Business Wire

– 화장품 브랜드 세포라는 AR 회사 ModiFace와 협력하여 "Sephora Virtual Artist"를 선보였는데, 이 기능은 얼굴을 스캔하고 입술과 눈의 위치를 파악하여 다른 모습으로 시도 할 수 있음. 이를 통하여 마음에 드는 제품이 발견되면 바로 구입 가능

○ **의류업계의 AR 기술 도입**
– 버버리(Burberry)의 iOS 앱에는 증강현실 기능이 제공됨. 애플의 CEO 팀 쿡은 "누구나 옷을 앞면이 아닌 사방에서 보는 것을 원하기 때문에 패션업계는 증강현실의 대단한 응용분야"라고 설명
– 미국의 유명 의류업체인 갭(Gap)도 증강현실 기술을 이용하여 가상 드레스룸 체험을 개발

○ **앞으로의 전망**
– 시장조사업체 eMarketer에 따르면, 소비자는 직접 체험할 수 있는 오프라인 경험을 선호하기 때문에 전자상거래 대신 여전히 오프라인 매장에서 쇼핑하는 것을 더 선호하지만 제품을 손에 잡힐 듯하게 느낄 수 있게 하는 AR 기술이 소비자들에게 친숙해진다면 온라인 매출을 올릴 수 있게 할 것이라 분석
– 전문조사기관 Gartner는 관련 보고서에서 2020년까지 AR로 쇼핑하는 소비자는 1억 명으로 늘어날 것이라 전망
– 상거래에서는 이미 디지털 사이니지(Digital Signage: 네트워크를 통해 원격제어가 가능한 디지털 디스플레이를 공공장소나 상업공간에 설치하여 정보나 광고 등을 제공하는 디지털 미디어)에서 AR 기술을 이용하여 매장을 방문한 듯한 쇼핑 경험을 제공 중
– 이처럼 AR 기술은 온라인쇼핑에서 오프라인과 유사한 경험을 제공할 수 있다는 점

에서 많은 전자상거래 업체들이나 오프라인 소매업체들의 주목을 받고 있음.

□ 전망 및 시사점

○ **AR 플랫폼은 IT기업의 차세대 사업 분야**

- 애플 CEO 팀 쿡은 미래 먹거리로 AR을 선택하고 관련 기업들을 공격적으로 인수하면서 AR 생태계 확장 중

- 페이스북 CEO 마크 저커버그 또한 10년 로드맵을 발표하면서 AR이 그 주인공이 될 것이며 오프라인의 물리적 관계를 온라인으로 가져오는 것에 AR 기술만큼 효과적인 도구는 없다고 언급

- 모바일 운영체계에서 Android와 iOS의 경쟁이 결국은 모바일 생태계를 확장시키고 동반성장을 가져왔듯 AR 플랫폼 경쟁도 AR 생태계를 넓혀 관련 시장을 확대시키는 역할을 할 것

○ **AR 플랫폼을 활용한 전자상거래 혁신**

- 전용기기를 필요로 하는 VR보다는 기존 스마트폰을 활용할 수 있는 AR 기술을 응용하여 소비자들에게 오프라인에 가까운 몰입경험을 선사함으로써 전자상거래에서 혁신을 가져올 것

- 미국 전자상거래의 일인자인 아마존에서도 애플의 ARKit을 이용하여 Amazon View를 내놓는 등 현재 미국의 소매업체들은 오프라인 판매를 온라인으로 연결시키는 방안으로 AR 기술 활용 모색

- 현재 모바일 앱의 AR 기술은 국내 개발진들도 충분히 구현 가능한 수준이므로 국내에서도 ARKit, ARCore 등을 활용한 AR 기술 연구가 필요함.

○ **발전하는 AR 플랫폼에서 콘텐츠 확장 도모**

- 이처럼 글로벌 IT 기업들이 일반 사용자에게 다양한 증강현실 콘텐츠를 제작할 수 있는 기능을 제공하는 AR 플랫폼을 제공하고 있는 바탕에서 한국 기업들은 기술개발을 통하여 전자상거래와 같은 콘텐츠를 확보하려는 노력이 요구됨.

- 많은 콘텐츠가 제작·유통되고 콘텐츠 사용자가 증가하면 AR 생태계도 이에 맞춰 발전하는 선순환 구조 확립 가능

- 소수 대기업 주도 콘텐츠 개발보다는 다수 중소·벤처기업의 개발 참여가 콘텐츠 수 확보에 효과적일 것으로 예상되므로 정책적으로 콘텐츠 공모전 등 다양한 개발 지원 필요

금융권 클라우드 이용 확대 방안[7]

1. 추진 배경

□ ICT기술 발전에 따라 금융분야의 디지털화(digitalization)가 폭넓게 확산

　○ 디지털 혁명을 대표하는 기술인 A(AI, 인공지능) · B(BlockChain) · C(Cloud) · D(BigData) 등이 기술과 금융의 융합을 주도

□ 이 가운데 클라우드(Cloud)[8]는 금융회사의 외부주문(아웃소싱)의 하나로 IT자원의 직접 구축 없이도 필요한 만큼 빌려쓰는 공유 환경을 제공

　○ 클라우드 이용자는 다양한 IT서비스를 빌려서 이용하고, 이용량에 따라 비용을 지불하므로 업무생산성 증진과 비용절감이 가능

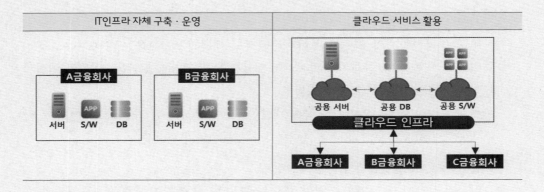

□ 그간 정부는 금융권 클라우드 활성화를 위해 전자금융감독규정을 개정하고, 클라우드 서비스 이용 가이드를 마련('16.10월)

　○ 보안사고 등 부작용 방지를 위해 고유식별정보, 개인신용정보를 제외한 '비중요정보'에 한해 클라우드(퍼블릭) 이용을 허용

---

7) 자세한 내용은 금융위원회(2018.7) 참조.

8) 과학에서 구름(Cloud)처럼 먼 거리에서 시각적으로 보이는 물건들의 커다란 집합체를 의미하는 클라우드는 인터넷상에 자료를 저장해두고 사용자가 필요한 자료, 프로그램을 자신의 컴퓨터에 설치하지 않고도 인터넷 접속으로 언제 어디서나 이용할 수 있는 서비스를 말함

클라우드 유형	프라이빗(Private)	퍼블릭(Public)	하이브리드(Hybrid)
서비스 특징	망분리, 비공개 방식 (한정된 사용자)	인터넷 망, 공용방식 (불특정 다수)	중요업무 → 프라이빗 비중요업무 → 퍼블릭
현재 활용상 제약	특별한 제약 없음	개인신용정보 등 중요정보 처리 불가	'비중요정보' 지정 후 사용

▫ 다만, 최근 AI · 빅데이터 등 신기술과 금융 접목 확대로 금융권 클라우드 활용과 관련한 추가 규제정비의 필요성이 증가

  ○ 특히, 은행 · 카드, 핀테크기업 등 각 업권에서 클라우드 규제완화 건의가 지속적으로 제기되어 왔고, 관계기관 · 전문가의 의견을 수렴

  ⇒ 보안장치, 감독체계 강화를 전제로 금융회사·핀테크기업이 안정적으로 클라우드를 활용할 수 있도록 제도개선을 검토

참고 1	클라우드컴퓨팅 개요

▫ (개념) 전산설비를 직접 구축하지 않고, 전문업체로부터 인터넷을 통해 필요한 IT자원을 탄력적으로 제공받아 사용하는 컴퓨팅 환경

▫ (분류) 서비스로 제공받는 IT자원과 공유하는 이용자의 범위를 기준으로 다음과 같이 분류 가능

  ○ (서비스 대상) ① 서버 · 저장장치 · 네트워크 등의 전산 인프라(IaaS)[9] ② 응용프로그램 개발환경(PaaS)[10] ③ 응용프로그램(SaaS)[11]

  ○ (공유범위) 서비스에 대한 공유 범위에 따라 ① Public(불특정 다수), ② Private(특정회사), ③ Hybrid 클라우드로 구분

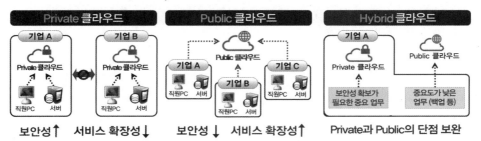

---

9) Infrastructure as a Service

10) Platform as a Service

11) Software as a Service

□ (주요특징) 서비스대상과 공유범위에 따라 상이[12]할 수 있으나 일반적특징은 다음과 같음

① (IT자원공유) 이용자의 요구에 따라 탄력적으로 이용할 수 있도록 IT자원을 집적하여 다수의 고객과 공유

② (가상화) 집적된 IT자원을 가상화 기술[13](Virtualization)을 이용해 논리적 단위로 분할하여 서비스를 제공

③ (인터넷 연결) 원격에 있는 IT자원에 인터넷을 통해 접속

□ (활용효과) 금융회사의 경우 급증하는 정보량과 복잡해지는 IT시스템에 대응한 유연한 IT인프라 확보, 비용절감, 신기술 접목 확대 등 가능

○핀테크기업은 클라우드 활용시 손쉬운 개발환경 구축, 보안성 제고, 리스크 대비 비용절감*, 고객정보를 이용한 다양한 서비스 개발이 가능

* (사례) 클라우드형 웹서버 시스템을 도입한 A사의 경우 국내외 데이터 센터를 클라우드로 일원화 하면서 연간 관리 비용을 30~50% 절감

2. 금융분야 클라우드 현황

(1) 이용 현황

□ (국내)

총 38개 금융회사(73건)에서 업무처리, 부가서비스 제공 등 목적으로 클라우드 시스템을 이용('18.3월)

○주로 개인정보와 관련이 없는 내부업무처리(43.8%), 고객서비스(27.4%), 회사·상품소개(15.1%) 등에 활용 중

※ (국내): KT·네이버·코스콤 등, (국외): MS, IBM, 구글, 아마존(AWS) 등

---

12) 프라이빗 클라우드는 ①,②,③이 해당되지 않을 수 있음
13) 한 대의 서버를 여러 대처럼 또는 여러 대를 한 대처럼 사용하는 기술

업무용도별 클라우드 시스템 활용현황

용도	건수	비중(%)	구체적 업무 용도
내부업무처리	32	43.8	인사관리(HR), 이메일 · 메신저, 직원교육, 차량관리 등
고객 서비스	20	27.4	고객상담, 투자정보 제공, 이미지 저장, 설문조사 등
회사 · 상품 소개	11	15.1	회사 소개, 서적 · 음반 · 전시 소개, 투자상품 소개
정보분석	8	11.0	장외 파생상품 평가, 영업활동 · 수익분석, 정보분석 등
보험계리	2	2.7	보험계리분석
합계	73	100.0	

ㅁ (해외)

용도가 제한되어 있는 국내에 비해 해외는 금융회사별 수요에 따라 다양한 방식으로 클라우드 서비스를 이용 중

ㅇ 일부 금융회사는 내부 지원업무뿐만 아니라 뱅킹 서비스와 같은 핵심시스템도 클라우드 서비스로 이전

해외 금융회사별 클라우드 이용사례

이용대상 구분	클라우드 이용사례
전체(핵심) 시스템	(영국, Oaknorth은행) 전체 시스템을 아마존 클라우드로 이전 (호주, Westpac은행) 전체 시스템의 70%를 클라우드로 이전(3년 내) (일본, MUFG) 계정계 시스템을 클라우드로 이전(장기계획)
금융서비스 등 일부 시스템	(홍콩, HSBC) 빅데이터 관련 파일럿 프로젝트를 클라우드로 수행 (영국, AXA) 구글 클라우드의 인공지능(AI) 엔진을 이용하여 고객별 위험 예측 및 보험금 산정 등에 활용
내부 업무용 시스템	(미국, BoA) 고객관리 시스템을 클라우드로 구축 (영국 AXA 등) 클라우드 기반 오피스 환경(MS Office 365 등) 구축

⇒ 해외는 클라우드를 통해 금융회사 고유 서비스 제공 뿐만 아니라 AI·빅데이터 등 신기술 활용을 적극 추진 중이나, 국내는 내부 업무처리나 부가서비스 등 활용 분야가 제한적

3. 클라우드 이용 규제 · 감독

<국내 제도 현황>

| 그간의 추진 경과

> □ 과기부는 클라우드 발전법을 제정('15년)하고, 클라우드 선도국가로의 도약을 위해 제1차 기
> 본계획('16~'18)을 수립
> ※ 금융·의료·교육 분야에서 클라우드 이용을 저해하는 규제 발굴 및 개선
> (규제개혁장관회의, '16.5월, 과기정통부, 교육부, 복지부, 금융위)
> – 현재 2차 기본계획('19-'21) 수립을 준비중으로, 민관합동 "SW, 구름타고 세계로 TF"를
> 통해 애로사항을 점검하고 개선방안을 도출
> □ 금융위도 금융분야 클라우드 서비스 활용 확산을 위해 클라우드 TF 구성[14]('16.3월) 및 제도
> 개선 방안을 마련·추진('16.5월~)

□ 금융회사 · 전자금융업자는 클라우드 컴퓨팅 이용을 위해 전자금융거래에 미치는 영향
이 낮은 시스템을 비중요정보 처리시스템으로 지정 가능
(전자금융감독규정 제14조의2 신설,[15] '16.10.5)

  ○금융회사 등은 정보자산의 중요도에 따라 '비중요정보 처리시스템' 지정이 가능하며,
  해당 시스템에 대해서는 물리적 망분리 등 클라우드 이용이 제한되는 규정이 적용되
  지 않음

  ○다만, 개인신용정보와 고유식별정보를 처리하는 정보처리시스템은 비중요 시스템으
  로 지정이 불가

  ○클라우드 이용 대상 시스템, 비중요정보 처리시스템 지정 기준, 시스템 보호대책 등
  에 관한 '금융권 클라우드 서비스 이용 가이드' 배포('16.10.14)

  ※ 반면, 비금융분야는 클라우드 이용제한이 없으며, 개인정보보호법 등에 따른 정보
  보호 · 제공에 관한 규제를 적용

□ 클라우드는 아웃소싱의 하나로 「정보처리 업무위탁」에 해당하며, 제공자는 「전자금융

---

14) 금융위, 금감원, 금융보안원, 금융회사, 클라우드 사업자, 법률전문가 등으로 구성

15) 전자금융감독규정 제14조의2: 정보자산의 중요도에 따라 비중요 시스템 지정 후 망분리 등의 예외를 적용(다
만, 개인신용정보와 고유식별정보는 지정 불가)

보조업자」로서 제한적으로 감독을 받음

○ 금융회사 · 전자금융업자는 관련 시스템을 ① '비중요정보 처리시스템'으로 지정하고, ② 정보처리업무 위탁보고[16] 후 '금융권 클라우드 서비스 이용 가이드라인'을 준수하면서 서비스 이용 가능

○ (보조업자의 책임)

클라우드 서비스 제공자의 고의 · 과실은 금융회사의 고의 · 과실로 간주되고, 이용자 손해를 금융회사와 연대하여 배상, 전자금융거래법 제11조

○ (금융회사 준수사항)

클라우드 서비스 이용 시 아웃소싱에 대한 보안 · 비상 · 백업대책 등을 수립 · 운영하고 보안점검을 실시해야 함

구분	내용	관련 조항
금융회사	□ 해킹 · 개인정보유출 등에 대비한 보안대책 수립 □ 시스템 장애 등 서비스 중단 비상대책 수립 □ 업무지속성을 위한 중요 전산자료 백업대책 수립 □ 정보관리 보안유지를 위한 내부통제방안 수립 · 운용 □ 전자금융보조업자의 재무건전성 및 서비스 품질수준을 연 1회 이상 평가하고 결과를 감독당국(금감원)에 보고	감독규정 제60조 제1항, 제2항
감독당국	□ 금융회사 정보기술부문 실태평가에 전자금융보조업자의 재무건전성 및 서비스 품질수준 평가여부 반영	감독규정 제60조 제3항

○ (감독 · 검사)

금융회사의 정보처리업무 위탁계약 시정 · 보완 요구권, 보조업자에 대한 수탁계약서 · 부속자료 등의 제출요구권 보유

구분	내용	관련 조항
금융위	□ 정보처리업무 위탁계약에 대한 시정 · 보완 지시	법40조 2항
금감원	□ 수탁계약서 · 부속자료 등의 직접 제출요구 - 자료제출 거부 및 부실자료 제출시 조사 실시 가능 (진술서 및 관련장부 · 서류 · 물건 제출, 관계인 출석 등)	법40조 3항, 4항, 5항

⇒ 클라우드 서비스 제공자와 계약관계에 있는 금융회사가 점검하며, 금융당국의 제공자에 대한 직접 감독권은 없음

---

16) 금융회사의 정보처리 업무위탁에 관한 규정 제7조

<해외 제도 현황>

□ 주요 선진국은 클라우드 이용을 직접 규제하지 않고, 가이드라인을 통해 자율준수토록 하고 있으며, 감독 방식은 국별로 차이가 있음

  ○ EU · 영국 · 싱가포르는 금융당국의 권고 또는 지침으로 운영하고, 미국은 금융당국 차원의 특별한 규정은 없음[17]

  ○ 주요국들은 권고 또는 지침 등을 통해 클라우드 제공업체, 보안 및 감독 관련 내용을 계약서에 명시적으로 포함하도록 요구

    – 다만, 클라우드 제공업체에 대해 EU · 영국은 직접 감독하는 반면, 싱가포르 · 미국은 금융회사를 통해 간접적으로 감독

    (전자금융 거래법상 전자금융보조업자를 감독하는 방식과 동일)

국가명	지침명 및 내용	제정기관	제정(발효)시기
EU	클라우드 제공자 업무위탁에 관한 권고 - 중요업무 위탁시 클라우드 제공자, 서비스 국가, 저장위치 등을 관할 당국에 통보 - 금융회사, 위임된 제3자에게 위탁업무와 관련 접근권 및 현장 감사권 부여 등 계약 명시	은행청 (EBA)	'18.7월 발효
영국	클라우드 및 제3자 IT아웃소싱 관련 지침 - 중요업무 위탁시 문서화된 근거 필요 - 클라우드 제공자 사업장 관할지에 따라 영국 법률 규율여부 확인(감사 및 규제 권한 보장)	금융감독청 (FCA)	'16.7월 제정
미국	아웃소싱 클라우드 컴퓨팅 - 소비자 데이터가 국외에서 저장 또는 처리될 경우 해당 국가 관련 규정 확인 - 프라이버시 법규 관련 책임, 보안사고에 대한 보고의무 등 법적의무 계약 명시	검사협의회 (FFIEC)	'12.7월 제정
싱가포르	아웃소싱 가이드라인 - 클라우드 제공자 실사 및 위험관리 수행 - 금융회사의 클라우드 제공자 관리 · 감독 책임	통화국 (MAS)	'16.7월 제정

  ⇒ 일반적으로 금융회사가 접근권·현장감사권 등 관리·감독 책임을 가지며, EU의 경우 감독당국의 감독권 확보(자료제공요구)도 권고

---

17) 자문기구인 연방검사위원회(FFIEC, Federal Financial Institutions Examination Council), 「아웃소싱 클라우드 컴퓨팅」('12.7)에서 금융회사 클라우드 이용시 유의사항을 명시

4. 그간의 클라우드 이용규제 평가 및 개선방향

(1) 클라우드 이용 측면

□ '16.10월, 금융권 클라우드 도입 시 개인신용정보의 민감성 등을 고려해 중요도에 따라 정보를 구분하고, '비중요정보'에 한해 클라우드 이용을 허용하면서 안전성을 지속 테스트(클라우드 활성화 前단계 조치)

  ○ 지난 2년간 금융회사는 내부 업무처리 등에 어느정도 비용절감 효과를 거둔 반면, 직접적인 사업모델 개발에는 제한

    − 외부 저장장치로써의 효과 외에 서비스 적용·개발을 위한 인프라로는 적극 활용하지 못함

  ○ 핀테크기업은 IT설비 구축과 같은 초기 시장진입 비용 부담으로 새로운 아이디어를 활용한 창업 및 서비스 개발에 제약

    − 반면, 해외에서는 이용상 제한이 없어 클라우드로 新서비스 출시기간을 단축하는 등 경쟁력을 강화하는 추세

⇒ 금융회사·핀테크기업이 비용절감, 생산성 제고와 동시에 새로운 서비스를 개발할 수 있도록 클라우드 이용 범위를 확대할 필요

---

1. 금융업권·핀테크업계 건의사항: 지속

   ○ 개인신용정보를 처리하는 시스템의 클라우드 이용을 제한하는 전자금융감독규정 개정을 요구(은행·금융투자 등 금융업권, 핀테크)

2. 클라우드간담회('18.4.17), 테크자문단회의('18.6.11)

   ○ 핀테크기업의 경우 초기 IT인프라를 갖추는 기술진입과 사용량 증가 등 확장 용이성이 좋은 클라우드를 선호(A핀테크기업)

   * 해외 클라우드 서비스를 많이 사용하는 크라우드펀딩 회사의 경우 중요 금융거래 정보가 클라우드 서비스에 사용되는 상황

   ○ 신용정보 관리, AI기술 활용을 위해 빅데이터 분석에 클라우드 서비스 이용 및 관련회사 추가 데이터 확보 필요(B카드사)

   ○ 리스크 업무와 파생업무에 고성능 서버가 필요, 시장변동성이 심한 HTS, MTS와 같은 채널에 클라우드 적용이 더욱 필요한 실정(C금융투자회사)

(2) 개인정보보호 측면

□ 클라우드는 금융회사가 IT자원을 빌려서 사용하는 것으로서 개인정보의 제공·유통과는 관련이 없음

　○ 금융회사는 개인정보를 클라우드 내에서만 저장·활용할 뿐, 제공·유통하지 않아 개인정보 남용·침해 문제는 발생하지 않음

　　* 개인(신용)정보 제공의 경우 개인(신용)정보를 제공받는 자가 관리, 감독책임이 있는 반면, 클라우드는 금융회사가 자기통제하에 관리·감독

　○ 현재 개인정보보호 법령상 클라우드 활용을 금지하는 규정은 없으며, 금융권 아닌 다른 분야에서는 클라우드를 제한 없이 활용 중

　　* 신용정보의 경우 신용정보법에 따라 기술적·관리적 보호조치 준수 시 위탁처리가 가능, 고유식별정보도 개인정보보호법상 위탁처리를 제한하는 규정은 없음

⇒ 개인정보보호법, 신용정보법을 기준으로 보호조치를 강화하되 전자금융 감독규정에만 존재하는 클라우드 제한 규정 정비 필요

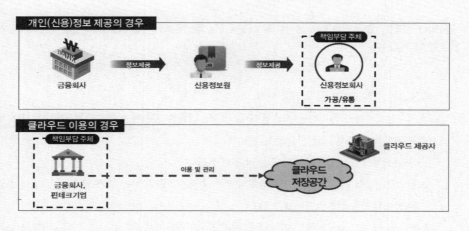

5. 금융보안 측면

□ 금융보안의 중요성, 지정학적 특수성을 고려한 사이버 리스크에 대비한 보안강화 노력도 필요

　○ 경제적 이익을 목표로 한 사이버침해 공격이 빈발하고 있어 방대한 정보를 보유하고 있는 금융분야의 경우 유출시 피해규모 등 파급효과가 큰 점을 고려해야 함

　　* '11년 3.4 디도스 공격, '13년 3.20 사이버테러, '17년 ATM 이용자 정보 유출 등

○현재 금융회사가 클라우드 이용시 보호장치*가 작동하고 있으나, 향후 중요정보로 확대시보다 엄격한 보안체계를 구비할 필요

  * 클라우드를 이용하는 경우에도 금융회사 전산실 물리적 망분리와 내부 업무용시스템의 망분리 체계는 현행과 동일하게 유지되며, 클라우드 시스템과 전용회선(가상사설망 포함)으로 연결하도록 규정해 안전성을 유지(전자금융감독규정)

  − 특히, 자본·설비가 영세한 핀테크기업은 보안성을 높일 수 있는 클라우드를 활용하지 못해 보안수준이 낮아 경쟁력이 취약

  (클라우드 이용범위를 확대하되, '중요정보'에 대한 보호장치를 강화하고 금융권 자율 보안 수준을 향상시킬 필요)

6. 관리 · 감독 측면

☐ 클라우드 서비스 제공자는 전자금융보조업자로서 감독을 받으나 금융당국의 직접 감독대상은 아님

  ○현행 전자금융감독체계는 클라우드 서비스 제공자를 포함한 전자금융보조업자에 대한 직접 감독권이 미비

  (금융회사가 전자금융보조업자에 대해 정기점검 등을 통해 관리 · 감독)

⇒ 클라우드 이용확대 조치와 함께 클라우드 서비스 제공자에 대한 금융당국의 감독방안을 보강할 필요

> ◇ 지난 2년간 금융권의 클라우드 활용 경험, 클라우드를 활용한 기술·금융융합 추세 가속화 등을 종합적으로 감안하여 클라우드 이용 확대 방안을 마련(관련 규정 정비 후 '19.1월 시행 목표)
> ◇ 클라우드 이용 확대와 병행하여 ① 금융권의 보안수준 및 관리체계를 강화해 보안문제 우려를 해소하고, ② 해외사례와 같이 관리·감독체계를 보다 효과적으로 구축

7. 클라우드 활성화를 위한 제도개선 방안

| 기본 방향

1. 클라우드 서비스 이용범위 확대

□ 금융회사, 핀테크기업이 클라우드를 활용하여 혁신적 상품과 서비스 개발이 가능하도록 이용 범위를 확대

  ○ 개인신용정보·고유식별정보도 국내소재 클라우드를 이용할 수 있도록 개선

  ※ 국외소재 클라우드 허용은 국내소재 클라우드 운영 이후 문제점 등을 고려하여 중·장기적으로 검토

2. 클라우드 서비스 이용·제공 기준 마련

□ 중요정보 처리시스템의 안전성을 확보하기 위해 클라우드 이용(금융회사), 제공(제공자)시 기준을 도입하고 운영방안을 수립

  ○ (금융회사) 중요정보 클라우드 이용시 안전성 관리를 강화

  ○ (제공자) 금융의 특수성을 반영해 클라우드 서비스 제공자가 기본적으로 준수해야 할 기준을 마련

  * '중요정보'의 경우 기존 금융권 전산시스템에 준하는 보안수준을 충족하도록 함

3. 클라우드 서비스 감독·검사 강화

□ 클라우드 활용 확대를 고려하여 금융권 클라우드 이용현황에 대한 모니터링을 강화하고, 적절한 감독·검사 체계 마련

  ○ 클라우드 서비스 이용 관련 금융회사의 보고의무 강화

  ○ 전자금융보조업자(클라우드 서비스 제공자)에 대한 감독당국의 직접 감독·조사권을 확보하는 방안을 검토(법개정 사항)

(1) 클라우드 컴퓨팅 이용범위 확대

◆ 금융회사와 핀테크기업이 클라우드를 통해 활용할 수 있는 정보의 범위를 확대
  (비중요정보 한함 → 개인신용정보 · 고유식별정보)

---

18) 금융위, 금감원, 금융보안원, 금융회사, 클라우드 사업자, 법률전문가 등으로 구성

□ **현행**

개인신용정보 · 고유식별정보[19]를 제외한 비중요정보 처리시스템에 한하여 클라우드
서비스를 활용 가능

○ 단 한건의 개인신용정보, 고유식별정보만 있어도 클라우드의 이용이 제한되어 핀테
크기업에게 진입장벽*으로 작용

　* 핀테크기업이 신서비스를 출시하려고 해도 간편 결제 · 송금 등의 초기 시스템 구
축 비용 문제로 원활한 서비스 개발이 어려움

　– 또한, 클라우드를 이용하는 핀테크기업은 금융회사 업무를 위탁받아 新서비스를
테스트하는 규제 샌드박스 활용도 어려움

　* 금융회사 업무를 위탁받아 혁신 금융서비스 테스트 → 금융거래 · 소비패턴을 클라
우드에서 분석하려고 할 경우 개인신용정보가 있으면 사실상 분석이 곤란

○ 금융회사 등이 AI · 빅데이터 등 新기술을 이용해 새로운 상품 · 서비스를 개발*하는
데 개인신용정보를 활용할 수 없어 제약

　* AI · 빅데이터는 고도의 전문성과 더불어 대용량 · 고성능의 IT인프라가 필요하여
클라우드 이용이 보다 적합

　– 클라우드 기반의 AI알고리즘을 이용해 고객 질의에 응대할 경우, 맞춤형 서비스를
제공하지 못하고 단순 상담(챗봇)에 국한

　– 클라우드를 통해 신용평가 · 심사, 리스크 분석, 금융사기 등 이상징후 분석시 빅
데이터를 활용할 수 없어 단순 트렌드 분석만 가능

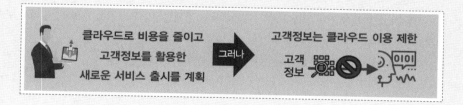

□ **개선**

개인신용정보, 고유식별정보를 처리하는 중요정보 처리시스템도 클라우드를 활용할
수 있도록 규제를 개선

① 현재 전자금융감독규정에만 존재하는 클라우드 제한 규정을 정비해 이용범위를 확
대(비중요정보限 → 개인신용정보 · 고유식별정보)

　(전자금융감독규정 제14조의2: 금융회사는 개인신용정보, 고유식별정보를 제외한 비중요정

───────────

19) 주민등록번호, 여권번호, 운전면허번호, 외국인등록번호

보 처리시스템에 한해 퍼블릭 클라우드 활용이 가능)

- 개인신용정보도 클라우드를 적극 활용할 수 있도록 함으로써 금융회사 · 핀테크기업의 혁신 상품, 맞춤형 서비스 개발을 활성화

  (미국, 중국 등의 신기술 기반회사는 클라우드를 이용해 대량의 데이터를 유연하게 처리하고, 고객정보를 바탕으로 맞춤형 서비스를 개발 · 제공 중)

- 나아가 고유식별정보 활용 시 일시적 거래량 집중에 장애 없이 금융서비스를 제공할 수 있고 AI기반 대화형 뱅킹서비스도 가능

  (개인신용정보에 한해 클라우드 이용을 허용할 경우 대고객 서비스를 제공하는 시스템은 클라우드 이용이 사실상 제한되어 규제개선 실익이 낮음)

② 사고 발생 시 법적분쟁, 소비자 보호 · 감독 관할, 개인정보보호 등의 문제로 국내 소재 클라우드에 한해 우선 허용(국외는 중장기 검토)

  (금융회사가 사용하는 클라우드 기반 시스템이 해외에 위치할 경우 사고발생시 사고조사 및 대응이 어려우며 감독 · 검사 또한 제대로 이루어지지 못할 우려)

③ 다만, 개인신용정보, 고유식별정보는 클라우드 활용 여부와 상관없이 개인정보보호법 · 신용정보법 등 개인정보보호 법령에 따라 보호 · 관리

| 개인정보보호법, 신용정보법상 보호조치

> (신용정보법 제17조 등) 신용정보 위탁 제공시 암호화 등 보호조치 준수, 위탁 업무범위를 초과한 이용금지, 수탁자 교육, 재위탁 금지 등
> (개인정보보호법 제26조) 제3자 업무 위탁시 목적외 개인정보처리 금지, 기술적·관리적 보호조치 준수, 수탁자 관리·감독 의무 등
> (개인정보보호법 제24조 및 제24조의2) 암호화 등 안전성 확보조치 준수

[예시] 클라우드 이용범위에 따른 금융권 적용사례

클라우드 이용	확대 전	확대 후	
	비중요정보만 가능(현행)	개인신용정보	개인신용정보 + 고유식별정보
AI활용 대고객 서비스(챗봇 등)	△ * 단순상담만 가능	○ 고객 편의성↑ * 개인 맞춤형 금융상담	◎ 고객 편의성↑ * 계좌개설 등 모든 전자금융 서비스 제공 가능
빅데이터 분석	△ * 비식별 조치후 제한적 분석	분석 실효성↑ * 개인 맞춤형 결과 도출 * 비식별 조치없이(통상 2~3 개월 소요) 실시간 분석	◎ 분석 실효성↑ * 고유식별정보를 기준 업권 간 연계 분석
인터넷뱅킹 · HTS 등	× 이용불가	△ 사실상 제약 * 고유식별정보 처리 기능분 리가 필요해 이용실익 낮음	관리 효율성↑ * 시간대별 효율적 운영, 월 말 · 명절 등 일시 접속량 폭주에 대응
재해복구센터 구축	× 이용불가	× 이용불가	○ 비용절감 효과↑ * 상황발생시 즉시 대응용량 확대
고성능 컴퓨팅 (파생상품 개발, 보험 손해액 산정 등 활용)	× 이용불가	○ 비용절감 효과↑ * 사용량에 따라 비용 지급	
대고객 신규 서비스 구축 (신규 모바일 앱 및 뱅킹 서비스, 홈페이지 등)	△ * 홈페이지, 설문조사 등 단순 서비스만 가능	△ 사실상 제약 * 고유식별정보 처리 기능분 리가 필요해 이용실익 낮음	○ 서비스 출시기간↓ * 필요시 신속한 인프라 구성
콜센터, CRM(고객관리) 등	× 이용불가	○ 최신 서비스 활용↑ * 시스템 구축없이 SaaS 이용	
오픈 API 제공	× 이용불가	○ 서비스 확장성↑ * 이용량 증가에 따른 추가자원 확보 용이	
혁신 서비스 테스트	× 이용불가	○ 비용절감 효과↑ * 신속한 인프라 구성 및 실험 후 자원 반납	

(2) 클라우드 서비스 기준 도입

> ◆ 클라우드 서비스 이용을 확대하되, 금융보안의 중대성을 고려해 금융권 클라우드 서비스 이용·제공 기준을 수립·운영
> * '비중요정보'에 대해서 기존 안전성 확보 조치를 유지하되, '중요정보'는 보다 강화된 보호조치 기준을 수립·시행

□ 현행

비중요정보 처리시스템에 한하여 클라우드의 이용이 가능하도록 물리적 망분리*의 예외를 인정

* (전자금융감독규정 제15조: 해킹방지대책)

내부 정보처리시스템과 해당 시스템의 운영·개발 등 목적으로 직접 접속하는 단말기를 인터넷 등 외부통신망으로부터 물리적으로 분리

○ '비중요정보'는 '금융권 클라우드 이용 가이드'상 보호조치를 준수하도록 하고, 개인신용정보 등 '중요정보'의 경우 이용을 제한

□ 개선

중요정보 처리시스템의 안전성을 확보하기 위해 클라우드 이용(금융회사), 제공(제공자) 시 기준을 도입하고 운영방안을 수립

① 클라우드 서비스 이용·제공 기준 마련(금융권 클라우드 서비스 가이드라인)

– 금융회사

중요정보 클라우드 이용 시 정보보호 의무 준수, 서비스 제공자 관리·감독, 중요장비 이중화 등 안전성 관리를 강화

> → 금융회사의 서비스 도입검토, 이용계약, 운영관리, 사후처리 등 모든과정에서 필요한 클라우드 관리 및 보안요구사항을 포함
> * 서비스 연속성 보장, 정보보호 의무, 감독·검사권 수용 등을 서비스 이용 계약에 포함하여 클라우드 서비스 제공자에 대한 관리·감독 수행, 중요장비의 이중화, 클라우드 시스템 및 데이터의 물리적 위치 제한(국내로 한정) 등

– 제공자

금융 특수성을 반영해 금융회사 수준의 시스템 구축·운영, 암호화 적용 등 클라우드 서비스 제공자가 준수해야 할 기준을 마련

→ '중요정보'의 경우 기존 금융권 전산시스템과 유사한 수준의 보안 요구사항을 제공기준에 반영하여 사고발생을 미
연에 방지
* 클라우드 정보보호 기준 고시의 통제항목에 더하여 금융 고유 특수성을 반영(건물, 전원 · 공조, 전산실 등에 대하여 금융
회사 수준의 구축 및 운영, 검증필 암호화 기술 적용, 통합보안관제 제반환경 지원 등)

- 책임 명확화

금융회사와 제공자 간 클라우드 이용 계약 체결 시 개인정보유출, 전자적 침해사고
등에 대한 책임 소재를 명확히 규정

｜ 클라우드 제공 관련 규정

□ 「클라우드컴퓨팅서비스 정보보호에 관한 기준 고시」(과기정통부) 주요 통제항목

구분	주요 통제항목	내용
관리적 보호조치	정보보호정책, 인적보안, 자산관리, 공급망 관리, 침해사고 관리 등	정보보호 정책 타당성 및 효과 검증, 직무분리, 자산식별 및 위험관리, 침해사고 대응절차 수립 등
물리적 보호조치	보안구역 지정, 물리적 접근제어, 시설보호, 장비 반출입 등	물리적 보호구역 지정, 출입통제, 보호설비 구비, 시설 및 장 비 유지보수, 장비 반출입 통제 등
기술적 보호조치	가상화 보안, 접근통제, 네트워크 보안, 데이터보안, 암호화 등	가상자원 모니터링, 악성코드 통제, 접근권한 관리, 네트 워크 분리, 데이터 보호 · 무결성 확인, 암호정책 수립 등

□ 공공기관용 클라우드 컴퓨팅서비스 추가 보호조치(과기정통부)

구 분			세 부 조 치 사 항
공공기관 보안 요구사항	관리적 보호조치	보안서비스 수준 협약	○공공기관의 보안 요구사항이 반영된 보안서비스 수준 협약 ○클라우드서비스 관련 정보보호 정보를 공공기관에 제공
		도입 전산장비 안전성	○서버 · PC 가상화 솔루션 및 정보보호 제품 중에 CC인증이 필수 적인 제품군은 국내 · 외 CC인증을 받은 제품을 사용
		보안관리 수준	○클라우드 운영 장소 및 망은 공공기관 내부 정보 시스템 운영 보 안 수준에 준하여 보안 관리
		사고 및 장애 대응	○사고 또는 장애 발생 시 공공기관 사고 · 장애 대응 절차에 따라 대응하고, 공공기관의 사고 · 장애 대응에 적극 협조
	물리적 보호조치	물리적 위치 및 분리	○클라우드 시스템 및 데이터의 물리적 위치는 국내로 한정 ○공공기관용 클라우드의 서버, 네트워크, 보안장비, 출입통제, 운 영인력 등은 일반 클라우드서비스 영역과 분리하여 운영
		중요장비 이중화 등	○네트워크 스위치, 스토리지 등 중요장비를 이중화 ○서비스의 가용성을 보장하기 위해 백업체계를 구축
	기술적 보호조치	검증필 암호화 기술	○중요자료를 암호화하는 수단을 제공하는 경우에는 검증필 국가 표준암호화 기술을 제공
		보안관제 제반환경 지원	○공공기관에 클라우드 서비스 보안관제 수행에 필요한 제반환경 을 지원하여야 함

☐ 금융권 특화 보안기준(예시)
  ① 클라우드 시스템 및 데이터의 물리적 위치를 국내로 한정
  ② 금융회사 및 위임된 제3자에게 관련 접근권 및 현장감사권 부여
  ③ 클라우드 서비스 중단 및 데이터 소실에 대비한 금융권 백업체계 마련
  ④ 취약점 분석·평가, 비상대응훈련, 통합보안관제에 필요한 제반환경 지원
  ⑤ 침해사고 및 장애 발생에 따른 보고절차 준수 및 조사·대응
  ⑥ 건물, 전원·공조, 전산실 등에 대하여 금융회사 수준의 구축 및 운영

② 금융분야 클라우드 서비스 기준 운영방안
  – 자율통제 또는 인증제
    클라우드 서비스 이용·제공 기준을 토대로 ① 금융회사 자율적으로 클라우드 이용을 결정하는 방식(EU 등 해외방식) 또는 ② 금융 클라우드 인증제 도입 방식(국내 공공 클라우드 방식)을 검토
    (동 방식은 금융권 클라우드 서비스 이용 활성화를 위한 제도개선 TF[20]('18.7월중 출범)를 통해 검토 추진)

| 금융분야 클라우드 서비스 이용·제공 방안

(1안) 금융분야 클라우드 서비스 기준을 통한 자율 통제방식
☐ 금융권 클라우드 서비스 제공시 관련기준 등을 가이드로 마련하고 해당 가이드에 대해 금융회사 등이 자율적으로 준수토록 통제
  ○ 클라우드 사고발생시 보상, 사고대응체계 구축 등 금융권 클라우드 사용에 특화된 내용을 금융회사가 내부통제 절차에 따라 관리·감독
  * 금융회사가 관련 기준을 토대로 클라우드 이용(이용범위 결정 등)부터 점검, 사후관리 단계까지 자율적으로 통제하고 클라우드 서비스 제공자를 관리·감독

(2안) 금융분야 특화 클라우드 서비스 인증 평가 방식
☐ 금융분야 클라우드 보안 서비스 인증제를 도입하고, 보안성 평가를 통과한 클라우드컴퓨팅 사업자를 통해 서비스 제공
  ○ 과기정통부의 경우 클라우드 보안 서비스 인증제*를 통해 공공기관의 민간 클라우드 서비스 이용을 허용

---

20) 금융위, 금감원, 금보원, 금융회사, 전문가 등

* 한국인터넷진흥원(KISA)이 관리적/물리적/기술적 보호조치 및 공공기관용 추가 보호조치 등 총 14개 부문 117개를 통제항목으로 평가하여 인증(KT, NBP, 가비아, LG CNS, NHN 엔터테인먼트가 인증을 취득 ('18.4))

<금융회사 클라우드 이용방안별 분석>

구분	클라우드 서비스 자율 통제방식	금융분야 인증 클라우드
장점	• 신속 · 저렴한 서비스 • 다양한 사업자 이용	• 신뢰성 보장 • 금융회사 서비스 이용 용이 • 사업자 관리 · 감독 문제 해소
단점	• 보안사고 우려 상존 • 보안관련 금융회사 투자 필요 • 사업자 관리 · 감독 어려움	• 별도 인증체계 확보 필요 • 제도 준비기간 소요(1~2년 소요 예상)

8. 클라우드 서비스 이용 감독 · 검사 강화

◆ 금융회사 클라우드 서비스 이용 관련 보고의무를 강화하고, 클라우드 서비스 제공자에 대한 감독 · 조사업무 근거를 마련

□ 현행

금융회사가 전자금융보조업자(클라우드)와 계약 시 전자금융거래의 안전성 · 신뢰성 확보를 위해 일정 기준을 준수토록 요구

○클라우드 제공업체에 대한 감독당국의 직접 감독권한은 없으며, 금융회사가 클라우드 이용시 보안대책을 수립하고 정기점검 실시

□ 개선

금융회사를 통한 간접 감독을 강화하는 한편, 법령개정을 통해 전자금융보조업자에 대한 감독 · 조사 근거를 마련

* 영국, EU 등은 금융권 클라우드 이용을 확대하면서 이에 상응하는 감독을 강화 중 → 금융당국의 클라우드 서비스 제공자에 대한 감독권 확보를 권고

① 보고 의무화

금융회사 클라우드 이용시 주요내용 보고를 의무화

– 신용정보의 클라우드 이용시 위탁 주요사항 등에 대한 금융회사의 보고의무를 부여

하여 감독당국 상시 모니터링을 강화
- 금융회사 규모(자산규모, 고객수), 위탁정보 종류(중요정보 여부) 및 처리량 등에 따라 보고의무를 차등화하는 방안을 검토

│ 금융회사의 클라우드 이용 보고(예시)

> 가. '중요정보' 클라우드 이용 보고
>
> 클라우드 서비스 제공자, 데이터 저장위치, 정보처리 현황(정보 유형·정보량) 등 주요사항을 감독당국에 보고
>
> 나. '비중요정보'라도 감독당국 요청 시 보고
>
> 클라우드 유형 등 위탁 계약 관련 최신 정보를 유지하고 감독당국 요청 시 제공
>
> * 클라우드 서비스 제공자의 재무건전성, 계약의 변경사항, 비상계획 및 테스트결과 등에 대한 보고내용을 포함

② 직접 감독 · 조사

전자금융보조업자에 대한 감독당국의 직접 감독 · 조사 근거를 마련하는 방안을 검토
- 침해사고 · 장애 발생 시 정확한 원인분석을 위해 자료수집 및 현장검사 등 직접 감독 · 조사업무 근거를 마련
- 현행 규정상 클라우드 서비스 제공자(보조업자)에 대한 '조사권'에 현장출입권 등을 부여(법 제40조제5항, 감독규정 제61조 개정)

「금융권 클라우드 이용확대」 단계별 추진계획

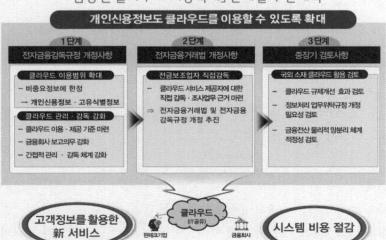

9. 기대 효과

① 핀테크기업들이 특별한 제약없이 클라우드를 활용해서 적은 비용으로 쉽게 혁신 서비스를 개발할 수 있는 여건을 마련

○ 보안성을 확보한 클라우드를 통해 핀테크기업은 초기 시스템 구축·관리 비용 부담을 덜고, 핀테크 서비스 안전성은 향상

* 클라우드 활용시 신규 시스템 구축 비용을 약 30% 절감 가능

② 금융권은 클라우드 플랫폼을 이용해서 빅데이터 및 인공지능 기술을 보다 자유롭게 테스트하고 혁신적인 서비스를 출시

○ 복잡해지는 국내외 금융규제 환경변화에도 빠르고 유연하게 대응

[사례]

IFRS17 플랫폼 구축시 클라우드를 통해 비용부담을 줄이고, 보험계리분석·회계관리·투자분석 프로그램 등을 쉽게 이용

* 2021년부터 보험회사에 새로운 보험계약 회계기준인 IFRS17 적용 예정, IFRS17 시스템 신규 구축 시 고성능 연산 능력이 필요해 보험회사에 부담

③ 금융회사·핀테크기업이 클라우드를 활용해 협력을 강화하고, 각자의 강점을 발휘함으로써 국내 금융산업 경쟁력도 향상

* 예 금융회사는 API 등 핀테크 서비스 개발을 위한 클라우드 인프라 제공 → 핀테크 기업은 클라우드 내에서 안전하고 쉽게 핀테크 서비스를 개발

| 참고 2 | 국가별 금융권 클라우드 규제 현황 |

① EU

EBA(유럽은행청)은 클라우드 이용자 유의사항 등을 명시한「클라우드 제공자 업무 위탁에 대한 권고」를 발표('18.7월 발효)

○ 금융회사는 위탁 대상 업무에 대한 중요도 평가를 통해 중요 업무 선별, 중요 업무를 클라우드 제공자에 위탁 시
  - 클라우드 제공자의 법인명, 클라우드 서비스 수행 국가 및 데이터 저장 위치 등을 관할 당국에 통보
  - 중요 업무 여부와 관계없이 클라우드 유형 등 위탁 계약 관련 최신 정보를 유지하고 관할 당국에서 요청 시 제공해야 함
○ 금융회사 및 위임된 제3자에게 위탁 업무 관련 접근권 및 현장감사권을 부여하도록 클라우드 제공자와 서면으로 계약 체결할 것
○ 정보 전송 시 정보보호 의무 및 서비스 연속성 보장 등의 보안 요구사항을 위탁계약에 명시적으로 포함, 위탁 결정 전 보안 관련 사항을 확인하고, 위탁 후 보안 조치 이행 모니터링 등 관련 위험 관리 실시
○ 클라우드 제공자가 위치하는 국가에서 요구하는 컴플라이언스 및 법적 위험성에 대한 평가를 통해 위탁하는 데이터 처리 위치 고려

---

② 영국

FCA(금융감독청)에서 금융회사의 클라우드 이용(퍼블릭 클라우드 포함) 명시적 허용 및 컴플라이언스 의무 등을 명시한「클라우드 및 제3자 IT 아웃소싱 관련 지침」을 발표('16.7월)

○ (법적 요구사항)
  중요 업무 아웃소싱 시 해당 결정의 근거가 되는 문서화된 명확한 비즈니스 사례 또는 이유를 보유
  - 아웃소싱이 기업의 운영리스크를 악화시키지 않도록 하고, 정확한 계약 기록을 유지
  - 제공자 사업장 관할지를 파악, 영국 법률에 의한 규율 여부 확인(그렇지 않은 경우 해당 사업장 감사 및 규제 권한 등 보장)
  - 데이터보호법(DPA, '98년) 준수, 이를 통해 발생할 수 있는 법적 또는 규제 의무 및 요구사항 고려, SYSC 8(FCA 핸드북-아웃소싱 관련) 등 준수
○ (리스크 관리)
  리스크 평가 실시 및 기록, 전반적인 법적 · 운영리스크 파악, 제공자 파산 시, 데이터 유출 시 조치방법 등 고려
○ (보안)
  실사 · 감사 등 진행 시 ISO 등 국제 표준 준수, 제공자 자산 등에 대한 보안 리스크 평가* 진행

> * 데이터 거주 정책 확인, 데이터 유출 시 보고 절차 준수, 데이터 분리 저장 현황 확인, 데이터 민감도를
> 고려한 전송 및 저장 시 암호화 등
> ○ (기타)
>   효과적인 데이터 접근, 제공자의 사업 관할지* 접근 등
>   * 사업관할지가 사무실, 운영센터 등이 될 수 있으나, 데이터 센터를 반드시 포함하지는 않음(일부 사업
>   자는 보안상 데이터 센터 접근 제한 가능)

③ 미국

FFIEC(검사협의회)에서 금융권 클라우드 이용시 주의사항을 명시한 「아웃소싱 클라우드 컴퓨팅」을 발표('12.7월)

> ○ 다른 클라우드 이용자와 데이터 저장소가 공유되는 경우, 금융기관의 데이터에 대한 무결성과 기밀성 보호를 위한 서비스 제공자의 통제 사항 확인, 재해복구(DR) 및 업무연속성계획(BCP)의 적절성 확인
> ○ 소비자 데이터가 국외에서 저장 또는 처리될 경우, 해당 국가의 관련 규정 확인
> ○ 클라우드 컴퓨팅 서비스 제공자와 계약 시 금융기관의 프라이버시 법규 관련 책임, 보안사고 시 보고 의무, 정보 유출 시 소비자 및 당국에 보고해야 하는 법적 의무 등 명시

④ 일본

금융당국의 지침 등은 없으나 자율규제기구인 FISC의 시스템 안전대책 기준·해설서 내 클라우드 통제항목 명시

> ○ 클라우드 서비스를 이용 시 아래의 안전대책을 강구
>   - 클라우드 제공자 거점이 금융회사가 통제가능한 지역에 소재할 것
>   - 클라우드 이용 계약시 금융회사의 감사권한 등 권리를 명기할 것
>   - 클라우드 제공자에 대한 정지적 감사를 실시할 것
>   - 금융회사의 클라우드 제공가잔 책임범위를 명확히 설정할 것 등

⑤ 싱가포르

MAS(통화국)는 클라우드 서비스도 아웃소싱의 하나로 명시하고 「아웃소싱 가이드라인」('16.7월)을 준수토록 규정

> ○ 클라우드 이용시 금융회사는 클라우드 제공자에 대한 실사를 실시하고, 가이드에 명시된 아웃소싱 위험 관리를 수행

○ 클라우드 이용시 금융회사는 클라우드 제공자에 대한 실사를 실시하고, 가이드에 명시된 아웃소싱 위험 관리를 수행
○ 데이터가 혼재되어 있는 클라우드의 특성을 인식하여 아래의 보안조치 이행
  - 데이터 접근, 기밀성, 무결성 보장 등을 위한 금융회사의 적극적 조치
  - 클라우드 제공자가 적정한 통제를 통해 고객데이터를 명확히 분리하는지 확인 등
○ 금융회사는 클라우드 제공자를 관리·감독하고 도입에 따른 궁극적 책임을 부담 등

⑥ 호주

APRA(금융감독청)은 아웃소싱 규정(CPS 231) 및 「공유 컴퓨팅 서비스(클라우드 포함) 관련 아웃소싱에 대한 정보 사항」('15.7월)을 통해 금융회사의 클라우드 이용시 통지 의무 등을 명시

○ 중요 아웃소싱 경우에 한해 국내는 APRA에 통지하고, 국외 또는 내재된 위험이 높을 경우 APRA와 사전 협의할 것을 권고

| 참고 3 | 국내외 금융권 클라우드 서비스 이용 현황 및 계획 |

금융회사	현황 및 계획
Societe Generale	- 전체 서버의 40%를 클라우드로 운영 中 (하이브리드 방식) - '20년까지 80%로 확대할 계획
ABN AMRO	- '15년 중반부터 클라우드 이전 작업 시작 - '19년말까지 860개 어플리케이션 이전 예정
Deutsche Bank	- IT인프라의 36%를 클라우드로 운영 中 (프라이빗 방식) - 3년 內 80%까지 확대 목표
Credit Suisse	- IT인프라의 약 17%를 클라우드로 이전 - '20년까지 60%로 확대 목표
Mediobanca	- IBM과 클라우드 서비스(SaaS 및 PaaS) 이용 계약(10년) 체결
Danske Bank	- IBM과 클라우드 서비스 이용계약(10년) 체결(인공지능 플랫폼 왓슨 사용 포함)
Lloyds	- IBM과 클라우드 서비스 이용계약 체결 (이전에 약 3년 소요 예상)
Barclays Bank	- 클라우드 서비스 이용증가로 은행 데이터 센터 축소 계획(30개 → '19년 4개)
HSBC	- 빅데이터 시스템의 클라우드 운영을 위해 구글과 협의 진행
Standard Chartered	- '17년부터 클라우드 인프라 도입 추진
SMFG	- 퍼블릭 클라우드를 이용한 차세대 작업 환경 구축 추진
J.P. Morgan	- '16년에 프라이빗 클라우드 Gaia 도입 - 향후 2년간 매년 2배씩 클라우드 이용비중 증가 계획
Bank of America	- 클라우드 서비스 이용증가로 '17년에 3개 데이터 센터 폐쇄 - 보안 민감성이 낮은 업무를 중심으로 퍼블릭 클라우드 이용 검토
Citigroup	- 클라우드로의 이전을 통해 12,000개 서버를 제거 - '20년까지 PC 8만대를 제거하고 모바일 환경으로 이전계획
KB 금융그룹	- 클라우드 기반 HR 시스템 도입 - 아마존 클라우드 기반 메시지 뱅킹 서비스 플랫폼 사용
신한 금융그룹	- 미국 및 일본 지점에서 클라우드 서비스 도입 추진 - 미국지점 인터넷뱅킹 플랫폼을 아마존 클라우드에 구축
우리은행	- 은행 고유의 메시징 시스템을 클라우드 환경에서 운영

출처: Digitalization in Banking: on the cusp of operational revolution?, 모건스탠리

찾아보기(영문)

찾아보기(한글)

저자약력

김영국(England Kim)

(현)계명대학교 벤처창업학과 교수
경남 창녕출생
계명대학교 영어영문학과, 동대학원 영문학석사/경제학석사/경영학박사
창업지도사/Saxophonist

| 주요논문 및 저서
　스마트팩토리, 창업지원제도 연구 등 논문 다수
　4차 산업혁명과 창업금융(2018) 등 다수

| 학술수상
　한국창업학회 우수논문상 수상(2017) 등

| 최근 국책(연구) 선정 과제
　교육부(한국연구재단), 저술연구과제(단독), 2018
　중소벤처기업부, 창업성장기술개발사업(공동), 2018
　중소벤처기업부, 글로벌스타벤처육성(단독), 2018
　계명대학교, 비사연구과제(단독), 2018
　계명대학교, 정책과제(단독), 2018
　계명대학교, 신진연구과제(단독), 2017

| 산·학·군·관 주요경력(37년)

• 산업체:
　DGB금융그룹 DLF(주)홍콩현지법인장(대표이사 CEO)
　DGB금융그룹 대구은행 국제부, 국제영업부 등
　한국경제신문사 객원연구위원
　한국경제 TESAT연구소장
　금호약품(주) 등 사외이사 및 경영(컨설팅)자문교수 다수
　방송 및 칼럼니스트(TBC/경북일보/매일신문/한국경제신문 등)

• 학계:
　경북대학교 등 교수
　(창업학/경영학/국제통상/금융보험/재무관리 등)

• 군:
　육군장교(ROTC) 전역

• 관계:
  공무원(옴부즈만)
  한국은행 객원연구위원
  지식경제부 기업과제 평가위원
  중소벤처기업부 중소기업기술개발 평가위원
  소상공인시장진흥공단 기업과제 평가위원장
  경북테크노파크 창업대전 선정 심사위원장
  대구테크노파크 기업과제 평가위원(장)
  경북테크노파크 기업과제 평가위원(장)

┃ 주요특강
  청년창업사관학교, 삼성pro캠퍼스, LG GROUP 등 다수

4차 산업혁명과 글로벌 핀테크 for 창업

초판발행	2018년 12월 30일
지은이	김영국
펴낸이	안종만
편 집	전채린
기획/마케팅	정성혁
표지디자인	조아라
제 작	우인도 · 고철민
펴낸곳	(주) **박영사**
	서울특별시 종로구 새문안로 3길 36, 1601
	등록 1959. 3. 11. 제300-1959-1호(倫)
전 화	02)733-6771
f a x	02)736-4818
e-mail	pys@pybook.co.kr
homepage	www.pybook.co.kr
ISBN	979-11-303-0677-3 93320

정 가   29,000원